中国现代国际关系研究院

国际战略与安全形势评估

STRATEGIC AND SECURITY REVIEW

2017/2018

时 事 出 版 社
北 京

主　编：季志业

编委会：季志业　傅梦孜　冯仲平　袁　鹏
胡继平　张　力

主要撰稿人：（按拼音顺序排列）

丁晓星　樊小菊　付　宇　傅小强
李　东　李　军　李　莉　李　艳
廖百智　刘　冲　刘明礼　钱立伟
田京灵　王鸿刚　王世达　吴洪英
徐飞彪　徐伟忠　徐晓天　姚　琨
苑春强　张　健　张茂荣　张学刚
张运成

目　录

全　球　篇

地　区　篇

大　国　篇

Contents

Contents

Chapter 18

Oceania: Overall Stability with Occasional Fluctuations

On Major Countries

Chapter 19

US: Ambitions and Hurdles Mixed for Trump's First Year

全　球　篇

第一章　世界正经历前所未有的大调整*

2017年是世界和中国发展进程中极不平凡的一年。这一年既是美国次贷危机爆发10周年和十月革命胜利100周年，也迎来了举世瞩目的中共十九大，世界大发展大变革大调整加速推进，全球政治、经济、安全深刻变动，国际关系的不稳定性不确定性更加突出。

一、世界经济艰难脱困转型

2017年，历经近10年的动荡调整，世界经济艰难复苏，世界经济转型在曲折中深化。

（一）世界经济整体向好，但深层结构问题依然严峻

金融危机近10年来，世界经济渐呈清晰复苏态势；经合组织统计显示，2017年其追踪的45个国家首次全部实现经济增长，是2007年以来的第一次；若按购买力平价计算，实现经济

* 本章撰稿人：付宇、陈向阳、姚琨、韩立群、韩一元、王磊、任卫东、宿景祥、王鸿刚。

增长提速的国家产出总额占世界逾75%[①]。国际货币基金组织（IMF）连续上调增长预期，指出世界经济正开启新的增长期，标志其正重回过去30年的增长常态[②]。

但与此同时，世界经济结构转型仍旧任重道远。一方面，当前世界经济回暖更多得益于各国政府推动的低利率和财政赤字等刺激政策，主要国家虽有望实现10年来首次同步增长，但劳动生产率提高有限，新增长动力匮乏，仍可能陷入长期缓慢增长的窘境[③]。发达国家劳动生产率增长率大幅下滑，美、日、德、法、英等国增长率不足1%[④]。此外，危机后遗症未能根除，各国为拉动经济增长普遍增加杠杆，特别是新兴经济体债务水平居高不下，不仅未能换来经济结构优化，反而可能导致二次危机。据统计，全球低收入国家中有1/3处在高债务风险状态[⑤]。

另一方面，世界发展不平衡态势仍在加重。2008年迄今，全球193个国家GDP的平均差距拉大28%，预计未来5年还将继续扩大[⑥]；在发达国家内部，美国经济规模分别约从德、日、法、英、加的4倍、3倍、5倍、5倍、9倍扩大至5倍、4倍、

---

① WSJ：Global Economies Grow in Sync，https：//www. wsj. com/articles/global－economies－grow－in－sync－1503507503.（上网时间：2017年11月8日）

② 国际货币基金组织（IMF）：《World Economic Outlook October，2017》，第13—17页。

③ 引自国际货币基金组织（IMF）世界经济展望数据库，2017年为预计值。

④ Marc Levinson：Is Slow Productivity Growth Here to Stay？https：//www. foreignaffairs. com/articles/world/2017－06－12/slow－productivity－growth－here－stay.（上网时间：2017年11月8日）

⑤ 国际货币基金组织（IMF）：《World Economic Outlook October，2017》，第32页。

⑥ 引自国际货币基金组织（IMF）世界经济展望数据库，2017年为预计值。

7倍、7倍和11倍，占发达国家比重从34%扩大至40%，占全球（不含中国）比重从25%扩大至30%；在新兴国家内部，中印占据GDP增量的一半以上，且与其他国家的差距仍有扩大之势[①]。

（二）各国积极探索新发展道路

美国次贷危机及其引发的全球金融危机，深刻暴露新自由主义发展模式的弊端。近10年来，各国政府都在努力找寻新的发展路径，到目前为止，有些改革取得成功，有些则仍在路上。美国总统特朗普上台伊始，即推出“百日新政”计划，力图通过扩大基础设施投资、减税、吸引制造业回流、放松能源和金融监管等，大幅提升美国经济增速和就业水平，“让美国再次伟大”。债务危机后欧元区在财政、金融、劳动市场等领域提出一系列改革举措，推出欧盟史上最大规模投资计划，经济逐步由阴转晴，增长态势进一步巩固，希腊重返全球债务市场标志改革初见成效。日本则出台“安倍经济学”改革计划，虽然就业提振、股市推高，但仍未摆脱人口老龄化和长期通缩阴影。新兴和发展中国家中，印度自莫迪政府上台以来推出“政改”“产改”“税改”等举措，经济连续实现高增长；俄罗斯在西方制裁下也出台进口替代等举措，力争在2020年前使俄罗斯经济增速重超世界平均水平；巴西推出一系列刺激政策，加之大宗商品出口增加，2017年有望重回增长轨道；其他国家中，东南亚承接全球制造业转移，不少新制造中心正在形成，非洲一些国家提出“新国家发展主义”，以破除发展所面临的社会政治、民族宗教

① 引自国际货币基金组织（IMF）世界经济展望数据库，2017年为预计值。

等羁绊。整体看，冷战后曾一度大行其道的新自由主义发展模式遭遇质疑和反思，各国发展模式更趋多元，其走向和结果也将深刻影响未来国际格局调整。

（三）全球经济合作面临深度调整

近10年来，经济全球化遭遇激烈反弹，2017年这股潮流更为显著。从全球看，各类贸易保护主义措施大量出台，仅前11个月世界各国就已经出台超过480项保护措施[①]。美国不仅频繁使用贸易救济措施，还考虑全面课征新钢铁关税，并以国家安全为由对国外钢铁进口实施限额；法国新总统马克龙则要求欧盟理事会加大反倾销力度。投资保护主义明显抬头，美国酝酿加大外国投资委员会（CFIUS）国家安全审查力度，英国提出新的企业并购审查建议，德国修改对外经济规定，均意在加大对外资投资规制力度。从地区看，区域一体化进程遭遇“逆风”，英国“脱欧”进入实质性谈判进程，欧盟面临自成立以来最严重的制度危机，转而提出“多速欧洲”等改革设想，从单一市场转向分步推进，一体化梦想不得不大幅回调；美国退出“跨太平洋关系协定”（TPP），亚太经合组织（APEC）仍缺少有效约束和行动，东亚传统区域经济合作进展缓慢，亚太地区经济合作面临转折。与此同时，中国则继续高举全球化大旗，以建设人类命运共同体为目标，积极倡导“一带一路”“共商、共建、共享”理念，强调维护全球多边贸易体系权威，获得国际社会高度认可。

---

① Global Trade Alert：TOTAL NUMBER OF IMPLEMENTED INTERVENTIONS SINCE NOVEMBER 2008，http：//www.globaltradealert.org/global_ dynamics/day－to_ 1108.（上网时间：2017年11月8日）

总体看，冷战结束以来一度高歌猛进的经济全球化开始全面转入盘整阶段，理念、机制和目标均面临重塑。

（四）科技创新临近拐点，酝酿增长新动力

2017 年，以新能源和人工智能为代表的新一轮应用科技创新潮流迅猛发展，正在经济产业领域释放出巨大活力，推动世界经济和各国发展实现突破。在新能源领域，国际能源转型加速推进，国际能源署《2017 年世界能源投资报告》显示，2016 年全球电力投资首超油气投资，能源体系转型和能源替代已成为多数国家的能源战略；国际能源署（IEA）和国际可再生能源署（IRENA）联合研究称，到 2050 年能源转型计划将每年创造至少 10 万亿美元效益[①]；而中国提出的全球能源互联网倡议得到各方认可，正式纳入联合国工作框架全面对接 2030 年可持续发展议程，势将对全球能源转型做出更大贡献。在人工智能领域，美国字母表公司（谷歌母公司）“阿尔法围棋”（AlphaGo）和“阿尔法元”（AlphaZero）智能机器人取得突破，后者从零开始通过自学即打败前者，被誉为人工智能领域的重大进步；各类无人设备迅猛发展，无人驾驶汽车市场接近万亿美元规模，成为各国竞相发展的目标。

二、大国关系深刻调整重塑

10 年来，尽管“一超多强”的国际格局并未根本改变，但

① 国际能源网：“到 2050 年能源转型将每年创造 10 万亿美元效益”，http://www.in-en.com/article/html/energy-2260233.shtml。（上网时间：2017 年 11 月 8 日）

多极化趋势加速发展。2017 年，国际战略格局调整全面深化。

（一）西方大国困境进一步深化

美国作为“一超”的相对实力地位下滑，对外软实力与内部凝聚力均明显削弱。对外，特朗普一改美国自诩“全球化领导者”的传统立场，公开鼓吹“美国优先”，战略重心明显内倾，对全球化、多边主义、国际义务态度消极[①]；对内，迎合、操弄普通民众对美国现状的不满，搞所谓的“推特治国”。特朗普不顾美国传统政治规矩与理念，令战后美国历届政府总体一贯的政治路线面临被逆转和被颠覆的风险，致使美国内外不满增大，特朗普面临的执政阻力加剧。其强力推出的“禁穆令”引发内外激烈反弹，废除“奥巴马医改”在最后时刻告吹，退出《巴黎协定》则招致国际社会普遍质疑和反对，“战略谋士”班农与国安顾问弗林等亲信也被迫辞职；特朗普亦深陷“通俄门”阴影，总统权威乃至合法性面临挑战。在此背景下，特朗普民意支持率迭创历史新低，最新支持率仅为 38% 左右[②]。

欧盟面临英国“脱欧”与分离主义、恐怖主义挑战，极右翼势力在多国得势。英欧谈判旷日持久，双方围绕“分手费”等激烈讨价还价；“脱欧”还对其他成员国产生消极示范效应。西班牙富裕的加泰罗尼亚地区擅自举行“独立公投”，引发社会政治动荡。而“伊斯兰国”眼看在中东大势已去，遂疯狂报复，重点在欧洲等地通过回流、“独狼”等频繁制造恐袭，严重威胁

---

① “特朗普的‘退出主义’”，新加坡《联合早报》网，http：//www.zaobao.com/wencui/politic/story20171016－803309。（上网时间：2017 年 11 月 16 日）

② “民调显示特朗普支持率跌至新低”，《华尔街日报》中文网，http：//chinese.wsj.com//politic/story2260233.shtml。（上网时间：2017 年 11 月 16 日）

欧洲多国。

日本安倍内阁丑闻发酵，试图以强硬姿态拉抬支持率及转移国内视线，利用朝鲜半岛紧张局势炒作“朝鲜核导威胁”，加紧推动修宪和政治大国化。但“安倍经济学”难以化解日本社会经济发展面临的结构性问题，经济增长远低于世界和发达国家平均水平①。

（二）新兴大国走势整体改善

国际格局演变进一步呈现“东升西降”。中国仍是新兴大国与世界经济增长“领头羊”，对世界经济增长贡献率超过30%，占“金砖国家”经济总量与年经济增量均达一半以上②，2017年经济增速预计为6.8%③；同时积极推动构建“人类命运共同体”，彰显“负责任大国”形象，厦门金砖峰会引领金砖合作步入“第二个金色十年”，中共十九大全球瞩目、备受好评。印度莫迪政府对内深化改革，经济年增速预计为6.7%，同时积极拓展地缘影响力，在“坐大”南亚与印度洋的同时，加速向亚太和非洲推进。俄罗斯、巴西与南非不同程度脱困。受世界经济复苏整体加强与大宗商品国际行情看涨带动，三国均摆脱近年来的衰退，预计2017年增速分别为1.8%、0.7%、0.7%。普京对

① 国际货币基金组织（IMF）：《World Economic Outlook October，2017》，第137页。

② 习近平：《决胜全面建成小康社会　夺取新时代中国特色社会主义伟大胜利——在中国共产党第十九次全国代表大会上的报告》，人民出版社，2017年10月版，第2—3页。

③ 国际货币基金组织（IMF）：《World Economic Outlook October，2017》，以下GDP增速数字来源均同。

外继续进取，重点在中东与东欧拓展，地缘战略影响力上升。特梅尔保住巴西总统职位，加紧推动国内政经改革，经济增长转负为正。南非经济社会情况改善，经济增速较2016年（0.1%）回升，对外则积极提升国际影响力。

（三）大国竞逐博弈更加复杂激烈

一是美俄缓和破局、对立加剧。双方关系“高开低走”，爆发激烈的“外交战”“制裁战”“媒体战”，并在中东、欧亚明争暗斗。二是美欧裂痕凸显，跨大西洋关系加速调整。美国威胁退出伊核协议，公然退出《巴黎协定》，甚至称英“脱欧”“理所当然”，公开宣称欧盟、北约“过时”，严重冲击跨大西洋关系；欧对特亦谋求“以实力求尊重”，默克尔指出“欧洲完全依靠别国的时代已经结束”，美欧联盟裂痕加深。三是大国竞争与合作同步发展，各种利益组合更加复杂多变，既合作应对各种挑战，又激烈争夺战略制高点。中美竞争与合作同步深化，特朗普既在经贸、南海等问题上加大施压，同时为解决朝核等棘手问题，以及受制于中美相互依存日益加深，又不得不全面深化对华战略协作。而欧盟面对国际关系深刻调整，主动调整同中俄关系，推进同中国在“一带一路”、气候变化上的合作，加深同俄在反恐、难民、中东等议题上的协调。

三、全球社会政治乱象凸显

2017年以来，金融危机影响日益向社会政治领域蔓延扩散，各种社会政治乱象纷呈、治理困境加剧：

（一）西方民粹乱象进一步蔓延扩散

社会政治走向的不确定性凸显。特朗普执政后依然不改民粹风格，并以“反建制派”自居；前白宫首席战略顾问班农则自诩“列宁主义者”，宣称要彻底炸掉“既有制度”。在此情况下，美国政治极化与对立明显加剧，共和、民主两党恶斗不休；特朗普本人遭民主党贴上“利益集团代言人”标签，而“通俄门”事件发酵，则被共和党保守派指为民主党与主流媒体搞“政治追杀”。欧洲民粹势力也进一步坐大，德国大选中，默克尔虽然成功连任，但其领导的基民盟却遭遇70年来最差选战成绩[①]；与之相对，右翼政党“选择党”虽然成立不到4年，不仅首度跻身联邦议会，更一举成为议会内第三大党；而默克尔近期组阁谈判失败，更是折射传统大党影响力下降。法国民粹政党“国民阵线”领导人勒庞在竞选中高举反全球化和反伊斯兰大旗，虽在总统大选中败北，但已在政坛成势；国际媒体普遍认为，若马克龙改革不利，不排除民粹政党卷土重来。英国社会围绕“脱欧”的分化加剧，首相特蕾莎·梅试图通过提前选举扩大保守党在议会下院的优势，未料反而削弱执政基础，更面临反对派的“逼宫”压力，而苏格兰民族党等则利用苏格兰民众对“脱欧”的不满，试图再推脱英公投[②]。日本安倍政府有意操弄民族主义情绪，以转移国内矛盾，维持长期执政；小池百合子、“日

---

① “德国大选：默克尔的胜利‘徒具其表’”，英国广播公司（BBC），http：//www. bbc. com/zhongwen/simp/world – 41383409。（上网时间：2017年11月13日）

② “英媒报道称保守党40名议员签署不信任函，特雷莎·梅再陷领导危机”，路透社，https：//cn. reuters. com/article/uk – media – reservative – members – theresa – 111 – idCNKBS1DD05Z。（上网时间：2017年11月13日）

本维新会”等民粹势力趁机打出变革、修宪等旗号，捞取政治资本。奥地利议会选举中，主张反移民的右翼人民党和自由党上台执政。此外，澳大利亚、新西兰、希腊等国的民粹思潮也明显上升。

（二）新兴国家社会政治转型风险上升

与西方相比，曾照搬西方制度模式的发展中国家更具政治、经济的不平衡性、不稳定性，更易引发社会动荡。俄罗斯经济虽然逐渐企稳呈现复苏势头，但仍面临美欧经济制裁、资本出逃、结构性改革不力、政府贪腐加剧等不利条件制约[①]。2017 年以来，俄罗斯多地爆发反政府示威游行，总理梅德韦杰夫也深陷贪腐丑闻；2018 年俄罗斯将举行总统大选，虽然俄罗斯媒体普遍预估普京连任无悬念，但俄反对派与西方势力可能再度借机生事。巴西特梅尔政府力推经济改革与脱困，启动 20 年来最大规模的私有化计划，希望借此缓解财政压力、刺激经济复苏，但引发民众不满，其受贿案也持续发酵，民意支持率下跌，民调不满意率高达七成[②]。此外，拉美的阿根廷、委内瑞拉等中小国家都爆发严重街头运动，反动派动辄扬言对领导人发起弹劾。南非总统祖马宣称要推进“彻底”的经济改革，包括无偿征用土地等

① 俄罗斯腐败问题尤其严重，统计显示仅 2016 年俄罗斯因腐败犯罪造成的损失就超过 780 亿卢布（约合 96 亿人民币），参见“俄罗斯：2016 年腐败犯罪造成近百亿元损失”，中国纪检监察网，http：//www. ccdi. gov. cn/xcjy/hwgc/201705/t20170526_99990. html。（上网时间：2017 年 11 月 13 日）

② “民调：巴西总统特梅尔的执政满意度跌至 3%，到历史最低点”，新华网，http：//news. xinhuanet. com/world/2017－09/29/c_ 129714312. htm。（上网时间：2017 年 11 月 13 日）

措施，加剧民众抗议[①]。津巴布韦、埃塞俄比亚、尼日尔等也陷入社会动荡；刚果（金）总统为延长任期，竭力推迟总统大选至2018年，导致国内政局持续紧张。在东亚，柬埔寨执政的人民党与反对党博弈加剧，多次爆发严重街头运动，随着2018年大选临近，柬朝野斗争恐更趋激烈；新加坡总理李显龙则面临任人唯亲、贪腐等质疑。

（三）各种极端社会政治思潮抬头

在内外环境深刻作用下，不少国家的宗教极端思潮、分离主义思潮加速抬头。中东"伊斯兰国"虽遭遇重创，但各国社会极端主义滋生和蔓延的土壤还远未铲除，不少身处社会中下层的青年人教育和收入水平偏低，极端化现象明显增多。统计显示，参与美欧本土极端宗教组织的人员已达数十万人；此外，仅在东南亚就有30多个宗教组织宣布认同"伊斯兰国"提出的主张，一成左右的马来西亚、印尼等国穆斯林对"伊斯兰国"有好感[②]。与此同时，加泰罗尼亚脱离西班牙、中东库尔德人建国等分离主义和运动也持续发酵。英国《金融时报》援引瑞典斯德哥尔摩国际和平研究所的报告称，世界正面临冷战后新一波分离主义运动浪潮；以加泰罗尼亚的分离主义运动为例，其是自2014年苏格兰举行独立公投以来，西欧国家所面临的对于国家完整最严峻的挑战，亦是西班牙自1975年佛朗哥政府结束以来

---

① "IMF：南非明年经济恐难增速"，商务部，http：//www. mofcom. gov. cn/article/i/jyjl/k/201711/20171102669082. shtml。（上网时间：2017年11月13日）

② 参见2017 terrorist attacks，http：//storymaps. esri. com/stories/terrorist – attacks/？year = 2017；2016 terrorist attacks，https：//storymaps. esri. com/stories/terrorist – attacks/？year = 2016。（上网时间：2017年11月13日）

所面临的最为严重的政治危机，随着分离主义情绪进一步发酵，欧洲还可能出现更多加泰罗尼亚，意大利威尼托、伦巴第地区等都可能要求更大自治权[①]。

四、国际安全形势更趋复杂严峻

当前国际安全形势复杂严峻，传统地缘竞争有增无减，非传统安全挑战大量涌现。

（一）传统地缘热点持续发酵

国际战略格局深刻调整，主要大国战略竞争加剧，传统地缘与实力政治角逐明显升温。一是亚太地缘博弈更加错综复杂。美国新政府亚洲政策逐步成型，特朗普试图升级奥巴马“亚太再平衡”战略，强调构建“自由、开放、互惠的印太”，试图打造以日印为支点，以美、日、澳、印四国集团为架构的地区战略布局，维护地区主导权；美、日、印、澳互动明显加强，谋求重启“四方安全对话”。与此同时，新旧地区热点持续发酵。朝鲜不顾国际反对进行第六次核试，扬言已成功试爆氢弹，接连射导，并将美本土纳入打击范围；美国则贯彻“极限施压”政策，动用包括“间接制裁”、美韩军演、加强反导体系构建等所有手段全面提升对朝制裁施压强度。南海问题暗流涌动，美国继续开展所谓“航行自由行动”，频频炒作中国南海岛礁建设进度，越、菲、马等争端方则施压加快“南海行为准则”谈判进程。印巴

① “欧洲可能出现更多加泰罗尼亚?”，英国《金融时报》中文网，http：//www. ftchinese. com/story/001074796。（上网时间：2017 年 11 月 13 日）

冲突升温，印多次公开扬言将对巴实施“外科手术式打击”。缅甸罗兴亚人危机纠结难解，罗兴亚人与缅甸当局爆发大规模武装冲突，数十万人逃离家园，西方借机加大对缅施压。二是美、俄、欧在乌克兰及中东欧的三角互动更加复杂微妙。美俄战略对抗进一步升级，美国不断强化北约在中东欧的战略部署、出台对俄新制裁，俄则在其西部边境举行冷战结束后最大规模军演。而欧盟面临内外挑战有意修复对俄关系，与美对俄政策明显拉开距离，法德均表示愿就乌克兰问题与俄加强磋商，并推动欧俄关系重启；俄罗斯则有意利用美欧分歧，推动与欧对话以缓解美国战略围堵。三是“后伊斯兰国时代”中东地缘战略格局面临深刻调整。美俄博弈呈现“俄进美退”，双方代理人之争愈演愈烈，美俄在库尔德武装地位、阿萨德去留等关键问题上严重对立。美伊（朗）矛盾凸显，特朗普不断发表对伊强硬言论，近期更是宣布停止认证“伊核协议”，推给国会决定是否对伊实施新制裁。域内主要国家博弈加剧，沙特与伊朗矛盾公开化，双方从在也门的“代理人战争”演变为直接外交冲突；沙特牵头周边国家孤立卡塔尔，成为波斯湾地区数年来最严重的外交危机；土耳其则强势介入叙内战，并力争在美俄间保持平衡。

（二）非传统安全挑战危害加大

2017 年，非传统安全威胁进一步上升。一是恐怖主义风险居高不下。“伊斯兰国”（IS）在中东溃败，残余势力加快向其他地区转移。南亚、东南亚多国陷恐袭阴霾，阿富汗清真寺频遭袭击，巴基斯坦多地发生连环恐袭爆炸，印尼成“伊斯兰国”传播宗教极端思想的新温床。欧洲恐袭频发，“伊斯兰国”成员回流作案与本土“独狼”恐袭互相交织，英遭遇 10 年来最严重恐袭，西班牙发生多起恐怖分子驾车冲撞人群事件，造成重大平民伤亡。据美国艾斯瑞（Esri）公司和“和平科技实验室”联合统计，仅2017年1—10月，全球“独狼”袭击达311次，致死1156人，超过2016年全年的299次，其中美国本土发生的“独狼”袭击较2016年增长了近一倍[①]。

二是网络安全挑战越发严峻。其中，既有非政府的网络攻击，也有作为国家行为的网络对抗；既有黑客的个人行为，也有有组织甚至是企业化的网络犯罪；既有商业性的网络窃密，也有以传播极端思想，制造恐怖活动为目的的政治性的网络恐怖主义。国际网络安全公司Trend Micro发布的《2017年中安全综述》（2017 Midyear Security Roundup）显示，2017年上半年仅“想哭”（WannaCry）在全球造成的经济损失就达40亿美元，而“商务电邮危害”（business email compromise）造成的损失则高达53亿美元[②]。与此同时，国家间的网络对抗和军备竞赛也进一步加剧。特朗普日前宣布美国网络空间司令部升级为第十个联合作战司令部，其133支网络战部队已提前部署到位，美国负责国土防御和全球安全事务的助理国防部长肯尼思·拉普阿称，网络司令部计划在2018年9月30日前完成网络部队建设任务，届时它将拥有全面作战能力，总人数将达到约6200人[③]。以色列网

---

① 参见2017 terrorist attacks，http：//storymaps. esri. com/stories/terrorist – attacks/? year = 2017；2016 terrorist attacks。（上网时间：2017年11月13日）

② https：//www. trendmicro. com/vinfo/us/security/research – and – analysis/threat – reports/roundup/.（上网时间：2017年11月13日）

③ “美军网络司令部升级 网络战不再是未来概念”，新华网，http：//news. xinhuanet. com/world/2017 – 08/19/c_ 1121509545. htm。（上网时间：2017年11月13日）

络战部队首次参演20年来规模最大演习。网络空间斗争已经成为继陆、海、空、天之后的“第五战场”。

三是大规模传染病与极端自然灾害的威胁更加严峻。世卫组织统计显示，截止2017年底，登革热、甲型H1N1流感、寨卡等已导致全球数百万人感染，而要有效防止跨国疫病流行，至少需数十亿美元，目前到位资金尚不足1/3。此外，墨西哥大地震、“艾玛”飓风、南亚洪水、东非旱灾等极端自然灾害频发，全球受灾人员达到数百万人，经济损失超过1000亿美元。世界气象组织发布报告称，2017年是自有气象记录以来三个最热年份之一，而伴随二氧化碳浓度升高、海平面上升以及海洋酸化加速，北极与南极海冰消融速度明显加快。

（三）国际安全模式亟待创新

国际安全形势更趋复杂严峻，凸显既有国际安全机制与理念的缺失。一方面，冷战后以美国为首的西方同盟体系凭借实力优势，一度成为国际安全的主导力量。但这种安全机制具有较强的排他性和对抗性，无法真正实现国际社会的共同安全。面对国际格局深刻调整，美西方大国企图联手压制新兴大国、继续把持国际主导权，导致大国战略竞争重回“国际舞台中心”，加剧了国际及地区安全风险。另一方面，影响国际安全的因素日益增多，除军事、政治安全外，资源能源、经济金融、恐怖主义、信息网络等都成为重要的安全议题，安全的内涵与外延不断扩大，传统与非传统安全的界限更加模糊，既有以主权国家为主体的安全模式越来越捉襟见肘，如何超越主权国家间固有藩篱，进一步坚持和发展互信、互利、平等、协作的新安全观就成为摆在国际社会面前的共同课题。

五、全球治理艰难推进

2017年，特朗普“退出主义”严重冲击既有治理体系，多边机制行情走低，全球治理举步维艰。

（一）特朗普的“退出主义”严重冲击现有治理体系

特朗普公开否定多边机制，拒绝履行国际责任，称美将对那些“不能显著推进美国外交政策利益的国际组织”削减或终止资助。目前美国拖欠联合国会费已达8.96亿美元[①]。2017年10月美国宣布退出教科文组织，其长期拖欠的约5亿美元会费也无力追回。美国常驻联合国代表黑利宣称将重新评估所有的联合国机构，并对联合国人权理事会发出“要么改革，要么退出”的威胁。在发展领域，美国大幅削减对外援助力度，截止2017年10月底，美在联合国2030年可持续发展议程框架下的发展援助较上年同期下降四成以上。在气候变化领域，特朗普公然退出《巴黎协定》重创应对气候变化进程。联合国秘书长古特雷斯指出，美国此举不仅使其自身国际形象和国际信誉加速下滑，更令各国履行协定的不确定性大大加剧[②]。在全球多边经贸安排上，特朗普主张以双边协定取代多边或区域机制，以争取达成“更有利于美国的交易”，严重破坏世界贸易体系开放性。美国商务

① “特朗普联大‘首秀’：无人喝彩的‘美国优先’”，新华网，http://news.xinhuanet.com/2017-09/20/c_1121696920.htm。（上网时间：2017年11月13日）

② “美国强启退出巴黎气候协定带来哪些影响”，BBC中文网，http://www.bbc.com/zhongwen/simp/science-40835998。（上网时间：2017年11月13日）

部长威尔伯·罗斯明确表示，美国只对能够降低其贸易赤字的合作协议感兴趣[①]。特朗普不仅退出“跨太平洋伙伴关系协定”（TPP），将《北美自贸协定》（NAFTA）称作“有史以来最糟糕的贸易交易”[②]，甚至试图推动就世贸组织相关规则重新谈判，美国财长姆努钦在G20汉堡峰会上称，不排除美国未来就全球多边贸易协议重开谈判的可能。

（二）全球多边治理议程逆水行舟

一是落实可持续发展议程变数增大。联合国经社事务部发布《2017年可持续发展目标报告》，指出2030年可持续发展议程的诸多领域“进展缓慢且不均衡”，全球贫困与发展不平衡问题日益严重，近10%的就业人口日均生活费不足1.90美元，属于“极度贫困人群”，其中撒哈拉以南非洲地区的近四成人口生活在联合国划定的贫困线以下。根据联合国数据，2015年至2016年，国际社会对最不发达国家的双边援助实际下降3.9%[③]，多数发达国家并未履行将国民收入0.15%—0.2%专门提供给世界最不发达国家的承诺。

二是全球气候治理在曲折中艰难前行。美国退出《巴黎协

---

① “‘美国优先’还是‘美国孤立’？特朗普退出的那些国际协议”，德国之声网站，http：//www.dw.com/zh/%E7%BE%8E%E5%9B%BD%E4%BC%98%E5%85%88%E8%BF%98%E6%98%AF%/a－40950582？&zhongwen＝simp。（上网时间：2017年11月13日）

② “特朗普投给全球贸易的毒药”，《金融时报》，http：//www.ftchinese.com/story/001074743。（上网时间：2017年11月13日）

③ “全球约一成就业人口，日均生活费不足2.6元”，新加坡《联合早报》网，http：//www.zaobao.com/news/world/story20170719－780124。（上网时间：2017年11月12日）

定》给国际气候合作前景蒙上阴影。世界气象组织（WMO）发表的《气候状况声明》指出，全球气候治理正来到不进则退的“十字路口”，2017年全球变暖还在继续，应对全球气候变化的紧迫性日益加剧。联合国环境署报告指出，各国按照《巴黎协定》所做的减排承诺，目前只达到了实现2030年气温控制目标所需减排水平的1/3[①]。而面对挑战，在年底举行的波恩气候大会上，以中国为代表的“基础四国”再次展现魄力和担当；四国联合声明重申全球应对气候变化的进程“不可逆转、不可推迟”，四国将忠实履行围绕《京都议定书》和《巴黎协定》所做的承诺，并愿与所有缔约方和利益相关方一道，推动全球温室气体减排、适应气候变化和可持续发展。

三是全球难民问题治理困难重重。联合国难民事务高专专员菲利普·格兰迪日前坦承，2016年联合国难民峰会所做出的援助承诺迄今远未落实。而2017年以来，受累于恐怖主义、民族冲突和部分国家政经危机，全球难民继续增多，除去叙利亚内乱产生的1100万难民、伊拉克北部战乱等固有因素外，8月缅甸北部爆发冲突，“罗兴亚人”危机迫使近50万人流离失所。据2017年11月联合国难民署批露，全球难民和国内流离失所者总数已达6600万，创历史新高[②]。难民的大量涌入对有关国家特别

① “美宣布退出巴黎协定后首个大会，波恩气候会议将拟通用规范”，新加坡《联合早报》网，http：//www. zaobao. com/news/world/story20171106 – 808661。（上网时间：2017年11月12日）

② “Global Refugee Number Rises To 66 Million ”，http：//sundiatapost. com/2017/11/03/global – refugee – number – rises – to – 66 – million – unhcr/.（上网时间：2017年11月12日）

是欧洲国家的稳定造成严重冲击，并成为欧洲极右势力异军突起的诱因之一。从目前看，中东等地的战乱、一些国家的治理失能以及以非洲为主的人口激增都是难民问题加剧的原因。显然不有效改善世界安全状况、社会治理和发展模式，难民问题将对世界的稳定造成更大挑战。

（三）既有全球多边治理机制亟待升级

一是联合国多边协调机制面临挑战。第 72 届联大 2017 年 9 月在纽约联合国总部开幕，主题为“以人为本：在可持续发展的地球上为全人类努力创造和平以及美好生活”，但本次联大和高峰论坛相较往年号召力大为下降，多个全球治理议程进入拐点，前景不明。发展中国家应对气候变化和落实可持续发展议程的能力依然较弱，亟需国际社会技术、资金扶持，但美国等西方国家对全球化和多边主义的消极、抵制情绪蔓延，推卸逃避国际责任。安理会改革问题也迟滞不前，日本、印度、非盟等“争常方”急于实现突破，瑞士、新加坡、列支敦士登等国强调安改不应无限期拖延，否则将进一步削弱联合国权威与效力。

二是 G20 汉堡峰会折射 G20 机制转型压力。G20 领导人第十二次峰会在德国汉堡举行，主题为“塑造联动世界”，聚焦自由贸易、气候变化、难民危机等热点问题。本次峰会协调难度可谓金融危机以来最高，德国总理默克尔直言与会各方有关自由贸易的谈判“非常艰难”，联合公报在美国压力下首次承认各国有权通过“合法的贸易救济手段”保护本国市场。此外，G20 自身也面临机制上的短板和转型压力。G20 没有设立监督执行的机制，达成的文件对成员国不具有约束力，是否执行主要看成员国的“自觉”[①]。

三是“金砖合作”机制深化仍需克服不少障碍。厦门金砖峰会虽取得系列重要成果，并再次就改革全球经济治理体系提出倡议。但与G7等“老牌”国际机制相比，“金砖合作”机制影响力仍相对有限；特别是“金砖国家”间经贸联系乃至民众交往，还远比不上它们各自间与发达国家的联系；未来“金砖合作”机制要发挥更大作用，仍需金砖国家间进一步克服彼此的差异甚至分歧。

（审订：傅梦孜）

① 于大勇：“G20是‘纸老虎’还是‘世界影子内阁’？”，新加坡《联合早报》网，http：//www.zaobao.com/forum/views/opinion/story20170803－784167。（上网时间：2017年11月12日）

第二章　世界经济呈明显增长态势*

金融危机10年以来，世界经济在2017年终显亮色，发达国家与新兴经济体首次实现明显同步复苏，全球贸易和投资积极反弹，各国对经济发展前景的信心明显增强，但世界经济增长基础有待巩固。

一、世界经济复苏强于预期，增长趋于均衡

2016年下半年以来，世界经济形势发生新变化，全球经济进入上行周期。国际货币基金组织（IMF）最新一期《世界经济展望》显示，2016年全球经济增长3.2%，为全球金融危机以来的最低水平；而2017年全球增速预计将上升至3.7%，创3年来新高，2018年将进一步上升至3.9%①。

---

* 本章撰稿人：张运成、倪建军、梁建武、徐刚。

① IMF：World Economic Outlook：Update：Brighter Prospects，Optimistic Markets，Challenges Ahead. Januery 22，2018.

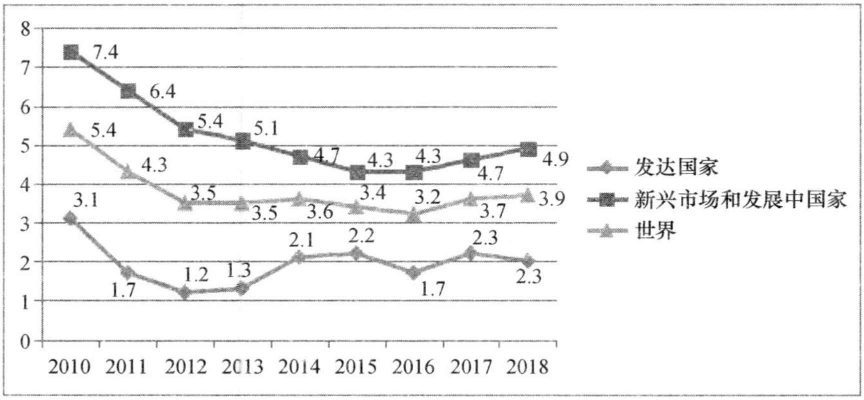

图 2—1 金融危机后世界经济增长态势

数据来源：IMF。

（一）世界经济同步复苏

与2017年1月预测相比，IMF 2018年1月报告将2017年和2018年增长预期分别各上调0.3个百分点，这与过去几年IMF从年初到年末不断下调当年度预期的惯性动作对比鲜明。世界银行、经合组织（OECD）等主要国际经济机构对全球增长的信心均有不同程度的提升。

表 2—1 全球主要机构对 2017 年世界经济增长预期

机构	预测时点	2017 年度增速（%）	2018 年度增速（%）
世界银行	2017 年 6 月	2.7	2.9
IMF	2018 年 11 月	3.7	3.9
经合组织	2017 年 11 月	3.6	3.7
世界大型企业联合会	2017 年 11 月	3.0	3.0
高盛	2017 年 11 月	3.5	4.0
联合国	2017 年 12 月	3.0	3.0

数据来源：各机构官网。

2017 年世界经济稳健扩张，周期性因素明显。多家投行判断，全球目前正处在新一轮朱格拉周期（8—10 年，受设备更替和资本支出驱动）的起点。从历史上看，全球主要经济体的朱格拉周期保持着较强的同步性。2016 年末至 2017 年初，美国、日本、韩国等经济体设备投资增速回升。美国、日本、欧洲的居民和企业资产负债表经历了相当长的时间修复，当前杠杆率处于或低于历史平均水平，判断进入拐点[①]。周期性的政策刺激也是推动全球经济复苏的关键力量。2016 年初全球央行开始的新一轮同步宽松，和各国财政政策转向宽松，为全球经济提供了宽松的信贷环境和总需求扩张，对经济增长的支持力度逐渐显现。欧洲央行行长德拉吉称，欧洲央行的货币政策在支持私人消费和投资需求上发挥了关键作用。尽管欧元区经济稳步复苏，但通胀依旧低迷，仍有必要保持大量宽松[②]。

2017 年，发达国家与新兴经济体实现同步复苏。IMF 称，按购买力平价 GDP，占世界经济总量 75% 的经济体增速加快。但部分新兴和低收入大宗商品出口国（特别是能源出口国）、经历国内战乱或政治动荡的国家增速相对较慢，主要集中在中东、北非、撒哈拉以南非洲和拉丁美洲。IMF 首席经济学家莫里斯·

---

① 解运亮、花长春：《全球可能正站在朱格拉周期新起点上》，华尔街见闻，2017 年 6 月 2 日，https：//wallstreetcn. com/articles/3012897。（上网时间：2017 年 11 月 20 日）

② Francesco Canepa，Balazs Koranyi：Cheap ECB cash still key for euro zone economy：Draghi，Reuters，Website：https：//www. reuters. com/article/us - ecb - policy - draghi/cheap - ecb - cash - still - key - for - euro - zone - economy - draghi - idUSKBN1DH0XV. Online time：NOVEMBER 20，2017.

奥布斯特费尔德认为："全球经济正在同步好转。"[1] OECD预测，其调查的45个对象国2017年的经济增长率均为正增长，其中33个国家的增速将比一年前加快。这种局面是2004年以来的第一次，更早则追溯至1973年石油危机爆发前的几年以及20世纪80年代末。《华尔街日报》称这是"过去50年中极为罕见的现象"[2]。

全球贸易及制造业的反弹是本轮复苏的显著特征。全球贸易增速已连续5年低于全球经济增速。2016年下半年起，全球贸易开始复苏，贸易量和价格同比都出现反弹，大宗商品市场企稳回暖，制造业和电子产品需求旺盛。世行预计，受主要发达经济体需求强劲、中国进出口增速提高、大宗商品出口有所恢复等因素影响，2017年全球贸易增速反弹至4.3%，大幅高于2016年2.7%的最低增速[3]。2017年以来贸易对中国、美国和欧元区等主要经济体增长贡献明显回升。全球投资增速也从低位开始反弹，在经历较长时期低迷后，企业在信心恢复和利润好转带动下开启新一轮设备更新周期，人工智能、无人驾驶、物联网等新兴产业成为资本竞相追逐的风口。摩根大通发布的全球制造业采购经理人指数（PMI）一直位居50上方，显示全球制造业已连续

---

① IMF：World Economic Outlook：Seeking Sustainable Growth：Short-Term Recovery，Long-Term Challenges，October 10，2017.

② Josh Zumbrun：Global Economies Grow in Sync，WSJ，Aug. 23，2017. Website：https：//www. wsj. com/articles/global - economies - grow - in - sync - 1503507503，Online time：NOVEMBER 20，2017.

③ World Bank：Global Economic Prospects：Broad-Based Upturn，but for How Long? Januery 2018.

22个月处于扩张状态，2017年12月创近七年新高。联合国工业发展组织预计，全球制造业2017年将增长3.2%，为过去6年来最高①。

（二）发达国家增长更加强劲

2017年，发达经济体的反弹更为强劲，有助带动全球经济加快复苏。IMF预计其平均增速将达2.3%，较2016年增加0.6个百分点。高盛称，当前发达国家经济增长率约为2016年的2倍。欧洲、日本、美国、加拿大都在提速，英国受累于“脱欧”谈判，增长具有一定不确定性。

表2—2 2017年发达国家整体增长态势

		预期		相对2017年6月预期	
	2016年	2017年	2018年	2017年	2018年
发达国家	1.7	2.3	2.3	0.3	0.4
美国	1.5	2.3	2.7	0.2	0.6
欧元区	1.8	2.4	2.2	0.5	0.5
德国	1.9	2.5	2.3	0.7	0.7
法国	1.2	1.8	1.9	0.3	0.2
意大利	0.9	1.6	1.4	0.3	0.4
西班牙	3.2	3.1	2.4	0.0	0.0
日本	1.0	1.8	1.2	0.5	0.6
英国	1.8	0.0	1.5	0.0	0.0
加拿大	1.5	3.0	2.3	0.5	0.4
其他	2.2	2.7	2.6	0.4	0.2

数据来源：IMF。

① United Nations Industrial Development Organization: Global manufacturing expected to accelerate growth in 2017 as economic recovery strengthens worldwide, September 2017.

美国。2017 年美国经济开局不利，但二三季度增速都在 3% 以上，其中第三季度高达 3.2%，好于预期，为 3 年来首次。2017 年上半年，美国出口增速按年率计算接近 6%，是 2013 年年底以来表现最好的两个季度，超过过去 10 年的平均水平。原本连续 8 个季度负增长的汽车出口，也在 2017 年后转为正增长。从 2016 年 5 月开始，美国失业率已连续低于 5%，呈缓慢下降趋势。2017 年 12 月份失业率降至 4.1%，达到历史低点。美联储预计，美国 2017 年经济增长率将达 2.5%，远高于 2016 年的 1.5%。

欧元区。受债务危机影响的欧洲明显开始复苏，欧元区 19 国 2017 年创下十年来最强劲增长，经济信心高涨，失业率下降至 8 年来的低点。增长不仅限于德国、法国、荷兰等传统经济强国，意大利等也显露出复苏迹象，曾是危机中心的希腊预计 3 年来首次实现正增长。

日本。2017 年日本经济加速，最近一轮经济增长自 2016 年起已持续 8 个季度，成为 2006 年以来最长的一轮经济扩张，主要受益于出口强劲增长。

英国。英国“脱欧”谈判进展曲折，导致主权信用评级被国际评级机构下调。IMF 预计 2017 年英国经济难以实现加速增长，在主要发达经济体中表现最差。OECD 预计，2018 年英国将是七国集团（G7）中经济增速最慢的国家。

（三）新兴经济体整体增速加快

IMF 称，受益于有利的全球金融环境和发达经济体的复苏，新兴市场和发展中经济体 2017 年和 2018 年的经济增长将提速，分别增长 4.7% 和 4.9%。俄罗斯、巴西、南非等将走出衰退恢复增长。亚洲新兴经济体增长强劲，仍是全球经济最具活力地区；中东欧新兴经济体将出现更为迅速的增长；拉美部分大宗商品出口国、独联体国家和撒哈拉以南非洲仍面临困难，但已出现改善迹象。世行预计，中国、巴西、印度、墨西哥、俄罗斯、土耳其、印度尼西亚等七大新兴经济体的增速有望在2018年超过各自长期平均增速。

表2—3　2017年新兴经济体整体增长态势

	预期			相对2017年6月预期	
	2016年	2017年	2018年	2017年	2018年
新兴市场、发展中国家	4.4	4.7	4.9	0.1	0.1
独联体地区	0.4	2.2	2.2	0.5	0.1
俄罗斯	-0.2	1.8	1.7	0.4	0.3
其他	1.9	3.1	3.4	0.6	-0.1
亚洲新兴经济体	6.4	6.5	6.5	0.0	0.0
中国	6.7	6.8	6.6	0.1	0.2
印度	7.1	6.7	7.4	-0.5	-0.3
东盟五国	4.9	5.3	5.3	0.2	0.1
欧洲新兴经济体	3.2	5.2	4.0	1.7	0.8
拉美新兴经济体	-0.7	1.3	1.9	0.3	0.0
巴西	-3.5	1.1	1.9	0.8	0.6
墨西哥	2.9	2.0	2.3	0.1	0.3
中东北非	4.9	2.5	3.6	-0.1	0.3
沙特阿拉伯	1.7	-0.7	1.6	-0.8	0.5
撒哈拉以南非洲	1.4	2.7	3.3	0.0	-0.2
尼日利亚	-1.6	0.8	2.1	0.0	0.2
南非	0.3	0.9	0.9	-0.1	-0.3

数据来源：IMF。

俄罗斯。俄罗斯经济自2016年四季度摆脱衰退，已连续3个季度实现增长。俄罗斯央行行长纳比乌琳娜称，俄罗斯已基本度过经济恢复性增长时期，预计2017年全年国内生产总值增速将达1.8%。

印度。2016年二季度以来，印度经济增速已连续5个季度回落。受废除旧版大额纸币流通以及推行商品与服务税所产生的"转换成本"的持续影响，IMF、世行、亚开行和经合组织等多家机构已连续下调印度经济增长预期，但印度仍是增长最为迅速的大型经济体之一，2018年度过阵痛期后增长有望重回7%以上。

巴西。巴西财政部长梅雷莱斯表示："一百年来最严重的经济衰退结束了。"巴西经济2015年和2016年连续2年大幅负增长，跌幅超过3%。受大宗商品价格触底反弹影响，巴西2017年有望摆脱2年多来的持续衰退，恢复正增长。

南非。南非2016年四季度和2017年一季度GDP环比分别下降0.3%和0.7%，出现2009年后的首次"技术性衰退"，2017年二季度起经济状况开始好转，但高失业问题还在恶化，二季度失业率达27.7%，为2003年以来最高。

中国。IMF2017年以来5次上调中国预期，称在外需强劲、宽松政策和供给侧改革支持下，经济增势强劲，对全球增长贡献巨大，预计2017年中国经济增速为6.8%，2018年为6.6%。世行将2017年中国经济增速从6.5%上调至6.7%，称2017年中国国内消费需求旺盛，国内消费有望增长8%。花旗银行将中国2017年全年GDP增速预期也从6.6%调高至6.8%。渣打银行预计中国有望实现2010年以来首次加速增长[①]。

2018年，预计世界经济环境有望继续改善，主要经济体增长提速，国际贸易增长动力恢复，金融市场信心稳定。摩根士丹利、高盛等多家投行认为，当前全球经济已经显示出具备自我持续复苏的特征，2017年成为扩张之年，预计2018年将延续这一趋势。OECD先行指标显示，未来6—9个月，全球经济将继续保持稳定增长，除英国和俄罗斯放缓外，其他OECD成员和主要新兴经济体均较为乐观。IMF称，2018年3.9%的世界经济增速，不仅高于2008—2017年年均3.3%的历史增速，也高于1980—2017年年均3.4%的历史增速。新兴经济体对全球经济增长贡献有望达77%，较2017年上升2个百分点。

二、增长基础有待巩固，经济风险不容低估

世界经济复苏虽呈现积极迹象，但不稳定、不确定风险的根源并没有完全消除，发达国家政治、经济金融制度弊端周期性局部发作。美国相对衰落，无力继续维护国际经济秩序稳定，本应多方拓展与各国平等合作、增进世界经济发展的动能，却把有限资源浪费在围堵中国发展的“印太战略”等上，可能因“内顾”倾向损害共同增长基础。

（一）发达国家政策不确定性负面影响突出

大西洋两岸成为世界经济不确定性的主要来源。2017年以

① “国家统计局：国际机构纷纷上调我国经济增速预期彰显经济发展底气”，2017年7月31日，http：//www.stats.gov.cn/tjsj/zxfb/201707/t20170731_1518302.html。（上网时间：2017年11月21日）

来，美国特朗普政府相继退出“跨太平洋伙伴关系协定”（TPP）、气候变化《巴黎协定》和联合国教科文组织，降低对世行等国际多边经济机构的资金支持力度，威胁不会遵从世贸组织争端解决机制的裁决，突出“美国优先”、偏重双边主义，但又强调不会放弃现有多边合作政策框架，希借双边谈判寻求公平协定条件。诺贝尔经济学奖得主斯蒂格利茨等人指责特朗普把美国变成流氓国家，屡屡破坏战后来之不易的全球经济治理架构。2017年3月正式启动英国脱欧谈判程序以来，英欧双方一直未就费用清单、边界安排等第一阶段关键性议题达成共识，陷入“令人担忧的僵局”。英国首相特雷莎·梅甚至表示，英国需要做好“脱欧”谈判最终达不成协议的准备。直到12月8日，英欧双方才就爱尔兰边界、欧盟在英公民权利、“分手费”等核心议题达成协议，虽即将开启第二阶段谈判，但不确定性风险依旧巨大。对于第二阶段谈判，欧洲理事会主席图斯克表示，简单阶段已结束，困难部分才刚开始。第二阶段谈判将聚焦贸易、安全和未来关系等议题，无疑将更具挑战性。世行认为，发达国家不确定性升高的经济政策将损害市场信心，不利企业投资。IMF国际货币与金融委员会认为，当前全球风险可能已从较高的金融和经济风险转向更大的地缘政治风险，其中美国新政府的政策走向尤为突出。欧洲央行指出，美国新政府的财政、尤其是贸易政策意图存重大不确定性，后者或对全球经济造成潜在重大负面影响。

（二）全球货币政策调整拐点的负面溢出效应上升

2017年，美联储3次加息并开始缩减4.5万亿美元的资产负债表，全球货币政策正常化进程加速，多家央行相继释放紧缩货币政策信号。加拿大和英国央行已跟随美联储加息。欧洲央行

理事会把每月购债规模缩减一半，审慎开启退出超宽松货币政策的序幕。市场分析人士预计，欧央行首次加息在2019年下半年。日本央行和财务省均表示，继续收缩债券购买力度，市场预计削减刺激措施将提速。发达国家货币政策逐步趋同，与发展中国家政策分化扩大，全球流动性收紧加快，全球利率面临上行压力。历史经验看，1994年墨西哥货币危机、1997年亚洲金融危机，都有美国加息的影响，并引发了全球市场混乱。当前，发展中国家本币贬值、资本流出、金融波动性上升等风险逐步加大。IMF《全球金融稳定报告》警告说，资金从新兴国家外流，有可能引发全球经济衰退。国际清算银行警告，全球市场已经习惯低成本信贷供应，一旦全球利率上扬，世界经济复苏将面临“脱轨”风险。

（三）地缘政治风险引发经济社会震荡

2017年以来，僵持不下的英国“脱欧”已冲击欧洲经济稳定，西班牙加泰罗尼亚公投更是雪上加霜。公投开始短短1个月里，超过1800家公司决定撤离加泰罗尼亚，107家企业决定外迁总部，加泰罗尼亚经济受损。意大利民粹主义政党“五星运动”颇为活跃，2018年意大利大选将是下一个关注重点。中东地区继2017年7月沙特、阿联酋、巴林和埃及等国与卡塔尔的断交风波后，11月沙特王储穆罕默德·本·萨勒曼又掀起反腐风暴，国际油气市场波动明显加大。美欧等国频繁使用经济制裁手段应对地缘政治风险，但效果甚微。美欧对俄罗斯、朝鲜、伊朗、委内瑞拉等国施加的多轮制裁，不仅波及其他国家与受制裁国家正常的经贸往来，更严重影响了相关国家民众生活。2017年底津巴布韦局势动荡，使世界重新审视非洲地区投资环境，如何更好维护各国的海外投资已成为一个世界性议题。

三、各国竞推经济改革，重塑比较优势

（一）各国竞相推出经济改革举措

美国。3 月 28 日特朗普总统签署名为“能源独立”的行政令，开启美国能源政策改革，暂停多项奥巴马时期法令，解除对国内传统能源生产的限制等。6 月 1 日特朗普宣布美国将退出巴黎气候协定。6 月 13 日财政部公布一项放松金融监管的框架计划，提出 100 多项改革举措，主要包括放松大型银行交易业务限制，减轻其年度压力测试负担，减少消费者金融保护局的职权等。9 月 27 日特朗普宣布庞大复杂的税改框架，主要内容是减税。10 月 6 日美国财政部公布全面改革美国资本市场的蓝图报告，建议实行一系列措施鼓励企业公开上市、改善企业资本利用渠道，并为投资者提供更广泛的投资机会。12 月 2 日美国参议院继众议院之后通过税改法案，12 月 22 日特朗普签署了这项 30 年来最大规模的减税法案。2018 年 1 月法案开始实施，预计新税法将对美国及世界经济产生深远影响。

法国。7 月 12 日法国新任总理爱德华·菲利普宣布教育、卫生及预算等领域的结构性改革计划，包括劳工法制改革，商务退税、改善民生标准、修改失业福利和退休制度及削减 12 万公务员计划等。9 月 25 日政府宣布启动 5 年期大规模投资计划，该计划将涵盖职业培训、能源转型、农业、卫生医疗及改革等多领域。这将进一步刺激劳动力市场，推进正在进行的结构性改革。

印度。7 月 1 日印度总理莫迪在全国范围启动新的商品与服务税，取代以往由各邦政府及联邦政府分别征收的 500 多种税项，意图以 5%、12%、18% 和 28% 四种税率整合印度分散凌乱的市场[①]。10 月底莫迪瞄上印度改革难题之一的银行问题。印度国有银行拥有 70% 的印度银行资产，占有 80% 的印度银行坏账，而中小企业难以获得银行贷款，抑制了经济活力。莫迪宣布将向银行业注入 324 亿美元进行资产重组，相当于印度 GDP 的 1.5%。

沙特。新王储穆罕默德·本·萨勒曼 2016 年 4 月代表沙特政府公布"沙特 2030 愿景"经济改革计划。2017 年是"沙特 2030 愿景"的实施年，政府积极推动全面改革，尤其是改革阿美石油公司，10 月 31 日宣布将首次发放旅游签证。

泰国。2016 年 8 月泰国总理巴育提出"泰国 4.0"经济改革计划。2017 年"泰国 4.0"拉开序幕，泰国规划了东部经济走廊等六大发展区域，划定 10 个经济特区；为吸引高科技企业投资，推出《泰国投资法案》新修订版、《泰国竞争力增强法案》，允许投资委员会对投资者提供新的激励措施等。

印尼。本届政府 5 年任期过半，2017 年是印尼政治、经济、社会变革的关键年。2017 年印尼政府提出 2 项触及经济基本面的改革：一是出台新《劳动法》，加快发展劳动密集型产业；二是修改《电力法》，加大对外资尤其是输电环节投资者的开放和

① "印度启动独立以来最大规模税改"，新华网，2017 年 7 月 2 日，http://news.xinhuanet.com/world/2017-07/02/c-129645435.htm。（上网时间：2017 年 11 月 21 日）

保护力度，打破国家电力公司一家独大的局面。

其他国家。2016 年 8 月蒙古国新任财长称“蒙古国正处于一个深度经济危机状态”，表示新政府将采取一系列改革措施应对经济困难。2017 年 5 月 IMF 同意提供资金，支持蒙古国开展财政整顿、减轻国内金融市场压力的经济改革规划；乌兹别克斯坦政府在《2017—2021 年乌兹别克斯坦进一步发展行动战略》基础上制定了经济改革计划；巴西现任总统特梅尔也正在推行经济与财政改革。

（二）全球经济改革的特点

这一轮改革不同于金融危机后全球齐心协力摆脱危机，是经济复苏后各国寻求经济可持续发展的探索。

攻坚克难的深度改革。美国税改计划框架是 30 年来最激进的，将企业最高税率由目前的 35% 降至 20%，个人所得税最高边际税率从 39.6% 降至 35%。印度的商品和服务税改革也是印度 1947 年独立以来规模最大的税收政策改革。法国改革针对颇具争议性、敏感的劳工法，剑指业已僵化的国内劳动力市场。这是长期以来企业主、劳工公会在内各方冲突的焦点，欧盟多年来一直试图改变但进展甚微。

持续坚持的改革。印度总理莫迪自 2014 年上台以来，启动了一系列改革，包括“印度制造”“技能印度”“数字印度”等政策。尽管 2016 年底莫迪推出的废钞令受各方诟病，2017 年 7 月仍推进更为艰难的税制改革。3 年来印尼政府陆续推出 14 个经济改革“政策包”，在大幅削减燃料补贴、力促出口结构转型、增加基建和制造业投资、加强教育和医疗保障等领域取得了显著进展。

谋求创新发展的结构性转型改革。“泰国4.0”经济改革计划是通过创意和创新把泰国提升到一个基于高附加值的经济发展阶段，从而促进泰国经济转型升级、增强竞争力。重点发展航空航天、自动化及机器人技术、生物燃料及生化、医学中心和数字技术等10个重要行业。“沙特2030愿景”经济改革计划提出，摆脱石油依赖症，实现多元化，从一个石油大国转型成为金融大国，从资源输出转变为资本输出。沙特2017年重点投入巨资，打造红海沿岸尼尤姆全新高科技未来城市。

（三）影响评估

深层次结构性改革阻力重重而不断调整。印度、巴西、沙特等国正进行深度结构性改革，触动多方利益，进展缓慢，甚至经济增长速度也因改革而减缓。印度7月新税制税率改革出台后，各邦政府仍有权加征特别税，如加尔各答向纺织工业加征5%的附加税，引发该邦纺织工人大规模游行示威，抗议税制改革增加税负。税改还导致印度国内供给链和分销链出现紊乱。10月25日路透社调查，因废钞令和新商品与服务税破坏了企业活动，打击了消费者需求，本财年印度经济增速可能放缓至4年来最慢，预计增长6.7%[①]。尽管如此，印度政府仍坚持改革，对7月推出的商品与服务税做出相应调整，计划大幅削减多种商品税率，减轻消费者和企业负担。

“沙特2030愿景”经济改革计划过于庞大，涉及部门过多，实际操作困难。2017年沙特政府将该改革计划修订为“国家转

---

① “调查：本财年印度GDP增速或降至四年来最低6.7%”，路透社，2017年10月25日，cn. reuter. com。（上网时间：2017年11月21日）

型计划2.0版”，缩小改革规模。7月底IMF发布报告，沙特的改革将有效刺激沙特非石油经济的发展，预计2017年国民生产总值中非石油经济部分将实现约1.7%的增长。

全球竞争性减税局面形成。美国正式公布减税计划之前，全球已掀起企业税减税潮。英国政府2016年11月28日承诺，到2020年把公司所得税税率从目前的20%降到17%[①]；荷兰政府宣布，从2018年起逐步扩大20%低税率适用企业的范围；意大利2017年将企业所得税从27.5%下调到24%。2017年初，印度考虑在2018—2019年度将大公司所得税降至25%。以色列计划2018年1月将企业所得税从目前的24%下调至23%。2017年初这一税率已经从25%降至24%。

保护本国经济，重塑竞争优势。美国总统特朗普年初就职演说强调“美国优先”原则，进行税制改革，降低税率，争取在10年内新增2500万个就业机会，并使美国经济年增速重回4%，保证美国强国的地位。近一年来，美国经济活动日趋活跃，增长稳健。欧洲为摆脱数字经济领域被美国和中国远远甩在后面的局面，2017年9月欧盟改革数字经济有关的企业税，决定支持对美国科技巨头开征新税，欧盟财长理事会达成共识并着手立法，这将制约美国、中国科技巨头在欧洲的布局和扩张，促进欧盟数字经济的发展。

---

① “如果美国减税，欧洲会不会跟上”，《国际商报》，2016年12月19日，http://epaper.comnews.cn/news.php?newsid=1154920。（上网时间：2017年11月21日）

四、中国致力开创全球经济治理新气象

2017年是中国提出建设现代化经济体系的元年，也是中国积极参与经济全球化、扎实推进全球经济治理的又一年。人们习惯用“赢家”“输家”描述全球化，背后逻辑显示全球化已演变成为国家间博弈的平台和形态。2017年，美欧依然维持引领者地位，同时中国和其他新兴国家正迎头赶上。

（一）美式全球化遭遇“二元”经济结构困境

当前反全球化声浪、贸易保护和民粹主义升高等问题主要都发生在发达国家。美国方面，除了外部的全球化红利不断递减，自身陷入“二元”经济结构困境，以硅谷为代表的创新驱动经济与制造业转移、岗位流失的传统经济分化加剧，显示美式全球化正遭遇最大挑战，特朗普就任总统及其政策转向“内顾”即与此相关。

新世纪以来，美国创新经济与传统制造业各走各路，渐行渐远，致使经济社会陷入结构性困境。与创新经济竞争力全球领先相比，美国传统经济由传统制造业和低端服务业构成，竞争力弱，无法提供优质岗位。美国劳工统计局数据，2000年至2017年9月，共减少480万个制造业岗位，降幅接近30%。

与创新经济动力十足相比，美国传统经济后劲不足。受全球经济低迷和产能过剩双重影响，钢铁、铝等传统制造业遭受较大冲击。如美国钢铁公司由于巨额亏损，不得不寻求政府高关税保护。传统经济释放出大量过剩劳动力无法被创新经济吸收。“二元经济”壁垒森严，创新经济具有自动化、智能化趋势，对劳

动力需求大大降低。1990 年，底特律 3 家顶级汽车制造商共拥有 2500 亿美元的名义收入、360 亿美元的总市值和 120 万雇员。2014 年，硅谷“三巨头”（苹果、谷歌和微软）总名义收入为 2470 亿美元，总市值超过 1 万亿美元，而雇员仅为 13.7 万人。收入“二元”分化，贫富差距扩大，中产阶层萎缩。

（二）欧日政经失衡无力引领全球化

2008 年国际金融危机对欧洲冲击、影响最大。经济不振、恐怖主义和难民危机等不断削弱欧洲人对全球化的信心，特别是欧盟作为一个以顶层设计为引导的超国家行为体面临英国“脱欧”的重大挑战，连带欧洲主要国家政治、经济与社会发展失衡，引发新一轮全欧民族主义、民粹主义、分裂主义浪潮，其严重程度已远超反全球化层面，至今尚未过去。欧洲各国近 10 年来忙于危机处理，经济政策的僵化受到广泛质疑，至今难以根本摆脱困境。在多重危机交织难解下，民众迷茫和悲观失望情绪上升，主流政党日益转向保守和封闭，企图通过民粹主义摆脱危机；极端势力打着“民众利益捍卫者”的旗号，进一步加剧矛盾、撕裂社会，并严重扰乱各国合作进程。2016 年，作为欧盟“三驾马车”之一的英国全民公投“脱欧”表面上是一体化实质性倒退，本质上是欧式全球化进程遭遇重大挫折、面临重大转折。

日本企业的全球化投资真正开始是在 20 世纪 80 年代后半期。当时正好是在泡沫经济最盛时期，投入资金收购海外的大型企业风生水起。但到 90 年代初，并购开始逐步减少。从全球制造业数据上看，2000 年日本的劳动生产率还仅次于美国，居世界第 2 位，至 2014 年却被德、英、法赶超，跌落至第 11 位。冷战后经济全球化进程加快，恰恰是日本经济增长陷入停滞的过程。日本代表性企业拓展海外一直是日本参与全球化的重要表现和明显例证。近 20 年来，日本经济结构性矛盾难解，企业竞争力持续下降，高额利润不再，东芝、三菱等大企业丑闻不断，日本的“制造业神话”开始破灭。

（三）中国为全球经济治理贡献中国智慧和力量

中国坚定支持全球化，继续推进全球经济治理合作。2017 年 1 月 17 日中国国家主席习近平在达沃斯世界经济论坛年会发表了题为《共担时代责任，共促全球发展》的主旨演讲。前国际货币基金组织经济学家普拉萨德认为，习近平主席的到来，标志着中国已经准备好在全球治理方面进行建设性接触，同时承担与其经济体量相称的领导角色。习近平主席在演讲中称“小智治事，大智治制。坚持与时俱进，打造公正合理的全球经济治理模式”。国际媒体高度认可习近平主席强调的坚持多边主义、维护多边体制权威性和有效性，支持中国建设开放透明、互利共赢的区域自由贸易安排，而不是搞排他性、碎片化的小圈子。

中国经济已由高速增长阶段转向高质量发展阶段，正处于转变发展方式、优化经济结构、转换增长动力的攻关期。2017 年 10 月中国共产党召开十九大，具有划时代意义。十九大报告提出要建设现代化经济体系，这既是国家发展的战略目标，也是参与全球治理的迫切要求。报告向外宣示，中国将继续发挥负责任大国作用，积极参与全球治理体系改革和建设，不断贡献中国智慧和力量；中国支持多边贸易体制，促进自由贸易区建设，推动建设开放型世界经济；中国积极促进“一带一路”国际合作，努力实现政策沟通、设施联通、贸易畅通、资金融通、民心相通，打造国际合作新平台，增添共同发展新动力。

世界经济正处于规则深刻变革前夜。中国应抓住欲变未变的过渡期，积极参与并引导构建更加包容的世界经济新格局。当前，全球经济治理机构日益分化为两类：一类是传统的全球性治理机构，如世贸组织、国际货币基金组织、世界银行、联合国贸发会议等，参与成员众多，代表利益广泛；另一类是同质、新型的多边治理平台，如七国集团、二十国集团、双多边自贸协定等，参与国家较少，政策协调相对容易。中国一直以来积极参加两类治理机制，既可团结广大发展中国家，维护发展中国家权益，展示自身经济外交实力并提升影响力，又利于联手主要大国共推全球经济治理，塑造世界经济公平发展环境，从而促进国际社会逐渐熟悉并接受中国“人类命运共同体”的全球经济治理目标，及“平等、公平、开放”的核心发展理念。

（审订：傅梦孜）

第三章 全球金融再现“大缓和”时刻*

2017 年，随着世界经济好转，全球金融市场持续繁荣，波动率创历史新低，呈现世界经济“大缓和”时期的诸多特征①。但全球市场高资产价格、高杠杆率、高债务率和低波动性“三高一低”特征凸显，各国财金政策异步加大，全球金融治理离心倾向增强，中长期风险不断积聚，值得警惕。中国加大金融整顿，力推区域及国际多边金融合作，稳推人民币国际化，为全球金融稳定和治理做出巨大贡献，展现了负责任大国风范，正在成为完善全球治理最为活跃的动力。

---

* 本章撰稿人：徐飞彪、黄莺、徐刚、张运成。

① 20 世纪 80 年代中至 2008 年之前，世界经济呈现较长期高增长、高就业、低通胀经济，以及经济周期钝化，经济波动率大幅下降等特征，被称为“大缓和”(Grand Moderation) 时期。该章借用“大缓和”一词来概括近期全球金融市场持续繁荣、市场波动性大幅下降的特点。正如“大缓和”时期世界经济失衡加剧、隐性风险不断积聚一样（这段时期，爆发日本资产泡沫危机、芬兰等北欧危机、亚洲金融危机、墨西哥投资泡沫、2001 年美国股市崩盘以及百年一遇的 2008 年金融经济危机等），当前持续走高的全球金融市场背后，金融失衡与市场危机的风险也不断积酿。

一、金融市场持续繁荣

2017年以来，全球金融市场一片向好，资金条件持续宽松，国际银行信贷、债券与股票市场等均呈现繁荣景象。

（一）市场全面持续走强

跨国银行信贷呈现不断增长态势，2017年一季度，按照年率估算，增长1.7%，截至3月底，全球跨国银行信贷的存量达到32万亿美元，主要是对非银行部门的信贷，连续3年实现正增长。跨国发债规模也快速增长，2017年一季度净发债2770亿美元，二季度净发债2830亿美元，截至6月底，全球发债存量达22.7万亿美元，较上年增4.1%。

包括银行国际信贷和国际债券发行在内的跨国信用持续扩张，但不同货币、不同区域的增长态势有差异。从币种看，2017年一季度，流向美国境外非银行机构的美元资金达10.7万亿美元，美元离岸债券发行增长8.6%，银行贷款增长2.9%；流向欧元区境外非银行机构的欧元资金约3万亿美元，离岸欧元债券发行总量仍较高，但增长率走低，跨境银行信贷快速增长，2017年一季度年化增长率达12.3%，为2008年下半年以来最高；日元流向国际资金从2017年一季度末开始正增长，无论从总量还是增长速度上看，均相对较低[①]。从区域看，新兴市场获得的美元资金持续增长，截至2017年3月底达3.4万亿

---

① Bank for International Settlements, International banking and financial market developments, BIS Quarterly Review, September 2017.

美元。主要流向地区是亚太新兴市场，其次是拉美地区国家[1]（参见图3—1）。

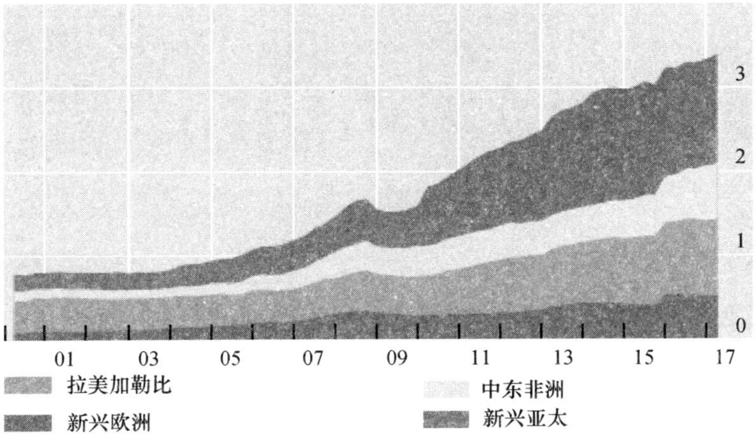

图3—1　美元资金的地区流向（万亿美元）

资料来源：BIS Quarterly Review，September 2017.

全球主要股市出现普涨。综合反映全球整体股市走势的明晟全球股指（MSCI World Stock Index），在2017年9月底历史性击穿2000点，达到2000.55点，创历史记录，远高于2016年底1751.22点，上涨14.24%[2]。道琼斯股指已经数十次刷新历史记录，早已迈过24000点历史关口（参见图3—2）。

---

① Bank for International Settlements，International banking and financial market developments，BIS Quarterly Review，September 2017.

② 汤森路透数据库。

图 3—2 明晟全球股指及美道琼斯股指走势

数据来源：根据汤森路透数据库编制。

其他发达国家股市均大幅上涨，如法国 CAC 指数、德国 DAX 指数等都上涨 10% 以上①。发展中国家股市，包括亚太新兴市场、土耳其、墨西哥等，同样实现大涨（参见表 3—1）。

表 3—1 全球主要股指涨跌幅

主要股指	年初迄今涨跌幅
道琼斯	19.04%
标普 500	16%

① 汤森路透数据库。

续表

主要股指	年初迄今涨跌幅
纳斯达克	31. 3%
Stoxx600	7. 09%
富时 100	3. 87%
德国 DAC	13. 36%
法国 CAC	10. 09%
香港恒生	35. 55%
日经 225	16%

数据来源：根据汤森路透数据库整理（数据截至 2017 年 11 月中）。

（二）充裕的流动性和趋强的经济景气推动市场走高

2017 年金融市场全面持续繁荣，是建立在前期已经高企的市场价格之上的。市场连创新高，在当前世界经济增长总体仍未稳固的背景下，显得较为突兀。国际金融市场的本轮上涨，主要基于以下三个原因：

第一，国际流动性宽裕。据国际清算银行的国际流动性指标（GLIs，Global Liquidity Indicators），国际流动性供给总体充裕，自 2016 年四季度以来，全球银行对私人非金融机构的贷款总量不断上升，2017 年一季度和二季度分别达到全球 GDP 的 103. 2%和 103. 4%，其中跨国（境）借贷分别为全球 GDP 的 13. 3%和 13. 2%[①]。从全球利率环境来看，尽管美国、加拿大等开始数轮小幅升息，但未改变全球超低利率环境。2014 年至今，欧元区已经 4 次下调利率，目前维持负利率，展望未来，即使

① BIS，Global liquidity indicators，Dec. 2017，https：//www. bis. org/statistics/gli. htm.（上网时间：2017 年 12 月 12 日）

2020年前上调利率，最终水平将不会超过0.25%；英国央行2017年11月初于近10年来首次小步升息至0.25%，但鉴于英国当前及未来经济金融形势，2020年前利率将不会超过1%；2015年底至今，美国已5次升息，属于发达国家内升息最早、步伐最大的国家，未来数年仍将有多次升息，但据预计未来3年利率水平仍处于历史相对较低水平；因经济增势趋强，通胀预期上升，美欧中长期利率自2016年初有所提升，但仍低于近10年的平均利率水平。①

第二，世界经济呈明显增长态势。自2016年下半年，世界经济开始加速复苏，进入2017年以来，回升动能明显加强。本轮增长显现近年少见的同步复苏迹象，约占全球产值75%的国家和地区实现增长，包括俄罗斯、南非、巴西等负增长的大型经济体。国际货币基金组织（IMF）2017年2次上调世界经济增长预期，10月将2017年和2018年世界经济增长率分别上调0.1%，至3.6%和3.7%。② 宏观经济环境进一步改善，就业率、通胀率、经济增长率等数据超出预期，激发市场活力，提升投资者的信心与预期，风险偏好升高。

第三，市场长期关注的风险点得到一定程度的控制和缓解。相较于2016年不断涌现的“黑天鹅”，2017年无论法国大选、德国大选还是“特朗普冲击”，均没有出现太大的意外和心理冲击。2016年以来牵动全球市场的欧洲银行危机、新兴市场债务

---

① Bank of England, Inflation Report, Nov. 2017, www.bankofengland.co.uk/publications/Pages/inflationreport/2017/nov.aspx.（上网时间：2017年12月12日）

② IMF, World Economic Outlook: Seeking Sustainable Growth, Short-Term Recovery, Long-Term Challenges, October, 2017.

危机隐患，也均较好得到处理，至少没有加剧恶化。在银行业问题上，虽然欧洲银行整体仍面临不少问题，但大银行的经营情况多数已改善，其股价近期显著回升，美国、加拿大、澳大利亚等的大型银行平均股价净值比[①]高于1，而英国、欧元区的大银行平均股价净值比也持续上升并接近1，尤其是法国和西班牙。“黑天鹅”减少，以及全球主要大银行的状况趋稳转好，降低了国际金融市场的波动性，增强了民众的市场信心。[②]

二、“灰犀牛”风险积酿

金融市场的盛宴持续。短期看，金融市场崩塌的风险较小，但本轮市场繁荣的基础并不坚实，世界经济增长尚未真正稳固，全球金融长期累积的结构性问题并未解决。因此，虽然市场的“黑天鹅”与短期风险下降，但中长期“灰犀牛”风险显著上升。

（一）全球金融“三高一低”

一是高资产价格。高盛称当前出现“资产盛世”：股市、债市、信贷市场的平均估值百分比处于1900年以来的最高水平，且同时达到这么高水平，为金融史上罕见。这种长牛已持续8.7年之久，仅次于“咆哮的20年代”（结束于1929年大崩盘）和

① 即股价与每股资产净值比率。若股价净值比低于1，则代表市场对公司资产的定价低于其重置成本，并可能成为被收购目标。

② Reserve Bank of Australia，Financial Stability Review，October 2017.

二战后的“黄金50年代”[①]。日本野村证券发现，美股市的席勒本益比（用来判断美股是否过于昂贵的指标）目前高涨至31.43，正是1996年12月美联储前主席格林斯潘警告“非理性繁荣”时的高位。房市方面，《金融时报》全球房地产价格指数表明，当前指数为2009年以来的最高（参见图3—3）。[②] 相对2007年危机前高点，经合组织（OECD）整体上涨了15%，其中加拿大上涨67%，德国上涨32%，英国上涨18%，美国上涨11%，日本上涨6%，欧元区上涨4%[③]。债市方面，无论美元标价或者是欧元标价的主权债券、投资级公司债券以及非投资级债券，收益率均降至低谷，价格已达历史高峰[④]。

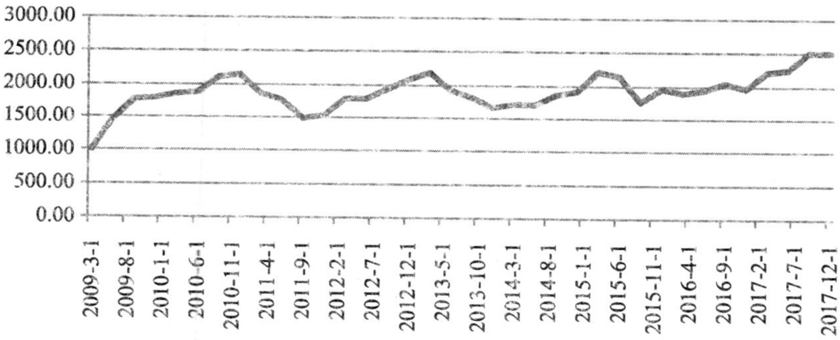

图3—3 《金融时报》全球房地产价格指数

资料来源：根据汤森路透数据库数据编制。

① Joe Ciolli, GOLDMAN SACHS: Pain is coming for investors with markets the most expensive since 1900, Bussiness Insider, Nov. 29, 2017.

② 汤森路透数据库。

③ Tyler Durden, Bank of America Stumbles On A $51 Trillion Problem, Zerohedge, September 13, 2017.

④ Reserve Bank of Australia, Financial Stability Review, October 2017.

二是高债务率。全球债务规模不断扩大。国际金融协会（IIF）称，截至2017年9月，包含家庭、政府和公司在内的全球债务总额达到创纪录的226万亿美元，为全球GDP的324%[①]。其中，发达国家负债167万亿美元，为其GDP总和近4倍；新兴市场国家负债59万亿美元，是其GDP总和的2倍多。国际清算银行（BIS）称，由于传统会计流程的问题，全球未披露债务或达13万亿美元[②]。但全球债务分布并不均衡。IIF称，过去10年全球债务总额增加了80万亿美元，美国和中国分别占新增债务的1/3。从各国债务占比看，截至2016年，发达国家中的日本（388%）、加拿大（295%）、美国（259%）及新兴市场中的中国（254%）较大（参见表3—2）。

三是高杠杆率。非金融公司债务迅速增长，财务杠杆率升高。IMF报告显示，目前私营部门负债占债务总额的2/3[③]。路透社称，截至2017年9月，中国上市公司的债务总额同比增加23%，创2013年以来最快增速[④]。而在美国，非金融公司的债务迅速增长至8.7万亿美元，升至金融危机以来最高。金融机构也在通过拉高杠杆盈利。高盛称，对冲基金使用的实际杠杆率持续攀升，已达到创纪录的水平，美国金融稳定办公室称，占业内

① IIF, Global Debt Monitor-October 2017, October 24, 2017.

② Claudio Borio, Robert Neil McCauley and Patrick McGuire: FX swaps and forwards: missing global debt?, BIS Quarterly Review, September 17 2017.

③ IMF, Fiscal Monitor 2017: Tackling Inequality, October 2017.

④ Gaurav S Dogra, China's debt pile growing fast despite years of efforts to contain it, Reuters, November 24, 2017.

1/6 份额的对冲基金杠杆率在最近季度中升高到了 15 倍[①]。

表 3—2　G20 国家主权与非金融私人部门债务占 GDP 比重列表

		发达国家								新兴市场国家										
		日本	加拿大	美国	英国	意大利	澳大利亚	法国	德国	韩国	中国	巴西	印度	南非	土耳其	墨西哥	俄罗斯	沙特	阿根廷	印尼
公共债务	2006	184	70	64	41	103	10	64	66	29	25	66	77	31	45	38	10	26	70	36
	2016	239	92	107	89	133	41	96	68	38	44	78	70	52	28	58	16	13	54	28
居民债务	2006	59	74	96	90	36	105	44	65	70	11	14	10	39	9	12	8	12	4	11
	2016	57	101	79	88	42	123	57	53	93	44	23	10	35	18	16	16	15	6	17
非金融企业债务	2006	100	76	65	79	67	73	56	49	83	105	39	38	33	27	14	32	28	20	14
	2016	92	102	72	73	71	79	72	46	100	165	44	45	37	67	28	52	50	12	23
总计	2006	343	221	225	210	205	187	164	180	183	142	118	125	104	81	64	49	66	93	61
	2016	388	295	259	250	246	243	226	168	232	254	145	125	124	113	103	84	78	73	68

资料来源：国际清算银行、世行、IMF 等。

四是低波动率。过量的廉价资金为了更高利润，追逐全球高收益资产，导致全球资产价格波动率降至历史最低。此外，市场对“央妈”较高依赖心理和“如发生危机，央行将来救助”的预期，导致市场道德风险升高；世界经济宏观基本面趋稳、公司业绩稳定、“黑天鹅”外在市场冲击减少等因素在一定程度上也拉低了市场波动率。据统计，无论是国际银行信贷市场，还是美国股市、欧洲股市、美国债市场，市场波动率均达到 20 世纪 90 年代以来最低区间，市场波动指数 VIX 约为 10—15[②]。纵观近数

① OFR, 2017 Financial Stability Report, December 5, 2017.

② Reserve Bank of Australia, Financial Stability Review, October 2017; Bank for International Settlements, International banking and financial market developments, BIS Quarterly Review, September 2017.

十年的国际金融市场发展，市场波动率低于15的，主要有两段时期，即1994—1996年以及2004—2007年，这两段时期之后，分别发生1997年的亚洲金融危机以及2008年的美国次贷危机。低波动性表明，市场对高风险资产的偏好大幅上升，投资者增加杠杆率和债务率，更多持有风险资产。

（二）“灰犀牛”风险增大

“三高一低”的金融市场，酝藏着较大的金融风险。近期美联储主席耶伦等多位央行高官警告，要警惕金融资产泡沫破灭风险，但市场失衡并未停止，反而愈演愈烈。

一是系统性风险上升，“明斯基时刻”迫近。高资产价格、高杠杆和高债务密切关联，在经济周期性回升阶段，交叉共振，形成放大效应，推动形成信贷与资产泡沫；一旦市场预期转变，后继资金流入减少，市场“庞氏骗局”（指借新债还旧债的模式）将难维持，市场债务链条就会崩溃，也即“明斯基时刻”到来。目前，市场债务再融资压力已经凸显，全球偿债压力上升。数据显示，全球赎回债务总额超过10万亿美元，其中约2.5万亿美元的债务将于2018年到期[①]。IIF称，2018年底前，新兴市场国家有多达1.7万亿美元的债务需偿还或再融资，以体量衡量，巴西、印度和土耳其偿债压力增大公司超过总体资产规模的20%；而发达国家中加拿大、德国和法国这方面情况也在恶化。美联储称，美非金融企业的未偿还债务在两年内增长了1万亿美元。与此同时，后继入场资金已经开始趋紧，美嘉信理财

① Kate Allen, Debt redemption wave of $1tn looms in 2018, FT, December 4, 2017.

称，客户现金在总资产中占比已低至 11.5%，是自 2009 年春反弹以来最低水平[①]。

二是信用与市场风险增高。金融市场的繁荣，引发众多较低信用国家和资信较低公司大规模入市融资。截至 2017 年 9 月，新兴市场和发展中国家垃圾债发行量已增至 2210 亿美元，比 2016 年全年总和还增加 60%[②]。拉美国家包括阿根廷、哥伦比亚和墨西哥等外债大幅上升，土耳其、南非外债也大幅增加。新兴经济体的问题企业（扣除息税前，总利润低于应付利息的企业）债务将增加 1300 亿—2300 亿美元，占其非金融类企业总债务的 17%[③]。法兴业银行警告，随美元加息、"缩表"以及特朗普促资回流政策发酵，全球美元流动性收紧，借入美元债务的非美借款者处境更加艰难，庞大的美元债务面临无法滚动的危险处境，并可能拖累全球经济增长。

资产价格过高，上升动能减弱，上升空间收窄，金融市场脆弱性上升，大幅下修风险隐现。2017 年 12 月初，美国财政部金融稳定办公室称，截至二季度末，市场风险等级已连续 3 个季度处于最高级别，且持续攀升。美债市场的利率敏感性已升至历史最高水平，如当前利率进一步走高 1 个百分点，就可能导致市场蒸发 1.2 万亿美元市值[④]。

---

① Tyler Durden, Schwab: "New Accounts Are At Levels We Have Not Seen Since The Dot Com Bubble" As Millennials Rush Into Stocks, Zerohedge, July 31, 2017.

② Carolyn Cui and Manju Dalal, Junk Bond Boom Reaches Far Corners of the World, WSJ, Oct. 11, 2017.

③ IMF, Global Financial Stability Report, April 2017.

④ OFR, 2017 Financial Stability Report, December 5, 2017.

三、政策与治理分歧扩大

尽管2017年全球经济走强向好，但主要国家宏观经济政策分歧加剧，货币政策仍难同步、税收政策矛盾加大、金融监管改革背道而驰。

（一）货币政策难以同步

美联储进入加息缩表快通道。美联储2017年3月、6月、12月三度加息，基准利率累计上调75个基点至1.25%—1.50%。加息同时，美联储开始缩表，从10月起，初期每月上限100亿美元，其后每过一季度每月额度增加100亿美元，直至每月规模达到500亿美元的终极上限。市场预计，未来5年，美联储资产负债表将减少1.3万亿美元。[①] 欧洲启动“软退出”但将长期保持低利率。欧洲央行2017年10月26日决定，将12月到期的资产购买计划再延长9个月，但从2018年1月起，每月资产购买规模缩减一半，从目前600亿欧元降至300亿欧元。预计到2017年底，欧洲央行资产负债表规模将膨胀至4.5万亿欧元，比欧元区GDP高40%。尽管按下“退出”按钮，但欧洲央行表示，仍会在“相对长时间内”维持目前的低水平利率。市场预计，由于欧元区通胀率长期低速徘徊，难以接近2%的政策目标，欧洲央行第一次加息不会早于2019年9月。日本维持“量宽”+零利率组合。日本央行表示，将继续实施每年6万亿

---

① 2008—2017年，美国名义GDP从14万亿美元增长到18万亿美元，而美联储资产负债表规模从9000亿美元扩大到4.43万亿美元（2017年5月底）。

日元（合530亿美元）的资产收购计划，并长期保持低利率政策。美、欧、日货币政策难以趋同，凸显全球经济复苏依旧脆弱。美联储加快提息与缩表，或加剧全球资本回流美国，一方面可能抵消欧日宽松政策效果，另一方面也可能进一步刺激美资本市场泡沫，形成新的金融风险源。

（二）税收改革矛盾加剧

2008年国际金融危机后，德法日印等主要经济体不同程度地推动国内税改。总体而言，这些改革规模不大，难以造成重要的全球性影响。然而，2017年美国总统特朗普力推税改，降税幅度空前、改革范围较广，被视为20世纪80年代以来美国最大规模的税改。2017年11月16日，美众议院以227票赞成205票反对通过改革方案，12月2日参议院也以51票赞成49票反对予以通过。根据目前公布的改革方案，美国公司税税率将从35%下调到20%（1939年来最低水平），征税原则由属人改为属地，并大幅调低跨国公司海外利润的税率。

美国税改方案一旦实施，很可能对全球经济产生巨大影响。首先，引发全球降税潮。通过税改，美国的名义公司税率将大幅降低，大大提升美国对投资的吸引力。为留住和争夺税基，其他国家很可能跟进，形成全球降税大潮。早在特朗普刚当选的2016年底，英国新任首相特蕾莎·梅就正式批准了进一步下调企业税的政策，并承诺到2020年将企业税下调至17%，以促进企业创新。其次，影响全球资本流动和产业格局。据估计，美国公司在国外囤积了2.6万亿美元的利润。在新政策的吸引下，这笔资本可能回流美国促进投资。第三，推高美政府债务，抬升全球系统性金融风险。美税改引发国际高度关注。德国、法国及北欧国家均表示反对，称其将严重冲击其他国家企业。IMF警告，减税将增加美国财政赤字和债务负担，5年后其债务负担与国内生产总值之比将比之前预测高出11个百分点。[①] 德国央行2017年5月底警告，美国税改将挫伤美国经济，并令美国债务占GDP比重在10年内增加30%。[②] 税改将打破全球资本流动现有格局，引发全球金融动荡。

（三）金融改革背道而驰

2008年国际金融危机爆发后，全球主要经济体以G20为平台，反思并逆转20世纪90年代以来的“金融去监管”潮流，制定以《巴塞尔协议Ⅲ》为代表的国际金融监管标准，加强以宏观审慎监管为核心的金融监管，构筑抵御和控制全球金融体系系统性风险的藩篱。但是美国特朗普政府坚持“美国优先”，正推动放松对金融的监管。2017年2月3日，特朗普正式签署总统行政令，以监管成本巨大、中小银行举步维艰、民众面临更高金融服务成本为由，要求财政部全面重审2010年7月通过的《多德·弗兰克法案》，为金融业松绑。6月，特朗普政府披露首份金融业改革计划报告，指出《多德·弗兰克法案》成为美国经济复苏的路障，并提出百处改革提议，重点包括调整美联储年度压力测试、放宽包括“沃尔克规则”在内的交易法则、削弱

---

① IMF：Global Financial Stability Report，April 2017.

② Rachel Koning Beals，German Central Bank Warns Trump's Tax Reform Would Hurt US Economy in Long Run，May 22，2017，MarketWatch Pulse，Fox Business，http：//www. foxbusiness. com/markets/2017/05/22/german – central – bank – warns – trump – tax – reform – would – hurt – us – economy – in – long – run. html. （上网时间：2017年12月12日）

监管机构权限等。12 月 5 日，美国参议院金融委员会通过放松金融监管法案。该法案建议，放松对资产规模低于 2500 亿美元的中小金融机构的监管，并对具有系统重要性的大型金融机构实行更大程度的监管豁免。

上述建议一旦被采纳，危机以来美国政府加强监管、稳定体系、约束金融力量的大部分努力或将付诸东流，也意味着危机后加强金融监管的国际合作可能陷入困境。①特朗普政府放松金融监管的政策在国内外引起广泛批评。美联储主席耶伦多次表达对放松金融监管的担忧。2017 年 8 月底，耶伦参加全球央行年会时再度强调，金融体系稳健是保持全球经济活力的关键，《多德·弗兰克法案》建立了一个新的金融监管框架，保证了金融体系的安全，也没有过度伤害经济。② IMF 也持类似观点，认为当前美国的金融法规有微调的空间，但反对“大量稀释”2008 年金融危机后的改革成果。

四、中国全球引领作用显现

2017 年是中国金融监管与改革年。中国加大内部治理整顿，

---

① Balazs Koranyi, Francesco Canepa, ECB sees seeds of next crisis in Trump deregulation plan, Reuters business news, Feburary 6, 2017, https://uk.reuters.com/article/us-ecb-policy/ecb-sees-seeds-of-next-crisis-in-trump-deregulation-plan-idUKKBN15L1LH.（上网时间：2017 年 12 月 12 日）

② Jean Philiphe Gibson, Janet Yellen and Mario Draghi Oppose Donald Trump's Financial Deregulation Push, August 27, 2017, https://www.inquisitr.com/4463628/janet-yellen-and-mario-draghi-oppose-donald-trumps-financial-deregulation-push/.（上网时间：2017 年 12 月 12 日）

创新性推进地区与国际金融合作，积极参加全球金融治理，正以独特方式向全球提供金融治理的中国方案与公共产品。在特朗普“美国优先”的政策和西方保护主义势力抬头之际，中国的表现体现大国风范。

（一）对内，加大金融治理、整顿与改革

首先，中央已确定做好金融工作的指导思想和重要原则。2017 年 4 月 25 日，习近平总书记在主持中共中央政治局第四十次集体学习时，指出我国面临 10 个方面的金融安全隐患，强调“金融活，经济活；金融稳，经济稳”。7 月 14 日，第五次全国金融工作会议召开，习近平总书记就全面提高金融服务实体经济的效率和水平、坚决防范化解金融风险、坚定深化金融改革、不断扩大金融开放等提出具体要求。10 月 18 日，党的十九大召开，提出深化金融体制改革，增强金融服务实体经济能力，促进多层次资本市场健康发展，防范金融风险。11 月，国务院金融稳定发展委员会成立，中国金融监管格局正式从原来的“一行三会”（人民银行、银监会、证监会、保监会）升级为“一委一行三会”。

其次，推行稳健货币政策，强化宏观审慎管理，加大金融清理与整顿。一是实施稳健中性的货币政策，注重根据形势变化加强预调微调和预期管理，为经济稳定增长和供给侧结构性改革营造了良好的货币金融环境。综合运用公开市场操作、中期借贷便利等货币政策工具，适度上调目标利率，保持银行体系流动性基本稳定。运用支农支小再贷款、扶贫再贷款和抵押补充贷款等工具引导银行信贷，支持经济结构调整和转型升级。进一步完善宏观审慎政策，将表外理财纳入广义信贷指标范围，并推动将同业存单纳入宏观审慎评估（MPA）。完善全口径跨境融资宏观审慎管理，在人民币对美元汇率中间价报价模型中引入“逆周期因子”，对冲市场情绪的顺周期波动。[①] 同时，针对灰色金融机构与金融行为，开启整治风暴，从叫停数字货币发行（ICO），到规范整顿“现金贷”、互联网金融等，监管层对金融乱象“零容忍”，坚决出手整治。央行行长周小川发文，要求重点监督非法集资、乱办交易场所等严重扰乱金融市场秩序的非法金融活动。[②]

（二）对外，拓展区域与国际合作，积极参与全球金融治理

一是完善国际收支与汇率机制，维护国际金融环境稳定。人民币汇率双向波动，应对外部冲击的能力明显提升；外汇储备企稳，2017 年 9 月末，中国外汇储备余额 31085 亿美元，较上月末增加 170 亿美元，连续 8 个月回升。推动吸引外资和对外投资的双向流动，促进跨境资金流动和外汇市场供求基本平衡，吸引外资多于对外投资。

二是加大金融市场开放，为全球提供更多投资机会。2017 年 7 月，中国人民银行在 2016 年放宽银行间债券交易准入后，在香港启动了“债券通”机制，允许境外投资者借道香港进入内地债市。连带沪港通、深港通等金融互联互通机制不断推出并完善，正为人民币创造更加可观的回流机制。11 月，中国决定

① 中国人民银行货币政策分析小组：“中国货币政策执行报告：二〇一七年第三季度”，2017 年 11 月 17 日。

② 周小川：“守护不发生系统性金融风险的底线”，2017 年 11 月 4 日，中国人民银行网站，http://www.pbc.gov.cn/goutongjiaoliu/113456/113469/3410388/index.html。（上网时间：2017 年 12 月 12 日上网）

对外国投资者直接或间接投资证券、基金管理、期货公司投资比例限制放宽至51%，3年后，投资比例不受限制。同时，取消对中资银行和金融资产管理公司的外资单一持股不超过20%、合计持股不超过25%的持股比例限制，实施内外一致的银行业股权投资比例规则；3年后将外国投资者投资设立经营人身保险业务的保险公司投资比例放宽至51%，5年后投资比例不受限制。

中国金融对外开放也获得了国际市场的认可。2017年6月21日，摩根士丹利资本国际公司（MSCI）宣布从2018年6月起将中国A股纳入MSCI新兴市场指数和全球基准指数（ACWI）。

三是以“一带一路”建设为依托，拓展区域和国际金融合作，为全球提供金融公共产品。中国努力构建“一带一路”金融大动脉，国开行、中国进出口银行以及其他金融机构纷纷加大布局，力争使得“一带一路”成为国际资金大融通主动脉。据中国银行统计，截至2017年9月末，该行在“一带一路”沿线共跟进境外重大项目约480个，项目总投资额超过4600亿美元，提供意向性授信支持超过1030亿美元。截至目前，完成对“一带一路”沿线国家各类授信支持约900亿美元，“一带一路”金融大动脉建设已初见成效[①]。路透社引用汤森路透数据，截至2017年8月14日，中国企业在68个“一带一路”相关国家的收购总额达到330亿美元，超过2016年全年的310亿美元。

“一带一路”倡议也日益吸引国际金融机构参与，形成共商共建共享的国际金融合作潮流。花旗计划未来一年向“一带一

① 新浪财经：“中国银行：响应一带一路倡议，构建金融大动脉初见成效”，2017年10月19日。

路”8个关键贸易走廊增派人员；汇丰银行正依赖其在全球专为中国设立的业务网点，抢占“一带一路”上以人民币计价的金融产品和服务的更大份额；渣打在中国为“一带一路”项目成立了一个“核心团队”，还正在包括欧洲等“一带一路”沿线的主要商贸路线上打造“走廊银行家”团队。

四是稳步推进人民币国际使用，为改革与完善国际货币体系的发力。2017年，中国进一步加强人民币国际清算、离岸中心等的人民币国际化的基础设施建设，继续加大与相关中央银行或货币当局的合作，进一步完善双边本币互换机制和双边本币结算协定。目前，中国人民银行陆续与36个国家和地区央行或货币当局签署了双边本币互换协议，协议金额超过3.3万亿美元。

人民币“入篮”一年来，在全球货币体系中基本保持稳定地位，这是中国加大内部金融治理整顿和规范资本外流基础上实现的。人民币国际使用较2016年有所缩小，但基本企稳，随金融开放的加大和中国经济发展，中长期前景可期。据环球银行间金融通信协会（SWIFT）公布的数据，2017年8—9月，人民币在国际结算中所占份额仅为1.94%和1.85%，逊色于美元（40.47%）、欧元（32.89%）、英镑（7.29%）、日元（3.16%）和加元（2.04%）。另据不完全统计，已有60余家海外央行宣布将人民币纳入外汇储备。从已公布的数据看，外国央行持有人民币为国际储备的数量保持增长，由2016年四季度的907.8亿美元，升至2017年一季度和二季度的951.3亿和993.6亿美元。①

① IMF，COFFER数据库。

此外，发展金融改革方兴未艾，成为中国推进全球金融改革新着力点。亚投行和金砖新开发银行等开业已一年，运行平稳良好；中国不断探索建立以受援国需求为导向，以绿色、可持续发展为目标的新型发展融资模式；探索与现有国际发展机构的有效合作模式，通过互动、互学、互促，推动建构更加平等、有效的国际发展治理体系。

（审订：傅梦孜）

第四章　全球贸易在复苏中调整格局*

2017年，全球贸易终于走出危机后的低迷，各国贸易扩张呈现同步性，尤其是发展中国家及新兴经济体整体回暖。同时，发达经济体的保护主义和内顾倾向仍有发展，甚至公开质疑国际多边贸易体制，全球化与反全球化力量的博弈呈胶着之势，亟需以新规则、新模式开拓新道路。中国积极引领贸易与投资自由化，“一带一路”建设将在格局调整、动能转换、规则建构等方面发挥积极作用。

一、全球贸易强力复苏

受世界经济好转、需求回升带动，2017年全球贸易强劲反弹，主要地区进、出口同步扩张，世界贸易组织（WTO）、国际货币基金组织（IMF）等机构纷纷上调展望。

（一）国际贸易在世界范围加速回暖

2017年全球贸易复苏势头明显。WTO统计，上半年全球商

---

* 本章撰稿人：苑春强、倪建军、张茂荣、陈晴宜。

品贸易额同比增长4.2%，预计全年将增长3.6%，较2016年的1.3%大幅提高，在2015年、2016年后重新高于世界经济增长；IMF在10月《世界经济展望》报告中指出，2016年末至2017年世界商品和服务贸易增速出现“有意义”的提升，2016年仅增长2.4%，2017年预计将大幅增长4.2%。

贸易扩张“同步性”为以往多年少见。2017年上半年，WTO“短期贸易统计”跟踪的所有地区（除南美以外）商品贸易同比均实现增长。据WTO预测，2017年亚洲商品进、出口将分别增长5.8%和6.4%[①]，比2016年提高3.8和4.6个百分点；北美进、出口将分别增长4.1%和4.2%，均比2016年提高3.7个百分点；欧洲进、出口将分别增长2.4%和2.5%；包括非洲、中东、独联体在内的“其他地区”进、出口将分别增长4%和0.5%（见表4—1）。

表4—1　2015—2018年世界经济与贸易增长态势（单位:%）

	2015年	2016年	2017年	2018年
世界经济增长	3.4	3.2	3.6	3.7
世界商品和服务贸易增长	2.8	2.4	4.2	4.0
世界商品贸易增长	2.6	1.3	3.6（3.2—3.9）	3.2（1.4—4.4）
亚洲商品进口增长	2.9	2.0	5.8（5.0—6.3）	4.0（1.3—6.2）
亚洲商品出口增长	1.1	1.8	6.4（5.9—7.2）	4.8（1.9—7.5）
北美商品进口增长	6.7	0.4	4.1（3.2—4.8）	3.5（0.7—6.1）
北美商品出口增长	0.7	0.5	4.2（2.5—5.3）	3.8（0.8—6.0）
欧洲商品进口增长	4.3	3.1	2.4（1.7—3.3）	2.8（2.2—3.4）

①　WTO曾几次调整预测值，本章统一采纳其2017年9月21日新闻稿《WTO upgrades forecast for 2017 as trade rebounds strongly》中的数据。

续表

	2015 年	2016 年	2017 年	2018 年
欧洲商品出口增长	3.6	1.4	2.5（1.6—3.3）	2.5（1.3—3.3）
中南美洲商品进口增长	-5.8	-8.7	1.1（-6.8—5.9）	2.4（-8.9—9.2）
中南美洲商品出口增长	2.5	2.0	0.5（-1.9—2.4）	1.3（-1.5—3.0）
其他地区商品进口增长	-5.1	-2.4	4.0（1.5—5.6）	2.4（-3.1—6.6）
其他地区商品出口增长	4.3	0.3	0.5（-1.4—2.7）	2.1（1.2—2.8）

注：2017 年、2018 年均为预测值，括号内为预测区间，其他地区包括非洲、中东和独联体国家。

资料来源：经济增长率、商品和服务贸易增长率数据来自 IMF：World Economic Outlook，Oct 2017；商品贸易增长率数据来自 WTO Press Release，WTO upgrades forecast for 2017 as trade rebounds strongly，Sept 2017。

全球贸易前景改善，得益于世界经济好转。WTO 预测，2017 年全球实际 GDP 增长将从 2016 年的 2.3% 回升至 2.8%，达到 1980 年以来的平均值，同时，世界商品贸易与实际 GDP 增速之比从 2016 年的 0.6 回升至 1.3（见图 4—1），显示贸易重趋活跃。IMF 预测 2017 年世界 GDP 增速将从 2016 年 3.2% 提高到 3.6%，认为世界经济复苏将带动全球需求和资本支出反弹。

中美经济增长势头强劲，对进口需求拉动明显。IMF 预测，2017 年中国 GDP 将增长 6.8%，高于 6.5% 左右的官方增长目标。“中国需求”通过供应链传递，带动了整个亚洲区内贸易回暖。美国 2017 年三季度实际 GDP 按年率增长达 3.3%，创下 2014 年三季度以来最快增速。同时，油价上涨推动美国能源部门投资反弹，也抬升了进口需求。

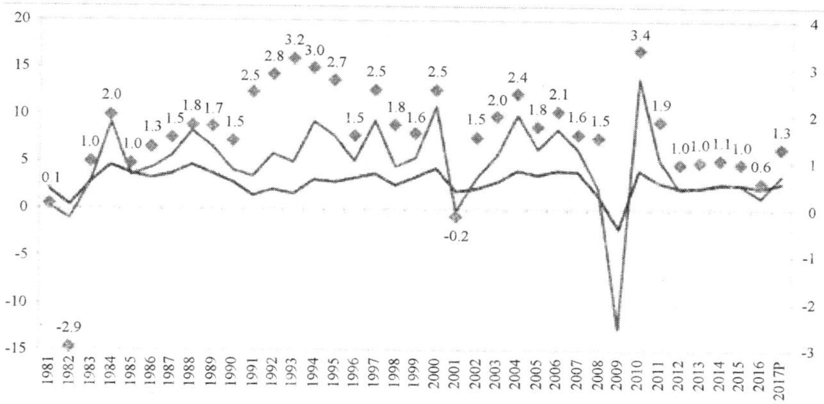

图 4—1　1981—2017 年世界商品贸易与实际 GDP 增速之比

注：上方较陡曲线为世界贸易额增速（左侧纵坐标数值），下方较平滑曲线为世界 GDP 增速（右侧纵坐标数值），方块为世界贸易与 GDP 增速比值（右侧纵坐标数值）。

资料来源：WTO Press Release：WTO upgrades forecast for 2017 as trade rebounds strongly，Sept 21，2017。

（二）大宗商品市场止跌回升

在供需等多方因素作用下，2017 年国际大宗商品价格摆脱连续下滑，企稳回升。世界银行数据显示，2013 年其能源价格指数曾达 127（2010 年为 100），此后“三连降”，2016 年跌至 55，2017 年预计将回升至 68，2018 年将进一步上涨至 71；非能源价格指数（不含贵金属）从 2013 年的 102 跌至 2016 年的 80，预计今明两年将上涨至 84 和 85（见表 4—2）。

表 4—2　世界银行大宗商品价格指数

	价格指数（2010 年 = 100）						增长率（%）	
年份	2013	2014	2015	2016	2017	2018	2016—2017	2017—2018
能源	127	118	65	55	68	71	23.7	4.0

续表

	价格指数（2010 年 = 100）						增长率（%）	
年份	2013	2014	2015	2016	2017	2018	2016—2017	2017—2018
非能源	102	97	82	80	84	85	4.9	0.6
农业	106	103	89	89	89	90	-0.6	1.2
饮料	83	102	94	91	83	84	-8.4	0.7
食品	116	107	91	92	92	93	-0.1	1.2
油粕	116	109	85	90	89	91	-0.5	1.7
谷物	128	104	89	82	82	83	-0.2	1.9
其他食品	104	108	100	105	106	106	0.4	0.1
原材料	95	92	83	80	82	83	2.4	1.6
化肥	114	100	95	75	72	72	-4.1	-0.2
金属和矿产	91	85	67	63	77	76	22.4	-0.7
贵金属	115	101	91	97	97	97	-0.2	-0.8

注：2017 年、2018 年均为预测值，非能源价格指数不含贵金属。

资料来源：WorldBank：Commodity Markets Outlook，Oct 2017.

以原油为代表的国际能源市场持续“再平衡”。一方面，需求增长超过预期。世行预计，2017 年世界石油日均需求将增长 160 万桶，2018 年继续增长 140 万桶/日，至创纪录的 9910 万桶/日。另一方面，供应增长放缓。2017 年减产协议开始生效，石油输出国组织（OPEC）与非 OPEC 产油国共同承诺减产约 180 万桶/日，相当于全球石油供应量的 2% 左右。[①] 12 个 OPEC 产油国[②]共减产 120 万桶/日，沙特等成员国以及俄罗斯、墨西哥等非

① “OPEC 与非 OPEC 达成历史性协议 国际油价开盘狂飙逾 5%”，http://finance. ifeng. com/a/20161212/15070174_ 0. shtml。（上网时间：2017 年 12 月 4 日）

② OPEC 现有 14 个成员国，利比亚和尼日利亚获免减产，赤道几内亚在 2016 年协议达成时为非 OPEC 国家，2017 年 5 月加入 OPEC。

欧佩克国家均超额减产。世行预测，2017 年全球原油供应量增幅为 40 万桶/日，显著低于 2010—2015 年间平均 190 万桶/日；全年原油均价预计为 53 美元/桶，同比上涨 23.8%，2018 年将进一步上涨至 56 美元/桶。

国际农产品市场蹒跚企稳。世行预计，2017 年农业价格指数将同比下跌 0.6%，到 2020 年该指数累计增幅仅为 3%，和 2011 年后的暴跌相比，回升乏力。2017 年世行饮料价格指数同比下跌逾 8%，食品价格指数微跌 0.1%，原材料价格指数上涨 2.4%，预计 2018 年这三类价格指数都将实现微增，涨幅分别为 0.7%、1.2% 和 1.6%。

国际金属市场走势强劲。2017 年 1—9 月，以锌、镍为首的金属价格全面上涨，其中锌价与 2016 年低点相比回升一倍以上。世行预测，2017 年金属和矿产价格指数将上涨 22.4%。除需求强劲，供应紧张也是价格高企背后的推手，如智利铜矿罢工、印尼限制出口、中国推进“去产能”等。从走势看，各国环保政策收紧、资源出口禁令、劳工谈判等，都可能加大金属价格上涨压力。

（三）南、北贸易增势反转

2017 年上半年，发展中经济体商品进、出口同比分别增长 6.9% 和 5.9%，高于同期发达经济体的 2.1% 和 3.1%，重回中高速增长轨道。WTO 预测，2017 年全年发展中经济体商品进口增速将高达 5.1%，远超 2015 年的 0.5% 和 2016 年的 0.2%，而发达经济体增速为 3%；发展中经济体商品出口增速将为 4.7%，较 2015 年的 1.9% 和 2016 年的 1.3% 显著回升，发达经济体仍将增长 3%。发展中经济体商品进、出口增速分别自 2013 年、

2014 年以来再次领先发达经济体（见表 4—3）。

表 4—3　2013—2018 年“南”“北”贸易增速比较（单位:%）

年份	2013	2014	2015	2016	2017	2018
商品进口量						
发展中经济体	4.7	1.7	0.5	0.2	5.1（3.6—6.0）	3.7（－0.9—7.0）
发达经济体	0.0	3.6	4.7	2.0	3.0（2.5—3.8）	2.9（2.6—3.3）
商品出口量						
发展中经济体	4.0	3.0	1.9	1.3	4.7（4.2—5.2）	4.1（2.1—5.7）
发达经济体	1.7	2.4	2.7	1.4	3.0（2.8—3.2）	2.8（1.6—3.5）

注：2017 年、2018 年均为预测值，括号内为预测区间。

资料来源：WTO Press Release：WTO upgrades forecast for 2017 as trade rebounds strongly，Sept 2017。

2018 年发展中经济体商品贸易增速或有所放缓，但无论进、出口，表现仍将优于发达经济体。WTO 预测，2018 年发展中经济体商品进、出口增速将分别放慢至 3.7% 和 4.1%，高于同期发达经济体的 2.9% 和 2.8%。IMF 预测，2018 年新兴市场与发展中经济体的商品和服务进口将增长 4.9%，出口将增长 4.5%，分别比发达经济体高 1.1、0.9 个百分点。

二、贸易风险仍需谨慎应对

应该看到，当前全球贸易的复苏还有其脆弱性，贸易增长结构和支撑动能并不稳固，发达国家的贸易及投资保护主义仍以各种面目出现，甚至公开质疑国际多边贸易体制，经济全球化与反全球化的博弈呈胶着状态。

（一）全球贸易复苏风险犹存

相较于金融危机前 20 年全球贸易平均 6% 的增速，2017 年增长 3.6% 并不算高。同时，贸易复苏的产品种类并不均衡，如上半年电子产品出口增速为出口总体增速的近 2 倍，这在亚洲地区的贸易反弹中尤其突出。分析当前贸易增长结构可以看出，此轮全球贸易复苏的基础并不稳固，更多反映的是商业周期性因素，尚难以支撑国际贸易持久性复苏。世贸组织总干事阿泽维多认为，虽然全球贸易前景改善令人鼓舞，但面临的重要威胁依然存在，并可能轻易破坏贸易复苏：一是保护主义思潮可能转成实质性贸易限制行动；二是全球地缘政治紧张局势升级以及自然灾害将带来负面影响；三是发达经济体货币政策有收紧倾向。在这些因素影响下，2018 年全球贸易增速预计将放缓至 3.2% 左右[①]。

（二）各类保护主义不断冒头

近年来，发达国家以及部分发展中国家不断直接或变相推出贸易保护主义政策。根据世贸组织第 18 期 G20 贸易措施报告，在 2017 年 5—10 月间，G20 国家平均每月出台 3 项贸易限制措施，包括提高关税、出口限制和本地化比例，涉及到 320 亿美元的商品[②]。尤其值得关注的是，世界最大经济体美国的内顾倾向加剧，并频繁使用贸易救济举措，与其他主要经济体的经贸摩擦不断上升。据全球贸易预警机构统计，2017 年上半年，美国就采取了 65 项贸易保护措施，对 G20 内贸易伙伴商业利益的打击

---

① WTO Press Release：WTO upgrades forecast for 2017 as trade rebounds strongly，Sept 2017.

② WTO：REPORT ON G20 TRADE MEASURES（MID-MAY 2017 TO MID-OCTOBER 2017），November 9，2017.

频度较2016年同期增加了26%[①]。近期IMF、世行、世贸组织均发出警告，认为贸易保护主义抬头等因素导致了近年来全球贸易增速疲软，呼吁各经济体继续推动全球贸易一体化。

（三）“全球化”走向尚不明朗

金融危机以来，世界经济发展失衡、治理困境、公平赤字等问题更加突出，“全球化”和“反全球化”力量深度博弈。美欧等发达国家的一些政治势力，不深刻反思引发国内收入分配和就业问题的制度性肇因，一味把矛头转向全球化，虽然短期内获得了部分民众的支持，但也引发其他国家不满，动摇现行多边体制机制。2017年以来，美国在二十国集团、七国集团、亚太经合组织等多个国际场合公开质疑多边贸易和经济全球化，在其压力下，这些多边国际会议的公报都纳入了“公正”和“平衡”贸易等说法，2017年3月召开的G20财长会议更是10年来首次未重申“抵制一切形式的保护主义”。另一方面，以中国为代表的新兴经济体是全球化的坚定支持者，也获得更多国家的认同。中国领导人多次在国际场合指出，中国是经济全球化的受益者，更是贡献者，中国的发展是世界的机遇[②]。应当看到，经济全球化深入发展的大势不可逆转，但在新的时代背景下，其速度可能有所放缓，动力可能有所转换，规则可能有所改变。如何更好地适应和引导经济全球化，推动经济全球化朝着更加开放、包容、普惠、平衡、共赢的方向发展，是中国与世界各国的共同责任。

---

① 全球贸易预警机构：《GLOBAL TRADE ALERT REPORT》，2017年7月。

② 习近平：“世界经济论坛年会开幕式主旨发言”，2017年1月18日。

三、后危机时代贸易规则之争

金融危机至今已过去10年，原有贸易规则体系逐渐显现出不适应、难覆盖的弱点。发达经济体既希望“另起炉灶”，又在政策上自顾保守，对规则“创新”失去热情。另一方面，新业态、新模式不断兴起，又亟需新一代规则来引领。

（一）多双边自贸安排仍在努力拓展

现存国际贸易框架下，基于比较优势的分工合作仍存在发展空间，多边与区域FTA仍在顽强拓展。2017年2月22日，WTO《贸易便利化协定》正式生效，这是WTO成立近20年来达成的首个多边贸易协定，是多哈回合谈判启动以来取得的最重要突破。据估算，完整履行《贸易便利化协定》将会使全球贸易成本减少约14.3%。2017年11月10—11日，APEC峰会通过了《跨境电子商务便利化框架》，探索促进电子商务、数字贸易等新业态发展；各方同意为2020年实现茂物目标采取有力行动，重申全面系统推进并最终实现亚太自由贸易区。从双边层面看，2月15日，欧洲议会批准了欧盟与加拿大《综合经济与贸易协定》；7月6日，欧盟和日本就欧日经济伙伴关系协定（EPA）达成框架协议，并在2017年12月8日达成最终协议；英国“脱欧”后，将着手与欧盟开展双边自贸谈判。此外，除美国外的11国就继续推进自贸谈判达成一致，并将TPP更名为“全面且先进的跨太平洋伙伴关系协定（CPTTP）”。

（二）美欧规则调整出现“逆行”导向

与金融危机前相比，发达国家不再积极谋求规则“创新”，政策重点从发挥“长处”引领开放，转为“补短”自保；为争取选票及安抚国内情绪，宁可放弃“做大蛋糕”的机会，也要保护相对落后的产业和劳工。美国特朗普上台后就宣布退出TPP，并提出重新谈判北美自贸协定和美韩自贸协定，主张所谓“更公平”的贸易关系。美国、欧盟和日本罔顾世贸协议，拒绝承认中国为“市场经济国家”。2017年9月，欧盟委员会发布外资审查法律框架草案，意图对外资并购欧盟公司进行更严格的审查。11月，欧盟通过反倾销调查新方法修正案，没有从根本上放弃“替代国”做法，反以“市场扭曲”概念变相延续原有做法。另一方面，发达国家不再认同和遵守原有规则体系，甚至不再顾及国际形象，以国内法“优先”保护自身利益。2017年11月，美国商务部在国内产业没有提出申诉的前提下，“自主”对从中国进口的通用铝合金板发起“双反”调查，其法律权限来源于美国《1930年关税法》，这是美国加入WTO后首次使用这一法条，表明特朗普政府正在逐步远离主流国际贸易救济与调查体系。

（三）新型国际经贸规则亟待突破

当前，WTO原有规则体系的覆盖面、影响力和执行力都有所下降，规则“碎片化”凸显，而新格局、新业态所要求的新规则体系还没有完全成型。从发展方向看，一方面，各方应继续支持多边贸易体制，落实世贸组织《贸易便利化协定》，推进多哈回合剩余议题谈判，以及服务贸易协定、政府采购协定等谈判；另一方面，应致力于构建新一代国际贸易和投资秩序，秉持开放包容、合作共赢、平衡发展的理念，回应全球价值链发展对规则制度的需求，全面整合贸易、投资、制造及服务业规则，构建起“大贸易”的规则框架。此外，应重点关注“21 世纪新议题”，对环境、知识产权、汇率和国有企业等各领域，提出有利于共同增长、可持续的解决方案，这是中国为代表的新兴经济体面临的历史使命。从实践来看，中国提出的“一带一路”倡议是以新兴经济体为主体进行规则和制度创新的“试验场”，需要不断总结完善，提高其吸引力和说服力。

四、中国对外贸易回稳向好

2017 年，中国贸易形势转暖，对经济增长的拉动作用重新恢复。结构优化、动能转换取得显著进步，在国际市场的影响力与号召力进一步确立。

（一）连续下滑态势得到扭转

据海关统计，2017 年前三季度中国进出口总值 2.97 万亿美元，同比增长 11.7%。其中出口 1.63 万亿美元，增长 7.5%；进口 1.34 万亿美元，增长 17.3%；贸易顺差 2956 亿美元，收窄 25.4%。总体来看，中国对外贸易扭转了自 2015 年以来连续下滑的局面（见表 4—4）。

表 4—4　2008—2017 年三季度中国进出口总体情况　　单位：亿美元

年份	进出口		出口		进口		差额
	总额	增速（%）	总额	增速（%）	总额	增速（%）	
2008	25632.6	17.8	14306.9	17.3	11325.7	18.5	2981.3
2009	22075.4	-13.9	12016.1	-16.0	10059.2	-11.2	1956.9
2010	29740.0	34.7	15777.5	31.3	13962.5	38.8	1815.1
2011	36418.6	22.5	18983.8	20.3	17434.8	24.9	1549.0

续表

年份	进出口		出口		进口		差额
	总额	增速（%）	总额	增速（%）	总额	增速（%）	
2012	38671.2	6.2	20487.1	7.9	18184.1	4.3	2303.1
2013	41589.9	7.5	22090.0	7.8	19499.9	7.2	2590.1
2014	43015.3	3.4	23422.9	6.0	19592.3	0.4	3830.6
2015	39569.0	-8.0	20981.5	-2.9	16819.5	-14.2	5930.0
2016	36855.7	-6.8	16324.2	-7.7	15874.2	-5.5	5107.3
2017.1—9	29687.0	11.7	7.5	13362.8	17.3	2961.4	

资料来源：中国海关统计。

中国外贸形势好转主要得益于四大因素：一是2017年以来，全球经济有力复苏，国际市场需求持续回升；二是国内经济保持稳中向好、稳中有进的发展态势，带动大宗商品进口需求；三是中国政府几年来出台一系列促进外贸稳增长、调结构的举措，政策效果逐渐显现；四是随着外贸领域供给侧结构性改革的不断深入，外贸企业积极培育以技术、品牌、质量、服务、标准为核心的竞争新优势，取得显著进展。

贸易伙伴结构更为合理。2017年前三季度，随着发达国家经济全面复苏，中国与欧盟、美国和日本的贸易分别增长16.4%、18.7%和14.9%，合计占中国贸易总额的36.8%，有力地维护了传统市场。同时，与发展中国家贸易增长较快。2017年前三季度，中国与拉美和非洲国家的贸易增长23.4%和19.7%，分别高于外贸总体增速6.8、3.1个百分点。其中，与巴西和南非的贸易分别增长34%和21.3%。

与“一带一路”沿线国家贸易快速增长。“一带一路”建设加强了中国与沿线国家的贸易联系，2017年前三季度中国与沿线国家的贸易增长 20. 1%，高出外贸整体增速 3. 5 个百分点。其中，对与东盟的贸易增长 19. 2%，与印度的增长 25. 9%，与俄罗斯、中亚的贸易分别增长 27. 7% 和 23. 6%[①]。在前 10 大贸易伙伴中，6 个为亚洲经济体，占中国外贸总额的 40. 1%，表明中国正深度融入亚洲区域经济（见图 4—2）。

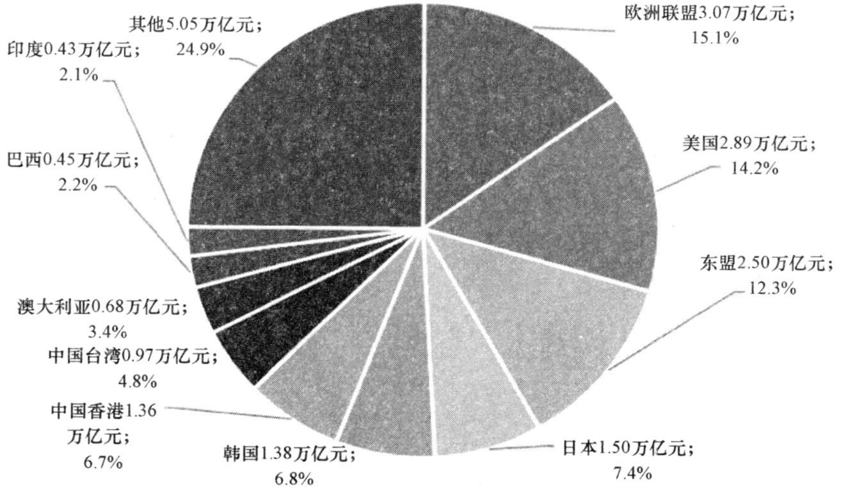

图 4—2　2017 年前三季度中国与主要贸易伙伴进出口情况

资料来源：中国商务部《中国对外贸易形势报告（2017 年秋季）》；单位：人民币。

（二）新优势新动能逐步形成

首先，货物贸易大国地位不断巩固。金融危机后，中国对外贸易表现始终优于其他主要经济体，已连续 8 年保持全球货物贸易第一大出口国和第二大进口国地位。2011—2016 年，中国出口占国际市场的份额从 10. 4% 上升至 13. 2%。外贸成为促进中

① 中国商务部：《中国对外贸易形势报告（2017 年秋季）》，2017 年 11 月。

国经济社会发展的重要支撑力量，直接或间接带动约1.8亿人就业，占全国就业总数的23%。

其次，贸易结构持续优化。一是国际市场结构更加多元，2016年，发展中国家、“一带一路”沿线国家占中国出口的比重分别达到45.6%和27.7%，较2011年提高3.1、3.8个百分点；二是国内区域布局更加均衡，中西部地区占全国出口的比重达到15.2%，较2011年提高3.3个百分点；三是商品结构向价值链高端延伸，机电产品在出口中的占比由2011年的57.2%增至2016年的57.6%，钢材、原油、成品油、煤等产品占比下降；四是民营企业成为外贸发展的重要力量，在出口中占比首次超过外资企业，由2011年的33.5%上升至2016年的46%；五是贸易方式进一步优化，一般贸易快速发展，占出口的比重达53.8%，较2011年提高5.5个百分点。

第三，外贸发展动能加快转换。一是产业结构持续优化。2017年前三季度，服务业对中国经济增长的贡献率达58.8%，比2016年同期提高0.3个百分点。工业技术含量和发展水平进一步提升，为外贸加快转型升级、实现优进优出奠定了良好基础。二是外贸企业持续从供给侧发力，培育竞争新优势，具有自主品牌、知识产权、营销渠道以及高技术、高附加值、高效益的产品出口增速高于传统商品。跨境电子商务、市场采购贸易等新业态快速增长，有效满足甚至创造了市场需求，成为外贸新增长点。三是国内经济保持稳中向好态势，有利于增加进口。2017年9月，中国消费者信心指数达118.6，创2011年以来新高；制造业采购经理人指数（PMI）为52.4，创2012年5月以来新高，显示国内需求旺盛[①]。

（三）国际层面挑战与机遇并存

中国面临的国际压力主要包括三个方面：一是贸易保护主义抬头，国际市场存在不稳定、不确定性。虽然当前全球经济总体复苏，但国际环境仍然错综复杂。一些发达国家继续使用提高壁垒、滥用国际规则等保护手段外，开始转向对其他国家边境后措施的监督。2017 年 8 月，美国宣布对中国开展“301 调查”，聚焦于中国政府在技术转让、知识产权、创新等领域的政策和做法。2017 年 11 月，美国以中国政府对市场干预过多为由，拒绝给予中国市场经济地位。

二是国际市场竞争仍较激烈。当前，中国出口正日益受到发达国家制造业回流和新兴经济体中低端制造业崛起的双重挤压。2017 年前 8 个月，中国劳动密集型产品在欧盟和日本的市场份额分别下滑 0.5、0.9 个百分点，而东南亚国家产品所占份额则明显上升[②]。

三是投资保护主义力度加强。美欧以“国家安全”为借口，出台限制外来投资的法律法规，收紧并购政策，针对中国的意味明显。2017 年 11 月，美参众两院分别推出《外国投资风险评估现代化法案》，寻求扩大美国外国投资委员会（CFIUS）审查范围和权限，这将导致中国企业赴美投资风险进一步加大。德、法、意等国积极推动建立欧盟层面的外资审查框架，以限制中国对欧盟敏感行业的投资。2017 年国际上 3 项以国家安全为由的

---

① 中国商务部：《中国对外贸易形势报告（2017 年秋季）》，2017 年 11 月。

② 同上。

并购被否决，均针对中国企业[①]。

另一方面，中国国际贸易地位提升，贸易外交空间得以拓展，具备了更加良好的贸易条件，面临新的发展机遇。

一是市场吸引力和号召力不断增强。未来 15 年，中国市场将进一步扩大，发展将更加全面，预计将进口 24 万亿美元商品，吸收 2 万亿美元境外直接投资，对外投资总额将达到 2 万亿美元[②]。2018 年 11 月，上海将举办首届中国国际进口博览会，为各国开辟中国市场、提升合作水平搭建新平台。在互利共赢的开放战略下，中国将自身发展机遇同世界各国分享，也将为全体合作方创造更大的发展空间。

二是国际治理与规则话语权逐步提升。今后一段时期，中国将加快国内改革开放步伐，探索建设自由贸易港，推动形成全面开放的新格局。同时，中国将积极促进“一带一路”国际合作，并以负责任大国身份深度参与全球经济治理，构建开放型世界经济[③]。在这一历史进程中，中国在国际经贸领域的地位将不断上升，有助于提高“中国方案”的执行力度和水平，并增强中国对国际贸易与投资规则的话语权。

（审订：傅梦孜）

---

① 全球贸易预警机构：《GLOBAL TRADE ALERT REPORT》，2017 年 7 月。

② 习近平：“在亚太经合组织工商领导人峰会上的主旨演讲”，2017 年 12 月 7 日。

③ 习近平：《决胜全面建成小康社会 夺取新时代中国特色社会主义伟大胜利——在中国共产党第十九次全国代表大会上的报告》，2017 年 10 月。

第五章　国际能源转型提速*

2017年，国际能源市场供需失衡状况缓解，价格趋稳。风能、太阳能等清洁能源开发持续快速推进，能源技术进步推动能源转型提速。美国能源政策出现大幅调整，再度重视化石能源，其他国家能源政策继续向低碳化倾斜。国际能源合作向纵深推进，中国在全球能源治理中的作用日益突出。

一、国际能源市场趋稳

2017年，在多方因素作用下，国际能源大宗商品价格摆脱连续下滑，呈企稳回升态势。以2010年为基准（100），2013年世界银行能源价格指数曾高达127，但2014—2016年“三连跌”，2016年跌至55，较2013年腰斩一半以上，2017年预计同比上升23.7%至68，2018年将进一步升至71（见表5—1）。

* 本章撰稿人：张茂荣、陈晴宜、徐刚、赵宏图。

表 5—1 国际能源价格走势

	2014 年	2015 年	2016 年	2017 年	2018 年
能源价格指数（2010 年 = 100）	118	65	55	68	71
原油平均价（单位：美元/桶）	96.2	50.8	42.8	53	56
美国天然气（单位：美元/百万英热单位）	4.37	2.61	2.49	3.00	3.12
欧洲天然气（单位：美元/百万英热单位）	10.05	7.26	4.56	5.50	5.66
日本天然气（单位：美元/百万英热单位）	16.04	10.22	6.89	8.20	8.33
澳大利亚煤（单位：美元/公吨）	70.1	57.5	65.9	85.0	70.0

注：2017 年、2018 年均为预测值。

资料来源：World Bank，Commodity Markets Outlook，Oct. 2017。

（一）石油市场“再平衡”步伐加快

近年以页岩油为代表的非常规石油崛起，致国际油市供应过剩。美国能源信息署（EIA）数据显示，从 2014 年二季度开始，世界石油连续 9 个季度供大于求（见图 5—1），2015 年一季度过剩规模达 161 万桶/日，2016 年三季度形势有所改变，但四季度再现供大于求，全年产量超消费量约 29 万桶/日。

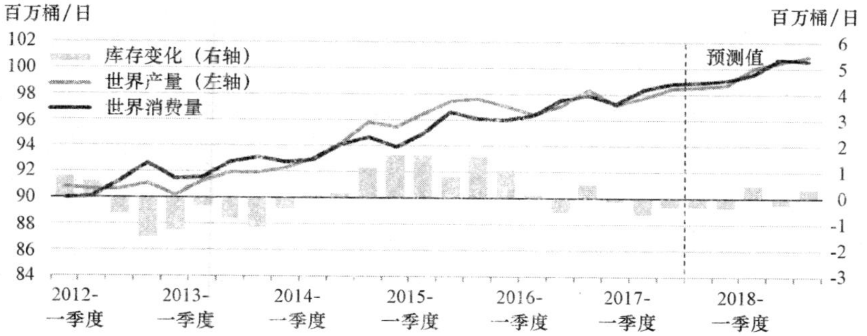

图 5—1 世界石油供需变化

资料来源：EIA，Short-Term Energy Outlook，Dec. 2017。

2017 年，国际油市去库存显著加快。EIA 数据显示，前三季度世界石油供应连续出现“赤字”，二季度“赤字”规模达 64 万桶/日，为 2013 年四季度以来最大，全年供需缺口预计达 37 万桶/日，助推库存下降。国际能源署（IEA）指出，2017 年 10 月经合组织（OECD）国家商业石油库存降至 29.4 亿桶，创 2015 年 7 月以来最低，仅比其 5 年平均水平高 1.11 亿桶。[①]

一方面，需求增长超预期。世行指出，2017 年二季度，世界石油需求同比激增 220 万桶/日，远高于 1995—2016 年的平均 120 万桶/日，2017 年全年增幅预计将达 160 万桶/日；2018 年世界石油需求将再度增长 140 万桶/日，总量达到创纪录的 9910 万桶/日。石油输出国组织（OPEC）评估，2017 年和 2018 年全球石油需求增幅均在 150 万桶/日以上，非 OECD 国家仍将是增长主力。[②]

另一方面，供应增长放缓。2017 年减产协议生效，OPEC 与非 OPEC 产油国共同承诺减产 175 万桶/日，相当于全球石油供应量 2% 左右。IEA 数据显示，2017 年 11 月 OPEC 原油供应量同比减少 130 万桶/日至 3236 万桶/日，连续 4 个月下降；协议执行率为 115%，创年内最高，全年平均执行率升至 91%。[③] 非 OPEC 产油国协议执行率也很高，墨西哥和俄罗斯均超额减产。世行预计，2017 年全球原油供应仅增长 40 万桶/日，增幅与

① IEA, *Oil Market Report*, Dec. 14, 2017.

② OPEC, *Monthly Oil Market Report*, Dec. 2017.

③ IEA, *Oil Market Report*, Dec. 14, 2017.

2016 年接近，但显著低于 2010—2015 年的平均 190 万桶/日。

在新的供需格局下，国际油价震荡回升（见图 5—2）。世行统计，2017 年前 9 个月，国际原油平均价①同比上涨 25%，全年预计上涨 23.8% 至 53 美元/桶，2018 年有望进一步涨至 56 美元/桶。2017 年 12 月 4 日，高盛集团上调 2018 年北海布伦特（Brent）和西得克萨斯中质原油（WTI）价格预期，分别至 62 美元/桶和 57.5 美元/桶，但 2019 年油价将再现下行风险。

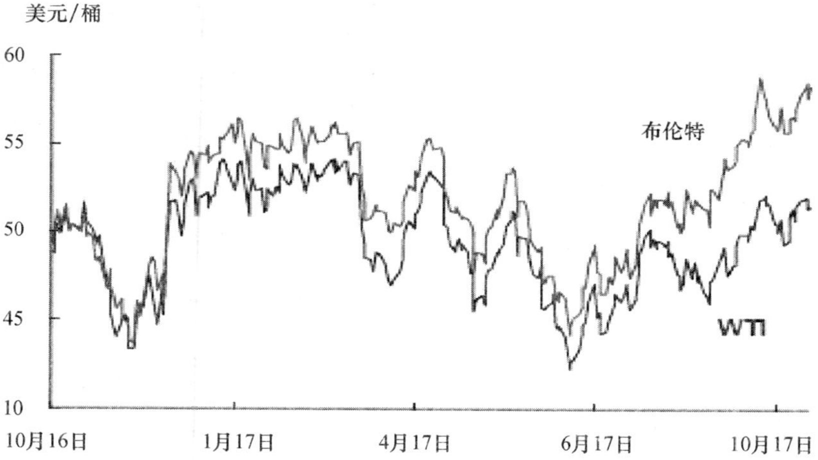

图 5—2 布伦特和 WTI 油价走势

资料来源：World Bank，Commodity Markets Outlook，Oct. 2017。

产油国延长减产协议至 2018 年底、主要经济体经济同步复苏，从供需两侧对国际油价形成支撑。但市场结构性矛盾犹存，

① 布伦特（API 度 38）、迪拜基准（API 度 32）和 WTI（API 度 40）三种原油平均价。

油价继续上行面临“天花板”。尤其是，美页岩油生产潜力巨大，供应过剩可能会卷土重来。页岩油供给价格弹性较大，在与OPEC的“消耗战”中虽曾短暂减产，但资源基础仍在、生产“内功”增强，随着国际油价回升，重返市场步伐加快。EIA数据显示，2017年12月8日当周，美原油产量达创纪录的978万桶/日，全年预计达924万桶/日，同比增长4.3%；2018年将增长8.4%至1002万桶/日，接近1970年11月1004万桶/日的历史最高。IEA警告，受美增产影响，2018年非OPEC石油供应增幅将从2017年的60万桶/日扩大至160万桶/日；全球供应增长快于需求，2018年上半年过剩将达20万桶/日。[①] 此外，石油消费大国中国经济转型、美元中长期坚挺也对油价上行构成压制。

（二）天然气市场低位调整

2014年以来，国际天然气价格跟随石油价格大幅下跌，2017年开始止跌反弹。世行统计，2017年前9个月全球天然气均价同比上涨26%，与同期国际原油均价涨幅（25%）相近，表明二者仍存在关联性。世行预测，2018年全球天然气均价将进一步上涨3%。

未来，天然气市场仍将是明显的买方市场行情。虽然2017年各地区气价普遍较2016年上涨，但从长期看仍属低位运行，最主要原因在于供应过剩。彭博财经等基于对近中期全球天然气需求及在建液化天然气（LNG）项目完工周期的判断，认为在

① IEA, *Oil Market Report*, Dec. 14, 2017.

2025 年前全球 LNG 市场一直供大于求。[①] 世行称，由于澳大利亚和美国 LNG 产能扩张，未来数年全球天然气供应都将处于充裕状态。

LNG 比重不断提升。与石油相比，传统天然气交易对管道基础设施依赖度高，市场区域性特征明显。但近年来随着 LNG 产量扩大和存储运输技术进步，天然气交易逐渐降低对管网的依赖。国际天然气联盟（IGU）统计，2016 年全球 LNG 贸易量连续 3 年增长，增幅为 5%，达到创新高的 2.58 亿吨，占全球天然气贸易量的 1/3。彭博财经预测，2017 年全球 LNG 消费量为 2.8 亿吨，同比增长 8.8%，创 2011 年以来最大增幅。[②]

美欧亚气价继续分化。作为全球最大天然气生产国和消费国，2017 年美每百万英热单位气价从 2016 年的 2.49 美元回升至 3 美元，但仍远低于同期欧洲的 5.5 美元和日本的 8.2 美元（见表 5—1）。发电、化工等需求支撑美国内天然气消费持续增长，同时美谋求以管道向墨西哥、以 LNG 向全球扩大天然气出口。

（三）煤炭市场走向“看”中国

受供需过剩影响，国际煤炭价格 2011 年以来持续下跌，但自 2016 年开始出现反弹。煤炭在中国能源消费结构中占比逾 60%，中国煤炭消费量占世界煤炭总产量的一半。2017 年前 8 个月，受夏季电煤需求旺盛、企业补库存、环保限产升级等因素

① “全球天然气市场交易五大趋势”，http://www.china5e.com/news/news-1004837-1.html。（上网时间：2017 年 12 月 15 日）

② “全球天然气市场交易五大趋势”，http://www.china5e.com/news/news-1004837-1.html。（上网时间：2017 年 12 月 15 日）

影响，中国煤炭进口增长14%，推动国际煤炭价格上涨。世行统计，2017年前9个月全球煤炭均价同比暴涨50%，全年预计将涨29%至85美元/吨，但2018年煤炭价格将出现回落（见表5—1）。

二、能源结构转型步伐加快

太阳能、风能等新能源在低油价环境下逆势增长，带动全球可再生能源持续快速发展，技术进步使清洁能源成本迅速下降，加之各国采取措施积极应对气候变化，推动全球能源结构加快转型。

（一）可再生能源发展引人瞩目

据21世纪可再生能源政策网络（REN21）[①] 统计，2004—2016年全球再生能源投资增长4.4倍。2016年全球可再生能源装机容量（含水力发电）增加1.68亿千瓦，同比增长近9%，达到创纪录的20.17亿千瓦。[②] 英国石油公司（BP）统计，2016年全球一次能源消费仅增长1.0%，可再生能源发电（不含水电）则大幅增长14.1%，增加5300万吨油当量，占全球能源新

---

① REN21，即Renewable Energy Policy Network for the 21st Century的缩写，它是一个全球性的政策网络，旨在通过共享观点、鼓励采取各种方式的行动，促进可再生能源的发展。REN21制作了大量国际公认的可再生能源政策和可再生能源市场的发展报告。从2005年起，REN21每年发表《Renewables Global Status Report》（《可再生能源全球现状报告》）。

② REN21，*Renewables* 2017 *Global Status Report*，2005－2017.

增量的1/3，为有记录以来最大增幅。[①]

全球光伏产业发展迅速。在可再生能源发电中，光伏发电位居第三，次于水电和风电。2004年光伏装机占全球可再生能源装机容量的0.3%，到2016年增至15%。据统计，2016年全球光伏装机容量增加7500万千瓦（见图5—3），相当于每小时安装3.1万块光伏电池板。[②] 太阳能虽然在可再生能源中占比仅为18%，但却贡献了1/3的增长。2016年，全球光伏发电同比增长29.6%，其中中国占全球总量的19.9%，位列第一；美国占比为17.1%，位列全球第二。[③]

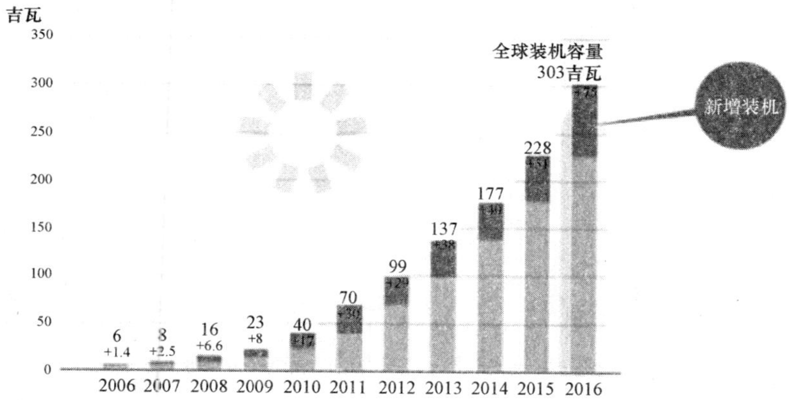

图5—3 全球光伏发电装机容量

资料来源：REN21，Renewables 2017 Global Status Report，June 2017。

全球风力发电继续以较快速度平稳增长（见图5—4）。2004

① BP，*BP Statistical Review of World Energy*，June 2017，p.43.

② REN211，*Renewables* 2017 *Global Status Report*，June 2017.

③ BP，*BP Statistical Review of World Energy*，June 2017.

年风力发电仅占可再生能源发电的 6%，到 2016 年提高到 24.1%。2016 年全球风电装机增长 15.6%，在全球可再生能源发电增长中，超过一半源于风电的增长。截至 2016 年底，全球 90 个国家有商业性风电活动，其中 29 个国家风电装机容量超过 100 万千瓦。[①] 2016 年中国风力发电同比增长 39.4%，占全球风电总量的 25.1%，超过美国跃居世界首位。[②] 2016 年世界前 10 大风力涡轮制造商占领了 75% 的全球市场，其中中国约占 28%。

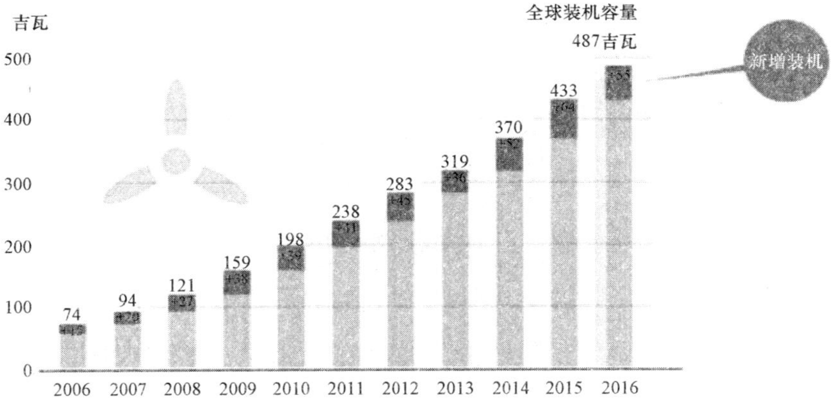

图 5—4　全球风电装机容量

资料来源：REN21，Renewables 2017 Global Status Report，June 2017。

长期以来，可再生能源的主导力量是大型水力发电，但近年水电发展缓慢。2004 年大型水力发电占可再生能源装机容量的 89.4%，其后由于风电、光伏发电及生物燃料的发展而逐年下

---

① REN21，*Renewables* 2017 *Global Status Report*，June 2017.

② BP，*BP Statistical Review of World Energy*，June 2017.

降，到2016 年占比降至 54. 3% 。2016 年全球水电装机容量为 10. 96 亿千瓦，水电装机最多的国家是中国，占全球 28. 9% ，其次是巴西、美国、加拿大、俄罗斯和印度。[①]

2016 年，全球直接和间接从事可再生能源行业的雇员达 980 万人。虽然水力发电领军可再生能源，但其雇员只占 15. 5% ；雇员最多的是光伏发电，占比为 31. 5% ；液态生物燃料占比 17. 5% 。中国可再生能源行业雇员占全球可再生能源从业人员的 40. 3% 。中国可再生能源行业雇员最多的是光伏发电，占中国可再生能源总雇员（395. 5 万）的 49. 6% 。[②]

中国引领全球可再生能源发展的势头已经显现。目前，中国已超过美国，成为全球最大可再生能源生产国，是全球能源结构优化进程中最重要的推动因子。2016 年全球可再生电力和可再生燃料投资为2416 亿美元，比2015 年减少 15. 5% ，但中国仍是可再生电力和可再生燃料投资最多的国家。在中国的牵引下，亚太已经取代欧洲，成为全球最大可再生能源产区。

总体看，虽然可再生能源发展迅速，但在全球能源供给中占比仍不高，风能、太阳能等新能源占比则更低。据 REN21 数据，截至 2016 年，全球可再生能源发电占电力总量的 24. 5% ，其中水力发电最高，占比 16. 6% ；其次是风力发电，占比 4. 0% ；生物质发电占比 2. 0% ；光伏发电占比 1. 5% （见图 5—5）。可见，新一轮全球能源转型仍处于初始阶段，前路漫长。

① REN21, *Renewables* 2017 *Global Status Report*, June 2017.

② REN21, *Renewables* 2017 *Global Status Report*, June 2017.

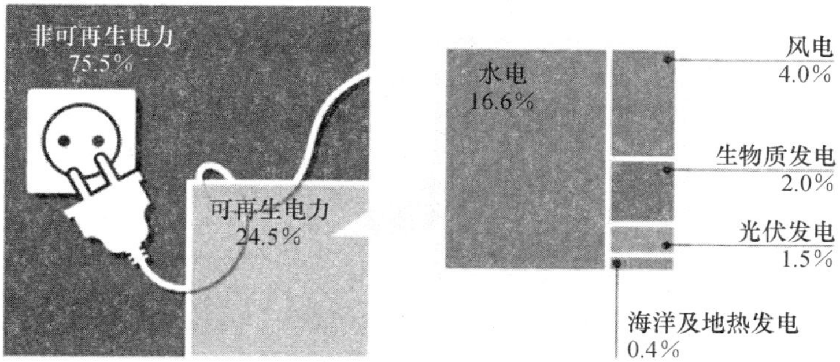

图 5—5　2016 年全球发电结构

资料来源：REN21，Renewables 2017 Global Status Report，June 2017。

（二）技术进步推动能源转型

技术进步使太阳能和风能成本急剧下降。目前，太阳能发电成本已接近天然气和煤炭。近期，阿根廷、智利、印度、约旦、沙特、阿联酋等国光伏市场均出现破纪录的投标价，有的国家投标电价已低于 0.03 美元/千瓦。同时，智利、印度、墨西哥、摩洛哥等国风电竞标价也创出新低。丹麦和荷兰海上风电招标电价创出新低，使欧洲海上风电产业向其 2025 年前海上风电电价低于煤炭电价的目标更近了一步。[①] IEA 预测，2040 年太阳能电池板平均成本将在目前基础上进一步下降 40%—70%，陆上风电成本将下降 10%—25%，届时即使没有补贴，大部分可再生能源发电也将具有竞争力。

电池技术突飞猛进加速电动汽车时代的到来。由于技术进步，自 2008 年以来电动汽车电池成本已下降 80%。目前，全球

① REN21，*Renewables* 2017 *Global Status Report*，June 2017.

正掀起石墨烯材料研发创新浪潮。石墨烯是目前世界上已发现的最薄、最轻、最强的新型纳米材料，具备极佳的电化学储能特性，能超快速充放电、循环充电等。石墨烯的优越特性会将电动车电池性能提升到新高度，充电速度更快、续航里程数更高，进而推动电动车技术突破。今后，实现石墨烯的量产将成助推电动车蓬勃发展的关键所在，电动车全盛时代到来的时间可能要早于预期。

技术进步还预示着未来更大的清洁能源潜力。一是可燃冰研究与试开采不断取得突破。全球可燃冰资源量约 2100 万亿立方米，按现有天然气消费水平可供使用千年。目前，在可燃冰勘探研究上，美、日等国已取得诸多成果，但均未能实现大规模开采。要进入到商业规模的生产开发阶段，尚有经济性、地质灾害、环境等问题需要解决。2017 年 5 月 18 日，中国南海神狐海域天然气水合物（即可燃冰）试采实现连续 8 天稳定产气，这是世界首次成功实现开发难度最大的泥质粉砂型可燃冰安全可控开采，取得可燃冰试开采的历史性突破。

二是干热岩开发潜力巨大。干热岩是埋藏于地下 3—10 千米、致密不渗透的高温岩体，其所蕴含的能量相当于全球油气和煤炭蕴藏能量的数十倍。这种新兴地热能源温度在 150℃以上，可广泛用于发电、供暖、强化石油开采等，是一种很具潜力的清洁能源。目前，美、英、澳等国已建立多处干热岩开发利用试验研究基地，美国已初步进行干热岩实验性发电。总体来看，干热岩开发特别是商业开发尚处于探索阶段。2017 年，中国科学家钻获 236℃的高温干热岩体，这是中国首次钻获温度最高的干热岩体，实现了中国干热岩勘查的重大突破，或将改写能源版图。

（三）《巴黎协定》助力能源转型

随着《巴黎协定》执行的推进以及各国自主减排目标的实施，全球多国竞相计划淘汰汽油和柴油车，许多国家推出了燃油车禁售时间表。2017 年 7 月 7 日，法国团结与生态转型部长尼古拉·于洛表示，为实现《巴黎协定》目标，法国计划从 2040 年开始全面停售汽油车和柴油车，打造碳平衡国家，于 2050 年实现碳中和。7 月 27 日，英国环境大臣迈克尔·戈夫宣布，英国将于 2040 年起停售汽油车和柴油汽车，以减轻空气污染；到 2050 年，行驶在英国道路上的汽车将全部实现零排放。荷兰、印度、挪威等国也宣布了禁售燃油车时间表。作为全球最大汽车市场，中国正在研究最终禁止燃油车销售的时间表，日、韩、西班牙、葡萄牙等国制定了电动汽车销售目标，从而进一步强化了全球淘汰燃油车的政策趋势。

IEA 和国际可再生能源署（IREIA）联合要求加速开发低碳能源。2017 年 3 月，IEA 与 IREIA 联合发表报告称，为达到《巴黎协定》确定的本世纪中期升温控制在 2℃的目标，低碳能源占世界能源的比率需从 2014 年的 18% 提高到 2050 年的 70%，进而必须转向低碳化投资。IEA 将可再生能源、节能、核能、火力发电碳捕捉（CCS）作为削减二氧化碳排放的对策。IREIA 则以可再生能源和节能为中心，致力于推动到 2050 年可再生能源和节能贡献二氧化碳削减量的 90%，可再生能源满足 65% 的一次能源需求；根据这一目标，可再生能源每年须增长 1.2%。[①]

---

① IEA and IREIA, *Perspectives for the Energy Transition: Investment Needs for a Low-Carbon Energy System*, March 2017.

三、各方能源政策出现新调整

全球能源政策出现新变化，美新任总统特朗普大幅逆转奥巴马政府的清洁能源政策，重新转向发展传统化石能源。中东国家未雨绸缪，开始重视发展可再生能源。欧洲国家在大幅削减补贴背景下，以新方式支持可再生能源发展。

（一）美国重新重视化石能源

2017 年初特朗普政府上台后，宣布将退出《巴黎协定》并废除奥巴马政府力推的《清洁电力计划》。3 月，特朗普正式批准曾被奥巴马否决的美加 Keystone XL 石油管道建设项目。同月，特朗普签署名为“能源独立”的行政命令，推翻了奥巴马时代气候变化法规的大部分内容，解除了在联邦土地上进行煤炭开采租赁的禁令，不再限制油气生产的甲烷排放，并降低了气候变化和碳排放因素在政策和基础设施决策中的权重。相较于奥巴马政府几经摇摆的海上能源战略，特朗普政府在海洋油气开发方面也显得更为激进。4 月，特朗普签署名为“美国优先海上能源战略”的行政命令，指示内政部重新审查当前 5 年石油勘探计划和新的石油租赁许可程序，进一步扩展海上钻井区域。6 月，特朗普宣布一系列能源新政，强调更加重视发展油气、煤炭等传统化石能源，誓言实现美在全球能源市场的主导地位。特朗普宣称将重振和扩大核能部门，并将为高效海外煤电厂的融资“消除障碍”，以促进美煤炭出口。同月，美能源部长里克·佩里公开表态称，美政府将努力推动向全球市场出口油气、煤炭等传统能源，同时向海外推销核电和风能、太阳能等可再生能源，为实现美“能源统治地位”铺路。

（二）中东谋划加快能源转型

近年来，油气资源丰富的海湾国家开始重视可再生能源。作为世界最大石油出口国，沙特正把目光转向太阳能、风能等，大力招标“风光”项目，以减少对石油的依赖。根据沙特政府发布的“2030 年愿景”，该国将着手发展可再生能源，计划到 2023 年使可再生能源发电达到 950 万千瓦，从而改变完全依赖油气发电的状况。2017 年 1 月，沙特首座风力发电站竣工，可为 250 户居民供电。2 月，沙特政府宣布两个可再生能源发电项目招标计划，分别为发电量 30 万千瓦的太阳能发电站和发电量 40 万千瓦的风力发电站。今后，沙特还将进行光热发电和垃圾发电项目招标。此外，阿联酋于 2017 年 1 月宣布将向可再生能源项目投资 1630 亿美元，力争到 2050 年全国 44% 的能源消费来自可再生能源。其他中东国家如摩洛哥、突尼斯和也门也承诺到 2050 年只使用可再生能源。

（三）欧洲以新方式支持清洁能源

根据欧委会于 2014 年 4 月出台的能源补贴条例，自 2017 年起，所有欧盟成员国都被强制限制对可再生能源产业进行补贴。对此，欧洲国家通过新的方式，继续支持可再生能源发展。

一是市场化招标、拍卖。受近来欧盟大幅削减可再生能源补贴影响，欧洲可再生能源项目招标数量激增。2017 年上半年总招标容量达 1400 万千瓦，较 2016 年的 500 万千瓦猛增 180%。2017 年 4 月德国首批海上风电竞拍中，中标的 4 个项目中有 3 个为零补贴的海上风电项目，这在业内属于首次，具有重要象征意义，表明通过市场化的手段能够有效释放海上风电的中长期成本潜力，减少对补贴的依赖。这一结果促使荷兰调整拍卖程序，其他欧洲国家预计也将效仿这一做法。

二是支持小规模可再生能源项目。2016 年 11 月欧盟出台冬季可再生能源发电全套发展提案后，对小规模可再生能源发电项目与可再生能源发电领域参与者的支持力度增加。目前，多个欧盟国家已采取措施支持小规模可再生能源项目发展。希腊计划允许消费者入股小规模可再生能源项目，从而推动该国风电厂提升至 50 万千瓦的水平；斯洛文尼亚宣布将为小规模风电和水电项目举办电力拍卖。

此外，在宣布燃油车禁售时间表的国家中，欧洲国家占多数，这也将间接支持欧洲清洁能源发展。

四、能源合作全方位推进

2017 年，随着油价趋稳和市场信心回升，国际能源市场各参与方之间的合作呈现全方位推进态势，取得诸多重大进展。全球能源治理继续完善，合作平台增加，中国作用显著提升。

（一）生产国合作向纵深发展

全球能源供需格局转换带来的利益剧烈调整和博弈迫使越来越多产油国借助多边合作机制协调利益争端，能源合作理念从保障个体安全走向维护集体安全。为扭转 2014 年以来的油价暴跌势头，2016 年底 OPEC 与非 OPEC 国家达成“历史性”联合减产协议。2017 年 5 月，双方同意将减产协议延长 9 个月。协议执行效果良好。11 月 30 日，产油国在维也纳会议上再度延长减产协议至 2018 年底，进一步凸显推动国际石油市场恢复供需平衡的决心。与此同时，OPEC 积极呼吁美页岩油生产商加入减产行列。

产油国深度联合的背后离不开沙特与俄罗斯历史性走近和共同推动。由于意识形态分歧和地缘政治冲突，俄、沙两国过去合作仅停留在浅层，现已大大改变。石油巨头沙特阿美已表达投资开发俄西伯利亚天然气的兴趣，两国同意研究沙特阿美参与俄诺瓦泰克公司北极液化天然气二号项目（Arctic LNG 2）的可能性。沙特此举并非仅涉及数十亿美元的投资，还意味着沙特与俄罗斯正在缔造一个覆盖从原油到 LNG 的新 OPEC①。2017 年 10 月，沙特国王萨勒曼历史性首次访俄，两国能源企业签署合作备忘录，同意共同设立 10 亿美元规模的能源投资项目，或致力于加强提振油价的合作。

（二）生产国与消费国合作全面深化

欧洲能源市场上演“三国演义”。近期，在美欧形势剧变背景下，俄主动谋划对欧供气新格局，因乌克兰危机陷入低潮的俄欧能源合作出现新局面。一方面，俄主动让步缓解双方合作中的阻碍因素。2017 年 2 月，普京访问匈牙利时突然松口，暗示保留乌天然气过境国地位，撤销“2020 年前中止从乌过境天然气”的“最后通牒”。普京对保加利亚等国在“南溪”天然气管道项目上因受欧盟压力而“出尔反尔”的行为表示理解。3 月，俄气公司以承诺对东欧国家降价等让步与欧盟反垄断部门实现和解。

---

① Cyril Widdershoven：Are Russia And The Saudis Planning A Natural Gas Cartel? June 18，2017，https：//oilprice.com/Energy/Energy – General/Are – Russia – And – The – Saudis – Planning – A – Natural – Gas – Cartel.html.（上网时间：2017 年 12 月 16 日）

另一方面，俄亦坚持推动直通德国的“北溪—2”和通向土耳其、希腊的“土耳其流”天然气管道，计划分别斥资1100亿和419亿卢布打造绕开乌克兰的对欧供气新格局，俄还暗示或重启夭折的“南溪”项目。以能源合作为筹码，俄正加强对中东欧和东南欧市场的控制。匈牙利是欧洲首个获得2019年后俄供气保障的国家，示范效应明显。2016年，俄对欧供气量和市场份额实现双升，对欧供气量飙至1800亿立方米，创历史新高，占欧市场份额达34%，同比上升3%。同时，随着美逐渐成为天然气出口国，其对欧洲市场觊觎显现。2017年7月，美通过进一步维持和加强对俄制裁法案，声称要帮助欧洲减少对俄能源依赖，剑指俄欧能源合作（尤其是“北溪—2”管道）。同月，特朗普出席“三海峰会”（亚得里亚海、波罗的海、黑海）时称，将与波兰、匈牙利、奥地利、拉脱维亚、爱沙尼亚等国谈判修建LNG码头，以便未来进口美LNG。路透社称，美准备把国内天然气卖到俄的近邻波兰、匈牙利等东欧国家，意味着全球天然气供需将发生巨大变化，甚至改变欧洲政治平衡①。

印度成为能源合作新焦点。作为全球增长最快的大型能源市场，印度受到主要产油国争相示好。2017年4月，俄能源部表示，正在仔细研究通过陆路对印供气的各种方案。8月，俄油以130亿美元收购印第二大私有炼油公司埃萨石油49%的股权。沙特也不甘示弱，10月沙特阿美公司表示，将对印进行大规模投

① Roberta Rampton，Timothy Gardner：Trump to promote U. S. natgas exports in Russia's backyard，Reuters，JULY4，2017，https：//www. reuters. com/article/us－usa－trump－lng/trump－to－promote－u－s－natgas－exports－in－russias－backyard－idUSKBN19O2AH.（上网时间：2017年12月16日）

资，打造完全一体化的业务体系，并扩大与印公司的合作规模，包括为印拟议中的西海岸大型炼油厂项目投资。美正成为新的入局者。2017 年 6 月，印总理莫迪访美达成深化两国能源合作协议后，印石油和炼化公司开始加速采购美原油。目前，印度主要石油公司均已完成进口美原油的"首秀"。此外，印度利用自身区位优势，正与邻国缅甸、孟加拉国和尼泊尔建立能源合作网络，计划修建总长为 6900 千米的管道，连接缅甸实兑镇、孟加拉国吉大港、印度东北部大多数邦以及西孟加拉的西里古里和杜迦坡地区。

中国对外能源合作大幅拓展。中美能源合作取得历史性突破，成为化解中美经贸摩擦、平衡中美贸易的重要依托。2017 年 5 月，中美"百日计划"为进口美天然气打开大门。11 月，特朗普总统访华期间，能源合作达成重大成果，合作项目金额占到总额 2535 亿美元经贸大单的 65% 以上。代表性协议包括规模达 837 亿美元的中国国家能源投资集团开发美西弗吉尼亚州页岩气项目，规模达 430 亿美元的中美联合开发阿拉斯加 LNG 项目，山东南山集团与美国乙烷公司签署 260 亿美元乙烷购销协议，中石油与切尼尔能源公司签署 110 亿美元 LNG 长约购销协议等。同时，中俄能源合作渐入佳境。9 月，中国华信洽购俄最大国有石油公司俄油 14.16% 股权尘埃落定，合同金额约 91 亿美元。中国与中东的能源合作也在向纵深发展。2 月，中石油、华信与阿联酋阿布扎比国家石油公司达成入股协议，中企首次获得投资阿布扎比陆上油气区块股权权益，深入中东油气产业上游。3 月，沙特国王萨勒曼访华，两国签署价值 650 亿美元的合作协议，涉及原油、石化、交通、核能、矿业等领域，合作深度和广度均为两国交往史上前所未有。中亚方面，华信完成购买哈萨克国家油气公司旗下分支子公司 KMGI 的 51% 股权。东南亚方面，2017 年 4 月，搁置两年之久的中缅原油管道正式投入运行，中国第四大能源进口战略通道成形。拉美方面，11 月中石油、中石化、中海油中标巴西新一轮盐下石油区块招标。

（三）全球能源治理取得积极进展

“一带一路”能源合作成为推动全球能源治理的重要平台。2017 年 5 月，中国国家主席习近平在“一带一路”国际合作高峰论坛开幕式上表示，要抓住新一轮能源结构调整和能源技术变革趋势，建设全球能源互联网，实现绿色低碳发展。本届论坛在能源合作领域取得一系列成果：中泰签署政府间和平利用核能协定；中国国家能源局与瑞士相关机构签署能源合作路线图，与巴基斯坦水电部签署水电规划等方面的谅解备忘录和关于中巴经济走廊能源项目清单调整的协议；全球能源互联网发展合作组织等 6 个国际组织签署能源领域合作备忘录。中国国家能源局局长努尔·白克力呼吁各国进一步加强战略、规划、政策、标准等方面的交流和对接，探讨构建“一带一路”能源合作俱乐部，共同打造绿色低碳全球能源治理体系。

2017 年 7 月，在美宣布退出《巴黎协定》的不利形势下，减排合作仍是 G20 汉堡峰会的主流声音。除美国以外的其余 19 个成员重申对《巴黎协定》的坚定支持，主张根据共同但有区别的责任和各自能力原则，考虑不同国情，迅速全面落实协定。汉堡峰会决定将《G20 汉堡气候和能源行动计划》列入成果附件，该计划详细列出了促进各国能源转型的具体举措。

2017 年 9 月，在金砖国家厦门峰会上，五国领导人提出，金砖国家将建设开放、灵活、透明的能源大宗商品和技术市场，鼓励设立金砖国家能源研究平台，推动能源合作与能效领域联合研究。这表明金砖能源合作正在向纵深发展，开始致力于深层次机制化建设，向综合性能源治理平台迈进。

（审订：傅梦孜）

第六章　国际反恐陷入“后伊斯兰国”乱局*

2017年，“伊斯兰国”在国际社会打击下“暴政”瓦解、但“伊斯兰国”极端意识形态全球扩散，恐怖极端分子跨国流动加剧，外溢破坏效应扩大，国际暴恐势力加速向地区乱源集聚。国际反恐进入“后伊斯兰国”时代，挑战依然复杂严峻。

一、国际恐怖主义进入“后伊斯兰国”时代

2017年，国际暴恐的两大领头羊呈现迥异的发展势头。“伊斯兰国”受损严重，中东核心解体，被迫调整暴恐技战术，而“基地”组织悄然复兴，“后伊斯兰国”时代的国际暴恐生态更趋复杂。

（一）“伊斯兰国”暴政瓦解

一是控制地盘大幅减少。此前，控制大量“国土”是“伊斯兰国”引领众多国际恐怖组织的最为关键的要素。正是有了“国土”，“伊斯兰国”将国际恐怖组织多年的“建国”梦想落

---

* 本章撰稿人：傅小强、李伟、严帅、陈庆鸿、孙渤。

地生根，伊、叙一时也成为“圣战”最具前景的地区。但从2016年下半年起，“伊斯兰国”的“国土”逐渐消失殆尽。据美国智库兰德公司统计，“伊斯兰国”在伊势力于2014年秋达到顶峰，当时控制了约630万伊拉克居民（占伊总人口的19%）、58372平方千米土地（占伊总面积的13%），其中包括拉马迪、摩苏尔、基尔库克、提克里特等大城市。在叙利亚，“伊斯兰国”一度控制了约330万人口（占叙总人口的14%）、47497平方千米土地（占叙总面积的25%）。[①] 但到2017年初，在美支持下，伊拉克安全部队、逊尼派什叶派民兵和库尔德武装的联合行动下，“伊斯兰国”相继失去这些城市的控制权，所辖居民和面积在伊拉克和叙利亚分别减少至110万居民（占总人口的3.3%）、15682平方千米（占总面积的3.5%）和150万人口（占总人口的6%）、29695平方千米（占总面积的16%）。[②] 7月9日，“伊斯兰国”在伊控制的最后一座城市摩苏尔也告失守。10月17日，“叙利亚民主军”又宣布收复“伊斯兰国”位于叙利亚的“首都”拉卡。摩苏尔和拉卡的沦陷标志着“伊斯兰国”在伊、叙有形的“国体”解体。截至2017年12月初，“伊斯兰国”在伊叙控制的城镇已基本解放，仅剩下一些偏远乡村和沙漠地区。二是“伊斯兰国”财源枯竭，运转艰难。“伊斯兰国”财政收入主要有几大来源，包括油气收入、辖区税收和服务费、文物贩卖、劫掠财物和绑架赎金等，以及接受来自部分

---

① “Rolling Back the Islamic State”, p. 84, http://www.rand.org/pubs/research_reports/RR1912.html.（上网时间：2017年11月27日）

② Ibid., p. 85。

伊斯兰世界的捐款和援助。但随着“国土”丧失，“伊斯兰国”失去了大量的油气和税收收入，同时外籍“圣战”分子人数骤减，资助减少，导致“伊斯兰国”财源严重吃紧。据统计，“伊斯兰国”的年收入从2014年的19亿美元下降至2016年的8.7亿美元，缩水一半多。[①]“伊斯兰国”成员的薪酬减少了一半[②]，士气日渐低落。“伊斯兰国”财源减少，严重影响其内部组织运转、武器弹药购买和军事行动，对外界的吸引力和对其他恐怖组织的支持力度也大不如前。三是“伊斯兰国”人员大量折损，战斗力严重下降。这一年里，不仅巴格达迪的死因成谜，该组织的战斗人员更是死伤惨重。自国际社会军事打击“伊斯兰国”以来，“伊斯兰国”成员遭大量击毙，美英两国官员称共歼灭2.5万—5万名“伊斯兰国”成员。[③]

（二）“伊斯兰国”被迫调整暴恐战术

一是“伊斯兰国”更多采用游击战等恐怖组织传统战法，与政府搞不对称对抗。此前，“伊斯兰国”具备与政府军搞直接军事对抗的实力，常根据对手实力选择作战战术。当其面对一个

---

① “Caliphate in Decline: An Estimate of Islamic State's Financial Fortunes”, p.5, http://icsr.info/wp-content/uploads/2017/02/ICSR-Report-Caliphate-in-Decline-An-Estimate-of-Islamic-States-Financial-Fortunes.pdf.（上网时间：2017年11月28日）

② “ISIS cuts its fighters' salaries by 50”, http://money.cnn.com/2016/01/19/news/world/isis-salary-cuts/index.html.（上网时间：2017年11月29日）

③ “UK puts number of ISIS fighters killed at half US figure”, http://edition.cnn.com/2016/12/16/politics/uk-us-number-isis-fighters-killed/index.html.（上网时间：2017年11月29日）

虚弱、无力的政府时，常采用常规的军事作战模式消灭政府军。[①] 从建国之初至2015年秋鼎盛时期，“伊斯兰国”就是借助这种军事作战模式，在伊、叙迅速夺取大片土地。而游击战则是恐怖组织实力弱于政府军时的常用对抗战术。[②] 随着“伊斯兰国”失去大量地盘和人员，其已不具备组织大规模军事行动的能力，开始将队伍化整为零，更多采用游击战和袭扰战，借助暗杀和爆炸等手段对军警和政府目标发动恐袭。二是大规模搞简易“圣战”，制造暴恐新恶潮。“伊斯兰国”头目自2016年以来多次号召支持者利用卡车、刀斧等工具就地搞“圣战”，并在网上发布教授如何利用这些工具作案的视频。[③] 2017年3月的伦敦议会大厦恐怖袭击案、4月7日瑞典斯德哥尔摩卡车冲撞案和6月伦敦桥袭击案均属此类。英法安全专家对此表示，“以车辆和刀子展开的低技术袭击最近有增加的趋势，这些工具可轻易取得，安保人员很难防范。同时，袭击行动越是简单，所需的事前准备工作就越少，袭击者不易暴露，执法人员难以侦测。”[④] 可以预料，在各国防范森严、“伊斯兰国”外溢报复加剧的情况下，未

---

① Craig Andrew Whiteside, “The Smiling, Scented Men: The Political Worldview of the Islamic State of Iraq, 2003 - 2013”, dissertation, Pullman: Washington State University, December 2014.

② Robert Taber, War of the Flea: The Classic Study of Guerrilla Warfare, Washington, D. C.: Potomac Books, 2002.

③ “ISIS and Al Qaeda have specifically called for the type of attack that just happened in London”, http://www.businessinsider.com/isis-al-qaeda-london-attack-2017-3.（上网时间：2017年11月28日）

④ “反恐专家：以刀子与车辆展开 低技术恐袭有增加趋势最难防范”，《联合早报》，http://www.zaobao.com/news/world/story20170606-768783。（上网时间：2017年11月28日）

来或有更多的简易“圣战”行为。三是借助外围和网络积蓄力量。“伊斯兰国”在伊、叙核心的失败，迫使其进一步利用外围分支做文章，加强各分支之间的联动，以此实现总部与分支在战略资源和人员方面的相互流动转移，以弥补核心区域的风险与损失。同时，“伊斯兰国”还可能继续谋划建立新的“行省”，逆势扩张。如5月底以来，宣布效忠“伊斯兰国”的菲律宾恐怖分子攻占马拉维等地。“伊斯兰国”积极回应，图谋将菲打造为海外的第九大“行省”。[①] 此外，“伊斯兰国”还借助新媒体和网络赢取更大范围和规模的支持。“伊斯兰国”是最会搞网络宣传的恐怖组织之一，近年来该组织借助网络和新媒体，发布英语、阿拉伯语、俄罗斯语、法语、德语、土耳其语、维吾尔语和库尔德等多语种音视频招募人员和鼓动恐袭，效果显著。如，“伊斯兰国”在2017年斋月之前号召支持者发动斋月攻势[②]，导致斋月期间全球各地恐袭数量急剧攀升，伤亡惨重。据统计，2017年斋月全球恐袭伤亡较2016年上升380%。[③]

---

① “The Islamic State grows in the Philippines”, http://www.longwarjournal.org/archives/2016/06/islamic – state – officially – creates – province – in – the – philippines.php.（上网时间：2017年11月26日）

② “Isis calls on supporters to wage ‘all-out war’ on West during Ramadan with new terror attacks”, http://www.independent.co.uk/news/world/middle – east/isis – ramadan – 2017 – all – out – war – west – new – terror – attacks – manchester – suicide – bombing – islamic – state – a7758121.html.（上网时间：2017年11月26日）

③ “Ramadan Rage 2017: Deaths Reach 1, 627, Marking One of the Bloodiest Islamic Holy Months in Recent Memory”, http://www.breitbart.com/national – security/2017/06/07/ramadan – rage – 2017 – complete – list – jihadist – attacks – around – world/.（上网时间：2017年11月26日）

（三）“基地”组织复兴态势明显

一方面，“基地”暴恐威胁持续增大。“基地”组织经多年潜伏发展，暴恐实力创“9·11”事件以来新高。一是有良好的外部发展环境。伊斯兰世界乱局持续有利于“基地”组织恢复和发展。2011 年以来，伊拉克、叙利亚、也门、利比亚和马里等国陷入持续动乱，埃及等国强人政权也遭削弱，相关国家政治和社会问题突出，民不聊生，“基地”趁机通过各种手段拉拢民心，扩大支持基础。同时，“伊斯兰国”建政立国的实践已“激活”全球“圣战”运动，使其进入前所未有的发展阶段。“伊斯兰国”溃败后，该运动在逊尼派极端势力中煽动起来的极端意识形态“土壤”肥沃，也将继续滋养“基地”发展壮大。二是新生代领导层“人才辈出”。美国近年对“基地”高层实施“猎杀”行动虽除掉多名高级头目，但也加速其更新换代，形成“老中青”相结合、更具活力的领导结构。老一代以“基地”头目扎瓦希里、阿布·卡塔达为代表，为全球“圣战”运动提供战略指引；中生代以各分支机构头目为主，他们年富力强、宗教学识高、作战经验丰富；新一代以本·拉登儿子哈姆扎为代表，其被视为“恐怖王储”，2017 年以来频繁发声，大有“接班”之势。三是伺机收编“伊斯兰国”残余势力，填补暴恐“真空”。“基地”“伊斯兰国”分歧主要限于高层，中下层人员并不敌视有时甚至联手行动。扎瓦希里深知“伊斯兰国”难以长久，等待其崩溃后予以收编。同时，叙利亚温和反对派武装实力有限，难以抗衡“基地”派扩张。此外，美专注打击“伊斯兰国”，且对如何管控叙“解放区”无清晰战略，为“基地”填补“真空”提供机会。

另一方面，重点打造叙利亚暴恐大本营。“基地”近年以叙利亚为重心，大力扶持在叙分支机构“征服阵线”，使其发展壮大为叙反对派武装“龙头”，并逐渐将叙打造为新的暴恐大本营。一是拉拢渗透反对派武装。“基地”在叙人员近万，作战能力强，资源丰富，日益受其他反对派武装倚重，甚至成部分武装生存之本。对伊斯兰武装派别，“基地”力避与之冲突，而是在反政府大旗下，通过游说、渗透，建立以其为首的同盟军。对反对其暴恐路线的部分世俗武装，如“哈克阵线”“30旅”等团伙，“基地”则予以打击或招安。二是筹谋“封都建国”。“基地”以叙西北为大本营，着力在伊德利卜省打造“治理示范区”，向民众提供水、电、医疗等服务。设立宗教法庭处理各种纠纷，受理民众诉讼请求，还设立安全机构确保裁决得到执行。“基地”借此不断渗入民众日常生活，包括发放土地、婚姻等证件。随逐步被民众接受，“基地”酝酿在叙西北部建国。三是构建外籍“圣战”军团。“基地”在叙收编的外籍“圣战”分子逾3000人，欲将其培植为未来发动域外恐袭的“尖刀”。如，“基地”大力招募拉拢中亚极端势力，2015年底来在叙利亚的中亚暴恐团伙纷纷投靠“基地”，包括乌兹别克斯坦人组成的“伊玛目布哈里团”等，麾下中亚暴恐分子已逾千人。随“伊斯兰国”衰落，其麾下部分外籍“圣战”势力也开始转投“基地”组织。

二、暴恐势力加速向地区乱源集聚

受“伊斯兰国”外溢效应和“圣战”分子跨国流窜波及，

全球多地暴恐形势趋危变恶，中国周边热点遭国际恐怖和极端势力渗透，出现乱源联动和暴恐集聚态势。

（一）中亚内外交困，恐怖形势不容乐观

一是从中东返流搞恐袭的现象突出。中亚地区有大量人员在中东作战。据俄罗斯外交部相关负责人表示，约1万名来自独联体的外来者在叙利亚为恐怖团伙作战，其中一半拥有俄罗斯国籍，约5000人出生在中亚国家。[①] 返流主要有两种情况：第一种是直接回国搞恐袭或搞潜伏。2017年来中亚各国安全机构已经多次抓获从中东回流、试图在国内搞恐怖袭击的恐怖分子，并缴获大量枪支弹药。同时，有的恐怖分子回国后并不急于发动恐袭，而是就地“休眠”，伺机而动，让人更难以防范。11月1日，上合组织地区反恐机构执委会主任叶夫根尼·瑟索耶夫表示，国际恐怖组织建立“休眠小组”正成为上合组织空间内的主要威胁。这些恐怖分子“一个人离开、不引起军警和安全部门对自己的关注，在他收到‘醒来’信号前与普通人无异不会采取任何受谴责的行动”。[②] 第二种是中亚裔成员不直接回国，而是跑到其他地区搞恐袭。这些中亚裔成员都有在中东参战、受训或为“伊斯兰国”提供支持的经历，威胁巨大。如，2017年4月3日的俄罗斯圣彼得堡地铁爆炸事件，自杀式袭击者为1995

① 新华网：“俄媒：近1万独联体武装分子在叙为恐怖组织作战”，http：//news. xinhuanet. com/mil/2017－10/10/c_ 129717827. htm。（上网时间：2017年12月2日）

② “上合组织地区反恐机构：恐怖分子‘休眠小组’正成为上合组织国家的主要威胁”，http：//sputniknews. cn/politics/201711011023945881/。（上网时间：2017年12月3日）

年生人的吉尔吉斯斯坦人阿克巴尔容·贾利洛夫，其2014年就曾赴叙利亚接受当地恐怖分子的培训。4月7日，一名乌兹别克裔男子在斯德哥尔摩开着卡车直接冲撞人群，造成数人受伤。该男子与“伊斯兰国”成员来往密切，为“伊斯兰国”捐助大量资金。10月31日下午，美国纽约曼哈顿下城区发生卡车撞人袭击事件，造成至少8人死亡，12人重伤，袭击者也是来自乌兹别克斯坦，警察随后又抓获了其乌兹别克斯坦同伙。

二是在南亚的中亚暴恐怖团伙向中亚回流迹象明显。此前，包括“乌伊运”“伊斯兰圣战联盟”等恐怖组织一直躲藏在巴基斯坦部落区，因巴的军事打击行动，这些势力被迫逃往阿富汗，后经阿富汗北部逃往中亚，对中亚境内产生冲击。2016年底以来，由于“乌伊运”在阿境内受到阿富汗塔利班的打压，损失严重，其人员回流中亚更为迫切。同时，阿富汗安全形势的恶化对中亚恐情也产生巨大的冲击。一方面，塔吉克斯坦与阿富汗边境形同虚设，塔阿边境1300多千米，崇山峻岭，军警力量薄弱，躲藏在阿富汗北部的大量阿富汗恐怖势力对中亚是个不定时炸弹。另一方面，阿富汗毒品对中亚也是重大威胁。大量阿富汗毒品经中亚流向俄罗斯等地，阿富汗塔利班、“乌伊运”还与当地黑帮搭建毒品供销网，威胁严峻。此外，中亚内部风险也在增多，包括经济形势严峻，社会矛盾加剧，宗教极端主义进一步发展，外部伊斯兰极端思潮对中亚穆斯林的社会影响加强等。在这种形势下，中亚极端主义有所抬头，恐怖袭击案件增多。

（二）阿富汗安全局势趋恶，南亚暴恐威胁潜滋暗长

一是阿富汗安全局势脆弱，暴恐势力重趋活跃。联合国驻阿

富汗援助团2017年7月发布数据称，自当年1月1日至6月30日期间，阿富汗共有1662名平民因恐怖袭击死亡，死亡人数比2016年同期上升2%，达到新高。[①] 一方面，阿富汗塔利班强势攻击，已露建政野心，武装袭扰和爆炸破坏活动频繁。以阿富汗塔利班二号人物、“哈卡尼网络”头目哈卡尼为核心的强硬派在阿富汗塔利班内部看涨，阿富汗塔利班攻击范围逐步从南部、东南部、东部向全境扩散，不断在昆都士、楠格哈尔、赫尔曼德和坎大哈等地发起攻击，以逐步实现从农村到城市，从一般城市到省会城市的控制。4月底，阿富汗塔利班宣布发动“春季攻势”，其发言人叫嚣发起政治和军事双重打击行动，在控制区内建立政治机构，以“建立社会正义和发展的机制，保障社会安全和民众的利益”。同时，阿富汗塔利班还力主拓展其在控制区域的影响力，夺取省会城市，建立省级行动中心和机构，加强各地联系。据美监测阿富汗事务机构“阿富汗重建特别监察小组”统计，阿富汗塔利班2017年8月控制了阿富汗13%的土地，较2月提升了2个百分点，还在大约30%的区域有势力活动或与政府争夺安全影响。[②] 另一方面，国际和地区暴恐势力向阿富汗北部转战云集，成为新的地区暴恐藏匿中心。2017年巴基斯坦继续在部落地区发起反恐攻势，原躲藏在巴基斯坦部落区的恐怖分

---

① 人民网：“联合国报告称阿富汗平民半年死亡人数达到新高”，http://world.people.com.cn/n1/2017/0718/c1002-29411532.html。（上网时间：2017年11月29日）

② “Taliban increases influence, territory in Afghanistan: U.S. watchdog”, https://ca.reuters.com/article/topNews/idCAKBN1D026N-OCATP.（上网时间：2017年12月1日）

子，包括巴基斯坦塔利班、“基地”、“乌伊运”等大量逃往阿富汗，在阿境内建基地，搞招募，并与阿富汗塔利班等狼狈为奸，使得阿安全局势雪上加霜。

二是“伊斯兰国”在南亚稳扎稳打，根基渐牢。其一，在阿富汗逆势重组，威胁扩散。为摆脱被阿政府和塔利班联手打压的困境，2017 年来“伊斯兰国”逐步与楠格哈尔、库纳尔等省部族签订“备忘录”，换取部族支持。“伊斯兰国”在伊拉克的头目 3 月还曾访问阿富汗，并与阿富汗塔利班和“基地”组织头目会面，主动协调与阿富汗塔利班和“基地”组织的关系。“伊斯兰国”的活动范围逐步从楠格哈尔省向阿富汗南、北部扩张，在巴达赫尚、昆都士、努尔斯坦、库纳尔、赫尔曼德和法拉赫等省重建据点，并深入首都喀布尔搞恐袭。其二，在巴基斯坦与当地暴恐组织同流合污，扩大招募基础。“伊斯兰国”不仅与巴基斯坦塔利班建立联系，还加深与“虔诚军”和“简戈维军”的勾连，尤其是与巴境内常搞教派恐怖袭击的“简戈维军”合作搞恐袭，大肆袭击巴境内什叶派。同时，“伊斯兰国”在巴基斯坦逆流而上，已将活动范围扩展至巴四省及部落区，还在卡拉奇等大城市新建武装营地，占领阿巴边境多个地盘，获得不少部族支持。此外，“伊斯兰国”极为重视在巴的招募活动，除了招募一些中下层穷苦人士外，该组织还注重从巴上层人士寻求突破，尤其是获得了一些来自城市家庭的中上层年轻人的支持，甚至在高校发展人员，其借助这些年轻人搭建募资网络，支持基础扩大。其三，2017 年“伊斯兰国”还在印度、孟加拉国扩大活动空间，甚至在印控克什米尔也建立了新的营地。印度、孟加拉国和马尔代夫都破获数起“伊斯兰国”在本国招募人员的案例。

“伊斯兰国”还与孟加拉国极端组织建立联系，共同在缅甸罗兴亚人中间招募成员，支持后者开展“圣战”对抗缅甸政府。

三是巴基斯坦安全局势虽有改善，但社会极端化苗头和教派冲突扩大。据统计，截至11月5日，巴2017年因恐袭伤亡人数达到1089人，较2016年的1803人有较大的下降。[①] 但因巴基斯坦长期以来作为国际恐怖活动的重要策源地，其暴恐势力仍然较为活跃，安全形势难彻底改观。一是恐怖分子的“再网络化”趋势增强。在“利剑行动”的高压打击下，巴基斯坦塔利班等暴恐组织越过管控不善的巴阿边界，进入阿富汗境内。为维持在巴境内的行动能力，这部分暴恐组织与巴境内本土的极端组织勾连加强，进而将部分行动能力转移到俾路支省和信德省交界的安保薄弱地区。据称，巴境内的若干宗教极端武装重新结成暴恐行动同盟，其中包括巴基斯坦塔利班各分支和“坚格维军国际派”（Let-A）。在此背景下，各暴恐组织联系增强，出现了意识形态、作案目标和手法趋同，暴力化加剧的态势。二是教派伤亡惨重。2017年，巴虽然教派冲突只发生了13起，却导致224人死亡，678人受伤。虽然在案件数量上较2016年的35起有所下降，但较2016年的137人死亡，182人受伤的伤亡烈度却有巨大的提升。[②] 三是俾路支省和信德省的暴力分离势力活动猖獗。从2016年起，以俾路支、信德为代表的暴力分离势力持续活跃。2017年，这一趋势依然持续，“俾路支斯坦解放军”（BLA）、“俾路

① “Fatalities in Terrorist Violence in Pakistan 2003 – 2017”，http：//www. satp. org/satporgtp/countries/pakistan/database/casualties. htm.（上网时间：2017年11月8日）

② “Sectarian Violence in Pakistan：1989 – 2017”，http：//www. satp. org/satporgtp/countries/pakistan/database/sect – killing. htm.（上网时间：2017年11月8日）

支斯坦解放阵线”（BLF）和“信德国解放军”（SDLA）和“信德国革命军”（SRA）制造了大量的袭击，使得俾路支斯坦省和信德省分别以271人、231人的恐袭伤亡人数仅次于巴联邦直辖部落区的340人。①

（三）东南亚面临暴恐新威胁

东南亚地处国际交通枢纽，拥有庞大的穆斯林群体，一直为国际暴恐势力所觊觎。尤其是菲南、缅甸和泰南等地的民族宗教冲突不断，日益成为国际暴恐势力进行渗透的切入点。

一是菲南成“伊斯兰国”在东南亚渗透的核心基地。菲南经济落后、民族宗教矛盾严重，自称“摩洛族”的菲南穆斯林长期寻求独立或自治，致使该地战乱不断、长期积怨，加上地处偏远，成为暴恐滋生与发展的绝佳场所。2014年“伊斯兰国”在叙利亚和伊拉克崛起后，菲南恐怖组织深受鼓动，纷纷宣誓效忠，并企图复制“伊斯兰国”武力建国模式创建“伊斯兰国菲律宾省”。2017年5月23日，以“马巫德”和“阿布沙耶夫”组织为主的暴恐分子攻占菲南城市马拉维，与政府军持续对峙近5个月，显示出强大的实力与高超的城市战水平。尽管“马巫德”和“阿布沙耶夫”组织头目等800多名暴恐分子被击毙，但此次行动不仅涉及多个本土暴恐组织，还有数十名外籍恐怖分子参与其中，反映出地区和跨地区的暴恐网络已然成形。菲南作为暴恐网络核心，在马拉维事件后反而声名鹊起，其在“后伊

① “Fatalities in Pakistan Region Wise：2011 - 2017”，http：//www. satp. org/satporgtp/countries/pakistan/database/fatilities_ regionwise. htm. （上网时间：2017年11月8日）

斯兰国"时期对暴恐分子的吸附能力恐有增无减。

二是罗兴亚涉恐问题突出。罗兴亚人是缅甸西部若开邦的穆斯林少数族群，约130万，与主体缅族的历史积怨与民宗矛盾深重，长期遭排斥和打压，其公民身份至今不被缅政府承认。早在20世纪80年代，受阿富汗反苏"圣战"浪潮影响，罗兴亚人就曾相继成立"罗兴亚团结组织""若开罗兴亚民族组织"和"罗兴亚民族安全委员会"等涉恐武装。2013年，罗兴亚人新建"信仰运动"组织，扬言对缅政府和佛教徒发动"圣战"。2016年，该组织改名为"若开罗兴亚救世军"（ARSA），打着拯救罗兴亚人的旗号在缅孟边境孟都镇、布提当镇和拉代当镇活动。缅情报部门评估认为，其武装人员至少有500—600人。[①] 2017年8月25日，"救世军"同时袭击若开邦30处军警哨所，接连制造暴恐案件，招致缅军靖乱，大量罗兴亚人外逃，再次引发人道危机。一些极端伊斯兰团体声援罗兴亚人，号召暴恐分子赴缅发动"圣战"。据《亚洲时报》披露，目前至少有150多名外籍武装分子参加"救世军"，包括来自孟加拉国、巴基斯坦、乌兹别克斯坦、印度尼西亚、马来西亚、泰国等的武装分子。[②]

三是泰南暴恐形势不容乐观。尽管较少受关注，但泰南分离

---

① "MYANMAR HAS A NEW INSURGENCY TO WORRY ABOUT", http://www.scmp.com/week－asia/geopolitics/article/2109386/myanmar－has－new－insurgency－worry－about.（上网时间：2017年11月20日）

② "The truth behind Myanmar's Rohingya insurgency", http://www.atimes.com/article/truth－behind－myanmars－rohingya－insurgency/.（上网时间：2017年11月20日）

运动依然活跃，暴恐活动近年来也呈上升趋势。联合国毒品与犯罪办公室（UNODC）东南亚和太平洋区域代表道格拉斯介绍，泰南2016年也遭遇了恐袭高潮，发生了800多次恐袭，致300多人死亡、600多人受伤。[①] 而2017年，泰南也多次遭遇恐袭，如5月北大年府一家商场遭炸弹袭击，致50多人受伤。泰南和泰马边境仍是恐怖分子进行地区串联、走私武器和运送资金的重要通道。

（四）中东非洲暴恐震动加剧

一是伊叙反恐战局变化冲击近邻安全。2017年约旦、土耳其和伊朗均遭受地区暴恐势力严重威胁，连续发生重大恐袭。埃及的西奈半岛逐渐成为中东地区暴恐势力的流窜通道和藏匿地。埃及近年来经济下滑，社会失序，政府忙于发展经济和应对社会问题，未能及时处理西奈半岛的安全威胁，西奈半岛几乎处于安全真空状态，进而成为极端组织盘踞的大本营，多个恐怖组织在此发展壮大。2017年11月24日，“伊斯兰国”的西奈分支——“耶路撒冷支持者组织”袭击北西奈省一清真寺，造成至少305人死亡，是埃及近年来死伤最惨重的恐怖袭击。二是老牌暴恐势力依旧活跃。非洲三大传统暴恐势力“青年党”“博科圣地”与“基地”北非分支连续制造多起恐袭事件，尤其是“青年党”和“博科圣地”。据统计，过去5年里，非洲恐袭事件共造成约2万人死亡，其中“青年党”和“博科圣地”制造了其中71%的

① “Asean's rising terrorism threat calls for urgent actions”, http://www.philstar.com/letters－editor/2017/02/16/1672703/aseans－rising－terrorism－threat－calls－urgent－actions.（上网时间：2017年11月20日）

恐袭，造成其中91%的伤亡。[①] 2017年，非洲共发生1827次恐怖袭击，“青年党”制造987起，占比超过一半。10月14日，该组织在索马里首都摩加迪沙搞汽车爆炸袭击，造成至少358人死亡，死亡人数为近年来恐袭伤亡之最。[②] “基地”北非分支则持续在北非等地搞爆炸和绑架人质等有组织犯罪活动，多次袭击阿尔及利亚安全部队，并在马里、科特迪瓦和布基纳法索等地袭击咖啡馆和酒店。三是新生暴恐策源地成形。利比亚可能成为新的国际暴恐活动中心。利比亚自“阿拉伯之春”后一直处于动荡，该国东部地区暴恐土壤深厚，“伊斯兰国”与当地暴恐势力狼狈为奸。随着“伊斯兰国”中东溃败，来自北非等地区的暴恐势力加速向利比亚转移。英国《简氏情报评论》就认为，利比亚自“阿拉伯之春”后一直处于四分五裂状态，良治缺失，民间武器泛滥，现外籍“圣战”分子已达6000人，“伊斯兰国”很可能在此壮大成势。

（五）地区乱源加大对欧美威胁

2017年以来，美、英、西班牙等国接连发生暴恐大案，显示欧美正面临着严峻的暴恐威胁。3月22日，英首都伦敦遭恐袭，造成5死、40余伤。5月22日，英国曼彻斯特体育馆遭自杀式炸弹袭击，导致22人死亡、64人受伤，该案是2005年“7·7”案以来英最大恐袭事件。8月17日，数名恐怖分子驾驶

---

① “In the past five years, terrorist attacks have killed nearly 20, 000 people across Africa. Two groups, Boko Haram and al – Shabab, accounted for 71 percent of reported incidents and 91 percent of fatalities”.

② “索马里首都汽车炸弹袭击死亡人数升至358人”，http：//news. sina. com. cn/w/zx/2017 – 10 – 21/doc – ifymyyxw3970670. shtml。（上网时间：2017年11月20日）

白色箱型车在巴塞罗那市兰布拉大道冲撞行人，致13人死亡，上百人受伤。10月31日，美国纽约曼哈顿发生车撞恐袭，造成8死、10多人伤，此案为纽约“9·11”事件以来最严重恐袭。美国家反恐中心主任拉斯姆森9月称，“当前面临的恐怖威胁环境日趋复杂。”① 美国国土安全代理部长杜克10月18日称，“伊斯兰国”和“基地”组织正策划发动“9·11”式袭击，以造成更大规模伤亡。② 英国军情五处负责人帕克10月17日表示，伊斯兰激进分子在英发动袭击的威胁已经达到他30年职业生涯的“最快发展速度”。③ 究其原因，美欧面临的恐怖威胁与地区乱源密切相关。国际和地区暴恐势力盘踞乱源，坐大成势，仇美仇西方情绪蔓延失控，这既与极端主义思潮泛滥有关，也与美欧国际责任缺失和政策失误有关。在全球化背景下，美欧内部与动乱地区存在人员交往等千丝万缕的联系，安全问题相互依存，美欧如不重视相关国家的治乱和发展问题，难免再受其害。

三、国际反恐须合力破解重大难题

“伊斯兰国”中东溃败开始催生国际暴恐新生态，这种生态

---

① Nicholas J. Rasmussen, “Hearing before the Senate Committee on Homeland Security and Governmental Affairs: Threats to the Homeland”, September 27, 2017.

② “美称恐怖组织正策划‘9·11’式袭击：‘他们想要炸飞机’”，http://news.ifeng.com/a/20171021/52734932_0.shtml。（上网时间：2017年11月20日）

③ “英恐怖威胁历来最严峻 调查案件超过500起”，http://www.zaobao.com/news/world/story20171019-804024。（上网时间：2017年11月20日）

在全球化和信息化条件下更为复杂难解，涉及去除极端思想威胁、打击恐怖活动和推进社会治理等方方面面的问题，国际社会须统筹兼顾，协调解决。

（一）协调一致打击严重危害国际安全的国际暴恐领头羊，防止其利用和制造地区新乱源

过去几年，国际社会花费大量资源应对“伊斯兰国”威胁。在重创“伊斯兰国”之后，要防范“基地”组织趁机复苏。目前，“解放沙姆阵线”已成为“伊斯兰国”溃败之后在叙实力最强的恐怖组织，拥兵上万，收留和训练来自俄罗斯、中亚和中国新疆等地大量恐怖分子，国际危害与日俱增。该组织脱胎与“基地”组织，时至今日仍与后者存在千丝万缕的联系，重归“基地”的可能仍然存在。此外，“伊斯兰国”和“基地”组织也很有历史渊源，“伊斯兰国”就是脱胎于“基地”组织，两者今后存在重新合并的可能性。2015 年 9 月，“基地”组织头目扎瓦希里曾暗示可与“伊斯兰国”合作。伊拉克副总统阿亚德·阿拉维（Ayad Allawi）2017 年 4 月透露，巴格达迪与扎瓦希里曾各派代表就合并事宜进行商议和讨论。[①] 考虑到两大组织的势力范围和活动方式有重合有共性，其同流合污将使国际安全局势更为混乱。下一阶段国际反恐要宜将胜勇追穷寇，防止新的国际暴恐领头羊坐大成势。

目前，“伊斯兰国”和“基地”组织分支竞相活动的区域主

① “Islamic State seeking alliance with al Qaeda, Iraqi vice president says”, https://www.reuters.com/article/us-mideast-crisis-iraq-islamic-state-idUSKBN17J1DT?il=0.（上网时间：2017 年 12 月 1 日）

要包括中东、北非西非和中国周边地区，国际社会需要高度重视上述地区动荡国家的发展稳定问题和地区热点的的治理问题，如利比亚、索马里、叙利亚和阿富汗等长期动荡国家，妥善处理巴以问题、库尔德人问题和缅甸罗兴亚人问题等，统筹兼顾综合施策，合理分配反恐资源，高度重视这些国家和地区的稳定、发展和安全治理。

（二）正本清源协作推进国际去极端化进程，化解极端思想威胁

2017年，“伊斯兰国”加紧网络宣传，发布大量电子杂志、视频、声明，鼓吹即使失去所有领土，共同的“信仰和追求”将继续使“国民”团结在一起。与此同时，“基地”头目扎瓦希里以及“恐怖王储”哈姆扎也加紧“发声”，鼓吹“圣战”。受此影响，伊斯兰极端思想在世界多个地区尤其是欧美加速蔓延和渗透，受蛊惑人数大幅增加，并诱发一系列暴恐事件。英国5月的曼彻斯特案、6月伦敦袭击案、美国10月纽约案等案件中，恐怖分子多因观看网络暴恐音视频而被极端思想洗脑，并通过网络学习暴恐技术实施恐袭。

美国家反恐中心评估认为，本土暴力极端主义对美国土安全构成最直接威胁，美本土极端分子人数和涉案数量不断增加。据美国土安全委员会统计，2014年3月以来，已有128名美国人因涉恐被判刑，2017年美执法机构共破获17起涉恐案，如纽约8月逮捕一名图谋出境加入“伊斯兰国”的公民。同时，美联调局正在调查的涉恐案高达1000起，监控名单逾2500名，涉及全美50州。[①] 在英国，执法部门正进行超过500起涉恐案调查，调查对象为约3000名参与极端活动的个人。[②] 在德国，德宪法保护局局长马森7月警告，受萨拉菲极端思想的影响，德境内极端分子人数从2015年的8350人增加到目前的10100人。极端伊斯兰分子日渐朝暴力和"圣战"方向发展。[③] 德《星期日世界报》10月22日援引联邦检察院的最新统计数据显示，德司法部门2017年以来处理涉恐案件已超过900起，是2016年的3.6倍。[④]

面对极端思想的蔓延，欧美不断强化应对措施。2017年5月，"七国集团"峰会发布联合反恐声明，将网络反恐列为首要重点，呼吁谷歌等网络科技公司积极行动，加强网络反恐行动，阻断极端思想的传播扩散，并表示"在尊重言论自由的原则前提下，用植根于我们共同价值观的言论"反击极端宣传。欧盟6月底也发布共识文件，要求科技公司强化在反恐中的企业责任。由于各国政府不断施压，6月26日，美国脸谱、微软、推特和优兔发布联合公告宣布成立"全球网络反恐论坛"，称"恐怖主义和暴力极端主义的传播是一个紧迫的全球性问题，我们四家公司将携手合作，共享各自的最佳技术和操作经验，以更好地应对

---

① Seamus Hughes, "Combating Homegrown Terrorism, Written testimony Before the U. S. House of Representatives Oversight and Government Reform", July 27, 2017.

② "英恐怖威胁历来最严峻 调查案件超过500起", http: //www. zaobao. com/news/world/story20171019 - 804024。(上网时间：2017年11月20日)

③ "官员：德国仍可能发生恐袭", http: //www. zaobao. com/news/world/story20170706 - 776766。(上网时间：2017年11月20日)

④ "德今年来处理涉恐案件 逾900起比去年增3.6倍", http: //www. zaobao. com/news/world/story20171024 - 805307。(上网时间：2017年11月20日)

网络涉恐威胁。”①

防范和化解极端思想威胁已形成国际共识，下一步需要继续推动联合国和全球反恐论坛框架下的国际去极端化努力。不同国家之间需要增进相互理解和支持，尊重文明多样性，以文明交流超越文明隔阂、以文明互鉴超越文明冲突、以文明共存超越文明优越。积极倡导不同国家之间、不同文明之间的协商对话，在反恐和去极端化等具体实践中统一思想，合作推进。相关国家需要放弃双重标准，重点加强在去极端化方面的交流，形成共识，协商共举，共同在全球范围内持续加强打击暴力极端主义的努力，从根源上防范国际暴恐新威胁。

（三）协调推进国际联防联打机制建设，携手防范恐怖主义跨国流动潮

自 2014 年以来，全球共有 110 多个国家的超过 4 万名外国“圣战”分子加入“伊斯兰国”，目前大部分人员已经溃散，或留在伊叙继续参加“圣战”活动，或转投其他恐怖组织，或向其他国家外逃流窜，国际暴恐势力跨国流动对国际社会构成日益严峻的安全威胁。

首先，随“伊斯兰国”在伊、叙败退，“伊斯兰国”正以越来越复杂的方式将“圣战”分子派遣进入欧美，以实施报复性袭击。《西班牙人报》网站 9 月 10 日刊文警告，“伊斯兰国”目前手中握有 1.1 万本空白的叙利亚护照。“伊斯兰国”可以利用

① “Global Internet Forum to Counter Terrorism”, 26 June 2017, https: //blog. twitter. com/official/en_ us/topics/company/2017/Global - Internet - Forum - to - Counter - Terrorism. html.（上网时间：2017 年 11 月 20 日）

这些空白护照伪造身份信息，从而让恐怖分子渗透进其他国家。[①]

其次，外国“圣战”分子自主回流母国，继续“圣战”活动。根据美国安全咨询机构苏凡集团10月24日发布的报告称，来自33个国家的至少5600名极端分子已经回流母国，包括土耳其900人、俄罗斯400人、沙特760人、突尼斯800人、法国271人、英国425人、约旦250人，等等。[②]

再次，外国“圣战”分子赴第三国继续参加“圣战”，这给相关国家带来重大安全隐患。阿富汗地方官员12月10日称，一批阿尔及利亚籍和法国籍武装人员11月进入阿富汗北部一个主要由极端组织“伊斯兰国”分支控制的地区，其中一些武装人员来自叙利亚和伊拉克。[③] 菲律宾总统杜特尔特就马拉维冲突表示，该国遭外国“圣战”分子入侵。菲律宾政府发布的数据显示：在已查明身份的33个武装分子中，8个是外国人，分别来自前苏联国家、也门、土耳其、沙特、马来西亚等国。[④]

外国“圣战”分子跨国流窜，是恐怖主义全球蔓延的重要原因，也是国际反恐面临的一个重大问题，任何一个国家都难以

---

① “外媒称IS手握万余本空白护照：大批恐怖分子或渗透欧洲”，http：//news. xinhuanet. com/mil/2017 –09/20/c_ 129708914. htm。（上网时间：2017年11月20日）

② Richard Barrett，“BEYOND THE CALIPHATE：Foreign Fighters and the Threat of Returnees”，October 2017.

③ “外籍‘伊斯兰国’武装人员或正向阿富汗转移”，http：//news. xinhuanet. com/mil/2017 –12/11/c_ 129762006. htm。（上网时间：2017年12月20日）

④ “菲反恐更像‘反侵略战争’：惊现车臣武装分子踪迹”，http：//news. xinhuanet. com/mil/2017 –06/13/c_ 129631896. htm。（上网时间：2017年12月20日）

单独应对，国际社会亟须就此建立联防联打机制。下一阶段，国际反恐尤其需要各国在联合国、全球反恐论坛等国际多边框架和上海合作组织、东盟、欧盟等地区框架下协调行动，加强在情报共享、边境管理、航空安全和打击跨国犯罪等方面的合作，不因地缘政治和一国之私而损及国际反恐大义。

（审订：冯仲平）

第七章　全球战略稳定面临多重挑战*

2017年，国际战略安全形势更趋复杂严峻。美俄战略博弈加剧，在一系列涉及战略稳定的问题上针锋相对。特朗普政府出台新版《国家安全战略》，酝酿进一步调整美核与反导战略，大国战略稳定面临新挑战。朝鲜核导能力突飞猛进，美、韩、日加强联合应对，冲击地区战略安全态势。无核武器国家推动通过《禁止核武器条约》，冲击国际核不扩散机制，加剧无核国家与核武器国家之间的分歧，削弱核战略稳定法理基础，维护全球安全平添隐患。

一、美俄战略力量博弈冲击全球战略稳定

特朗普上台后，加紧制定新的核与反导战略，美国战略安全政策面临历史性调整。美俄关系难以回暖，在《中导条约》履约、核战略、核裁军等一系列问题上更加针锋相对，大国战略稳定面临新挑战。

* 本章撰稿人：刘冲、郭晓兵、孙渤。

（一）美国反导战略酝酿历史性变化

特朗普政府的《弹道导弹防御评估报告》将是美国第二份反导战略报告。当前，美国反导技术日趋成熟，反导规模和防范对象可能质变，朝核导能力跃进更催化美加大反导投入，未来势必进一步严重威胁全球战略稳定。

首先，美国导弹防御技术发展已到新的临界点。2017 年 2 月，美日联合研制的“标准 III－2A”型拦截弹首次实验成功，该导弹具备一定的洲际弹道导弹拦截能力。5 月，美国首次拦截洲际导弹靶弹成功，验证了新型拦截弹头的可靠性，为美国防御本土面临的洲际导弹威胁提供有力支撑。8 月，新任美国导弹防御局局长塞缪尔·格里夫斯在导弹防御大会上，对美国防御朝鲜导弹威胁表达了充分的自信。[①] 在《2018 财年美国国防授权法案》中，国会首次要求自 2021 年起，把采购反导装备的权利从导弹防御局移交各军种，一定程度上说明美国现有反导技术已经从研发阶段进入装备阶段，反映出美反导体系更趋成熟。

其次，美国导弹防御的法定规模和防范对象正发生质变。美 2017 年《国防授权法案》将 1999 年以来的“美反导仅用于防御有限的弹道导弹攻击”表述，改为“针对日益复杂的全面导弹威胁，发展强健、有效的多层次反导系统，确保美及其盟友安全”，颠覆了美国以往限制反导规模及其能力，不针对俄、中战略力量的承诺。尽管美国新版《国家安全战略》表示，美强化

① New MDA director：US prepared to defend against North Korean nuclear ICBM threat，https：//www. defensenews. com/smr/space－missile－defense/2017/08/09/new－mda－director－us－prepared－to－defend－against－north－korean－nuclear－icbm－threat/.（上网时间：2017 年 12 月 5 日）

反导能力无意伤害与俄中的战略稳定和长期战略关系，[①] 但在朝鲜逐步具备威胁美国本土的能力背景下，美国势必持续强化针对洲际导弹威胁的反导能力，无论美国意图如何，客观上都将对中俄战略威慑能力产生重大影响。

最后，美国反导预算未来可能长期保持高投入。金融危机以来，美反导预算已从此前的 90 亿—100 亿美元，下降到目前的 80 亿美元上下。但受朝核导威胁刺激，11 月 6 日，特朗普总统致信国会，要求在 2018 财年预算中紧急增加 44 亿美元的反导预算。11 月 16 日，美国会通过的《2018 财年国防授权法案》两院协调版本中，已足额同意特朗普的提请，将 2018 财年预算从年初 79 亿美元的申请额，提升为 123 亿美元，增幅达 56%。新增预算主要用于增购本土洲际导弹拦截弹和萨德拦截系统。随着朝对美本土威胁现实性增加，未来美很可能长期保持反导高投入，对俄中战略威慑力构成更大压力，核武库规模较小的中国受影响尤为严重。

（二）美俄中导违约之争烽烟再起

《中导条约》规定苏（俄）美双方全部销毁和彻底禁止射程为 500 千米至 5500 千米的陆基中程导弹，条约是欧洲安全与稳定的基石，也是全球战略稳定的重要基础。2014 年以来，美国一直指责俄罗斯研发测试违反《中导条约》规定射程的陆基导弹，俄则坚决否认并反指美违约，两国对话一直未取得实质性进展。2017 年 2 月，《纽约时报》报道称，俄罗斯已经部署了两个

① National Security Strategy of the United States of America, December 2017, p. 8.

营的中程陆射巡航导弹。[1] 随后，美参联会副主席保罗·席尔瓦在众院听证中对此予以证实。[2] 美俄中导违约之争就此升级。

俄罗斯是否违约难以核查。为了核查俄罗斯是否研制、部署美国声称的违约型号导弹，就需要执行《中导条约》中一些比较有侵入性的核查条款，而这些机制在 1991 年 5 月两国按《中导条约》完成销毁工作以后，已经被逐步弃置。2001 年 5 月 31 日，《中导条约》的所有现场视察机制与实地核查活动完全中止，仅余通报制度、使用两国自有的“国家技术工具”这两种核查手段。2017 年 9 月，俄罗斯副外长里亚布科夫表示，“俄罗斯坚持《中导条约》，没有采取任何行动破坏它”，并表达了与美进一步磋商的意愿。而俄罗斯外交部防扩散和军控问题司司长米哈伊尔·乌里扬诺夫则继续质疑美国反导试验靶弹、无人机以及陆基 MK－41 多用途导弹发射系统违反了《中导条约》规定。在缺乏介入性核查的条件下，美俄继续对话显然只能继续各说各话。

美国会强化立法反制措施。美《2018 财年国防授权法案》中，明确指责俄罗斯政府的行为违反了《中导条约》，指出在俄罗斯持续违反条约的情况下，美国有权暂停执行《中导条约》。《法案》表示，《中导条约》禁止中远程陆基导弹系统的实验与

① Russia Deploys Missile, Violating Treaty and Challenging Trump, https://www.nytimes.com/2017/02/14/world/europe/russia－cruise－missile－arms－control－treaty.html.（上网时间：2017 年 12 月 5 日）

② Russia Has Deployed Missile Barred by Treaty, U.S. General Tells Congress, https://www.nytimes.com/2017/03/08/us/politics/russia－inf－missile－treaty.html.（上网时间：2017 年 12 月 5 日）

部署，但没有禁止对其进行研发。《法案》要求国防部长启动研发射程在500—5000千米的常规机动陆基巡航导弹系统的项目，并向国会提交报告。未来如美俄斗争进一步激化，不排除美国会采取更多立法措施。如《2018财年国防授权法案》的众院版本已写入"除非总统确认俄罗斯不再违反《中导条约》，否则将中止对国防部关于美俄核裁军条约续约的预算"，在两院协调时该条款才予以删除。

美国未来退约可能性不容忽视。美国会宣称，如俄罗斯持续违约部署陆基中导，美单方面履约不符合美国利益。长期以来，美国战略学界有观点认为，中国、伊朗、朝鲜积极研发陆基中导，对美"反介入"威胁日增，借机退约发展陆基中导可显著增强美介入能力。[①] 美太总司令哈里斯2017年4月在国会听证时，对中国发展"东风—21""东风—26"等陆基反舰导弹表示忧虑，称《中导条约》限制了美军应对中国导弹威胁的能力。[②] 未来如美俄中导履约问题久拖难决，不排除美国借机退出《中导条约》，在亚太部署此前研发的陆基中导。

（三）美俄核战略竞争烈度上升

美"三位一体"核力量正面临史上首次全面更新，尽管特朗普政府的《核态势审议报告》还没有出台，但综合各种迹象来看，美国的核战略可能较奥巴马政府大幅趋强，更强调核武器在国家安全战略中的作用，突出其进攻性和实战性。

---

① David W. Kearn："Facing the Missile Challenge-U. S. Strategy and the Future of the INF Treaty", RAND Report 2012.

② "US NATIONAL DEFENSE AUTHORIZATION ACTFOR FISCAL YEAR 2018", pp. 992 - 993.

首先，特朗普本人对核武的看法更为强硬。他在竞选期间声称，“俄罗斯在扩张核武库，俄罗斯有比美国更新的核能力，我们的最终威慑被忽视了，任其衰败。我们的核武库非常需要更新换代。”当选后曾放言“美国必须大大增强、大大扩张其核实力，直到世界对核武器问题的认识重回正轨”。此外，特朗普对美俄核裁军协议并不感冒，尽管美国务院及国防部官员多对美俄新核裁条约表示支持，但特朗普总统就职后与俄总统普京的首次电话中，在普京提及新核裁条约续约问题时，特朗普答复称该条约对美国而言是一个“坏协议”，是奥巴马的劣质遗产。[①] 尽管特朗普总统个人风格独特，但显然不会接受一份“软弱”的《核态势审议报告》。

其次，美核战略的军事色彩可能上升。特朗普政府着手推出新的《核态势审议报告》，为美长期核战略定调，意义重大。综合来看，特政府核战略的进攻性可能显著增强。冷战后，核武在美国家安全战略中的地位呈下降趋势，但近年更重视备战大国冲突和向地缘政治回归，强化核力量已成主流声音。特朗普签署的首份总统国家安全指令即为“重建美国军事力量”，责成国防部制定新版《核态势审议报告》和《弹道导弹防御评估报告》，更注重核、常互补，共铸战略优势。在新版《核态势审议报告》撰写中，军方主导地位较以往大为突出，其他部门及美盟友的参与度较以往有所降低。美新版《国家安全战略》提出“核威慑

① Exclusive：In call with Putin，Trump denounced Obama-era nuclear arms treaty-sources，February 10，2017，Reuters，https：//www. reuters. com/article/us – usa – trump – putin/exclusive – in – call – with – putin – trump – denounced – obama.（上网时间：2017年12月5日）

对于防止核攻击、非核战略攻击、大规模常规侵略至关重要”，与奥巴马政府视核武器为极端情况最后手段的政策大相径庭，核战略军事色彩显著增强。[①]

再次，特朗普政府可能更倾向于核武器的灵活运用，尤其是大力发展战术核武器。特朗普在“重建美国军事力量”的总统国家安全指令中，强调确保美国的核威慑力量是“灵活的”和“量身定制”的。2016 年底，美国国防部下属的防务科学委员会发布的《美国新政府的 7 项防务优先事项》报告指出，“在现有常规打击方案、核打击方案无效的时候，需要一个更加灵活的核军工基础设施，生成一个迅速的、量身定制的核打击方案，用于有限核打击。”[②] 参联会副主席保罗·席尔瓦在国会听证时，也多次提及核武器在“危机升级控制”方面的作用。[③] 2017 年 3 月和 8 月，美多次进行“B61－12”战术核炸弹的飞行试验。8 月 23 日，美国防部授权洛克希德和雷神联合开发防区外核巡航导弹，预计装备于美国空军 B－52、B－2 及下一代 B－21 远程战略轰炸机。上述举措引发美军控界争议，有观点认为在新版《核态势审议报告》报告出台前推进新型战术核武器研发极不恰当。美新版《国家安全战略》报告也强硬表示，“不会允许对手

---

① National Security Strategy of the United States of America, p. 30.

② Seven Defense Priorities for the New Administration, December 2016, https://www.acq.osd.mil/dsb/reports/2010s/Seven_ Defense_ Priorities.pdf.（上网时间：2017 年 12 月 5 日）

③ Statement of General Paul Selva, Usaf Vice Chairman of The Joint Chiefs of Staff Before the 115th Congress House Armed Services Committee, Military Assessment of Nuclear Weapons Requirements, 8 March 2017.

用核升级威胁恐吓美国及其盟友”[①]，一定程度上反映出特朗普政府强化战术核力量的决心。

在美国强化核力量的压力下，俄罗斯也不甘示弱，在积极现代化核力量的同时，大秀“核肌肉”。2017 年 10 月，俄举行近年来规模最大的战略核演习，陆海空“三位一体”核力量悉数亮相，传递威慑信号意图明显。俄总统普京 2017 年 6 月接受采访时警告，“美俄如爆发冲突，没人能够幸存。”[②]

总的来看，在美俄关系久寒难暖的背景下，两国各自强化核力量，《中导条约》违约争议升级，美俄下一步核裁军甚至原有核裁协议的延续前景已蒙上阴影，可能严重影响全球战略稳定。

二、朝核问题牵动地区战略安全嬗变

2017 年，朝鲜核导能力突飞猛进，已初步具备对美国本土的打击能力。美国联合韩日加强军事准备，强化地区反导，谋划前沿部署核武器，可能进一步破坏地区战略安全形势，增大危机升级风险。

（一）朝鲜核导能力取得突破性进展

从 2016 年底开始，朝鲜核导能力尤其是导弹技术取得了一系列令人目眩的进展，射程远近兼备、具有一定生存能力的核威慑力量逐渐成型，这是第一次一个小国具备了拨动大国核战略稳

---

① National Security Strategy of the United States of America, p. 31.

② “Nobody would survive”: Putin warns of annihilation in a U. S. -Russian nuclear conflict. http://www. newsweek. com/putin – warns – nobody – would – survive – us – russia – conflict – 622276.（上网时间：2017 年 12 月 5 日）

定之弦的能力，势必引发复杂的地区战略安全影响。

首先，朝导弹能力进步速度惊人。2016 年底，朝鲜成功试射采取固体燃料推进的“北极星－1”潜射导弹。2017 年 2 月，朝又成功试射“北极星－1”导弹的陆上版“北极星－2”，展示了未来朝中短程导弹大幅提高机动性和生存能力的前景。5 月，朝成功试射最大射程可达 3700 千米的“火星－12”中程导弹。7 月，朝又连续两次以高角度成功试射“火星－14”洲际导弹，折算射程分别为 8000 千米和 10000 千米，首次覆盖美国本土。就在技术专家争议朝“火星－14”导弹实际载荷存疑、能否有效覆盖美本土之际，11 月 29 日，朝又成功试射新型洲际导弹“火星－15”，折算射程可达 13000 千米，可覆盖美国全境，基本上消除了可否有效射抵美本土的争议。朝鲜在成功试射“火星－15”导弹后发表声明称，“‘火星－15’型武器系统是可打击美国本土、可搭载超大重量级核弹头的洲际弹道导弹。”从其公布的照片来看，“火星－15”弹头首次采用钝型鼻锥，可用来搭载更大载荷。尽管朝鲜国土狭小，也不具备远海探测回收能力，无法像核大国一样进行正常全弹道洲际导弹试验，从而可靠验证其弹头大气再入能力。但全弹道试验并非设计制造合格弹头的必要条件，只是验证其可靠性最有说服力的程序，大国全弹道试验也往往一次成功。因而不能因为朝鲜未进行全弹道试验就断言其不具备洲际弹道导弹再入能力。只要其可能具备这一能力，就足以构建对美威慑。在三次试射洲际导弹后，朝鲜均图文并茂地披露火箭及弹头的姿态、温度、制导、机动发射等技术细节，其意不言自明。

其次，朝鲜核武水平有新进展。2017 年 9 月，朝宣布其氢弹试验成功。“全球核禁试组织”综合全球地震台网数据，最终确定朝此次核试震级为6.1级，约合TNT当量30万吨，与氢弹试验特征较吻合。国际普遍认为，2016年1月朝鲜氢弹原理试验不成功，此次试验可能是其第四次核试验的后继。总的来看，通过6次核试验，朝鲜核弹头可能已实现小型化，基本具备以导弹发射核武器的能力。从第五次核试起，朝在历次核导试验前后均主动采取大量透明措施，并通过可验证方式加以展示。如第五、六次核试前展示小型化核弹头、氢弹弹头照片，试验后公告列举大量技术指标，宣称“一切指标都充分达到设计值”，特意强调“可搭载洲际导弹的氢弹试验”取得成功，意在打消外界对其核弹头武器化水平的疑虑。

最后，朝鲜核导可望具备一定生存能力。一方面，朝鲜可通过扩大核导弹数量增加生存几率。朝鲜公开展示离心机自主生产能力，加速推进铀浓缩项目，同时重启宁边石墨堆及其后处理设施，核材料产能不断扩大，预计至2020年朝鲜武器级核材料存量可达700千克左右，约合70多枚核弹。另一方面，朝鲜尽力提高其核导弹机动能力。对于中短程导弹，未来朝可能逐步实现以固体燃料的“北极星－2”导弹逐步代替“劳动”等液体中短程导弹作为其核武器的运载工具，大幅缩短发射准备时间，扩展机动范围，增大美韩先发制人摧毁其核武器的难度。对于洲际导弹，朝短期内无法在固体燃料方面取得突破，但也千方百计地提升机动发射能力。其远程导弹试射多次选在夜间，且从机动发射架起竖发射，意在展示其洲际导弹的生存能力。

（二）美韩日军事部署的连锁效应不容忽视

朝鲜核导能力迅速发展，尤其是可搭载核弹头的洲际导弹突破美国一贯“心理红线”，美韩日相应加强军事防范本在预料之中。但其中部分举措和动议，如加强地区反导部署、在韩部署战术核武器等则是“城门失火、殃及池鱼”，或“项庄舞剑、意在沛公”。各国有必要加强对话，防止地区战略安全形势不断恶化。

反导方面，美国以朝鲜核导发展为由，加速推进“萨德”系统在韩国落地。2017 年 3 月 6 日，2 辆“萨德”发射车由美军 C－17 运输机空运抵韩。4 月，驻韩美军将“萨德”部件运入星州高球场。在朝鲜第六次核试验后 4 天，剩余 4 辆发射车也全部完成部署。对于朝鲜导弹威胁，“萨德”拦截弹技术上不能保护包括首尔在内的韩国北部，其实际效用并不理想。而“萨德”系统自带的“AN/TPY－2”X 波段雷达，探测范围则远远超出防朝需要。韩现有“绿松”雷达足以覆盖整个朝鲜半岛，在预警时间方面与萨德附带雷达别无二致。对防范朝鲜可能射向美国本土的洲际导弹而言，在韩部署的 AN/TPY－2 雷达并不能比韩“绿松”雷达提供更早的预警信息，也并不明显好于已在日本部署的 X 波段雷达。

对中国而言，“萨德”雷达对中国战略力量构成新的威胁。该雷达对导弹弹头至少具备 1200 千米的探测能力，而对弹体则达到 2700 千米以上。美国一旦在韩部署“萨德”系统，将对中国的战略安全构成严重挑战。在和平时期，美国在韩部署的 X 波段雷达，可以很好地观测中国的战略导弹试验，大幅提高美国对中国战略导弹发射试验的监测精度，源源不断地搜集相关目标特征数据，进而提高拦截中国战略导弹的能力。在战时，在韩部署的 X 波段雷达，对中国潜射导弹的早期预警时间比在日本部署的X波段雷达缩短一半以上。

因此，中国对萨德的关切是充分而正当的。中韩就妥善处理“萨德”问题达成一致也绝非从此将“萨德”问题束之高阁，而是决定通过两军渠道，更加专业地探讨如何照顾中美韩关切、限制“萨德”系统对中国战略影响的具体措施。除“萨德”问题外，中国还十分忧虑美国整合东亚反导体系的种种举措。2014年底，美日韩签署《关于朝鲜核与导弹威胁的情报交流协议》，实现三国反导预警信息实时共享。2016年6月至2017年10月，美日韩已进行5次联合反导演习。在中韩达成妥处“萨德”共识前，韩国表达了“不加入美反导体系、不发展美日韩三边同盟”的立场，中国外长王毅在会见韩外长康京和时，表示希望韩方“言必信、行必果。继续妥善处理这一问题”。[①] 未来美日韩反导合作走向如何，可能直接影响地区战略稳定性的前景。

战术核武器部署方面，美在韩部署战术核武的可能性不断增大。朝鲜大力推进核导计划，引发了韩国内重新引进战术核武器的辩论，韩保守势力、最大在野党自由韩国党支持引入，甚至有议员组团赴美请愿。2017年9月4日，韩防长宋永武在国会应询时表示，鉴于部分国会议员和媒体要求在韩部署战术核武器的呼声较高，韩方已请求美方在半岛定期部署航母、核潜艇等战略武器。[②] 美国全国广播公司援引白宫官员的话报道称，若韩方提出要求，美国政府不排除在韩部署战术核武的方案。尽管青瓦台

---

① “王毅：希望韩方继续妥善处理萨德问题”，http：//www. mfa. gov. cn/web/wjbzhd/t1513155. shtml。（上网时间：2017年11年22日）

② “详讯：韩请求美在韩定期部署战略武器”，韩联社首尔2017年9月4日电。

9月10日表示，韩国政府一贯坚持半岛无核化，这一基本方针毫无变化，韩国政府从未考虑引进战术核武器。[①]但10月28日第49届美韩安保会议公报上，明确宣示将推进在半岛部署更多美军战略武器等各种延伸威慑方案的实施，以提高延伸威慑执行力。[②] 从特朗普核战略调整方向上来看，美国未来很可能继续强化发展更易用于战场的战术核武器，未来不排除以朝核导发展为由顺势在韩部署。事实上，美韩常规军力对朝已构成压倒性优势，如在韩增加部署战术核武器，增加对朝威慑的边际作用极为有限，反而与美战略界近来强调灵活运用战术核武器管控亚太危机升级的论调暗合，可能对中美战略稳定性构成重大挑战。

此外，在朝核导发展刺激下，日韩保守势力渲染的拥核舆论有所抬头。12月3日，美国总统国家安全事务助理麦克马斯特接受采访时表示，“如果韩国、日本或其他国家决定进行核武化以防御朝鲜，将是一个潜在的威胁。”[③] 日韩尤其是日本核技术发达，核武潜力较大。加强国际合作防止地区核扩散是各大国都应高度重视的长期课题。

---

① 《韩青瓦台：从未考虑引进战术核武 坚持半岛无核化》，韩联社首尔2017年9月10日电。

② Full text of ROK-U. S. Security Consultative Meeting Joint Communique，http：//english. yonhapnews. co. kr/national/2017/10/28/0301000000AEN20171028003000315. html.（上网时间：2017年10月28日）

③ McMaster speaks to Trump's tweets，North Korea and Middle East peace，December 3rd，http：//www. foxnews. com/politics/2017/12/03/mcmaster - speaks - to - trumps - tweets - north - korea - and - middle - east - peace. html.（上网时间：2017年12月5日）

三、《禁止核武器条约》平添核战略稳定隐患

国际核不扩散机制是全球战略稳定的重要支柱。自20世纪70年代《不扩散核武器条约》生效以来，它有效迟滞了核武器扩散速度，维护了国际核力量格局的基本稳定。冷战后，世界逐步进入第二核时代，全球战略稳定的主体更趋多元。在此背景下，强化国际核不扩散机制，防止出现更多拥核国家变得更为重要。但在2017年，无核武器国家推动通过《禁止核武器条约》，严重冲击国际核不扩散机制的法理基础，加剧与核武器国家之间的分歧，带来一系列隐患。

（一）“人道主义倡议”勃然兴起，推动达成《禁止核武器条约》

无核武器国家对核裁军丧失动力不满日增，近年遂另辟蹊径，联合“国际废除核武器运动”等非政府组织，发起“人道主义核裁军”运动。与此前的核裁军思潮相比，这轮运动有以下特点。

一是无核武器国家主导。在核裁军问题上，美苏（俄）两个核武器大国一直唱主角，无核武器国家话语权有限。“人道主义核裁军”运动起初并不引人注目，瑞士2012年向《不扩散核武器条约》审议大会一筹会提交《关于核裁军的人道主义影响的联合声明》时，只有16国附和。但其借鉴中小国家和非政府组织推动缔结《渥太华地雷公约》《集束弹药公约》《武器贸易条约》的经验，强调核武器使用的灾难性人道主义后果，短期内获得迅猛发展。2013年4月的《不扩散核武器条约》二筹会

上，支持国家已达80个，使其成为《不扩散核武器条约》审议历史上联署国家最多的一项倡议。2013—2014年，该倡议先后在挪威、墨西哥、奥地利召集3次大会，参会国达到160个。这在国际上形成一股新的核军控浪潮，与声势渐歇的“无核武器世界”运动形成鲜明对比，呈此消彼长之势。

二是诉求比“无核武器世界”更为激进。2014年12月，在第三届“核武器的人道主义影响”大会闭幕式上，东道国奥地利提出所谓的“奥地利承诺”，呼吁各方携手，弥补法律空白，禁止和销毁核武器。它们吁请核武器国家采取一些中间性措施，减少核武器爆炸风险，包括降低核武器警戒水平，将核武器从部署状态转为储存状态，消除核武器在军事学说中的作用，快速削减各类核武器。在2015年5月的《不扩散核武器条约》审议大会上，“奥地利承诺”更名为“人道主义承诺”。11月2日，联大一委通过决议，认可该承诺，128国投了赞成票。2016年，联大授权成立的不限成员名额工作组发布报告，建议禁止发展、试验（包括亚临界实验和超级计算机模拟）、生产、获取、拥有、储存、转让、使用和威胁使用核武器，也禁止生产武器用核裂变材料。这意味着要像禁止生化武器一样将核武器非法化。

三是通过联大快速推进。2016年10月27日，联大一委以123票对38票通过奥地利、巴西、爱尔兰、墨西哥、尼日利亚和南非等国的提案，授权2017年3月27—31日、6月15日—7月7日在纽约召开两次谈判大会。共有124个国家参加了《禁止核武器条约》的谈判。7月7日，122个国家投票通过该条约。条约从9月20日起在联合国纽约总部开放供各国签署，当日即有50个国家签署该条约。按照条约规定，条约将于第50个国家立法批约的90天后生效。美蒙特雷不扩散研究中心研究员波特认为，2020年前该条约将生效。

该条约的主要目的在于实现核武器的非法化。核心内容体现为对缔约国的7条禁令：不发展、试验、生产、制造或以其他方式获得、拥有或储存核武器或其他核爆炸装置；不转让核武器或其他核爆炸装置；不接受核武器或其他核爆炸装置；不使用或威胁使用核武器或其他核爆炸装置；不协助、鼓励或诱导任何人从事该条约所禁止的活动；不向任何人从事该条约禁止的活动提供援助；不允许在其领土或管辖、控制的任何地方安置、安装或部署核武器或其他核爆炸装置。

该条约对核武器国家及核保护伞国家提出较高要求。欲加入该条约的核武器国家必须以可核查的、不可逆的方式消除其核武器、核设施、核计划、接触核武器和爆炸装置的临战状态，并在第一次缔约国会议确定的最后期限前销毁核武器或其他核爆炸装置。核武器国家还必须向国际原子能机构全面申报其核材料与核活动。领土上部署他国核武器的国家必须在第一次缔约国会议确定的最后期限内移除此种武器。

该条约规定了后续的长效机制。在该条约生效一年内召开第一次缔约国会议，之后每两年召开一次缔约国会议。条约生效5年后，联合国秘书长召集一次大会，审查条约运作情况和进展。之后，联合国秘书长每6年召集一次审议大会。这意味着此次核裁军运动不会像历史上的类似运动一样，随着政治形势变化而烟消云散。它已经成为国际法律框架的一部分，并将为无核武器国家在核裁军问题上向核武器国家施压提供一个重要平台。10月6日，促成此事的“国际废除核武器运动”获得诺贝尔和平奖。

（二）遭到核武器国家及“核保护伞”国家集体抵制

《禁止核武器条约》片面强调核武器使用的人道主义影响，忽视核武器的战略稳定作用，否定循序渐进的核裁军路线，希望一蹴而就，与核武器国家的立场尖锐对立。2016 年 9 月，美、俄、中、英、法 5 个核武器国家在纽约召开会议，发表联合声明，对无视“全球战略环境”的核裁军运动表示深切忧虑，认为这些运动可能威胁数十年来维系核不扩散机制的“协商一致”原则，对未来《不扩散核武器条约》审议大会有消极影响，希望国际社会在全员参与、协商一致的基础上，讨论全面核裁军问题。

美国担心《禁止核武器条约》将摧毁延伸威慑的法理基础。2016 年 10 月，美致信北约国家，称谈判《禁止核武器条约》将严重冲击北约军事战略。它将使北约无法制定核计划，进行核训练：美核武器将无法通过盟国领空或领海；由于美核潜艇是否载有核弹并不公开，未来将无法访问盟国港口；美在欧洲部署的战术核武器将受影响；盟国不能参与北约核计划，无法向美国核计划提供常规力量支持。因此，盟国签署该条约意味着放弃美提供的“核保护伞”。西方国家还担心，该条约对其集体防务构成特别挑战。它们认为，推动核武器非法化的公民运动对于中、俄、朝等非西方国家影响不大，只能让西方的核威慑政策非法化。因此，《北约评论》刊文认为，《禁止核武器条约》表面上的普世性只是一层薄薄的面纱，在底下隐藏的是对西方政策的攻击。[①]

① Michael Rühle, “The Nuclear Weapons Ban Treaty: Reasons for Skepticism”, *NATO Review*, 19 May, 2017.

在美国压力下，其北约盟国及日、韩、澳、加四国均拒绝参加条约谈判。在条约谈判开始之日，美国驻联合国大使黑利纠集盟国，在联合国与其唱对台戏。唯一参加谈判的北约成员国荷兰在最后关头投了反对票。与美防务关系密切的新加坡则投了弃权票。该条约通过后，美国、英国和法国发布联合声明，表示无意签署、批准或参加《禁止核武器条约》。它们认为，该条约无视国际安全环境的现实，将损害其核威慑政策。

俄对条约也持激烈批评态度。俄外交部军控司司长乌拉亚诺夫说，《禁止核武器条约》不负责任，与俄国家利益相悖，因为核武器是全球安全的守护者，裁减核武库不是在真空中进行。[①] 中国支持最终全面禁止和彻底销毁核武器，但认为应该维护现有国际军控和裁军机制，坚持循序渐进推进核裁军原则，因此在2016年10月联大表决时投了弃权票。以、印、巴等事实核武器国家亦拒绝参与条约谈判。朝在2016年10月联大表决中出人意料投票赞成，但在谈判启动前夕，也借口美将战略武器大规模引入朝鲜半岛及美韩持续大规模军演而拒绝签约。由于缺少拥有核武器国家的参与和支持，《禁止核武器条约》的实际意义非常有限。

（三）冲击国际核力量格局稳定性

由于国际核不扩散机制的存在，国际核扩散未像20世纪60年代预测的那样出现井喷式增长。除《不扩散核武器条约》承认的5个核武器国家之外，只增加了4个事实核武器国家。但

① Nuclear Weapon Ban Treaty Contradicts Russia's National Interests, 12 September, 2017.

《禁止核武器条约》使国际核不扩散机制受到前所有的冲击，事实上将为更多国家拥核提供法理依据，并且不利于进一步推动国际核裁军。

一是进一步扩大无核武器国家与核武器国家之间的分歧，冲击《不扩散核武器条约》的普遍性和有效性。《禁止核武器条约》反映出无核武器国家与核武器国家之间的矛盾在不断上升。无核武器国家与核武器国家各说各话，相互猜疑进一步增加。无核武器国家执意要将人道主义核裁军问题塞进《不扩散核武器条约》的审议进程。2020 年《不扩散核武器条约》审议大会正在紧锣密鼓的筹备当中，《禁止核武器条约》引发的争议将成为干扰会议顺利召开的一大障碍。有些无核武器国家甚至考虑退出《不扩散核武器条约》，以增加与核武器国家博弈的筹码。本已遭遇重重挑战的核不扩散体制会变得更加脆弱。

二是削弱防止核扩散的道义基础。《不扩散核武器条约》是核武器国家与无核武器国家之间的一个大交易。核武器国家承诺核裁军，而无核武器国家则承诺不获取核武器及其他核爆炸装置。现有的国际核不扩散机制就是建立在这个大交易的基础之上的。但是《禁止核武器条约》直接挑战这个道义基础。例如，《禁止核武器条约》的一些支持者认为，朝鲜只是 9 个拥有核武器的国家之一。其他核武器国家并没有权利要求朝鲜弃核。这种主张脱离实际，无视东北亚安全面临的现实挑战，无助于朝核问题的解决。

三是与其他核军控条约不无抵牾，导致标准混乱。由于《禁止核武器条约》谈判推进较快，对于一些关键概念、保障监督措施等未加仔细推敲，与《全面禁止核试验条约》《不扩散核武器条约》等重要军控条约的关系没有讲清，这给其执行带来很多难题。例如，该条约确定了两种不同的保障监督标准。核武器国家适用高标准、严要求，而对无核武器国家则适用低标准。它反映了无核武器国家的利益诉求，但并不利于推动国际核裁军取得进展。

（审订：冯仲平）

第八章　网络空间亟待治理新思路*

2017 年，网络空间进入发展新阶段，网络与信息技术及应用在继续惠及全球的同时，亦带来诸多新问题，提出治理新挑战。一方面，新一轮网络安全威胁席卷全球，网络成为搅乱国际政治形势的重要因素；另一方面，相关治理实践和探索亦不断跟进，网空国际规则制定进程持续推进，但在寻求治理机制突破与方案落实的“深水区”遇挫。与此同时，新的技术应用又不断提出治理新要求，相应新机制的建立正被纳入国际议程。总体而言，网络空间治理继续保持了“解决老问题，应对新挑战”的既有节奏。

一、新一轮全球性网络安全威胁初步显现

2017 年，网络安全形势依然严峻，尤其是全球性勒索软件肆虐，各类关键基础设施屡受网络攻击，大规模数据泄露事件频发，共同构成新一轮全球性网络安全威胁。较之以往，此轮网络

* 本章撰稿人：李艳、赵晨、张明、牛帅。

安全威胁不仅影响范围广，更对社会稳定与民众信心带来极大冲击，网络安全维护面临严峻考验。

（一）全球性勒索软件肆虐暴露深层安全隐患

2017年网络安全领域最大的新闻当属勒索软件“想哭”（Wannacry）的肆虐。短短时间内，该病毒迅速蔓延至全球150个国家，最为严重的是这些被感染的电脑大多集中在通讯、医疗、能源、交通等重要民生领域。[①] 在各方紧急应对后，“想哭”又继续“变种”，如“Petya”，使得乌克兰政府、央行、基辅机场和俄石油公司、美国医药等部门遭遇新一轮攻击。[②] 事后的进一步追踪发现，“想哭”勒索软件绝不简单，背后是美国国家安全局（NSA）开发的名为“永恒之蓝”的网络武器。[③] 自此，该事件从单纯的黑客攻击上升到国家“网络军备竞赛”带来的风险。12月18日，美国政府正式认定“朝鲜黑客”实施了此次网络攻击行动。[④] 网络武器没有绝对的攻与防界限，有专家据此

---

① Dell Cameron, “There's A Massive Ransomware Attack Spreading Globally Right Now”, May 13, 2017, https://www.gizmodo.com.au/2017/05/theres-a-massive-ransomware-attack-spreading-globally-right-now/.

② “Petya cyber attack: Ransomware spreads across Europe with firms in Ukraine, Britain and Spain shut down”, *Telegraph*, Jun 26, 2017, http://www.telegraph.co.uk/news/2017/06/27/ukraine-hit-massive-cyber-attack1/.

③ Ali Islam, “Nicole Oppenheim and Winny Thomas, nnMB Exploited: WannaCry Use of ‘EternalBlue’”, May 26, 2017, https://www.fireeye.com/blog/threat-research/2017/05/smb-exploited-wannacry-use-of-eternalblue.html.

④ Thomas P. Bossert, “It's Official: North Korea Is Behind WannaCry”, *Wall Street Journal*, Dec 18, 2017, https://www.wsj.com/articles/its-official-north-korea-is-behind-wannacry-1513642537? shareToken = st2d38565d59c24132b421a4b03edb68b5&reflink = article_ email_ share.

称，失控的武器库犹如核反应堆泄露。[①] 事实上，政府囤积并利用网络漏洞，借此打造“网络武器库”，其中可能潜藏的失控问题已是老生常谈，相关的管理混乱无序。另外，由于主要相关国家缺乏管控诚意，至今仍未有一个能有效进行网络武器相关风险控制甚至约束此类行为的机制和国际规则，网络军控的国际呼声始终有之，但未有实际举措。

（二）关键基础设施遇袭挑战各国安全底线

近年来，利用网络漏洞针对关键基础设施的网络攻击在全球范围肆虐，电网、能源网络瘫痪、金融通信遭遇攻击等事件频频发生。俄罗斯网络安全公司卡巴斯基实验室发布报告称，以工业系统为目标的网络攻击不仅数量增多，而且攻击无所顾忌。卡巴斯基在详细分析2016年数据后发现，针对工业部门的网络攻击占比约为20%，冶金、电力、建筑和工程等行业正日益受到网攻威胁。[②] 德勤会计事务所的《保护联网能源储备——上游石油与天然气行业网络安全问题》报告称，石油与天然气行业面临着尤为严重的网络攻击风险。[③] 更为严重的是恐怖分子受此启

---

① Bradley Barth, “Experts not surprised by CIA’s leaked cyber weapons, but stunned agency failed to protect them”, Mar 8, 2017, https://www.scmagazine.com/experts-not-surprised-by-cias-leaked-cyber-weapons-but-stunned-agency-failed-to-protect-them/article/642924/.

② Kaspersky Lab, “LabrskyLandscape For Industrial Automation Systems In H1 2017”, Sep 28, 2017, https://ics-cert.kaspersky.com/reports/2017/09/28/threat-landscape-for-industrial-automation-systems-in-h1-2017/.

③ “Protecting the connected barrels, Cybersecurity for upstream oil and gas”, Jun 26, 2017, http://blog.nsfocus.net/wp-content/uploads/2017/07/DUP_Protecting-the-connected-barrels.pdf.

发，正在酝酿针对工控系统和政府部门的攻击。如英国政府提高网络威胁预警，警告称“伊斯兰国”等恐怖组织可能对机场、核电站等发动网攻，进而造成大规模电力故障、核反应堆故障、携带爆炸型电子设备或劫持机场屏幕等危害。[①] 这些动向严重挑战各国安全底线，一方面是因为关键基础设施涉及民生，牵一发而动全身，一旦出问题，极有可能造成严重的人员与财产损失；另一方面，关键基础设施受袭可能造成“次生威胁”，极易引发民众恐慌与社会动荡，后果不堪设想。在此形势下，如何有效维护关键基础设施安全成为各国的重要考量。

（三）大规模数据泄漏事件加剧数据安全关切

IBM 发布网络安全报告对 2016 年数据泄露事件进行专项分析，称仅从量上看，2016 年泄露激增 556%，达到了 40 亿条。医疗行业（超过 25%）、政府（15%）、零售业（12%）、金融服务（12%）和技术行业（11%）成为重灾区。[②] 2017 年，大规模数据泄漏更成为网络空间的“新常态”，各方对数据安全的关切上升到前所未有的高度。1 月，美第五大移动运营商 Cellular 有 1.26 亿客户信息被泄，[③] 9 月美征信机构 Equifax 泄露

---

① Lizzie Dearden，“Protecting British citizens from cyber attacks must be given same priority as fighting terrorism，GCHQ head warns”，Oct 9，2017，https：//www. independent. co. uk/news/uk/home – news/uk – cyber – attacks – protection – same – priority – terrororism – isis – british – citizens – gchq – head – jeremy – fleming – a7990311. html.

② https：//www. ibm. com/security/infographics/data – breach/.

③ “Hacker Selling 126 Million Cell Phone Details of U. S. Cellular’ Customers”，Jan 25，2017，https：//www. hackread. com/hacker – selling – 126 – million – us – cellular – customers – data/.

1.43 亿消费者数据，[①] 11 月五角大楼云存储配置错误导致 18 亿条个人信息外泄[②]等等。数据泄漏不仅仅涉及公民隐私，还可能影响社会稳定。如 7 月瑞典发生大量公民敏感数据泄漏事件，直接导致两名内阁大臣遭革职，瑞典国内反对派借此炒作，引发国内政治危机。即使后来政府平稳度过震荡，国内政策因此出现中断的损失难以估量。[③] 由此可见，维护数据安全不仅是各运营商或 IT 公司市场竞争力的关键，更已成为当今政府执政能力的重要组成部分。

（四）技术升级加剧网络空间军备竞赛

乔治梅森大学的杰瑞米和加州大学的约翰在《惊人的力量：网络、机器人和太空武器如何改变战争规则》一书中指出，机器人、网络和太空武器将使战争更致命、打击更精确，在作战效能提高的同时成本降低，为现代军事领导人提供更多选项。[④] 近年来，美欧等国追求绝对安全、实施网络威慑、确保行动自由的思维仍主导着其网络空间军事战略，他们进一步加大网络战能力投入。面对此形势，俄罗斯也予以反制；还有一些国家也采取了

---

① Jen Wlieczner, Jeff John Roberts, "The Equifax Breach Could End the Credit Industry as We Know It", Oct 20, 2017, http://fortune.com/2017/10/20/equifax-breach-credit/.

② Jeff John Roberts, "Pentagon Exposed 1.8 Billion Social Media Posts From Facebook and Twitter for Anyone to See", Nov 20, 2017, http://fortune.com/2017/11/20/pentagon-amazon-web-services-facebook-twitter/.

③ Swati Khandelwal, "Sweden Accidentally Leaks Personal Details of Nearly All Citizens", Jul 24, 2017, https://thehackernews.com/2017/07/sweden-data-breach.html.

④ Jeremy Rabkin, John Yoo, *Striking Power: How Cyber, Robots, and Space Weapons Change the Rules for War*, Sep 12, 2017, Encounter Books.

跟进措施，全球网络军备竞赛步伐随之加快。2017 年 2 月 22 日，俄国防部长谢尔盖·绍伊古表示，俄军已经建成保护俄军事指挥通信系统免受网络攻击的信息作战部队。[①] 4 月 5 日，德国正式启动与陆海空军并列的“网络与信息空间司令部”，设编 1.35 万人，计划 2021 年完成建设。[②] 7 月，澳大利亚国防部成立一个具备攻击性能的网络作战部门，负责澳军方信息作战行动、军方情报、电子战、情报行动，并有权开展自卫、被动防御、主动防御和主动进攻行动。[③] 法国也表示将“数字战士”的人数扩大一倍至 2600 人，同时将设立新的网络司令部。印度国防部“三军一体化国防工作局”也积极筹建新网络部队。加拿大国防部文件称正在发展攻击性网络武器，并为此组建专门机构“网络行动者”（Cyber Operators）[④]。土耳其将建立一支由五个团队组成的网军。与此同时，网络军演趋于常态化、扩大化、成熟化，多国、多部门联合演练成趋势。日本、越南、新加坡、美国、英国、欧盟等日益通过演习，以实战牵引，检验和探索网络部队作战。仅在 2016 年，美网络司令部实施的网络战行动就高

① “传了 3 年多终于坐实：俄军建成信息作战部队”，环球网，2017 年 2 月 26 日，https：//www. aei. org/publication/striking – power – how – cyber – robots – and – space – weapons – change – the – rules – for – war/。

② “Germany army launches new cyber command”, Apr 4, 2017, http：//www. euronews. com/2017/04/06/germany – army – launches – new – cyber – command.

③ “Cyber warfare：Australia launches new military information unit to target criminal hackers”, Jun 30, 2017, http：//www. news. com. au/national/politics/cyber – warfare – australia – launches – new – military – information – unit – asd – to – target – criminal – hackers/news – story/9e60e30a3ce9deef51b8e7cbf9e8b0a1.

④ https：//www. canada. ca/en/department – national – defence/services/caf – jobs/career – options/fields – work/other – specialty – occupations/cyber – operator. html.

达4000次，依靠电子情报和监控互联网获得有关10万多个目标的有价值信息。北约专家表示，俄罗斯于9月“萨帕德”（Zapad）军事演习前在拉脱维亚测试了网络武器，导致该国西海岸移动通信网络中断7小时，波兰、瑞典、立陶宛和爱沙尼亚也成为俄军演中网络武器测试的重点国家。[①] 鉴于当前网络空间军备态势，越来越多的专家担心网络空间的稳定因此受损，认为是时候考虑在网络空间建立相应机制，控制事态发展，防范突发事件，提升防危处突能力。

二、网络成为搅乱国际政治形势的突出因素

冷战后，主要大国间发生直接冲突的风险降低，大国关系一直呈现较为可控和相对平稳态势。但近年来，包括网络安全在内的非传统安全问题越来越成为影响大国关系稳定的重要因素。虽然有学者认为，网络技术架构与运作模式本身决定了网络空间的发展，会给全球体系带来更多的合作，现实却并未如此乐观，而是如美外交学会会长理查德·哈斯所言，“作为国际活动最新领域，网络空间仍然是以合作和冲突并存为标志的。”[②] 2017年以来，主要国家间网络舆论战、心理战、黑客攻击、网络产业战等

---

① Gederts Gelzis, Robin Emmott, “Russia may have tested cyber warfare on Latvia, Western officials say”, Oct 5, 2017, https://www.reuters.com/article/us-russia-nato/russia-may-have-tested-cyber-warfare-on-latvia-western-officials-say-idUSKBN1CA142.

② Richard N. Haass, “World Order 2.0, The Case for Sovereign Obligation”, https://www.foreignaffairs.com/articles/2016-12-12/world-order-20.

网络混合战轮番登场，尤其是“网络干选”等事件的发酵，让一贯标榜网络民主与自由的西方国家措手不及。甚至有学者据此称，网络“远没有促进平等和民主，而是做了相反的事”，成为“震动世界政治的力量”。[①]

（一）网络假新闻成为搅动国际政治安全的新工具

网络传播格局下，内容多元化，传播极速化，各种“偏见和毫无根据的编造”的传播范围与影响力亦前所未有。据“新闻聚合网站”（Buzzfeed News）统计，相较于来自主流媒体排名前20的新闻，来自“偏见”网站排名前20的假新闻的传播范围与社会反响反而更大。后者比前者多获得超过150万条的分享、回复和评论。[②] 网络假新闻成为各种社会思潮和势力用以突破“守门人”、弱化主流媒体和精英声音、诱导民意并试图改变政治体制的新手段。

继美国之后，2017年以来，荷兰、法国、捷克、德国等在大选期间，各参选团队和主要西方媒体均爆出俄“网络干选”的大量报道。如美媒称俄政府通过“巧妙利用信息泡沫，借助网络虚假宣传，让许多美国人只读到、看到或听到印证他们已有偏见的理念，煽动美国的党派偏见亢奋、两极分化和身份政治退

---

① Sergey Karaganov, “A view from Moscow”, Feb 6, 2017, http://eng.globalaffairs.ru/pubcol/A－view－from－Moscow－18573.

② Craig Silverman, “This Analysis Shows How Viral Fake Election News Stories Outperformed Real News On Facebook”, Nov 17, 2016, https://www.buzzfeed.com/craigsilverman/viral－fake－election－news－outperformed－real－news－on－facebook%3Futm_ term = .nqDA1MnwRp% 23.bkgGnM2PDR? utm_ term = .yoDZmaMgn #.hazpK9vDO.

化”，使得“美国人对其政治机构和主流媒体的信任度降到历史最低点”。[①] 有观点称“俄罗斯政府将网络宣传手法提升到了令人眼花缭乱的新高度，对其他不愿意轻易站队的国家施加影响力，让事实向着有利于俄罗斯的方向改变”。[②] 8 月 2 日，美总统特朗普签署制裁法案，以俄涉嫌干涉美 2016 年总统选举和乌克兰危机等为由，追加对俄相关个人和实体的制裁。10 月 27 日，美国务院出台制裁指导意见，并公布涉及俄防务和情报领域 39 个个人及机构的名单。[③] 美国两党资深参议员麦凯恩、格拉汉姆和克罗布彻甚至表示，俄行为不仅针对“一个政党、一场选举或一个国家”，而是“对整个民主制度的系统攻击和侵略”。[④] 英防长法伦称俄利用网络武器破坏关键基础设施，把假消息“武器化”，摧毁“民主机器”，制造动荡，削弱盟友，是西方的“战略对手”。[⑤] 4 月，美联合英、法、德等国签署《谅解备忘

---

① Steven Metz, “Russia's Strategy in the New Cold War Is Built on Being Uncontainable”, Nov 10, 2017, https: //www. worldpoliticsreview. com/articles/23577/russia－s－strategy－in－the－new－cold－war－is－built－on－being－uncontainable5/.

② Charles Crawford, “Is this Cold War 2. 0? Power-plays, US-Russia relations and how Putin is rewriting the rulebook”, Dec 31, 2016, http: //www. telegraph. co. uk/news/2016/12/31/cold－war－20－power－plays－us－russia－relations－putin－rewriting/.

③ CAATSA Section 231 (d) Defense and Intelligence Sectors of the Government of the Russian Federation, Oct 27, 2017, https: //www. state. gov/t/isn/caatsa/275116. htm.

④ Jon Sharman, “Jussia has ‘targeted US democracy’ with cyber attacks, senior senators say in joint statement”, Dec 16, 2016, http: //www. independent. co. uk/news/world/americas/russia－targeted－us－democracy－election－hack－john－mccain－senators－a7468381. html.

⑤ “Russian hacking aims to destabilise West, Michael Fallon says”, Feb 3, 2017, http: //www. bbc. com/news/uk－3885090.

录》，计划在赫尔辛基建立一个应对网络攻击、政治宣传和虚假信息等情况的研究中心。[①]

（二）网络冲突与传统矛盾交织加剧国际安全困境

当网络空间出现源自政治动机的敌对或竞争行为时，网络冲突就会与传统政治矛盾彼此交织，相互叠加，给国际关系带来极大不确定性，加剧国际安全困境。事实表明，网络空间正日益成为重要政治博弈场，战略竞争与外交斗争趋烈，国家背景的高级持续性威胁（APT）攻击泛滥。

从全球各大网络安全企业发布的报告看，全球范围国家级网络攻击趋多，如伊朗针对以色列、沙特阿拉伯、土耳其、美国、约旦和德国等政府、国防、学术机构展开大规模网络间谍和网络攻击；[②] 越南黑客“APT32”（海莲花）对越境内的网络安全、制造、媒体、银行、酒店、技术基础设施和相关外国企业展开持续网络间谍活动；[③] 面对愈演愈烈的“朝鲜网络行动”，特朗普授权美网络司令部于 9 月底对朝鲜侦察总局（RGB）发动持续性分布式拒绝服务（DDoS）攻击。[④] 而朝鲜则针锋相对，展示

① Zack Whittaker, “US, Europe partner to counter ‘fake news’ and cyberattacks”, Apr 11, 2017, http://www.zdnet.com/article/eu-nato-countries-open-center-to-counter-fake-news-and-cyber-threats/.

② “Saudi Arabia Claims It Was Hit With Cyber Espionage Attack That Also Targeted Israel”, Nov 21, 2017, https://www.haaretz.com/middle-east-news/1.824083.

③ https://www.fireeye.com/blog/threat-research/2017/05/cyber-espionage-apt32.html.

④ Kevin Townsend, “U.S. Cyber Command Launched DDoS Attack Against North Korea”, Oct 2, 2017, http://www.securityweek.com/us-cyber-command-launched-ddos-attack-against-north-korea-report.

出强硬的网络发展态度。美朝现实与网络“双线”冲突，擦枪走火风险令人担忧。由此可见，越来越多国家有意利用网络这一“非对称力量”，作为改变博弈格局、实现其战略目标的重要选择。再加上网络攻击往往溯源困难，尤其是一些非国家主体的介入，更加剧了博弈过程的复杂性与博弈结果的不确定性。国际冲突将更为扑朔迷离，误判增多，网络空间难以建立真正的战略信任，给全球网络空间安全、稳定蒙上阴影。

（三）互联网巨头卷入争端增加政治复杂性

以谷歌、苹果、脸谱、亚马逊等为首的 IT 巨头，作为人类生产、生活的主要平台，它们手握全球网络用户的各种数据，一方面可以利用强大的技术优势让数据衍生出高价值以盈利，另一方面又可操纵民意、舆论，或被用来影响社会思潮，故而越来越难免主动或被动卷入国家间网络争端。如早期的“棱镜门”事件中，美互联网巨头与政府的合作就引发轩然大波，其一贯宣扬的“在商言商”的“中立”神话被破除。近来，各类网络争端，无论是“网络干选”、漏洞泄露，还是数据抢夺，背后都有互联网巨头的身影，给网络空间稳定带来负面影响，也在一定程度上使得相关政治争端复杂化。10 月，脸谱、谷歌、推特等公司先后曝出美大选前后俄团体曾在其平台购买针对美受众、有关政治和社会问题的广告。脸谱公布并关闭了 450 个问题账户和涉及政治煽动性的 3000 余条涉俄广告；推特发现 200 多个据信与俄罗斯有关试图干预美国政治的账户。新加坡国立大学东亚研究所所长郑永年指出，作为政治平台的社交媒体，是以情感甚至非理性的手段达成的一种聚合，“往往具有高度的革命性或破坏性，而少有建设性”。[①] 德总理默克尔甚至称谷歌、脸谱等网络巨头“正在创造扭曲的信息棱镜”。[②]

此外，企业越来越难置身于国家网络博弈之外，甚至会成为牺牲品。9 月 13 日，因对卡巴斯基公司高层“与俄罗斯情报部门及其他政府机构之间的关系表示关切”，担心俄罗斯政府可利用其产品获取美联邦机构的信息、威胁美国家安全，美国土安全部（DHS）要求所有联邦机构必须在 30 天内识别出已经部署的卡巴斯基产品，60 天内制定删除计划并在 90 天内停止使用。白宫网络安全协调员罗布·乔伊斯认定卡巴斯基是美政府“不可接受的威胁”，称禁用其产品是 DHS“基于风险的决策”。[③] 随后不久，英国政府亦开始启动“去卡巴斯基”行动。在信息通信技术（ICT）产品和服务日益全球化背景下，网络博弈一旦蔓延至经贸领域，受损的不仅仅是企业或单个国家，网络空间赖以发展和为继的信任更将受到侵蚀。

---

① 郑永年：“社交媒体如何颠覆政党政治”，《联合早报》，2017 年 2 月 28 日，http：//www. zaobao. com/forum/expert/zheng – yong – nian/story20170228 – 730078。

② Abigall Beall，“Merkel demands Facebook and Google reveal secret algorithms that choose which stories they show users”，Oct 28，2016，http：//www. dailymail. co. uk/sciencetech/article – 3881806/Merkel – says – big – internet – firms – distort – perception – Chancellor – demands – Facebook – Google – make – algorithms – public. html.

③ Dustin Volz，“Trump administration orders purge of Kaspersky products from U. S. Government”，Sep 14，2017，https：//www. reuters. com/article/us – usa – security – kaspersky/trump – administration – orders – purge – of – kaspersky – products – from – u – s – government – idUSKCN1BO2CH.

三、网络空间行为规则制定进入深水区

网络空间安全风险激增背后的深层原因，是网空行为主体恶意或失范行为。如何有效规范各主体行为，维护网络空间秩序成为治理的目标与重心，首当其冲就是对国家行为的规范。但在过去一年里，国际社会相关进程呈现“小合作”推进、“大合作”面临瓶颈、大国分歧难以调和的发展态势，整体进入寻求机制突破、切实践行共识的深水区。

（一）区域层面网络规则协调有所推进

2017 年，各主要网络大国积极寻求与盟友、合作伙伴磋商网空行为规则，并在小范围内取得一定共识。七国集团（G7）、金砖国家、上合组织、东盟等均加紧抱团并有所斩获。4 月 11 日，G7 外长会议发布《网络空间负责任国家行为宣言》，鼓励国家在使用 ICT 时遵纪守法、互尊互助和建立相互信任。9 月 4 日，“金砖五国”领导人签署《厦门宣言》，从网络空间行为规范、国际法原则、合作路线图三个政策领域表达了共同主张，同意根据《金砖国家确保信息通信技术安全使用务实合作路线图》或者其他共识机制推进合作。此前，上合组织元首理事会会议曾于 2016 年 11 月发表《塔什干宣言》，支持在联合国框架内制定网络空间负责任国家行为的普遍规范、原则和准则。第二届东盟网络安全部际会议上，东盟十国一致同意要“支持基本的、可操作和自愿性的行为规范，以指导本地区以负责任的方式使用 ICT”，认为联合国信息安全政府专家组（GGE）

2015 年报告达成的规范有助于强化东盟国家间的信任。[①] 这些主张都为未来网空国际规则体系的建立打下了基础。

(二) 联合国框架下规则磋商面临瓶颈

2017 年度，新一届 GGE 能否在以往成果上有所突破备受关注，以美国为首的一些国家期望将国际法适用问题从“原则性共识”推向“具体性落实”；中国则更关注网络主权的落地与实践。但遗憾的是，25 个成员国未能形成共同报告，规则制定进程无果而终。

从客观角度看，第五届 GGE 的结局并不那么令人意外。随着磋商的内容涉及到具体条款的适用，各方已经触及到权力的让渡与国家核心利益，调和各国政策立场与主张分歧的难度增大。国家责任法及反措施（即对网空国际不法行为做出应对措施的权利）、自卫权和国际人道主义法等成为此次 GGE 谈判的三个最大分歧点。美国 GGE 代表、国务院网络事务副协调官米歇尔·马尔科夫事后第一时间澄清了美国立场，称国家必须“清晰而直接的”宣告国际法原则（包括人道法、自卫权等）适用于 ICT 活动。[②] 古巴代表米盖尔则认为，承认网络空间的自卫权将导致网络空间军事化，非法 ICT 活动的受害国可能随意采取“制裁

---

① “Asean affirms importance of closer coordination of cybersecurity efforts in region”, Sep 19, 2017, *Digital News Asia*, https://www.digitalnewsasia.com/digital-economy/asean-affirms-importance-closer-coordination-cybersecurity-efforts-region.

② Michele Markoff, “Explanation of Position at the Conclusion of the 2016-2017 UN Group of Governmental Experts (GGE) on Developments in the Field of Information and Telecommunications in the Context of International Security”, Jun 23, 2017, https://www.state.gov/s/cyberissues/releasesandremarks/272175.htm.

甚至武力等单边报复措施”。[①] 西方普遍夸大 GGE 所谓的“失败”、并把这一挫折归咎于中俄等，如马尔科夫指责一些国家反对国际法在网空适用，实质上是为实现其政治目的而不愿意约束其网络行动，“这是危险的、不能接受的”;[②]《塔林手册》牵头人迈克尔·施密特指责 GGE 的失败是由“有意将已被接受的国际法内容政治化”造成的[③]。这些说法有失偏颇。网络空间的未知仍远大于已知，许多概念有待进一步澄清，西方国家凭借话语和技术优势，从一己之利出发片面解读国际法，罔顾国家间的能力差距和威胁现实，主张一国凭自己判断和意志采取单方面措施来回应（甚或报复）网络攻击，甚至以同不同意现有国际法适用来划线,[④] 此做法反而更不利于网络空间稳定。

但不可否认的是，此次未达成共识仍给国际规则制定进程带来负面影响，其中最直接的影响之一就是关于 GGE 的前景走向。诟病甚至压制联合国在此领域作用的主张一直存在，本届 GGE

---

① Elaine Korzak, “UN GGE on Cybersecurity: The End of an Era?”, *The Diplomat*, http://thediplomat.com/2017/07/un-gge-on-cybersecurity-have-china-and-russia-just-made-cyberspace-less-safe.（上网时间 2017 年 11 月 10 日）

② Michele Markoff, “Explanation of Position at the Conclusion of the 2016－2017 UN Group of Governmental Experts (GGE) on Developments in the Field of Information and Telecommunications in the Context of International Security”, Jun 23, 2017, https://www.state.gov/s/cyberissues/releasesandremarks/272175.htm.

③ Michael Schmitt & Liis Vihul, “International Cyber Law Politicized: The UN GGE's Failure to Advance Cyber Norms”, Jun 30, 2017, https://www.justsecurity.org/42768/international-cyber-law-politicized-gges-failure-advance-cyber-norms/.

④ *G7 Declaration On Responsible States Behavior In Cyberspace*, Lucca, Apr 11, 2017.

的挫折更是为质疑联合国作用的有关方提供了一个很好的发难借口。美国土安全及反恐事务特别助理托马斯·波塞特声称，“现在正走向一个错误的发展方向”，不应再讨论而是要执行规则，让那些违反规则的人承担责任，“这都是在联合国框架下实现不了的”，“是时候考虑另一种办法了”，即与“志同道合”的伙伴开展小范围合作，必要时签订双边条约。[①] 白宫网络事务协调官罗伯·乔伊斯也予以呼应，认为联合国在这一领域作用有限。[②] 西方学界亦有“GGE 已死”的声音，[③] 有主张不能再与“坏分子”谈合作[④]等等。参与 GGE 的各国专家也有不同意见，积极的观点认为这并不影响总体进程，可继续新一轮 GGE 工作；有观点建议可适当改革 GGE 机制，增强其效率与效力；还有学者建议形成国际准则的最好做法就是先推动国内实践，尤其是溯源和司法实践。[⑤] 纵观国际体制发展，对新生事物的治理从来不是

---

① “Remarks by Homeland Security Advisor Thomas P. Bossert at Cyber Week 2017”, Jun 26, 2017, https://www.whitehouse.gov/the-press-office/2017/06/26/remarks-homeland-security-advisor-thomas-p-bossert-cyber-week-2017.

② “White House cyber czar says norms push will move to small group of allies”, Jul 11, 2017, https://www.cyberscoop.com/rob-joyce-white-house-cyber-norms/.

③ Stefan Soesanto & Fosca D'Incau, “The UN GGE is dead: Time to fall forward”, Aug 15, 2017, http://www.ecfr.eu/article/commentary_time_to_fall_forward_on_cyber_governance.

④ Adam Segal, “The Development of Cyber Norms at the United Nations Ends in Deadlock. Now What?”, Jun 29, 2017, https://www.cfr.org/blog-post/development-cyber-norms-united-nations-ends-deadlock-now-what; Paul Rosenzweig, “Cyber Cooperation with Bad Actors is Always a Bad Idea”, Jul 11, 2017, https://www.lawfareblog.com/cyber-cooperation-bad-actors-always-bad-idea.

⑤ Ashley Deeks, “Moving Forward on Cyber Norms, Domestically”, Jul 10, 2017, https://lawfareblog.com/moving-forward-cyber-norms-domestically.

一蹴而就，也并非一帆风顺。国际社会决不能因本轮 GGE 谈判出现的一时反复、起伏而否认国际规则进程大方向甚至尝试推翻已有成果。什么机制最有效、最能适应网络空间主体多元的特点仍将是一个漫长的探索过程。

（三）网络大国分歧难以调和

作为决定性的网络力量，中、美、俄等网络大国在国际规则进程中应当具有示范与引领作用。但是，2017 年中美、美俄网络关系更加复杂，一定程度上影响更大作为。一方面，中美网络关系虽平稳但缺乏亮点。中美延续了政府间对话机制，在执法、个案调查等方面尝试继续推进务实合作。但总体看，双方网络领域合作的深度与广度仍较有限。尤其是特朗普上台以来，美国内国际网络政策还在调整，网空国际治理议程尚不明朗，相关团队缺兵少将。中美双方在该领域的议题和关切对接仍有待观察与调试，尤其是在规则制定领域，中美的双边对话与磋商几乎没有进展。另一方面，美俄仍深陷“网络干选”引发的网络争端泥淖，政府层面的双边沟通停顿，规则探讨更无从谈起。传统大国地缘政治博弈与网络空间秩序建立叠加、共振，国际治理面临更多不确定性和艰巨的挑战。

除此之外，大国本身的理念分歧亦成为影响合作推进的重要因素之一。美国现实主义思潮根深蒂固，在网络空间仍看重实力以及权力政治的作用，追求通过自身实力维护网络安全。这也是为什么一直以来，各国发展各自“能力”的诉求远比寻求“共同安全”的愿望要强烈，故而也从获得更大行动自由（包括网空动武和采取反制措施）的角度来考量国际规则。反之，中俄因为是网络实力相对较弱、在维护网络安全领域相对被动的国家，故而突出广大发展中国家的诉求和关切。一方面主张共治，即国家无论大小均有权参与网空国际治理；坚持联合国在制定行为规范方面发挥主渠道作用，强调在联合国主导下制定相关国际法律文书。另一方面也坚持网空的和平属性，反对网空军事化，强调和平解决网络领域的国家争端。3月1日，中国出台《网络空间国际合作战略》，将“和平”确立为网空合作的基本原则之一，致力于在共同安全中实现自身安全。

四、新发展新应用带动治理机制新探索

随着新一代网络与信息技术的涌现及其社会化应用，新的安全问题与治理挑战不断涌现，不断催生新的治理需求与热点，引领新机制探索，使网络空间国际治理的内涵与外延不断拓展，实践不断丰富。

（一）ICANN新机制运行展开新尝试

技术领域的治理，尤其是互联网架构与标准、关键资源分配等是网络空间国际治理的重要环节。2017年是互联网名称与数字地址分配机构（ICANN）新机制运行第一年，总体上按照既定方案推进。如2017年1月，ICANN宣布终止与美国商务部2009年签署的承诺确认文件，至此，ICANN与美国政府之间的协议已全部解除，向着脱离美政府控制和国际化改革的方向又迈

出一步。2017 年 2 月，ICANN 正式启动赋权社群，[①] 调整董事会治理委员会职责，新成立董事会责任机制委员会负责复议工作。但在落实过程中，“做”的暂时没有“想”的好。从机制改革与建设本身来看，ICANN 仍有相关工作推进不力。一是赋权社群机制目前远未实现国际各方对全新“多利益相关体”机制的期待。如 ICANN 政府咨询委员会（GAC）因无法选出能代表所有成员国的参会代表而缺席“赋权社群”的首次工作会议。二是 ICANN 司法管辖权问题仍处争议中。这虽属“历史遗留问题”，各方期待新机制建立后能进一步拿出解决办法，但 2017 年并未取得进展。6 月，ICANN 跨社群工作小组下的管辖权小组发布决议称，不建议改变当前管辖归属，认为 ICANN 仍应受美加州法律管辖[②]，但因该决议是在多个成员缺席的情况下发布而引发质疑与不满。ICANN 新机制的完善与落实还有相当长一段路要走。

（二）人工智能等新技术治理探讨方兴未艾

当前人工智能（AI）、物联网、IPv6 等技术与应用的发展势头十分迅猛，新的、潜在的安全隐患已有显现。相较于以往“先发展，后治理”经历，此轮新技术应用的特点之一就是“发展与治理并行”。各国政府在大力发展这些技术与应用的同时亦

---

① 赋权社群是互联网号码分配管理（IANA）职能管理权由美国政府移交给全球多利益相关方社群后，提升 ICANN 问责和透明的重要社群监督机制，由地址支持组织、国家代码域名支持组织、通用名称支持组织、一般会员咨询委员会和政府咨询委员会等决策参与者组成。此次 ICANN 启动赋权社群，是对 ICANN 多利益相关方参与模式以及自下而上的决策流程的首次检测，正式开启了社群审查并改变 ICANN 不适当政策程序的征程。

② http：//www. icann. org.

高度关注其可能带来的安全隐患，美、英、日等国的人工智能发展规划中均考虑了人工智能对当前政府管理与国际治理带来的挑战，业界和学界也开始密集讨论 AI 对国家和国际安全的影响。目前，有关讨论主要集中在三方面：一是 AI 可能带来的社会冲击。2017 年 6 月，联合国在日内瓦召开了“AI for Good”大会，[①] 全面探讨 AI 发展可能对当前社会各行各业的冲击，包括技术标准、安全规范与道德伦理等各方面。二是 AI 可能带来的安全冲击。不少企业尝试用 AI 来解决网络攻击，但它们也认为如果利用 AI 来发动网络攻击，其后果与防范难度难以设想。三是 AI 可能带来的军事革命冲击，尤其是越来越多国家研发甚至部署致命性自动武器（LAW）等。特斯拉创始人伊隆·马斯克（Elon Musk）与 Deep Mind 联合创始人穆斯塔法·苏勒曼（Mustafa Suleyman）率领来自 26 个国家的 116 名专家向联合国发表公开信，呼吁采取措施制止围绕“智能武器”而展开的军备竞赛，建议应将其纳入《联合国特定常规武器公约（CCW）》的武器禁用名单。[②] 再如，因物联网设备安全性较低，它们越来越频繁地被用于操纵进行大规模网络攻击。据卡巴斯基统计，2017 年以来监测到的超过 200 万次的攻击中，超过 63% 的攻击来自视频录像机和 IP 摄像机，近 20% 攻击来自路由器和其他网络设备。虽然这些领域谈机制建设还为时尚早，但普遍的共识是不能再走过去的老路，要发展与安全并举。一些国际组织和机构

---

① http：//www. itu. int/en/ITU – T/AI/pages/201706 – defalult. aspx.

② “Open Letter to the United Nations Convention On Certain Coventional Weapons”，August，2017，https：//futureoflife. org/autonomous – weapons – open – letter – 2017.

已开始尝试，如 9 月联合国犯罪和司法研究所在海牙成立第一家联合国人工智能和机器人中心。[①] 可以预见，今后针对新兴颠覆性技术治理的探讨甚至机制建设将快速推进。

（三）数字经济新机制建设被纳入国际议程

数字经济作为全球经济的引擎与主要动力，其发展突飞猛进，但相关规则尤其是数字贸易规则却相对滞后。一方面是出于所涉及的议题十分庞杂，其核心规则包括数字产品的关税与非歧视性待遇、市场准入、内容管制、知识产权保护、跨境数据流动与个人信息保护等；另一方面则是规则之争背后是各国的国家利益，出于战略争夺与市场保护等多方因素考虑，各方立场协调困难较大。但国际社会加快此领域规则制定的愿意仍很强烈，无论是 G20、G7 还是经合组织（OECD）均将数字贸易规则纳入议事日程。2017 年 1 月 13 日，美国国会研究服务局发布《数字贸易与美国的贸易政策》研究报告，认为现有的多边贸易协定并未能适应数字贸易的复杂性，强调美国国会应在塑造全球数字贸易政策方面发挥关键作用，建立双边与多边规则议程，甚至可以考虑在一些具体议题中，从各国相关部门间合作开始，逐步推进。[②] 由于该领域的规则有着强大的共同诉求和现实利益趋动，必定会成为今后网络空间国际规则制定的重要内容。

综上所述，面对网络空间发展新形势，有效应对挑战，确保网络空间安全、稳定与繁荣需要共识、合力，更需要治理新思路。首先，治理理念上，应从更务实、更具操作性角度来看待各

---

① http：//www. mofgom. gov. cn.

② http：//www. ccpitecc. com/article. asp? id = 7276.

方合作。受多利益相关方理念影响，网络空间治理进程重视与强调“各方”共同参与，这在原则上没有任何问题。但随着理论辨析与实践推进，证明了各方在网络领域“术业有专攻”，所谓的“多利益相关方”更务实的选择应该是各方在各自优势领域发挥专长，从网络空间整体发展上形成“合力”，而非在任何一个具体议题上都要所有行为体事必躬亲。其次，治理内容上，应摒弃惯性思维，不断拓展国际合作新领域。所谓“俄罗斯网络干选”等事件发生前，美等西方国家对于互联网内容安全的监管并不接受，更遑论国际合作。但如今他们亦开始转换思路，越来越重视信息的安全，从立法、机制等方面尝试新管理手段，并有意在全球范围内探索防御“信息影响行动”的国际规范。虽然各国关注的重心有所不同，但在共同应对网络恐怖和极端思潮及“网络干政”等问题上，有迹象表明，西方国家开始改变绝对自由的立场，在维护民众安全与捍卫民主之间找平衡，重新思考内容安全的必要性与合理性。这给我们带来的启示是，网络空间的形势不断发生变化，任何所谓观念的对立或阵营的划分都有可能只是暂时的，保持灵活性与适应性才是最好的选择。最后，机制建设上，应保持开放性，不断创新治理策略与举措。对诸多治理议题，一开始总会陷入是改革既有机制还是建立新机制的争论，其实二者并不是非此即彼。实践证明，在很多领域二者并行不悖，甚至能够互为补充。比如在数字贸易规则领域，数字贸易既有符合传统贸易框架的内容，亦有其独特的运作规律，前者可在既有国际贸易机制解决，而后者显然可以新补条款甚至新建机制予以解决。

在国家行为规范领域，以联合国为代表的多边机制仍是制定网络空间国家行为规则的最佳平台。鉴于当前 GGE 面临的各种问题，为提升联合国的工作成效，在坚持国家平等参与原则下，完全可以充分发挥联合国安理会的协调和引领作用。联合国五大常任理事国都是网络大国，无疑肩负着制定网络空间规则的责任，应更积极地发挥垂范与带动作用。若这些大国加强对网络议题的磋商和协调，无疑将有利于国际规则的推进。另外，企业的社会责任与智力贡献亦不容忽视，它们是技术创新的主力，亦应成为推动治理创新的生力军。总之，保持开放性事关治理的有效性，亦是网络本身运行规律的体现，包容与接纳新生事物现在是且仍将是保持网络空间治理活力的重要前提。

（审订：张力　唐岚）

第九章　全球海权博弈凸显新局面*

2017 年，全球海洋权益博弈在多层面进一步展开。在中国周边地区、南海方向，局势总体趋稳，个别国家仍试图“兴风作浪”，域外大国重拾“南海仲裁废纸”意图“废物利用”；东海方向，中日胶着，安倍政府全面提升对峙能力；在其他地区，印度洋方向，美、日、印、澳对冲中国意图日益清晰；北极方向，美俄试图加快油气、航道开发，但面临相关方权益分配、美俄关系、环保代价等问题。

一、南海：主权与海权

2017 年，南海局势总体趋稳，地区合作势头抬升，但域外大国仍谋求牵制中国，域内有关国家仍妄图侵权，以主权争端为核心的南海问题逐渐增添了海权争夺的色彩。

（一）总体趋于稳定，合作快速推进

菲律宾新一届政府改变南海问题处理方式，以及中国做出的

---

* 本章撰稿人：徐晓天、楼春豪、张欣波、王旭、陈子楠。

一系列积极外交努力，使南海局势在2017年明显缓和，中国与东盟国家在南海问题上的合作快速推进。

双边层面，中国与东盟有关国家的海上对话与合作取得积极成效，集中体现在中菲关系上。根据《中国海警局和菲律宾海岸警卫队关于建立海警海上合作联合委员会的谅解备忘录》，中菲两国于2017年1月举行第20次中菲外交磋商，系2013年6月以来双方首次恢复外交磋商。[①] 中菲在此次磋商中确认，“与不断加强的中菲友好关系相比，南海问题只是很小一部分”，“同意建立中菲南海问题双边磋商机制”。[②] 2月，中菲海警联委会正式成立。4月，中国海军编队访问菲律宾达沃市，系7年来中国海军首次正式访菲。5月，中菲举行南海问题双边磋商机制第一次会议，签署该机制《职责范围》，决定每6个月在两国轮流举行会议。11月，中菲发表两国政府联合声明，确认“海上争议问题不是中菲关系全部”，同意在农渔业、海洋环保、减灾等领域加强合作，并且“愿探讨在包括海洋油气勘探和开发等其他可能的海上合作领域开展合作”。[③] 除中菲南海合作外，中

① 2016年10月，中菲发布联合声明，“同意恢复两国外交磋商”，“加强两国海警部门间合作”；提出“建立一个双边磋商机制是有益的，双方可就涉及南海的各自当前及其他关切进行定期磋商”；签署《中国海警局和菲律宾海岸警卫队关于建立海警海上合作联合委员会的谅解备忘录》。中国外交部：《中华人民共和国与菲律宾共和国联合声明》，2016年10月21日，http：//www. fmprc. gov. cn/web/ziliao_ 674904/1179_ 674909/t1407676. shtml。（上网时间：2017年11月15日）

② 中国外交部：“中菲举行第20次外交磋商”，2017年1月18日，http：//www. fmprc. gov. cn/web/wjbxw_ 673019/t1431646. shtml。（上网时间：2017年11月15日）

③ 中国外交部：《中华人民共和国政府和菲律宾共和国政府联合声明》，2017年11月16日，http：//www. fmprc. gov. cn/web/ziliao_ 674904/1179_ 674909/t1511205. shtml。（上网时间：2017年11月15日）

越在南海问题上维持密切沟通，稳步推进既有合作；中国与马来西亚海上安全合作也不断推进。

多边层面，中国与东盟国家在“南海行为准则”磋商及海上务实合作方面取得重要阶段性成果。2017 年 5 月，中国与东盟国家举行落实《南海各方行为宣言》第 14 次高官会和第 21 次联合工作组会，审议通过“南海行为准则”框架。2017 年 8 月，中国—东盟外长会确认这一框架。2017 年 11 月，中国—东盟领导人会议宣布正式启动“南海行为准则”案文磋商。除在规则制定方面取得上述进展外，中国与东盟还不断推进海上务实合作，如：2017 年 10 月下旬达成初步共识，于年内举行技术磋商，并依据磋商结果适时举行海上联合军演[①]；中国与若干东盟国家在湛江外海举行联合海上救助演练，正式开通中国—柬埔寨海上紧急救助热线，并将之作为中国—东盟海上紧急救助热线项目的先行成果。此外，中国还倡议在防灾减灾、海上搜救、保护海洋环境和海洋生物多样性、海洋科学研究、海上航行安全等领域建立南海沿岸国合作机制。

（二）域外大国介入，战略风险增大

美国特朗普政府基本延续了奥巴马政府的南海政策框架，加之近年来日本南下、澳大利亚北上、印度东进，域外大国利用南海问题牵制中国维权的态势日益明显，且战略与行动协调水平相应提升。2017 年 11 月 12 日，美、日、印、澳四国外交高官在

① 中国国防部：“2017 年 10 月国防部例行记者会文字实录”，2017 年 10 月 26 日，http：//www. mod. gov. cn/jzhzt/2017 - 10/26/content_ 4795837_ 2. htm。（上网时间：2017 年 11 月 15 日）

东亚峰会前夕举行会谈，讨论“在自由和开放的印太地区增进繁荣和安全的共同愿景”，“审视了实现共同目标和解决地区共同挑战的方式，如：维护印太基于规则的秩序，包括航行和飞越自由、尊重国际法及和平解决争端；依据国际法和国际标准，以审慎融资为基础加强互联互通；协调印太地区反恐和海上安全努力；进一步合作遏制朝鲜核和导弹项目及非法行为。四国致力于在共同民主价值和原则的基础上深化合作，将继续讨论进一步增强印太地区基于规则的秩序”。[①] 次日，美国总统特朗普与印度总理莫迪举行会谈，重申两国对“自由和开放的印太地区”之共同承诺；美国总统特朗普、澳大利亚总理特恩布尔和日本首相安倍晋三在三边会谈时强调“一道促进自由和开放的印太地区的重要性”。[②] 尽管四国“印太磋商”暂未上升到首脑层级，但四国已然着手将原先的双边、三边磋商升级为四边战略协调。

具体行动层面，域外大国仍维持“美国打头、各自行动”模式，逐渐形成美国常态、美日协同、其他盟国轮流跟进的新态势。美国方面：特朗普政府摒弃奥巴马时期美军南海“航行自由行动”逐案审批的决策模式，制定长期性、常态化行动计划，

---

① U. S. Department of State, “Australia-India-Japan-U. S. Consultations on the Indo-Pacific”, November 12, 2017, https://www.state.gov/r/pa/prs/ps/2017/11/275464.htm.（上网时间：2017 年 11 月 16 日）

② White House, “Readout of President Donald J. Trump's Meeting with Prime Minister Malcolm Turnbull of Australia and Prime Minister Shinzo Abe of Japan”, https://www.whitehouse.gov/the-press-office/2017/11/13/readout-president-donald-j-trumps-meeting-prime-minister-malcolm.（上网时间：2017 年 11 月 16 日）

并分别于2017年5、7、8、10月开展4次“航行自由行动”，其中两次进入美济礁12海里水域，并在第一次进入时实施“人员落水”救援演习。继续推进奥巴马时期提出的“东南亚海上安全倡议”，向越南交付1艘“汉密尔顿”级巡逻舰和6艘快速巡逻船，并商定美国航母2018年首次访越。美日方面：两国2017年8月17日发表的“2+2”磋商联合声明提出，“各自开展支持航行自由、双多边培训和训练的活动及协同开展能力建设援助”,[①] 表明两国将协同帮扶东盟国家提升海上安全能力。两国军舰还于5月下旬首次同时停靠越南金兰湾。其他方面：日本海保厅设立主要面向东盟国家海警的援助专责部门；决定援助越南6艘新造巡逻船、提供384亿日元（约23亿人民币）贷款，以提升越南海上执法能力；援助菲律宾1万亿日元（约300亿人民币），以提高其海上执法能力和打击毒品犯罪；交付马来西亚2艘巡逻船；修改《自卫队法》，放开向他国无偿援助二手武器装备；对菲交付出租的2架TC－90教练机，决定无偿援助马来西亚2架二手P－3C巡逻机，拟帮助印尼建设纳土纳群岛雷达设施。澳大利亚海军编队9月初赴南海地区执行近30年来规模最大、为期2个月、代号为“印太奋斗2017”的系列军事交流和演习活动，以展示其在地区安全中的作用。英国国防大臣法伦7月则称，英国拟于2018年派军舰赴亚太行使航

① U. S. Department of State, “Joint Statement of the Security Consultative Committee”, https://www.state.gov/r/pa/prs/ps/2017/08/273504.htm.（上网时间：2017年11月17日）

行自由权。[①]

（三）域内矛盾犹存，谋求实际管控

随着美国特朗普政府对东南亚重视程度有所降低、菲律宾杜特尔特政府谨慎处理南海问题，越南、马来西亚、印尼等与中国正面对抗动能下降，转而谋求加强对侵占岛礁和有关海域的实际管控。

一方面，坚持海洋权利主张。2017 年，南海周边其他国家虽然没有像美国、日本、澳大利亚那般频繁提及南海仲裁裁决，但坚持依据《联合国海洋法公约》声索海洋权利，并不时表态反对中国“断续线”。如：印尼海洋事务统筹部长卢胡特 4 月称不承认“断续线”；[②] 马来西亚外长阿尼法 10 月称中国南海主张不符合《联合国海洋法公约》在内的国际法。[③] 前外长德尔罗萨里奥、最高法院大法官卡皮奥、众议员阿勒哈诺为首的菲国内势力，仍不断抨击杜特尔特搁置仲裁裁决的处理方式，鼓动国内民族主义情绪。此外，印尼总统佐科 4 月再次呼吁东盟就南海问题

① “Britain plans to send warship to South China Sea in move likely to irk Beijing”, Reuters, https://www.reuters.com/article/us-southchinasea-britain/britain-plans-to-send-warship-to-south-china-sea-in-move-likely-to-irk-beijing-idUSKBN1AC1CB.（上网时间：2017 年 11 月 17 日）

② “Indonesia Steps Against ‘Any Power Projection’ in South China Sea”, Sputniknews, April 26, 2017, https://sputniknews.com/asia/201704261053002683-indonesia-power-projection-south-china-sea/.（上网时间：2017 年 11 月 23 日）

③ “China's claims in S. China Sea not recognised by Malaysia”, The Borneo Post, October 13, 2017, http://www.theborneopost.com/2017/10/13/chinas-claims-in-s-china-sea-not-recognised-by-malaysia/.（上网时间：2017 年 11 月 23 日）

达成共同立场，并在此基础上与中国磋商有关事宜。[①] 这些态势表明，尽管中国与南海有关国家不断推进合作，但合作基础仍然相对脆弱。

另一方面，强化实际管控。菲律宾重点推进侵占岛礁建设工程，其防长洛伦扎纳2017年4月21日非法登陆中业岛，宣布菲律宾将拨款16亿比索（约2.2亿人民币）在该岛修建发电厂、污水处理系统和渔港，修缮该岛机场跑道及改善驻军生活条件。[②] 5月，菲律宾西部军区启动相关准备工作。11月，洛伦扎纳透露承包商正在中业岛建设海滩坡道，以便大型军舰停靠，预计2018年初完工。[③] 越南除持续推进侵占岛礁建设工程以外，还于6月一度允许外国钻油船赴中国在南海划设的“万安北—21”区块作业，7月延长印度公司在所谓“128区块”（部分位于“断续线”内）内的勘探许可，意欲趁机扩大侵权。此外，越南一直明确“欢迎”美国和印度介入南海，积极发展与美国、日

---

① “Indonesia's Jokowi：ASEAN must have common stand on South China Sea”，Rappler，April 28，2017，https：//www.rappler.com/world/regions/asia - pacific/indonesia/bahasa/englishedition/168215 - south - china - sea - jokowi - asean.（上网时间：2017年11月23日）

② “Philippine defence chief visits disputed Spratly Island”，Strait Times，April 21，2017，http：//www.straitstimes.com/asia/se - asia/philippine - defence - chief - visits - disputed - spratly - island.（上网时间：2017年11月23日）“Philippines starts construction near China's manmade islands in disputed waters”，Reuters，November 7，2017，https：//ca.reuters.com/article/topNews/idCAKBN1D71F2 - OCATP.（上网时间：2017年11月23日）

③ “Philippines starts construction near China's manmade islands in disputed waters”，Reuters，November 7，2017，https：//ca.reuters.com/article/topNews/idCAKBN1D71F2 - OCATP.（上网时间：2017年11月23日）

本和印度的海上安全合作。马来西亚 3 月决定 2017 年内更换多艘老旧军舰，应对南海局势。印尼 4 月宣布将把廖内群岛打造为该国经济外交中枢，[①] 7 月将纳土纳群岛附近海域命名为“北纳土纳海”，[②] 持续推进该群岛海军基地建设和军力部署，并寻求日本援助 6 艘巡逻船和 6 座二手海事雷达。

二、东海博弈：僵局与破局

2017 年是中日邦交正常化 45 周年，中日双方均有意维系东海稳定，对热点开展有效管控。但同时东海博弈仍“僵局未解”。

（一）领土主权争端暗流涌动

一是日大力完善海保体制，保障经费支持。2016 年 12 月 21 日，日召开首次“强化海洋安全体制”阁僚会议，通过《强化海洋安全体制方针》，标志着日将提升海保力量上升至国家战略层面。安倍在会上宣布，2017 年海保预算 2100 亿日元，增幅达前所未有的 11.8%，且其中近 100 亿日元为财务省罕见主动加拨。2018 年海保预算要求按 2303 亿日元，同比再增 9%，而

---

① “Indonesia to make Riau Islands hub for economic diplomacy”, The Jakarta Post, April 11, 2017, http://www.thejakartapost.com/seasia/2017/04/11/indonesia-to-make-riau-islands-hub-for-economic-diplomacy.html.（上网时间：2017 年 11 月 23 日）

② “Indonesian government inaugurates name of N Natuna Sea”, Antara News Agency, July 14, 2017, https://en.antaranews.com/news/111846/indonesian-government-inaugurates-name-of-n-natuna-sea.（上网时间：2017 年 11 月 23 日）

2013—2017年海保预算年增长不足2%。二是紧盯钓鱼岛“警备”，力求精准“打击”。2018年预算概算中列入382亿日元用于强化钓鱼岛附近“战略性海上安全体制”。[①] 为“应对”中国公务船，着手新建6500吨（增加到5艘）、1000吨巡逻船，引进新型喷气式海上监视飞机；计划2017年底在“尖阁（即我钓鱼岛及其附属岛屿）警备专队”12艘大型巡逻船与3艘可搭载直升机的大型巡逻船上安装即时画面传送装置，将声像信息实时传送至首相官邸、海保厅，确保“尖阁”有事时快速决策。为“应对”中国渔船，拟在所有300吨以下日船上加装船舶自动识别装置，以方便雷达辨识中日船只；计划2019年4月前在宫古岛海上保安部部署12艘（2016年已部署3艘）抗冲撞、更灵活、摄像机无死角的小型巡逻船，打造监视、应对中国渔船“根据地”。此外，针对2017年5月出现在钓鱼岛“领海”海域的中国小型无人机，探索为巡逻船加装电磁干扰设备等。三是继续推动防卫重心向西南诸岛转移。陆上，继续推进在奄美大岛、宫古岛、石垣岛驻军，2018年4月前建成主责离岛防御和夺岛作战的水陆机动团。海上，计划2018—2022年间，每年建造2艘3000吨级军舰，打造由8艘规模较小、“造价较低”（每艘400亿—500亿日元）军舰构成的舰队，用于巡逻东海。空中，为应对越过北纬27度日“防卫线”的中国军机激增，防卫省决定从2架改由4架战机应对1架中国军机，并适时启动全国战机

---

① 「海保庁18年度概算要求、過去最大規模2303億円。領海侵入・テロ対策などで」,「日本海事新聞」, 2017年9月1日。

一体化运用,[①] 2017 年 7 月，位于冲绳那霸的“西南航空混成团”升格为“方面队”。[②]

（二）海洋资源权益博弈热度提升

一是争夺海底地形命名权。日本海保厅称，2012 年至今中国“未经许可”在东海等海域的日“专属经济区”（EEZ）内进行63 次海底调查，“中国提出的东海大陆架延伸申请与日本 EEZ 重叠”，担忧“中国正搜集新海底地形证据欲提交联合国大陆架委员会”。[③] 为抢占先机，日本计划 2017 年新建一艘造价 150 亿日元大型测量船，开展无人潜航器海底土壤、物质调查。海保在 2018 年预算中列入 19 亿日元用于大型测量船建造，“防备他国主张扩大海洋划界”。[④] 二是妄评中国东海油气田开发。2017 年，日本再次向中国提出外交交涉，抗议中国东海油气田开发。日媒多次报道渲染油气田开发进展。2017 年 3 月，日本执政党自民党“东海资源开发委员会”委员长原田义昭向日首相安倍晋三递交决议书，“谴责”中国单方面开发，认为“日主权及国家利益受损”，呼吁提请仲裁。安倍对此回应“将继续在外交层面发出呼声”。[⑤] 三是落实离岛保护，构筑海洋权益保护圈。作为本期《海洋基本计划》工作重点，离岛保护进入成果期。3 月，完

---

① “聚焦：日本防卫就‘力量攻防’陷入两难”，“共同社”，2017 年 4 月 15 日。

② “自卫队南西航空混成团升格为‘方面队’”，“共同社”，2017 年 7 月 1 日。

③ 「中国　海底に命名攻勢　日本のEEZ 周辺　申請 50 件　権益拡大図る」，「読売新聞」，2017 年 1 月 4 日。

④ “日本海保拟下年度预算申请 394 亿日元用于尖阁警备”，“共同社”，2017 年 9 月 9 日。

⑤ “自民党委员会要求安倍筹备起诉中国开发东海油气田”，“共同社”，2017 年 3 月 30 日。

成对273处无人离岛的“国有化”；4月，正式实施《有人国境离岛地域保全特别措置法》[①]；年内开展全球首次海岸线低潮线无人船调查。[②] 日媒指出，“该类岛屿对确保海洋资源与海上交通安全意义重大”，[③] 应“警惕中国海洋活动、防止外国资本收购日本离岛”。[④] 四是塑造“海上维权”焦虑感。2017年9月，日本“六大报”及“共同社”“时事通信社”等主流媒体集中关注所谓钓鱼岛“国有化”5周年，以“‘尖阁’（即我钓鱼岛及其附属岛屿）‘国有化’5周年，成为中日关系改善阻碍”“中国旁若无人，公务船常态化巡航”等为题刊文，认为5年来中国公务船“侵入尖阁”领海及毗连区频度、船数逐步增加，日本对“尖阁”管控不升反降，政策效果不彰；呼吁政府拿出切实有效对策，强化“领海警备”，维护“领土主权”。

（三）强化对美涉海军事协调

一是美日海上联演频繁。3—4月，日舰与美“卡尔·文森”号航母战斗群在东海海域共进行3次通讯、阵型战术等联演，日媒称此举“实属罕见”[⑤]；9月，日美战机在东海上空举行联训，日防相小野寺五典称，“展示美日同盟的坚固对保障日安全具有

---

① 「国境離島特措法 領土警備拠点の保全を急げ」，「读卖新闻」，2017年4月8日。

② “日本将首次采用无人船调查海岸线以确保海洋权益”，“共同社”，2017年4月30日。

③ 「国境離島特措法 領土警備拠点の保全を急げ」，「读卖新闻」，2017年4月8日。

④ 「政府273無人島の国有化完了EEZ根拠」，「東京朝刊」，2017年4月8日。

⑤ 「海自、東シナ海で米空母と共同訓練今月2度目、異例の実施」，「産経新聞」，2017年3月30日。

重要意义”。[①] 二是美加强地区军力前沿投射。美借朝核危机之名继续推进尖端武器在东北亚地区部署。2017 年 5 月，美太平洋司令哈里斯访日时罕见前往被日媒称为监视中国“西南之眼”[②] 的与那国岛军事基地访问。[③] 海军，在驻日基地以最先进 E－2D 型“鹰眼”航母空中预警机第 125 编队取代 E－2C 的 115 编队，“鹰眼”是美“海军一体化防空火控”系统重要组成部分，可引导“宙斯盾”舰导弹瞄准更远目标，实现周边情报共享。空军，将尖端的 F－35 部署至日岩国基地，是 F－35 首次海外部署，岩国将成为辐射整个东亚地区的最大美空军基地。在此过程中，美不时炒作中方军事威胁。如：5 月，美媒炒作美空军 WC－135 辐射探测飞机在东海“国际空域”飞行时遭中国军机“危险飞行”，美军妄称中国飞行员做法“不专业”；7 月，美媒渲染中国 2 架歼－10 战机在东海上空干扰美海军 EP－3 电子侦察机飞行，指中方行为是“危险行动”。

三、印度洋角逐：合纵与连横

近年来，随着“印度洋—太平洋”战略概念被一些国家所接受，美国、日本、印度、中国等都稳步提升印度洋在自身对外

---

① 「空自と米空軍が共同訓練、B1 爆撃機 2 機も参加」，「読売新聞」，2017 年 9 月 9 日。

② 「離島配備「こけられぬ」陸自与那国常駐、28 日から」，「朝日新聞」，2016 年 9 月 1 日。

③ 「米軍司令官が与那国を訪問/陸自駐屯地統幕長と」，「沖縄タイムス」，2017 年 5 月 18 日。

战略中的地位，寻求维护或扩大自身在印度洋的战略利益。2017年，从年初印度总理莫迪倡导“印度洋和平、繁荣与安全主要责任在地区国家”,[①] 到年中中国正式启动吉布提保障基地，再到年底美国抛出“自由与开放的印太战略”,[②] 主要大国围绕印度洋权益的布局，是理解全年印度洋安全形势的一根主线。

（一）美、日、印、澳加强战略协调，“四国联盟”若隐若现

一是认知趋同。四国在双、多边场合，反复宣传“基于共同价值观的外交”“基于法治的海洋秩序”“捍卫印太地区的自由、开放与繁荣”等论调，强调各自战略与政策的一致性和趋同性。2017 年4 月和 7 月，安倍分别与斯里兰卡总理维克勒马辛哈、印度总理莫迪举行首脑会谈，称“印太时代正在到来，地区繁荣需以自由和开放的印太地区理念为支撑”,[③] “希望日印主导印太地区繁荣”。[④] 2018 年度日政府开发援助（ODA）预算申请增长 4897 亿日元，增幅 12.7%，核心是“印太战略”与

---

① “PM's Inaugural Address at the Opening Session of the Second Raisina Dialogue”, Jan 17, 2017, http://www.pmindia.gov.in/en/news_updates/pms-inaugural-address-at-the-opening-session-of-the-second-raisina-dialogue-2/? comment = disable.（上网时间：2017 年 11 月 5 日）

② 2016 年 8 月，第六届东京非洲发展国际会议（TICAD）在肯尼亚召开，日本首相安倍发表讲话并提出“自由与开放的印度洋—太平洋战略”（*Free and Open Indo-Pacific Strategy*）。

③ “Sri Lankan will keep ports unavailable for military activity, PM says”, https://uk.reuters.com/article/uk-japan-sri-lanka/sri-lankan-will-keep-ports-unavailable-for-military-activity-pm-says-idUKKBN17E1ZI.（上网时间：2017 年 5 月 10 日）

④ 「日印両首脳、G20サミットで会談」, https://headlines.yahoo.co.jp/hl? a = 20170710-00010000-indowatch-asia。（上网时间：2017 年 10 月 6 日）

“高质量的基础设施投资”。[①] 6月莫迪访问美国时，双方发表的联合声明强调，美印是印太地区的“民主护石”，“两国战略趋同不断增强”。[②] 9月安倍访问印度，双方发表《面向自由、开放与繁荣的印太地区》，重申印度“东向行动”“印度制造”与日本“自由与开放印太战略”“高质量基础设施战略”等的对接，指出“建设工业走廊和工业网络，造福包括非洲在内的印太地区所有有关国家”，“加强包括非洲在内的印太地区的互联互通”，“以开放、透明和包容的方式，基于国际标准和负责任的债务实践，推动高质量基础设施”。[③] 2017年9月举行的第二轮美日印外长会上，三国同意“加强海上安全和地区互联互通领域合作，实现自由和开放的印度洋—太平洋。三国将联手传播基本的价值观，如航行自由、法治，通过地区互联互通和其他措施实现繁荣”。[④]

二是“小三边”机制运行良好。目前，业已存在的美日印、

---

① 「ODA予算、18年度増額を要求 河野外相は持論封印」，「日本経済新聞」，(2017年8月25日)。

② “Joint Statement: United States and India: Prosperity through Partnership”, http: //mea. gov. in/outoging - visit - detail. htm? 28560/Joint + Statement + + United + States + and + India + Prosperity + Through + Partnership.（上网时间：2017年11月9日）

③ “India-Japan Joint Statement during visit of Prime Minister of Japan to India: Toward a Free, Open and Prosperous Indo-Pacific”, September 14, 2017, http: //www. mea. gov. in/incoming - visit - detail. htm? 28946/IndiaJapan + Joint + Statement + during + visit + of + Prime + Minister + of + Japan + to + India + September + 14 + 2017.（上网时间：2017年11月9日）

④ “Japan-U. S. -India Trilateral Foreign Ministers' Meeting”, September 19, 2017, http: //www. mofa. go. jp/s_ sa/sw/in/page3e_ 000752. html.（上网时间：2017年11月9日）

日印澳、美日澳等“小三边机制”，经过多年运行趋于成熟，且得到各国一致认可。2017 年 4 月澳大利亚总理特恩布尔访问印度，对持续深化的日、印、澳三边合作表示欢迎，在加强地区架构方面开展更紧密合作。[①] 安倍访印时双方强调加强与美国、澳大利亚等国的三边合作框架，“共同确保基于规则的印太秩序”。2017 年 10 月，美国国务卿蒂勒森在战略与国际研究中心（CSIS）发表演讲“塑造下一世纪的美印关系”，言辞中出现“夸印贬华”，称“美印在印太地区利益和价值的不断趋同，是捍卫基于规则的全球体系的最佳机遇”，“美国已经受益于美日印三边互动，未来有空间邀请包括澳大利亚在内的其他方，推进共同目标、共同倡议”。[②]

三是实践互动增多。2017 年 5 月，印总理莫迪出席第 52 届非洲发展银行年会，抛出“亚非增长走廊”（Asia-Africa Growth Corridor）倡议，强调印度将和日本携手推进从东南亚到西印度洋广阔地区的产业走廊和产业网络建设。该倡议始自 2016 年 11 月莫迪访问日本，双方就“促进亚洲和非洲的产业走廊和产业网络建设”达成共识，并责成各自与政府关系密切的智库进行可行性研究。2017 年 5 月，印度发展中国家研究与信息系统（RIS）、东盟和东亚经济研究所（ERIA）、日本贸易振兴机

① “India-Australia Joint Statement during the State visit of Prime Minister of Australia to India”, April 10, 2017, http://www.mea.gov.in/incoming-visit-detail.htm?28367/IndiaAustralia+Joint+Statement+during+the+State+visit+of+Prime+Minister+of+Australia+to+India.（上网时间：2017 年 11 月 9 日）

② Secretary of State Rex Tillerson, “Defining Our Relationship with India for the Next Century”, Center for Strategic and International Studies, Oct. 18, 2017.

构亚洲经济研究所（IDE-JETRO）发布《“亚非增长走廊”愿景文件：致力于可持续与创新发展的伙伴关系》。由于印总理莫迪抛出“亚非增长走廊”倡议距离印度拒绝派员参加中国召开的“一带一路”国际合作高峰论坛不到十天，该倡议也被普遍解读为有抗衡中国“一带一路”之嫌。2017 年，美、日、印、澳方面另外一件标志性事件，是美日印 2017 年 7 月在印度洋孟加拉湾海域举行年度“马拉巴尔”演习，此次演习有两个特点值得关注：一是三国均派出航母参演；二是反潜是演习主要内容。

（二）印度有提升其印度洋主导地位的“小算盘”

除与美、日、澳三国加强战略协调外，印度利用自身印度洋地区大国的区位优势，谋求印度洋地区事务的主导权。莫迪上台后，通过出台谋求“印度洋净安全提供者”的新版海洋安全战略、针对印度洋岛国的“岛国外交”、搭建印度主导的次区域安全机制、提出“萨迦”（SAGAR，Security and Growth for All in the Region）倡议、举办 1.5 轨“印度洋会议”等，试图确立地区安全事务主导权。2017 年，这种态势得到延续。

一方面，印度高层发声强调构建“印度洋共同体”，突出印度独特地位。2017 年 1 月，在出席第二届瑞希纳对话时，印总理莫迪表示，“印度的‘萨迦’倡议不仅限于对印度本土和岛屿的利益维护，还将深化海洋经济与海上安全合作的努力”，“印度洋和平、繁荣与安全主要责任在地区国家”。[①] 2017 年 8 月底 9 月初召开的第二届“印度洋会议”（由与印人党关系密切的“印度基金会”举办），外长斯瓦拉杰强调“印度对印度洋的愿景是，通过合作维系有机整体”，[②] 同时参会的外交秘书苏杰生进一步阐释，称“印度寻求重新恢复印度洋的身份和共同体”，“建立有自身特色的现代印度洋”，“像其他地区一样，印度洋也必须从内部寻找地区问题的解决方案”。[③] 此外，10 月底，印海军在新德里召开“海军指挥官大会”（一年两次），防长斯塔拉曼和海军司令苏尼尔·兰巴与会，强调“基于任务导向的部署理念，努力提高海军的部署和运作能力，实现在印度洋地区更强的存在”。[④]

另一方面，完善次区域安全机制建设，加强塑造力、主导力。除继续充实印度洋海军论坛、环印度洋联盟等固有机制

---

① “PM’s Inaugural Address at the Opening Session of the Second Raisina Dialogue”, Jan 17, 2017, http://www.pmindia.gov.in/en/news_updates/pms-inaugural-address-at-the-opening-session-of-the-second-raisina-dialogue-2/? comment = disable.（上网时间：2017 年 11 月 5 日）

② “Address by External Affairs Minister at the 2nd Indian Ocean Conference”, August 31, 2017, http://www.mea.gov.in/Speeches-Statements.htm? dtl/28907/address+by+external+affaris+minister+at+the+2nd+indian+ocean+conference+august+31+2017.（上网时间：2017 年 11 月 5 日）

③ “Foreign Secretary’s Address to the Indian Ocean Conference, Colombo”, September1, 2017, http://www.mea.gov.in/Speeches-Statements.htm? dtl/28909/foreign+sectarys+address+to+the+indian+ocean+conference+colombo.（上网时间：2017 年 11 月 5 日）

④ “The Four Day Naval Commanders’ Conference Concludes”, https://www.indiannavy.nic.in/content/four-day-naval-commanders% E2% 80% 99-conference-concludes.（上网时间：2017 年 11 月 9 日）

"安全"内容外，印度近年不断尝试启动新的、与印度洋小国间的安全机制，规避其他大国影响。如前些年推动的与马尔代夫、斯里兰卡、毛里求斯和塞舌尔之间的安全机制。2017 年，印度继续在这方面下功夫。孟加拉湾方向，印度 3 月在新德里举办首届孟加拉湾多部门技术和经济合作倡议（BIMSTEC）国家安全部门首脑会议，各方同意"将孟加拉湾视为共同的安全空间，全面推进海上安全合作"，决定成立 1.5 轨"BIMSTEC 安全对话论坛"。西印度洋方向，印度提出"西向思考"（Think West）政策，努力推进伊朗恰赫巴哈尔港项目，总统考文德上任后首次出访选择吉布提，系印度国家元首或政府首脑首次访吉。此外，印海军 11 月 1—2 日牵头举办首届果阿海事会议（GMC），来自印度尼西亚、马来西亚、新加坡、孟加拉国、斯里兰卡、毛里求斯等国海军或海事部门负责人与会。会上，印度提议与各国实时共享印度洋商船信息和情报，应对非传统威胁，并表示"愿意承担主要责任"。[①] 印海军司令兰巴则表示，"果阿海事会议的目标是建立区域海事论坛，为更高级别的对话做准备"。[②]

（三）中国提供更多公共安全产品，稳步提升在印度洋地区的影响力

与美、印相比，中国是印度洋安全事务"后来者"。但基于

---

① Dinakar Peri, "India offers to share real-time maritime data", The Hindu, November 2, 2017, http://www.thehindu.com/news/national/india－offers－to－share－real－time－maritime－data/article19969580.ece.（上网时间：2017 年 11 月 9 日）

② "Goa Maritime Conclave Inaugurated by Hon'ble Raksha Mantri at Naval War College", http://www.thehindu.com/news/national/india－offers－to－share－real－time－maritime－data/article19969580.ece.（上网时间：2017 年 11 月 9 日）

中国在环印度洋地区海外利益存在、印度洋航运通道对中国经济的重要性，以及中国对参与海洋安全治理紧迫感的增强，中国提供印度洋公共安全产品意愿和能力逐渐提高。

一是稳步推进海上丝绸之路建设，促进沿线国家经济社会发展，提高国家治理能力。经济社会发展滞后、国家治理能力缺失，是催生环印度洋地区海盗、海上跨国犯罪等非传统安全威胁的重要原因。中国希望借“21 世纪海上丝绸之路”建设，实现更多发展与稳定红利。2017 年，中国在斯里兰卡重大项目进展顺利：科伦坡港口城项目全面复工；科伦坡班达拉奈克国际机场跑道改造工程完工并正式启用、汉班托塔液化天然气发电厂建设项目获得斯内阁批准；中斯物流与工业园办公室在汉班托塔成立；中斯正式签署汉班托塔港特许经营协议。近年，美、印、日三国加大对斯战略投入，如美斯双方 2016 年启动伙伴关系对话，[①] 日印合作推进亭可马里等北部项目，中企在斯项目一度遇阻，甚至出现“中斯关系拐点论”。但 2017 年中资企业项目相继复工、重启，表明中方有效维护在斯权益。此外，中巴经济走廊稳步推进。5 月 7 日，中国红十字会援建的“中巴博爱医疗急救中心”在瓜达尔港落成，是中巴经济走廊首个急救单元；9 月 22 日，中国首个援巴医疗队抵达巴基斯坦瓜达尔港。

---

① 2017 年 11 月，美斯举行第二轮伙伴关系对话，双方联合声明强调共同建设“自由与开放的印太地区”。参见：“Joint Statement from the U. S. Department of State and the Ministry of Foreign Affairs of Sri Lanka on the Second U. S. -Sri Lanka Partnership Dialogue”, https://www.state.gov/r/pa/prs/ps/2017/11/275329.htm。（上网时间：2017 年 11 月 13 日）

二是正式建成并启动吉布提保障基地。截止到2017年11月10日，中国海军舰艇编队已有27批次赴亚丁湾执行护航任务，为亚丁湾地区反海盗作出重要贡献。此外，经过多年努力，2017年8月1日，中国人民解放军正式进驻吉布提保障基地，这是中国首个海外军事基地，有利于中国在护航、反海盗、人道主义救援等公共安全产品方面做出更大贡献。

三是发挥“军事外交”作用，推动海军“走出去”。2017年4月23日—10月15日，中国远航编队沿着“21世纪海上丝绸之路”线路，出访东南亚、南亚、中东、西亚、南欧等约20国，是中国海军出访时间最长、访问国家最多的一次。在此过程中，海军与10个到访国家开展海上联演，增进相互信任。此外，中国海军和平方舟医院船开展“和谐使命—2017”，访问斯里兰卡科伦坡港、吉布提吉布提港，提供医疗救助服务，展现中国军队“软实力”。

四、北极开发：寒极与热土

2017年，域内外国家调整政策，积极投身北极这片资源开发的“热土”，加大对北极航道和油气资源的探索和利用。同时，美俄等域内国家不断强化在该地区军事存在，争夺区域治理话语权，限制域外国家涉足北极事务，地缘政治竞争“暗流涌动”。诚如美国国家情报总监2017年5月在参议院情报委员会作证时所言，随着北极海冰逐年递减，地区国家与域外国家对北极渔业和航道资源的竞争加剧。[①]

（一）探索开辟北极新航道

全球气候变暖使北极北方海航道和西北航道日益现实，特别是夏季借北方海航道实现欧亚海上运输的条件初步具备。一是美俄中积极适航北极航道。美海岸警卫队浮标勤务船2017年7月完成了穿越西北航道的历史性科考航行。芬兰一艘破冰船经24天抵达格陵兰岛首府努克，航行超过1万千米，创下夏季穿越北极西北航道的最快纪录。[②] 俄油船2017年首次停泊北极萨贝塔港，验证在冰封北冰洋开辟能源运输新航线可能性。[③] 俄"克里斯托夫·德马尔热里"号油轮首次在无破冰船护航条件下，19天完成从挪威哈默费斯特到韩国保宁的行程，比取道苏伊士运河节省30%的时间，还创造了仅用6天半就通过俄北方海航道的新纪录。[④] 此外，习近平主席2017年7月在会见俄总理梅德韦杰夫时提出，"要开展北极航道合作，共同打造'冰上丝绸之路'，

① "US Anticipates Increased Competition in Arctic-Head of National Intelligence", Sputnik, May 11, 2017, https://sputniknews.com/world/201705111053515159 - us - arctic - intelligence/.（上网时间：2017年5月15日）

② "穿越北极西北航道：芬兰破冰船最快纪录共耗时24天"，《中国海洋报》，2017年8月4日。

③ "Russian tanker forges path for Arctic shipping super-highway", Reuters, March 31, 2017, https://WWW.REUTERS.COM/ARTICLE/US - NOVATEK - LNG - PUTIN/RUSSIAN - TANKER - FORGES - PATH - FOR - ARCTIC - SHIPPING - SUPER - HIGHWAY - IDUSKBN1712K6.（上网时间：2017年4月3日）

④ "俄油轮首次独闯冰海横穿北极"，《中国海洋报》，2017年9月5日。

落实好有关互联互通项目”。[①] 8 月，中国第 8 次北极科学考察队乘“雪龙”号经俄罗斯专属经济区外海域，首次穿越北冰洋中央航道。[②] 之后，该船又于 8 月 30 日进入戴维斯海峡，途经巴芬湾、兰开斯特海峡、皮尔海峡、维多利亚海峡和阿蒙森湾，历时 8 天，航行 2293 海里，于 9 月 6 日进入波弗特海，完成中国船舶首次对北极西北航道的穿越。至此，“雪龙”号对北极三大航道均完成穿越。[③]

二是重视北极破冰能力建设。首先，俄罗斯在资金短缺情况下，仍坚持推进核动力破冰船队建设计划。[④] 俄 22220 型核动力破冰船项目斥资 19 亿美元（约合 126 亿元人民币），拟建造 4 艘破冰船，首船“北极”号于 2016 年下水，第二艘“西伯利亚”号于 2017 年下水。该船是世界最大核动力破冰船，也是全球第一艘破冰能力达 3 米的破冰船。经过多年发展，俄目前拥有一支包括 30 艘柴油和 4 艘核动力的破冰船队。[⑤] 其次，美国紧迫感增

---

① “习近平会见俄罗斯总理梅德韦杰夫”，新华网，2017 年 7 月 4 日，http：//news. xinhuanet. com/world/2017 –07/04/c_ 1121263419. htm。（上网时间：2017 年 7 月 10 日）

② “中国第八次北极科学考察队首次成功穿越北冰洋中央航道”，新华网，2017 年 8 月 19 日，http：//news. xinhuanet. com/politics/2017 –08/19/c_ 1121509544. htm。（上网时间：2017 年 8 月 21 日）

③ “‘雪龙’船成功穿越北极西北航道”，《中国海洋报》，2017 年 9 月 8 日。

④ “Russia to Build New Nuclear-Powered Icebreaker-Putin”，Sputnik，May 15，2017，https：//sputniknews. com/russia/201705151053636539 – russia – new – nuclear – incebreaker/.（上网时间：2017 年 5 月 16 日）

⑤ “世界最大核动力破冰船船体下水”，中国海洋在线，2017 年 10 月 17 日，http：//www. oceanol. com/jidi/201710/17/c69033. html。（上网时间：2017 年 10 月 23 日）

强。2017 年 1 月前北约盟军最高指挥官斯塔夫里迪斯称，美在北冰洋地区建造和运用破冰船的竞争中严重落后，呼吁美国会尽快采取行动，拨款造船。① 美审计总署 5 月也称，美目前只有两艘极地破冰船可用，唯一一艘重型破冰船几近退役；美海岸警卫队官员认为亟需补充破冰船。目前有 5 家美国船厂正着手进行破冰船设计，② 美国土安全部和海军研究机构将与加拿大科研机构合作，为美海岸警卫队设计新型破冰船。③ 第三，其他国家迎头赶上。北极经济委员会主席表示，该组织成员国希望深化与中、日、韩等亚洲国家在远东地区破冰船使用方面合作。④ 中国 9 月举行"雪龙 2"号极地科学考察破冰船项目连续建造启动仪式，计划 2019 年初交付，并将于第 10 次北极科学考察期间投入使用。该船有国际领先的双向破冰能力，可在无限航区及南北两极海域航行和科考。⑤

① "US Stays Last in Global Race to Operate Icebreakers in Arctic", Sputnik, January 14, 2017, https: //sputniknews. com/world/201701141049581891 – usa – last – icebreaker – arctic/. （上网时间：2017 年 2 月 20 日）

② "US Need for Icebreakers Remains Critical-Healy Icebreaker Commander", Sputnik, May 10, 2017, https: //sputniknews. com/us/201705101053450445 – us – icebreakers – need/. （上网时间：2017 年 5 月 15 日）

③ "US, Canada Team Up to Design New Coast Guard Icebreaker", Sputnik, August 4, 2017, https: //sputniknews. com/us/201708041056198166 – usa – canada – team – up – new – icebreaker/. （上网时间：2017 年 8 月 7 日）

④ "Arctic Economic Council Expects to Extend Icebreaker Cooperation With Asia", Sputnik, September 7, 2017, https: //sputniknews. com/business/201709071057194053 – arctic – icebreaker – asia/. （上网时间：2017 年 9 月 11 日）

⑤ "新建中国极地科考破冰船拟命名'雪龙 2'", 国家海洋局网站, 2017 年 9 月 29 日, http: //www. soa. gov. cn/xw/dfdwdt/jsdw _ 157/201709/t20170929 _ 58152. html。（上网时间：2017 年 10 月 9 日）

（二）加快北极油气开发

一是俄高度重视北极能源开发项目。一方面，俄政府加大财政支持力度。俄计划2025年前为“北极开发项目”第二、三阶段提供约27亿美元，重点建设北极经济增长区、开发北方海航线、北极石油和天然气项目。[①] 俄将在摩尔曼斯克附近巴伦支海建设4座人工岛礁和大型海上装备制造中心，总投资逾29.5亿人民币。[②] 另一方面，俄企开发北极资源势头迅猛。俄石油公司2017年6月在拉普特夫海哈坦加湾发现北冰洋大陆架最大油田，并计划2021年前将北极大陆架开发投资增至约294亿人民币。[③] 不过，俄企开发受到美制裁影响。美总统特朗普8月签署对俄能源工业制裁法案，限制美企业对俄能源领域投资；[④] 10月底追加制裁，禁止美企业和个人向俄深海、北极近海和页岩油勘探和生产相关项目提供商品、服务或技术。[⑤] 三是

---

① “Russia Aims to Spend $2.7 Billion on Arctic Development Before 2025”, Sputnik, August 31, 2017, https://sputniknews.com/russia/201708311056964169-russia-arctic-development/.（上网时间：2017年9月4日）

② “Rosneft to Invest Billions in Russia's Far East, Arctic Shelf Exploration”, Sputnik, September 8, 2017, https://sputniknews.com/russia/201709081057202151-rosneft-invest-billions-russia-east/.（上网时间：2017年9月11日）

③ “Rosneft Discovers Possible Largest-Ever Oil Deposit on Arctic Sea Shelf”, Sputnik, June 18, 2017, https://sputniknews.com/russia/201706181054745211-rosneft-discovers-large-oil-deposit-arctic/.（上网时间：2017年6月19日）

④ “Russia sanctions: What you need to know, CNN, August 2, 2017, http://edition.cnn.com/2017/07/25/europe/russia-sanctions-explainer/index.html.（上网时间：2017年11月14日）

⑤ “US Bans Providing Goods, Services for Arctic Offshore Projects With Russia”, Sputnik, October 31, 2017, https://sputniknews.com/us/201710311058706074-usa-bans-russia-arctic-offshore-support/.（上网时间：2017年11月14日）

推动与其他国家合作。俄中于3月达成协议，扩大双方在北极勘探方面合作，包括实施“北方海航线项目”联合工程。[①] 2013年中石油受俄政府和俄诺瓦泰克公司邀请加入亚马尔液化天然气项目，该项目第一期工程将于2017年内投产，预计每年至少有400万吨液化气销往中国市场。[②] 俄方还表示，亚马尔项目首批产品将运往中国。[③] 俄挪两国石油公司2017年9月签署合作协议，共同勘探俄北极地区油田。[④] 俄能源部长与印度石油和天然气部长3月讨论合作开发俄北极大陆架并向印输送液化天然气等问题。[⑤]

二是美放开北极能源开发限制。一方面，特朗普政府取消北极能源开发禁令。美加两国2016年底曾表示将联手禁止北极近

① “Russia, China Agree to Expand Cooperation on Arctic Exploration”, Sputnik, March 29, 2017, https://sputniknews.com/politics/201703291052088925 – russia – china – artic – exploration/. （上网时间：2017年4月3日）

② “通讯：亚马尔项目开启中俄能源及北极合作新篇章”，新华网，2017年6月13日，http://news.xinhuanet.com/world/2017 – 06/13/c_ 1121134608.htm。（上网时间：2017年6月19日）

③ “为感谢中国 俄亚马尔项目计划将首批船货发给中石油”，新浪网，2017年11月3日，https://www.sohu.com/a/201980069_ 174505。（上网时间：2017年11月7日）

④ “Russian and Norway Prime Ministers Discuss Cooperation in Arctic Region”, Sputnik, October 30, 2017, https://sputniknews.com/russia/201710301058647246 – russia – norway – arctic – cooperation/. （上网时间：2017年11月6日）

⑤ “Russian, Indian Energy Ministers Discuss Cooperation on Russia's Arctic Shelf”, Sputnik, March 8, 2017, https://sputniknews.com/business/201703081051362247 – russia – india – arctic – shelf/. （上网时间：2017年3月13日）

海油气开采活动，强化北极航道和渔业资源管理。[1] 但特朗普政府上任后即签署《执行美国优先离岸能源战略》行政命令，要求重新评估奥巴马政府时期北冰洋水域钻探禁令，加大海洋油气开采力度。美内政部随后在内部备忘录中提出，取消对在北极圈野生动物保护基地进行地震研究的限制，成为特朗普政府最终开放北极油气开采的第一步。[2] 另一方面，美企乘势而上开展合作。2017 年 3 月，美西两国石油公司在阿拉斯加北坡诺依克索特村附近发现储量约 12 亿桶的大型油田，是近 30 年美国大陆发现的最大油田，可极大缓解阿拉斯加州财政困难，重振当地石油工业。[3] 美政府 7 月批准意大利公司在阿拉斯加近海钻井计划，该公司将于 12 月在北极波弗特海附近开始钻探作业；[4] 美韩公司也于同月签署“阿拉斯加液化天然气”项目，开发阿拉斯加北坡地区天然气资源。[5] 美总统特朗普 11 月访华期间，三家中

---

① “美加联手禁止北极近海油气活动”，人民网，2016 年 12 月 21 日，http：//world. people. com. cn/n1/2016/1221/c1002 -28967006. html。（上网时间：2017 年 11 月 7 日）

② “美国政府欲取消北极保护区考察限制或为开采油气开路”，《中国海洋报》，2017 年 9 月 26 日。

③ “美国阿拉斯加发现 30 年来最大陆地油田”，人民网，2017 年 3 月 12 日，http：//world. people. com. cn/n1/2017/0312/c1002 -29140018. html。（上网时间：2017 年 3 月 13 日）

④ “trump administration approves Eni plan to drill offshore Alaska”，Reuters，July 14，2017，https：//www. reuters. com/article/us - alaska - eni/trump - administration - approves - eni - plan - to - drill - offshore - alaska - idUSKBN19Y2MV.（上网时间：2017 年 7 月 17 日）

⑤ “Alaskan，South Korean Energy Companies Sign MOU to Cooperate on LNG”，Sputnik，June 30，2017，https：//sputniknews. com/business/201706301055103955 - alaska - south - jorea - cooperate - gas/.（上网时间：2017 年 7 月 3 日）

资公司与阿拉斯加州能源企业签署价值430亿美元协议，参与开发阿拉斯加液化天然气。[1]

三是其他国家积极推进北极能源开发。挪威2017年4月将北极巴伦支海地区未探明石油和天然气资源预估储量提升至176亿桶，数量较先前大幅上升；6月公布巴伦支海和挪威海102个石油招标区块，创历史纪录。[2] 同年6月，第二轮中日韩北极事务高级别对话在东京举行，三国将就海洋污染、气候变化等问题在北冰洋开展联合科研活动，以为资源开发和新航运线开通奠定基础。[3]

（三）强化北极地区军事存在

一是俄罗斯强化北极海上监视和控制能力。俄罗斯2017年建立北极研究和测试中心，使俄军武器系统满足北极地区使用要求；北方舰队下半年在北冰洋定期进行海空作战准备，维护北方海航道安全[4]；强化北极早期预警网络，新增雷达和对地面、空

---

① “背景资料：特朗普访华期间中美签署的商业合作协议”，路透社，2017年11月9日，https：//cn. reuters. com/article/trump – factbox – deal – usa – china – 1109 – thursd – idCNKBS1D911R。（上网时间：2017年11月13日）

② “Norway offers record number of blocks for Arctic oil exploration”，Reuters，June 21，2017，https：//www. reuters. com/article/us – norway – oil/norway – offers – record – number – of – blocks – for – arctic – oil – exploration – idUSKBN19C17Y.（上网时间：2017年6月26日）

③ “Japan，China and South Korea to Pursue Joint Research in the Arctic”，Sputnik，June 10，2017，https：//sputniknews. com/asia/201706101054499192 – japan – china – korea – arctic – talks/.（上网时间：2017年6月12日）

④ “Russia to Expand Its Presence in Arctic With New Ships，Intense Patrolling”，Sputnik，June 1，2017，https：//sputniknews. com/military/201706011054208877 – russia – arctic – control/.（上网时间：2017年6月5日）

中、空间目标追踪系统等，以应对美潜艇频繁接近俄边境。[①] 俄北方舰队司令尼古拉·叶夫梅诺夫 11 月总结俄近年北极军事建设成果时称，2015 年底俄首个现代化防空导弹团在北冰洋新地群岛加入战斗值班，未来将进一步优化和增加防空力量；2017 年海军保障船只实现远洋航行，海上战略核力量和远洋舰艇是舰队稳定的保证，能确保俄全球海上政治和经济利益；北方舰队成立北极摩托化步兵旅和沿岸部队战术小组，在北冰洋群岛、法兰士约瑟夫地群岛、新地群岛、北地群岛和新西伯利亚群岛组建防空部队；该舰队正建设相关系统，监控北方海航道及该部北极任务区领空；在北极各大岛屿和远北地区的军事基础设施系统建设完毕并逐步完善。[②]

二是美领导北约强化北极影响力。第一，北约计划在斯瓦尔巴群岛召开北极政策研讨会，俄外长拉夫罗夫 4 月称此举是挑衅行为，企图将斯瓦尔巴群岛纳入北约“羽翼之下”。[③] 1920 年《斯瓦尔巴条约》将斯瓦尔巴群岛主权授予挪威，但签约国享有在该领土上从事商业活动权利，目前俄是除挪威外唯一行使该权利的国家。该条约第 9 条禁止挪威在该岛建立海军基地或为战争

---

① “Russia May Deploy New Radar in Arctic to Detect US Submarines”, Sputnik, June 15, 2017, https://sputniknews.com/russia/201706151054664272-russia-radar-arctic/.（上网时间：2017 年 6 月 19 日）

② “俄海军正在建设北方海路监控系统”，俄罗斯卫星网，2017 年 11 月 3 日，http://sputniknews.cn/military/201711031023961902/。（上网时间：2017 年 11 月 6 日）

③ “Russia Views NATO Plans to Hold Seminar on Spitsbergen as ‘Provocation’”, Sputnik, April 19, 2017, https://sputniknews.com/politics/201704191052784391-russia-arctic-spitsbergen-nato-provocation/.（上网时间：2017 年 4 月 24 日）

目的修建任何防御设施，但是否禁止北约在该岛举行研讨会仍存争议。第二，美空军5月举行为期一个月的“北极挑战2017”大规模训练演习，旨在提升多国空中联合攻防战斗能力，来自北极周边11国空军约100架战机参与。[①] 第三，北约防长会议11月同意由美、葡、西、法等国牵头成立大西洋司令部，强化对俄威慑并确保美对欧增援海上通道安全。北约官员称，俄增加在波罗的海、北大西洋和北极地区军舰和潜艇活动，格陵兰岛、冰岛和不列颠岛之间海域在冲突中或成北约“软肋”，需在和平时期强化监控。[②]

三是北极地区爆发冲突可能性较低。虽然美、俄、加等国强化北极军事存在，但总体处于可控水平，相较于全球其他热点地区，北极地缘政治较量烈度仍较低，域内国家普遍希望维持北极和平与稳定。美国务院负责渔业和海洋事务的副助理国务卿波顿5月表示，目前美俄在北极爆发冲突的风险较低，该地区仍保持和平与稳定。[③] 瑞典外长2017年2月访俄期间，俄外长拉夫罗夫称，两国外长重申北极、巴伦支地区、波罗的海等地问题均不需

---

① “US Arctic Challenge 2017 Air Drills Begin With 11 Nations, 100 Aircraft”, Sputnik, May 26, 2017, https://sputniknews.com/military/201705261054025891 - us - drills - arctic - challenge/.（上网时间：2017年5月29日）

② “NATO Ministers to Agree on Establishment of 2 New Commands-Stoltenberg”, Sputnik, November 7, 2017, https://sputniknews.com/world/201711071058881981 - nato - command - afghanistan - cyber/.（上网时间：2017年11月13日）

③ “Threat of Conflict Between US, Russia in Arctic Remains Low-State Department”, Sputnik, May 8, 2017, https://sputniknews.com/world/201705081053395743 - threat - conflict - russia - us - arctic/.（上网时间：2017年5月15日）

要通过军事手段或建立军事存在的方式加以解决。[①]

（四）北极国家强化主体地位

2017年5月11日北极理事会第10届部长级会议在美国阿拉斯加州举行。会议发表《费尔班克斯宣言》，回顾了北极理事会过去两年推进北冰洋安全、保障和管理以及改善经济和生活条件方面的进展，并提出今后两年工作重点将放在环境保护、气候监测、互联互通和教育四大领域。[②] 与会成员国外长签署北极地区加强国际科研合作的协议，这是北极理事会主持下谈判达成的第三个约束性协议，将为北极地区相关科研活动提供便利条件。此外，美国轮值主席国任期届满，芬兰正式接任北极理事会主席国，任期至2019年。

（审订：傅梦孜）

---

① "Lavrov: Moscow Sees No Need for International Treaty to Manage Arctic", Sputnik, February 21, 2017, https://sputniknews.com/environment/201702211050896683-lavrov-russia-arctic/.（上网时间：2017年2月27日）

② "北极理事会部长级会议达成国际科研合作协议"，新华网，2017年5月12日，http://news.xinhuanet.com/tech/2017-05/12/c_1120964716.htm。（上网时间：2017年11月12日）

地 区 篇

第十章　东北亚：安全趋紧　发展提速*

2017 年，朝鲜完成“核武大业”，美国对朝“极限施压”，各方战略不信任和矛盾突出，半岛局势紧张，危机不断。同时，地区国家政局稳定，经济发展提速，合作氛围改善。东北亚安全趋紧，政治趋稳，经济趋长，合作趋暖，进一步凸显安全对抗与发展合作之间的落差。

一、朝核博弈白热化

朝鲜执意核导开发，美对朝搞“极限施压”，半岛紧张不断升级。中俄积极劝和促谈，防止局势失控。

（一）朝鲜不断试核试导，宣布完成“核武建设”

2017 年，朝鲜加速推进核、导建设，进行第 6 次核试验，连续进行多类型导弹试验，快速提升核导能力，并在试射“火星-15”洲际弹道导弹后宣布“实现国家核武力完成的历史大

* 本章撰稿人：李军、陈向阳、袁冲、刘天聪、王洁、黄莹。

业和火箭强国伟业”。[①]

成功进行氢弹试验。9月3日，朝鲜在咸镜北道吉州郡丰溪里万塔山核试验场进行第6次地下核试验，宣称“洲际弹道火箭可携带的氢弹试验取得完全成功”，[②] 并公布2级氢弹照片和相关原理图。全球核禁试组织（CTBTO）综合全球地震台网数据，公布朝鲜此次核试震级为6.0级，合TNT当量10万—15万吨，核试当量与氢弹试验特征较为吻合。

远程导弹直接威胁美国本土。5月14日和8月29日，朝两次成功试射“火星-12”单级液体中远程弹道导弹。第一次以高角度试射，弹道最高高度2111.5千米，飞行787千米。第二次以正常角度发射，首次穿越日东北部上空，飞行2700千米后落入太平洋海域。金正恩表示朝军“迈出了太平洋军事作战的第一步”，是牵制关岛的“前奏”，[③] 暗示“火星-12”导弹已经基本形成战斗力。

7月4日和7月29日，朝鲜连续2次以高角度试射“火星-14”洲际弹道导弹。第一次射高2802千米，飞行933千米后落入日本海，正常弹道射程折合6400千米，可打到阿拉斯加。

---

① “朝鲜称成功试射‘北极星2’型导弹”，http：//chinese.yonhapnews.co.kr/newpgm/9908000000.html？cid=ACK20170522001100881。（上网时间：2017年12月2日）

② “详讯：朝鲜宣布成功试爆洲际导弹氢弹头”，http：//chinese.yonhapnews.co.kr/newpgm/9908000000.html？cid=ACK20170903004900881。（上网时间：2017年9月10日）

③ “朝媒称朝军昨射‘火星-12’弹道导弹”，http：//chinese.yonhapnews.co.kr/newpgm/9908000000.html？cid=ACK20170830000300881。（上网时间：2017年11月20日）

第二次射高达3724.9千米，飞行998千米，正常弹道射程折合1万千米，可覆盖美西部。朝中社称，试射“火星－14”导弹是朝鲜“完成核武装的最后一道关口”。[1]但美专家认为，朝为延长射程，可能将弹头载荷控制在150千克以下，不足以对美本土构成实质性威胁。

11月29日，朝鲜试射“火星－15”洲际弹道导弹，弹道顶点4475千米，飞行距离950千米。若该弹以正常角度发射且搭载弹头级别的正常载荷，射程将达8200千米，可打到美西雅图；若搭载轻载荷，射程可达1.3万千米，覆盖美全境。

大力研发潜射导弹。朝鲜在4月15日阅兵式上首次展示“北极星－1”中程固体潜射弹道导弹。5月初，美观察到朝建成第二艘潜射导弹用的驳船平台。8月23日，金正恩视察朝鲜国防科学院化学材料研究所时，该所墙壁悬挂“北极星－3”字样，显示朝可能研发新型“北极星－3”导弹。9月中旬，美观察到朝鲜在地面多次进行固体火箭发动机试验，判断该型发动机可能会用于“北极星－3”导弹。

着力提升中短程导弹可靠性。“北极星－2”为“北极星－1”陆基版，也是固体中程弹道导弹，正常射程约1000千米。2月12日和5月21日，朝鲜连续2次以高角度试射“北极星－2”导弹，以最终测评“北极星－2”武器体系的各项技术指标，检验该武器体系能否在不同环境中正常运行，进而决定是否将其实

---

① “详讯：朝鲜宣布成功发射火星－14型洲际导弹”，http：//chinese.yonhapnews.co.kr/newpgm/9908000000.html？cid＝ACK20170704005600881。（上网时间：2017年8月2日）

战部署，并全面验证了履带式发射车的冷发射系统、制导和稳定化系统、各级分离系统、大功率固体发动机等各系统运行可靠精准，确认在弹头分离后的中段和末段的各项技术指标达标，姿态控制系统也运行到位。金正恩对发射结果高度满意，称该弹是“非常成功的战略武器”，批准其“尽快投入批量生产，进行实战部署”。

（二）美对朝“极限施压”，无意复谈

特朗普政府政策评估后认为，“战略忍耐”未能阻止朝鲜核导研发，反而令朝不断迫近对美国本土实施核打击的门槛，解决核问题的急迫性大幅上升，因此决定实施“极限施压和接触”政策，即不承认朝鲜拥核国地位、对朝鲜实施极限施压和制裁、不谋求更迭朝政权、最终对话解决朝核问题，以抓住最后机会阻止朝核导能力进一步发展。

一方面，面对朝鲜频繁进行核导试验，对朝鲜“极限施压”层层加码。政治上，谋求瓦解朝鲜政权。2月13日金正恩同父异母哥哥金正男在马来西亚吉隆坡机场遇刺身亡，美国政府强烈谴责朝鲜为幕后凶手，指责朝鲜侵犯人权，威胁国际和平稳定，试图削弱朝鲜政权合法性。9月25日，美众议院通过《朝鲜人权法案2017年再授权案》，要求政府加强对朝信息渗透。11月1日，美众议院外交关系委员会邀请朝前驻英公使太永浩参加“从内部看朝鲜体制”听证会，强调“信息渗透可以制造朝鲜内乱，诱导民众‘脱北’，给朝政权造成

巨大压力”。[①]

经济上，力争枯竭朝鲜外汇。美国以压缩朝鲜核导研发资金为由，全面强化对朝多边制裁和单边制裁、直接制裁和间接制裁。多边制裁上，连续推动联合国安理会通过2345号（3月23日）、2356号（6月5日）、2371号（8月5日）、2375号（9月11日）、2397号（12月22日）决议，史无前例地切断朝鲜煤炭、铁和铁矿石、铅和铅矿石、海产品、纺织品出口，禁止朝鲜在其他国家共建合营企业，限制朝鲜劳务人员出口和石油进口规模。美国还推动安理会首次就朝鲜船只颁布全球港口禁令，推动朝鲜制裁委员会专家组2次发布工作报告，督促各国严格落实决议。单边制裁上，美国通过《朝鲜制裁与政策增强法案》等法案，特朗普连续签署加强对朝制裁的行政令，不断追加制裁对象，并授权美财政部对曾经“接触”或“支持”涉朝制裁企业的第三国企业或个人进行“次级制裁”（secondary boycott），试图仿照原先对伊朗的制裁模式，将朝鲜完全赶出美元主导的国际金融体系。

军事上，威胁对朝鲜动武。特朗普威胁不放弃动武选项，4月下令向叙利亚、阿富汗发射巡航导弹和“炸弹之母”，接见安理会成员国代表并邀请美国参议员听取涉朝形势简报，渲染打朝氛围，10月又在联合国大会公然威胁要“完全摧毁朝鲜”。美军

① Ed Royce, “Opening Statement on House Foreign Affairs Committee Hearing: An Insider's Look at the North Korean Regime”, November 1st, 2017, http://docs.house.gov/meetings/FA/FA00/20171101/106577/HHRG-115-FA00-MState-R000487-20171101.pdf.（上网时间：2017年11月14日）

还积极加强在朝鲜半岛及周边地区的军事部署，完善各种打朝计划，并频频与韩日两国演练先发制人精确打击、“斩首行动”、“全面战争”、撤侨等方案，准备“当夜对朝开战”。

外交上，全面孤立朝鲜。特朗普政府根据国务院2016年拟定的朝鲜全球利益分布清单，要求各国降低甚至切断与朝外交关系，关闭朝鲜企业，取消朝鲜船只登记，禁止朝鲜航班，并驱逐朝鲜大使等。11月30日朝鲜进行“火星－15”洲际弹道导弹试射后，又要求各国断油、断粮，并对朝进行“海上封锁”。面对美国施压，朝鲜在20多个国家的外交活动受到限制，驻墨西哥、秘鲁、西班牙、科威特、意大利5国大使被驱逐，与葡萄牙外交关系被中断。美国不遗余力地把中国推到对朝施压第一线。特朗普4月与习主席庄园会晤，11月与习主席故宫茶叙，并屡次向习主席致电，要求中国压朝停止核导研发。

另一方面，美国“极限接触”有名无实。4月，美国国务卿蒂勒森提出对朝“四不”政策，即不寻求朝鲜政权更迭、不寻求搞垮朝政权、不寻求加速南北统一、不寻求为跨过“三八线”找借口。5月，美国国务院对朝政策特别代表尹汝尚与朝鲜外务省美国局局长崔善熙在挪威奥斯陆会面，6月率团访问平壤，接回被朝鲜逮捕的美国大学生奥姆比尔。但特朗普以朝鲜拒绝重返无核化立场为由拒绝谈判，并讽刺蒂勒森谋求与朝复谈“纯粹浪费时间”。

（三）中俄积极劝和促谈，管控局势

习主席与普京在5月“一带一路”峰会、7月中俄峰会、9月金砖国家峰会、11月亚太经合组织领导人非正式会议上就朝

核问题密切沟通，一致同意坚持朝鲜半岛无核化目标、妥善应对朝鲜半岛紧张形势。中俄两国外长频繁会晤，呼吁各方必须坚持通过政治外交手段和平解决半岛核问题，警告决不允许通过军事武力手段解决朝核问题，决不允许任何人在中俄家门口挑起事端。7 月 4 日，中俄两国外交部发表关于朝鲜半岛问题的联合声明，强调以中方关于朝鲜暂停核导活动和美韩暂停大规模联合军演“双暂停”倡议、实现朝鲜半岛无核化和建立半岛和平机制“双轨并行”思路以及俄方解决朝鲜半岛问题分步走设想为基础，共同倡议朝鲜宣布暂停核爆试验和弹道导弹试射，美韩相应暂停举行大规模联合军演，推动对立各方同步开启谈判。中俄就半岛问题保持密切沟通、加强战略协作，有效维护了半岛和平稳定。

二、美日韩强军备战

针对朝鲜加速开发核导的态势，美、日、韩加强军事应对和实战演练，试图强化对朝军事威慑，阻止朝核导开发，但也不排除暗含围堵中俄的意图。

（一）美韩军队强化联手对朝态势

2017 年，美韩在半岛的联合军演规模与强度大增，军事合作的针对性与威胁性更强。3 月初，美韩约 30 万兵力参加史上最大规模的“关键决断”及“鹞鹰”联合军演，美军派遣核动力航母、远程战略轰炸机及核潜艇等战略武器参演，与韩方演练应用“萨德”反导系统。8 月底，美韩又举行“乙支自由卫士”

军演，演习先发制人军事打击和实施“斩首”行动，[①] 实战色彩更为浓厚。此外，美国还单方面威胁“所有选项都摆在桌上”，不排除对朝使用武力的可能，并派 B－1B 战略轰炸机频繁飞临半岛，加强对朝威慑。对于美韩频繁军演与动武威胁，朝针锋相对，宣称半岛局势陷入 50 年来最严重的态势，[②] 并举行大规模火炮演习、威胁发动先发制人核打击等予以回应。

（二）美日持续深化军事同盟合作

特朗普上台一度导致美日同盟出现裂痕。一方面，特朗普终结“亚太再平衡”战略、退出跨太平洋自由贸易协定（TPP），并要求签订美日双边自贸协定，导致日本地区战略受挫。另一方面，日本对美国对朝政策突然转变焦虑不安，既担心美国对朝鲜突然采取军事行动，又担心美朝“越过日本”开始对话。[③] 4 月，日本要求美国，若美对朝发起军事打击，即便不使用驻日美军基地，也要与日进行事先商议。[④]

但半岛局势紧张，推动美日深化军事同盟合作。一方面，美日加强战略协调。8 月 17 日安倍改组内阁后，美日举行特朗普上台后的首次外长＋防长安全保障措施委员会会议（“2＋2”会议），强调美日强化军事合作，共同应对朝鲜问题。此前，美国

---

① “US, South Korea eyeing more offensive options on Pyongyang”, *Nikkei Asian Review*, August 22, 2017.

② 朝中社，2017 年 5 月 1 日。

③ 牧野愛博、「実行寸前だった金正恩斬首作戦」、「文芸春秋」、2017 年 9 月；「急転米朝対話はありうる」、「選択」、2017 年 10 月。

④ “Japan seeks notice on actions against North Korea, even if US bases not used”, Stars & Stripes, April 13, 2017.

防长马蒂斯、国务卿蒂勒森相继访日，推动美日强化对朝制裁，联合应对半岛危机。另一方面，日本也图谋借助渲染半岛危机来提升防卫能力。2016 年 12 月，安倍政府召开国家安全保障会议，以新安保法为依据，允许自卫队平时可向盟军舰艇提供防护，以便为美军在半岛附近进行反导任务、与日进行共同训练时提供火力防护。2017 年 5 月，日本自卫队与美军进行“舰船保护”联合军演。日本还有意借机强化导弹防御体系，威胁可能拦截朝鲜射往关岛的导弹，[①] 要求引入陆基“宙斯盾”防导系统。11 月特朗普访日时，双方就日本增加采购美反导系统问题进行协商。

（三）美日韩军事合作更趋紧密

2016 年 11 月 23 日，韩日正式签署双边《军事情报保护协定》（GSOMIA），为进一步完善美、日、韩情报合作机制奠定基础。2017 年 7 月朝鲜试射洲际导弹后，美、日、韩举行朝核六方会谈团长会，就强化对朝直接制裁、对第三国企业实施“次级制裁”进行商讨。9 月联大会议期间，美、日、韩首脑举行峰会，决定联合对朝施压。

但美、日、韩军事合作仍面临制约因素。2016 年底，韩国民间团体在日本驻釜山领事馆前设置慰安妇少女铜像，引发日方强烈反弹，安倍政府采取了召回驻韩大使等对抗措施，韩日关系一度陷入低谷。2017 年 12 月 27 日，韩国公布韩日“慰安妇”问题协议审查结果，批评朴槿惠政府未充分听取受害者意

---

① 「防衛相　北朝鮮グアム攻撃『存立危機事態』なら迎撃可能」，「毎日新聞」、2017 年 8 月 10 日。

见就贸然签署协议并隐瞒“保密内容”，日韩矛盾进一步凸显。文在寅政府上台后，还在美、日、韩安全合作上设立了上限。2017 年 10 月底，韩国外长康京和在国会做出了“三不”表态，即韩国不会追加部署“萨德”，不会参加美国的反导体系，不会发展韩美日军事同盟。11 月，韩国表示只与日本共享朝鲜核导情报，在其他领域则拒绝共享，[①] 并拒绝美国举行美日韩联合军演的建议，转由美分别与日韩举行联合军演。[②] 此外，韩美在 FTA 修订、军费分担、战时作战指挥权移交等问题上矛盾仍存。

三、地区国家政局稳定

中美日俄政局稳定，金正恩进一步巩固执政，韩蒙政权更迭后政局回稳，对地区整体局势的影响尚有待观察。

（一）金正恩进一步巩固执政，对外影响两面

朝鲜进一步巩固金正恩唯一领导体系，维护安定团结局面。一是强化思想教育。金正恩在新年致辞中强调“伟大的金日成金正日主义”，要求“进一步巩固社会主义政治军事阵地”，确保“千万军民一心团结，紧密团结在党的周围”。朝鲜举办第 8 届“白头山伟人国际称颂大会”，加强政治理论学习力度，频繁举行群众集会，以粉碎“帝国主义的思想文化渗透”。二是完善组织人事。10 月 7 日，朝鲜劳动党距劳动党七大时隔 17 个月

---

① 「北朝鮮情報以外は共有拒否」、「朝日新聞」、2017 年 11 月 19 日。

② 「日米韓演習、韓国拒む」、「日本経済新聞」、2017 年 11 月 12 日。

后，再次召开七届二中全会，选举崔龙海等为中央军事委员会委员，补选外相李勇浩等为政治局委员，补选金正恩妹妹金与正等为候补委员，进一步推动高层人事的世代更替。三是积极发展经济。金正恩在新年贺词中强调要“集中一切力量落实国家经济发展五年战略”，在劳动党七届二中全会报告中进一步强调要以自强力和科技力量粉碎制裁，发展经济。四是加强边境控制。韩国《月刊北韩》杂志报道，朝鲜保卫部门配置先进电子监测仪器，探测边境居民与境外组织非法通话情况，防止民众“脱北”。[①] 11 月朝士兵越过板门店附近的“军事分界线”投靠韩国后，朝下令更换前线警戒部队，构筑前线障碍，阻止此类事件再次发生。金正恩执政巩固，既可能煽动其有恃无恐对外示强，也可能鼓励其恢复对外接触、谈判的信心。

（二）文在寅上台执政，力推改革

2017 年 5 月 9 日，代表进步势力的共同民主党总统候选人文在寅以 41.1% 的得票率赢得选举，终结了连续执政 9 年多的保守政权，稳定了因朴槿惠弹劾案而剧烈震荡的韩国政局。文在寅上台执政后，着力继承“烛光革命精神”，打破特权垄断和政治对立，实现权为民所用、权为民所制，积极推进改革。一是清算积弊。将清算积弊列为百大国政课题之首，加大“崔顺实干政事件”调查力度，彻查国家情报院（下称“国情院”）十三大

① 金彩焕：“金正恩政权的国境管控与实际情况”，《月刊北韩》，2017 年第 11 期，第 64—69 页。

干政事件,[①] 设立“高级公职人员犯罪调查处”，彻查公共机关用人腐败问题。二是重视就业。设立总统直属的“就业委员会”，追加110亿美元预算以支持就业、稳定民众生活，同时计划在公共部门新增81万个就业岗位。三是推进经济改革。提出“以就业为中心、收入主导的经济增长与革新创业”的经济发展理念，谋求建立公平透明的市场机制，根除财阀经济弊端，提高对中小企业和个体经营户的支持力度，力求促成“稳定就业—增加收入—激活内需—扩大企业投资—增加雇佣岗位—稳定就业”的经济良性循环。6月初，韩国“盖洛普”对总统履职情况的首次民调显示，文在寅支持率高达84%，居历届总统之首，其所在的执政党共同民主党的支持率也创下了51%的历史新高。[②]

但文在寅执政也仍临挑战。一是人事政策备受攻击。在野党

① 2017年7月11日，国情院长徐薰宣布调查国情院涉嫌参与的13个案件：一是涉嫌公开卢武铉总统有关放弃北方界线（NLL）的南北首脑会谈记录；二是涉嫌操控网络舆论干预2012年大选；三是涉嫌参与制定“文化界黑名单”，制裁左翼文化人士；四是涉嫌在朴槿惠弹劾期间对宪法法院搞报复性调查；五是涉嫌证据造假，诬陷“脱北”的公务员为间谍；六是涉嫌动员各市民团体打压首尔市长朴元淳；七是涉嫌用“左翼枭首”的笔名发布文章诽谤在野党大选候选人；八是涉嫌对调查2012年操控大选事件的蔡东旭检察总长搞报复性反调查；九是前国情院六局局长丘明昊涉嫌秘密向前青瓦台民政首席秘书禹炳宇报告；十是涉嫌支持极右翼团体；十一是“世越号”沉船疑似为国情院所为；十二是涉嫌干涉李明博时期对卢武铉的受贿调查；十三是涉嫌利用意大利黑客软件（RSC）监视一般国民、干涉选举。

② 韩国盖洛普调查研究所，http：//www. gallup. co. kr/gallupdb/report. asp。（上网时间：2017年11月30日）

认为，文上任初设立“人事五大原则”，[①]“唯贤是举”。提名“朝鲜通”徐薰为国情院长、全罗南道知事李洛渊为总理、安哲秀团队政策顾问张夏成为青瓦台政策室长等。但后期却无法遵守，7 名高官提名人因作风问题或自动请辞，或遭国会否决。文不顾国会反对而强行任命外长康京和、中小企业风投部部长洪钟学等人，更刺激自由韩国党等加大力度牵制文执政。

二是对朝政策左右为难。文强调对朝施压与对话并举，强调制裁不是目的，而是促谈手段，只要朝在弃核上有明显态度转变，就可以对话，并积极尝试与朝恢复接触。[②]7 月提出“新伯林构想”，承诺“不希望朝鲜崩溃、不搞任何形式的吸收统一、不寻求人为统一”，并表示“若条件成熟，愿与金正恩会面”。提出邀请朝代表团参加平昌冬奥会、离散家属团聚、南北军事接触等倡议，并批准 131 个对朝人道主义援助项目及通过国际组织对朝进行 800 万美元援助。另一方面，6 月访美时表示“核冻结是对话入口”，9 月表示“现在不是与朝对话的时机”，11 月特朗普访韩期间强调要继续强化对朝施压。11 月美将朝重新列入“支恐国”名单并发布严厉单边对朝制裁，韩对此表示欢迎。此外，继续推动对朝制裁，并成立“斩首特战旅”，与美演习先发制人军事打击等。文对朝政策，既得不到朝积极响应，又受到国内和美国巨大压力，左右不讨好，《纽约时报》评论称，文在寅

---

① 文在寅在竞选时承诺，凡有逃兵役、房地产投机、逃税、假迁户口、论文抄袭五大作风问题的人，一律不任命为高官。

② 5 月 17 日，韩国统一部宣称，统一部联络官每天都在板门店上班，尝试与朝鲜联系，重启联络所。

的对朝政策使美韩同盟出现裂痕。[1]

三是地区“均衡外交”面临阻力。文在寅政府认为，美中均发挥作用，才能推动解决朝核问题，构建半岛和平机制，维护东北亚和平安全繁荣。10月，中韩就阶段性解决“萨德”问题达成共识。11月特朗普访韩期间，美韩共同释放强调重视中俄的信号，为文在寅推进大国“均衡外交”创造条件。12月文在寅访华，进一步推动中韩关系缓和。但韩在深化韩美同盟与推进“均衡外交”之间仍存在结构性矛盾，美国对韩国“均衡外交”仍存疑虑。此外，文在寅竞选时就强调反对“慰安妇协议”，后在特朗普晚宴上曝出“独岛虾”和“慰安妇”事件，韩日历史、领土矛盾依然存在，不排除激化的可能。

（三）蒙古国政权更迭，延续以往外交基调

蒙古国总统由选民直接选举产生，而政府由国会间接选举产生。蒙古国自1990年开始实行多党制及选举制度以来，共举行了7次总统选举、7次议会选举，却很少发生大规模流血冲突事件，被称为“前苏东阵营政治转型最平稳的国家”。2017年7月蒙古国经过2轮投票后，民主党总统候选人巴特图勒嘎以50.61%的得票率击败人民党总统候选人恩赫包勒德（41.16%），上台执政。9月，人民党因竞选失败而加剧党内纠纷，最终导致分裂，其组建的政府也被议会弹劾下台。10月，原副总理呼日勒苏赫出任总理，组建新政府。蒙政局基本保持稳定，但民主体制仍很脆弱，执政能力弱、经济发展难继续对新总

---

① “Allies for 67 Years, U.S. and South Korea Split Over North Korea”, *New York Times*, September 4, 2017.

统和新政府构成严峻挑战。

蒙古国新总统、新政府上台后，均表示将延续均衡外交理念，与中俄全面发展和平友好关系，着力推进“第三邻国”政策，积极拓展经济外交。对华，巴特图勒嘎表示，蒙中两国是永远的邻居，支持蒙方“发展之路”倡议同中方“一带一路”倡议进行战略对接，愿按照互利共赢的原则，加强同中方经贸关系与合作。[①] 新总理呼日勒苏赫表示，始终把发展对华友好合作关系作为蒙古对外政策的首要方向，这是我们的既定国策，并希望同中方尽快建立联系，推进有关共识和项目早日落实，使蒙中关系成为邻国合作典范。[②] 同时，巴特图勒嘎还在出席俄罗斯第三届东方经济论坛时，与普京、安倍、文在寅讨论加强基础设施、加工领域、过境运输、铁路等领域的合作。[③]

---

① “Монгол Улсын Ерөнхийлөгч Х. Баттулга БНХАУ-ын даргын бие төлөөлөгч, БНХАУ-аас Монгол Улсад суугаа Онц бөгөөд Бүрэн эрхт Элчин сайд Шин Хайминийг хүлээн авч уулзлаа”，“蒙古国总统巴特图勒嘎接见中国驻蒙古国特命全权大使席海明”，蒙古国总统网，http：//www. president. mn/content/12472。（上网时间：2017 年 7 月 10 日）

② “蒙新总理呼日勒苏赫：推动蒙中关系成为邻国间典范”，http：//mn. china - embassy. org/chn/sghd/t1503986. htm，中国驻蒙古国大使馆。（上网时间：2017 年 10 月 23 日）

③ “*Монгол Улсын Ерөнхийлөгч Х. Баттулга Дорнын эдийн засгийн III чуулга уулзалтын өргөтгөсөн хуралдаанд үг хэллээ*”，“蒙古国总统巴特图勒嘎参加第三届东方经济论坛”，蒙古国总统网，http：//www. president. mn/content/12619。（上网时间：2017 年 9 月 7 日）

四、地区经济提速

随着世界经济复苏带动，东北亚国家均出现超过预期的经济增长，但结构性矛盾依然存在，发展势头比较脆弱。

中国经济增速6.8%，高于2016年的6.7%，带动世界经济增长率从2016年的3.1%提高至2017年的3.5%，对全球新增GDP的贡献率达到35.3%。[①] 俄罗斯在油价偏高、宏观面稳定、消费者及企业信心持续改善的环境下，经济将实现2.1%增长，走出衰退并进入可持续发展和增长阶段，[②] 但俄经济模式还难以适应全球银行业、医疗、信息技术等飞速变革，美欧短期内也不会停止制裁俄重点产业。日本经济增长1.5%，高于2015年的1.1%，[③] 但国内市场饱和、创新能力弱化、产业效率偏低、加之人口老龄化带来的社会负担加重等结构性矛盾依然存在。[④]

韩国经济增速预估为3.1%，有望时隔3年重回3%以上。这主要是因为中美经济增长及欧洲经济复苏，带动韩国半导体等

---

① 胡鞍钢："2017：中国进，世界进"，光明网，2017年12月30日，http：//economy. gmw. cn/2017－12/30/content_ 27229709. htm。（上网时间：2017年12月30日）

② "俄罗斯经济走出衰退泥潭"，《人民日报》，2017年12月29日。

③ IMF，*World Economic Outlook*，*Seeking Sustainable Growth*：*Short-Term Recovery*，*Long-Term Challenges*，October 2017，http：//www. imf. org/en/Publications/WEO/Issues/2017/09/19/world－economic－outlook－october－2017.（上网时间：2017年12月30日）

④ 苏海河："从指标和实感看日本经济 后劲令人担忧"，《经济日报》，2017年12月19日。

产业出口和设备投资大幅增加。2017 年，韩商品出口和进口分别达到 5790 亿美元和 4617 亿美元，同比增长 13.1% 和 17.1%，设备投资同比增加 14.0%。[①] 但韩国家庭负债总额 1419 万亿韩元（约合 1.3 万亿美元），压制 2017 年民间消费仅增长 2.3%，低于 2016 年的 2.5%。且随着美元加息、新兴市场可能发展放缓及国际油价走高，韩出口优势还可能削弱。11 月末，韩国银行自 2011 年 6 月以来首次加息，将基准利率从 1.25% 调至 1.50%，以应对"高油价、高汇率"风险。

朝鲜经济持续发展，2016 年经济增速 3.9%，为 1999 年以来最高值，对外贸易与 2015 年同期相比增长 4.7%。[②] 朝鲜还发挥"万里马精神"，集中力量完成了黎明大街 90 多公顷、110 余栋高层建筑改造等一批大型工程，在科技上取得无人自动化生产线等创新成果。粮食生产部分恢复，2017 年粮食缺口 51 万吨，少于 2016 年的 69.4 万吨。[③] 但朝鲜每年外汇收入约为 30 亿美元，随着国际制裁日益加码，将减少朝 20 亿美元的外汇收入。[④] 韩国《朝鲜日报》报道，制裁还导致朝鲜石油进口受限，民众

---

① 韩国开发研究院：《2018 年韩国经济展望》，2017 年 12 月，第 5—10 页。

② 董勇承："朝鲜经济增长 3.9% 的真实情况"，《月刊北韩》，2017 年第 9 期，第 74—76 页。

③ 林乙出："市场支撑的朝鲜经济"，《月刊北韩》，2017 年第 12 期，第 31—36 页。

④ "安理会通过决议对朝鲜实施新的制裁"，新华社网站，http://news.xinhuanet.com/mil/2017-08/06/c_129673619.htm。（上网时间：2017 年 11 月 14 日）；"UN unanimously passes fresh sanctions against N. Korea", Dong-a Ilbo, September 13, 2017, http://english.donga.com/List/3/01/26/1059359/1.（上网时间：2017 年 11 月 14 日）

囤油惜售，平壤每公斤汽油价格已从年初 0.75 欧元（约合 7.5 元人民币）涨至 9 月 21 日 2.3 欧元（23 元人民币），达 3.1 倍。①

在国际援助及矿产品价格上涨等推动下，蒙古 2017 年上半年经济增长率也从 2016 年的 -1.6% 回升至 5.3%，1—9 月出口额为 43 亿美元，同比增长 32%。但蒙古经济高度依赖矿产出口和投资的格局未变，未来增长易受世界经济环境影响，仍很脆弱。

五、地区合作负重前行

中日、中韩关系出现改善势头，三国力求凝聚共识，保持合作对话。同时，“中蒙俄经济走廊”成为引领地区合作的主要动力，取得系列务实成果，在地区合作中发挥了示范作用。

（一）中日韩合作进程缓慢

中日韩经贸合作密切，各层级对话有序推进，恢复领导人会议条件日渐成熟，但中日韩自贸协定谈判仍存在较大阻力。

中日韩贸易互通紧密。中国对日韩仍是最具吸引力市场。2017 年 1—9 月数据，中国是日本最大进口国，也是韩国最大出口国，中、日是韩国第一、二大进口国。其中，中日贸易额达 2141.8 亿美元，增长 7.8%。日本对华出口 952.9 亿美元，增长

① “中国出台石油出口限制 平壤油价日内暴涨”，《朝鲜日报》，http：//news.chosun.com/site/data/html_ dir/2017/09/25/2017092500220.html。（上网时间：2017 年 11 月 14 日）

16.0%；日本自中国进口1188.9亿美元，增长2.1%；日本对华贸易逆差236.1亿美元，下降31.2%。[①] 中韩贸易额为1737.1亿美元，增长13.6%。其中，韩国对华出口1016.6亿美元，增长13.4%；自中国进口720.5亿美元，增长14.0%。韩国与中国的贸易顺差296.2亿美元。日本对中国出口的主要产品是机电产品、化工产品和运输设备。在日本市场上，中国的劳动密集型产品占有较大优势，如纺织品及原料、鞋靴伞和箱包等轻工产品，这些产品在日本进口市场的占有率均在60%以上。

对话交流有序进行。2017年，中日韩先后举办三国合作国际论坛、财长会议与央行行长会议、环境部长会议、文化部长会议、知识产权局局长会议等活动，签署文化产业论坛共同宣言，进一步推进三国间的领域合作与相互理解。11月，中日韩领导人共同参加东盟与中日韩（10+3）领导人会议，并分别举行双边会谈，推动改善双边关系。12月，文在寅成功访华，推动中韩关系进一步转圜。中日、中韩、日韩关系均出现转圜势头，或为推动举办2018年中日韩领导人会议奠定基础。

FTA自贸区谈判仍需互信与理解。2017年1月、4月，中日韩先后举行第十一轮、第十二轮自贸区谈判，深入讨论货物贸易、服务贸易、投资等问题。虽然三方均认为自贸区有助发挥三国产业互补性、挖掘三国贸易投资潜力、维护地区繁荣与稳定，但短期内完成谈判可能性不大。

① “2017年1—9月日本货物贸易及中日双边贸易概况”，商务部，https://countryreport.mofcom.gov.cn/record/view110209.asp?news_id=56473。（上网时间：2017年11月13日）

（二）“中蒙俄经济走廊”稳中有进

中俄、中蒙、俄蒙政治互信持续增强，经济合作高度契合，伙伴关系内涵不断丰富，“中蒙俄经济走廊”建设顺利推进，成效明显。

俄、蒙积极参加“一带一路”高峰论坛。普京表示，“俄支持中国‘一带一路’项目，将同中国及其他国家一道积极参与”。[①] 蒙古国时任总理额尔登巴特表示，“一带一路”倡议开放、包容，对解决人类发展不平衡、不稳定问题及促进世界和平与发展具有重大意义，蒙古国愿发挥连接亚欧大陆的桥梁作用，在“一带一路”建设框架下，积极参与互利合作。[②]

中蒙跨境合作日益深化。中蒙 2016 年 10 月就跨境经济合作区建设展开新一轮对接谈判，[③] 2016 年底正式启动二连浩特口岸货运通道“三互”（口岸管理相关部门信息互换、监管互认、执法互助）大通关改革第一阶段试点项目，2017 年 2 月推动“中蒙锡伯敖包煤电输一体化项目前期工作”，9 月跨境经济合作区进入全面施工建设阶段。

中蒙俄合作大幅推进。2016 年 12 月，中蒙俄签署《国际公

---

① “普京总统出席‘一带一路’高峰论坛”，俄罗斯驻华大使馆，http：//www. russia. org. cn。（上网时间：2017 年 5 月 16 日）

② “蒙古国总理额尔登巴特：‘一带一路’将成保障可持续发展的新动力”，人民网，http：//world. people. com. cn/n1/2017/0515/c1002 - 29276571. html。（上网时间：2017 年 5 月 15 日）

③ “中蒙二连浩特—扎门乌德跨境经济合作区达成五项共识”，二连浩特政府网，http：//www. elht. gov. cn/zhxw/wshd/201611/t20161108 _ 101935. html。（上网时间：2017 年 2 月 23 日）

路货运快速通道政府间协议》，以促进大型物流中心建设，加快外贸货物直送速度。2017 年 4 月，中蒙俄交通部门在北京举办“过境蒙古国 2017”论坛，以促进“中蒙俄经济走廊”建设。[①] 2017 年 5 月，中国铁路总公司与相关国家签署《中国、白俄罗斯、德国、哈萨克斯坦、蒙古国、波兰、俄罗斯铁路关于深化中欧班列合作协议》。[②] 此外，三国在贸易、海关、检验检疫、农业、畜牧业、医疗、旅游、人文合作等领域均取得了不同程度的进展。

（审订：胡继平）

① “‘过境蒙古国—2017’论坛举行”，人民网，http：//world. people. com. cn/n1/2017/0407/c1002 - 29196342. html。（上网时间：2017 年 4 月 7 日）

② “‘一带一路’国际合作高峰论坛成果清单（全文）”，中国驻蒙古国大使馆，http：//www. fmprc. gov. cn/ce/cemn/chn/gnyw/t1461873. htm。（上网时间：2017 年 5 月 16 日）

第十一章　南亚：政经企稳　热点难解*

2017年，南亚国家整体政局稳定，经济发展向好。但新老热点问题交织，短期内难有解决之道，且大国纷纷强化介入力度，地缘博弈依然尖锐。

一、政局总体趋稳

南亚主要国家政治基本面稳定，短期内政局动荡风险不大。

（一）印度莫迪政府地位稳固

印度人民党（印人党）在中央与地方两级政治中高歌猛进，总理莫迪地位牢固，连任前景看好。地方层面，2017年3月，莫迪率印人党在人口超2亿、素有“大选风向标”之称的北方邦选举中取得历史性胜利，为其备战2019年全国大选奠定坚实基础。[①]

---

* 本章撰稿人：王世达、胡仕胜、林一鸣、张书剑、王瑟。

① “印度人民党在人口最多的北方邦赢得地方选战”，新华网，2017年3月12日，http://news.xinhuanet.com/world/2017-03/12/c_1120613068.htm。（上网时间：2017年11月12日）

7月，比哈尔邦首席部长尼蒂什·库马尔（Nitish Kumar）宣布脱离反对派阵营，率人民党（联合派）加入印人党领导的“全国民主联盟”（NDA）。库马尔曾在2015年比哈尔邦议会选举中领导反对派联盟击败印人党，一度被视为下届总理的有力竞争者。此次“易帜”不仅重创反对派，更使印人党将人口过亿的比哈尔邦收入囊中，政治版图再创新高。印人党及其盟友执政邦人口已占总人口七成。[①] 中央层面，“全国民主联盟”提名候选人拉姆·纳特·考文德（Ram NathKovind）赢得7月总统选举，出任印第14任总统。8月，“全国民主联盟”提名候选人文卡亚·奈杜（Venkaiah Naidu）又赢得副总统选举。同月，印人党在联邦院（议会上院）改选后首次取代国大党成为第一大党。[②]

（二）巴基斯坦政局平稳过渡

2016年4月，巴时任总理谢里夫及其子女涉嫌持有海外资产事件爆发。最高法院设立专门法庭审理此案。2017年7月28日，最高法院裁决谢里夫未如实申报所持海外资产，取消其国民议会（议会下院）议员资格并自动失去总理任职资格。同日，谢里夫宣布辞职，内阁自行解散。但此事未致政坛大幅动荡。一

---

① “As saffron spreads across India, 2019 poll prospects look rosy for BJP”, *Times of India*, Jul. 27, 2017, https: //timesofindia. indiatimes. com/india/as - saffron - spreads - across - india - 2019 - poll - prospect - looks - rosy/articleshow/59794147. cms.（上网时间：2017年11月12日）

② “BJP becomes largest party in RajyaSabha, surpasses Congress”, *Times of India*, Aug. 5, 2017, https: //timesofindia. indiatimes. com/india/bjp - becomes - largest - party - in - rajya - sabha - surpasses - cong/articleshow/59923412. cms.（上网时间：2017年11月12日）

方面，巴基斯坦穆斯林联盟（谢里夫派）（下称“穆盟（谢）”）实现政权党内交接。谢里夫下野后，其领导的穆盟（谢）在国民议会仍占据342席中的188席，[①] 并推举该党议员、前石油部长哈坎·阿巴西继任总理。阿巴西上台后表示将延续谢里夫施政方针，尤其突出发展政策连续性。[②] 另方面，巴政坛力量对比未发生质变。9月，原属谢里夫的国民议会第120号选区举行补选，谢里夫之妻虽罹患癌症而缺席参选，仍以较大优势获胜。10月，巴议会通过《选举法（修正案）》，允许被取消议员资格者继续出任政党领袖，谢里夫重新当选穆盟（谢）党首。反对党正义运动党、巴基斯坦人民党在议会中席位少，难直接挑战穆盟（谢）。此外，军政关系相对稳定。2016年11月底，巴时任陆军参谋长拉希勒·谢里夫按期退役，卡马尔·巴杰瓦接任，军权实现平稳过渡，未对政局造成剧烈冲击。不过，随着2018年巴议会选举临近，巴政党斗争正日趋激烈。

（三）其他国家亦保持总体稳定

阿富汗政府虽有挑战，但整体可控。挑战方面，总统加尼和首席执行官阿卜杜拉分歧扩大，矛盾有所激化；执政集团内部南北之争趋于白热化，6月30日，主要由北方三大民族（塔吉克人、乌兹别克人及哈扎拉人）构成的伊斯兰促进会、伊斯兰民

---

① “Pakistan Muslim League（N）Seats Distribution”, *National Assembly of Pakistan*（*website*）, http：//www. na. gov. pk/en/members_ listing. php? party = 101. （上网时间：2017年11月7日）

② “Nawaz policies to continue, says Abbasi”, *the Nation*, August 3, 2017, http：//nation. com. pk/03 – Aug. – 2017/nawaz – policies – to – continue – says – abbasi. （上网时间：2017年11月6日）

族运动和伊斯兰统一党三大政党宣布成立“拯救阿富汗同盟”，激烈抨击加尼等普什图政客；国会（已于 2015 年 9 月完成任期）选举一再延迟，修宪问题久拖不决。尽管如此，加尼和阿卜杜拉均认定自身利益在于维持联合执政格局，担心议会选举可能让自身地位受损。同时，特朗普政府无意在阿政治重建领域投入更多资源，乐见阿政府完成任期。

斯里兰卡政府由斯最大两党“自由党”和“统一国民党”联合组阁而成，两党占据议会 2/3 以上席位，执政地位相对巩固。前总统拉贾帕克萨（简称“拉氏”）率领的“联合反对派”虽多次在议会杯葛政府议案，并借修宪及外国投资等敏感议题煽动群众抗议，但未对现政府造成根本威胁。联合反对派与“泰米尔民族同盟”“人民解放战线”等反对党间矛盾不断也使其难以联手对当局施压。但政府也面临执政难题。一是执政两党在经济改革、总统制存废等问题上分歧明显。二是“自由党”面临分裂，拉氏所创“联合反对派”并非独立政党，其成员大多为“自由党”议员。该党日益分化为支持拉氏和支持现总统西里塞纳的两派。

孟加拉国人民联盟（下称“人盟”）执政地位稳固，在国民议会 350 席中占据 276 席。最大反对党民族党占据 42 席，是人盟的政治盟友，系“官办反对党”。[①] 孟政坛另一大党“孟加拉国民族主义党”因抵制上届大选而参政议政渠道收窄、政治影

---

① “List of 10th Parliament Members”, *Bangladesh Parliament* (*website*), http://www.parliament.gov.bd/index.php/mps/members-of-parliament/current-mp-s/list-of-10th-parliament-members-english#.（上网时间：2017 年 11 月 7 日）

响力受损。

尼泊尔政权顺利交接。6月，尼泊尔大会党主席德乌帕取代尼泊尔共产党（毛主义中心）主席普拉昌达出任总理，履行此前双方轮流出任总理的约定。9月，尼依新宪完成20年以来的首次地方选举。尼泊尔共产党（联合马列）位列榜首，尼泊尔大会党以较小差距位居次席。地方选举落幕标志着尼政治正常化迈出重要一步。在随之而来的全国大选上，左派联盟获得空前大胜，未来政局稳定可期。[①]

二、经济发展相对平稳

南亚多国推行经济改革，加之“一带一路”倡议提振，地区经济表现颇佳。

（一）区内主要经济体表现尚可

印度2017财年一季度（2017年4月至6月）经济增速降至5.7%，二季度回升至6.3%，均低于市场预期。其中制造业增加值同比增长1.2%，远低于2016年同期10.7%水平。[②] 但国际机构仍看好印经济未来发展，印本财年经济增速仍能高达6.7%。

---

① 12月7日，尼泊尔全国大选结束。由尼共（联合马列）与尼共（毛中心）组成的左翼联盟获过半席位。联合马列党主席奥利有望出任新政府总理，两党计划在新政府组建前完成合并。

② “印度经济增速持续放缓”，新华网，2017年8月31日，http：//news.xinhuanet.com/fortune/2017－08/31/c_ 1121580971.htm。（上网时间：2017年11月14日）

巴基斯坦 10 年来增速首“破五”，实际 GDP 增速达 5.28%，[①] 主要源于农业复苏，服务业发展，大规模制造业产出增加。但宏观环境相对脆弱，“双赤字”压力突出。据统计，2016—2017 财年财政赤字占 GDP 比重攀至 5.8%，[②] 经常账户赤字较上财年增长 149%，占 GDP 比重增至 4%。[③]

孟加拉增速再创新高。据孟统计局数据，2016—2017 财年 GDP 增速达 7.24%，连续 2 年实现 7% 以上增长。[④] 其中，农业和制造业是增长主动力。人均收入增长约 9.3%，达 1602 美元，[⑤] 贫困率下降至 24.3%。[⑥]

尼泊尔经济强势复苏，2016—2017 财年（2016 年 7 月至

---

① “Overview of Economy”, *Pakistan Economic Survey* 2016 - 17, Ministry of Finance, Government of Pakistan, http://www.finance.gov.pk/survey/chapters_17/overview_2016 - 17.pdf.（上网时间：2017 年 11 月 7 日）

② Khaleeq Kiani, “Fiscal deficit hits four-year high at 5.8pc”, *DAWN*, September 6, 2017, https://www.dawn.com/news/1355820.（上网时间：2017 年 11 月 7 日）

③ “FY17: Current account deficit widens by a massive 149%”, *Express Tribune*, July 20, 2017, https://tribune.com.pk/story/1461914/fy17 - current - account - deficit - widens - massive - 149/.（上网时间：2017 年 11 月 7 日）

④ Bilkis Irani, “GDP growth peaks at 7.24% breaking all records”, *Dhaka Tribune*, May 14, 2017, http://www.dhakatribune.com/business/economy/2017/05/14/gdp - growth - breaks - records/.（上网时间：2017 年 11 月 7 日）

⑤ “GDP growth record 7.24pc, per capita income $1, 602”, *the Daily Star*, May 14, 2017, http://www.thedailystar.net/business/bangladesh - gross - domestic - product - gdp - growth - record - 724pc - capital - income - usd1602 - 1405051.（上网时间：2017 年 11 月 7 日）

⑥ “Bangladesh Development Update: Towards more, better and inclusive jobs”, World Bank, September 2017, http://documents.worldbank.org/curated/en/710651506517681504/pdf/120089 - WP - PUBLIC - BDU - September - 27 - 2017.pdf.（上网时间：2017 年 11 月 7 日）

2017年7月）经济增长率高达7.5%，创1994年以来最大增幅。[①] 物价大幅回落，通胀率降至4.5%，为近12年来最低。[②] 旅游业基本恢复至2015年大地震前水平，尼国家银行报告称2016—2017财年旅游业收入达585.2亿尼泊尔卢比，同比增长40%。[③]

斯里兰卡近几年经济增长放缓，2015年、2016年经济增速为4.8%和4.4%。[④] 据IMF预计，未来2年斯经济表现将有所回升，但增速仍难回到5%以上。[⑤]

（二）主要国家发力深化改革

印度7月1日启动最大规模税改，正式施行《商品与服务税（GST）法案》。新税制将间接税、关税、附加费等纳入单一税收系统，改变此前联邦与地方政府各自征税的状况，简化税制，建立全国统一市场。此前，普遍预测新税法将有效降低商品交易门槛，使印经济增速提升1—2个百分点。然而，大批零售商在新

① "Nepal Development Update", World Bank, Sep. 15, 2017. http://www.worldbank.org/en/country/nepal/publication/nepaldevelopmentupdate.（上网时间：2017年11月14日）

② "尼泊尔2016/17财年通胀率降至4.5%"，中华人民共和国商务部，2017年8月25日，http://www.mofcom.gov.cn/article/i/jyjl/j/201708/20170802633574.shtml。（上网时间：2017年11月14日）

③ "Tourism earnings hit record Rs58.52b last fiscal year", *Kathmandu Post*, Aug 25, 2017, http://kathmandupost.ekantipur.com/news/2017-08-25/tourism-earnings-hit-record-rs5852b-last-fiscal-year.html.（上网时间：2017年11月14日）

④ 同上

⑤ "IMF Says Sri Lanka to Grow by 4.7%", *Daily Financial Times*, 2017-10-11, http://www.ft.lk/top-story/IMF-says-SL-to-grow-by-4-7-/26-641312.（上网时间：2017年11月2日）

税法实施前疯狂降价、清除库存，投资者纷纷减产观望，致使市场运行混乱，新订单锐减，对制造业冲击巨大，如制造业采购经理人指数（PMI）7 月大跌到 47.9，创 2009 年以来新低。此外，GST 仍包含 5%、12%、18% 和 28% 四种税率和多种免税例外，简化程度亦不如预期，加之纳税人尚需适应新报税程序等因素影响，税改效果大打折扣。莫迪政府已采取调整部分商品税率等措施，以期尽快走出税改“阵痛期”。[①]

巴基斯坦主要改革措施包括：一是整顿财政，设立税收改革委员会，酝酿综合性税改方案；二是革除电力行业弊病，通过承担循环债务、优化定价机制、改善输配电条件，增加电力供应，降低成本；三是优化国有资产结构，对银行、能源电力、交通运输等行业减少资本持有，吸引私人资金注入；四是改善营商环境，颁布新版《公司法》，推动营商便利化措施、强化对投资者保护、引入电子化管理增加管理透明度。

斯里兰卡政府年内出台系列刺激经济改革措施。一是制定远景规划。9 月，斯政府发表“远景 2025”经济发展战略，计划到 2025 年实现人均 GDP5000 美元，达到中等偏上收入国家水平。年出口额达到 200 亿美元，FDI 年流入达到 50 亿美元以及创造 100 万个就业岗位等。[②] 二是改革行政机构。8 月，斯政府

① “A quick guide to India GST rates in 2017”, *Economic Times*, Nov 10, 2017, https://economictimes.indiatimes.com/news/economy/policy/a-quick-guide-to-india-gst-rates-in-2017/articleshow/58743715.cms.（上网时间：2017 年 11 月 14 日）

② “Vision 2025 Launched”, *Daily Financial Times*, 2017-9-5, http://www.ft.lk/top-story/Vision-2025-launched/26-639037.（上网时间：2017 年 11 月 2 日）

决定成立总统领衔的“国家经济委员会”作为最高经济决策机构，负责制定国家各项宏观经济战略，提高决策效率。[①] 三是改革税制。9 月斯议会正式通过新征税法案，增收资产收益税、严厉打击逃税漏税、对 FDI 实施税收优惠等。[②]

（三）“一带一路”带动地区经济增长

2017 年，“一带一路”倡议加速落实推进，大部分南亚国家积极表态支持，并受益良多。

一是“中巴经济走廊”快马加鞭。在中巴共同努力下，作为“一带一路”倡议旗舰项目的“中巴经济走廊”推进顺利，19 个早期收获项目竣工或在建，中长期规划有序推进。“走廊”给巴经济带来重大利好。联合国贸易和发展会议《2017 世界投资报告》显示，2016 年巴外国直接投资达 20.06 亿美元，同比增长 56%，这主要源于中国对巴基础设施巨额投资。[③] 巴计划委员会2017 年6 月数据显示，“走廊”早期收获项目已创造3.8 万个工作岗位，其中 75% 以上为当地就业。随着走廊框架下产能

---

① “Cabinet approves National Economic Council”, *Daily Financial Times*, 2017 - 8 - 10, http: //www. ft. lk/article/634378/Cabinet - approves - National - Economic - Council.（上网时间：2017 年 11 月 2 日）

② “Estimated Additional Revenue New Inland Revenue Bill Rs45 billion: Mangala”, *Daily News*, 2017 - 9 - 8, http: //www. dailynews. lk/2017/09/08/local/127637/estimated - additional - revenue - new - inland - revenue - bill - rs45 - b - mangala.（上网时间：2017 年 11 月 2 日）

③ “贸发会议：中巴经济走廊是巴基斯坦吸收外国直接投资的主要驱动力”，驻巴经济商务参赞处网站，http: //pk. mofcom. gov. cn/article/jmxw/201706/20170602588354. shtml。（上网时间：2017 年 8 月 12 日）

合作的推进，中国产业转移也将为巴创造数万个就业岗位。[①]

二是他国亦得益于“一带一路”倡议。斯积极响应“21世纪海上丝绸之路”倡议，希借机提升地缘经济地位。斯政府积极与中方商讨就科伦坡港口城及汉班托塔港两大中斯合作标志性项目达成新的互惠安排，并获得积极进展。6月斯央行行长表示，将汉班托塔港出租给中资企业将带来50亿美元外汇收入，投资者对该区工业发展兴趣浓厚。[②] 另据斯LMD商业杂志调查显示，72%的被调查者认为，中国向斯提供无偿援助和贷款，是斯经济发展之关键。[③] 孟也积极支持和参与“一带一路”倡议，愿在实现“金色孟加拉”梦想过程中加强同中方合作。[④] 受益于“一带一路”倡议，孟对华出口持续增长。据孟出口促进局统计，2016—2017财年孟对华出口9.49亿美元，同比增长17.49%。其中，成衣出口3.9亿美元，同比增长14.77%。[⑤]

---

① “中巴经济走廊早期收获项目已累计创造3万多个直接就业岗位”，驻巴经济商务参赞处，http://pk.mofcom.gov.cn/article/jmxw/201706/20170602587148.shtml。（上网时间：2017年8月16日）

② “斯央行行长表示汉班托塔港交易和亭可马里储油罐项目有助于地区发展”，驻斯经济商务参赞处，http://lk.mofcom.gov.cn/article/jmxw/201707/20170702602800.shtml。（上网时间：2017年9月8日）

③ “每日金融时报：调查显示72%的受访者认为中国是斯里兰卡经济发展的关键”，驻斯经济商务参赞处，http://lk.mofcom.gov.cn/article/jmxw/201709/20170902639775.shtml。（上网时间：2017年11月10日）

④ “习近平同孟加拉国总理哈西娜举行会谈”，新华网，http://news.xinhuanet.com/world/2016-10/14/c_1119721336.htm。（上网时间：2017年8月17日）

⑤ “孟加拉对华出口快速增长”，驻孟经济商务参赞处，http://bd.mofcom.gov.cn/article/jmxw/201707/20170702616216.shtml。（上网时间：2017年8月26日）

三、地区热点高烧不退

克什米尔争端、阿富汗乱局两大老问题仍在，罗兴亚问题又成为新地区热点。

（一）克什米尔冲突高温依旧

自2016年7月印安全部队打死分离主义武装头目布尔罕·瓦尼以来，印控克什米尔地区动荡形势持续至今。4月印控克什米尔首府斯利那加举行人民院（议会下院）补选引发暴力冲突，造成8名平民丧生，上百人受伤。选举投票率由2014年的25.86%暴跌至7.14%，创历史新低。[①] 同月印社交媒体爆出印军将示威者绑在车辆前充当人肉盾牌的视频，引发强烈抗议。印政府还继续打压分离分子，截至11月已在该地区打死170多名武装分子。[②]

（二）阿富汗安全形势依然严峻

4月28日，塔利班宣布发动新一轮“春季攻势”，袭击目标集中在驻阿外国军队和阿政府、军队以及情报机构。阿安全部队在美军空中支援下维持对大中城镇的控制，但塔利班有能力控制若干乡村地区，并在首都喀布尔等地袭击高价值目标吸引媒体关

---

① “Lowest ever turnout in Srinagar LokSabhabypoll”, *the Hindu*, Apr. 9, 2017, http: //www. thehindu. com/news/national/lowest - ever - turnout - in - srinagar - bypoll/article17896913. ece.（上网时间：2017年11月14日）

② “Security operations to continue in J&K”, *the Hindu*, Nov. 15, 2017, http: //www. thehindu. com/news/national/other - states/security - operations - to - continue - in - jk/article20461025. ece.（上网时间：2017年11月14日）

注，削弱政府合法性。除喀布尔之外，阿西部赫拉特省、法拉省，南部坎大哈省、乌鲁兹甘省，东部帕克蒂亚省、加兹尼省等均遭重大暴恐袭击，导致阿军政人员，特别是安全部队伤亡惨重。美“阿富汗重建特别检察长”2017年三季度安全报告显示，阿政府控制或者影响区域约占阿领土56.8%，在过去半年下降1%，相比2016年同期下降6%。具体来说，在34个省407个县中，只有231个县位于政府控制或者影响之下。54个县遭到塔利班控制和影响，约占阿领土的13.3%。另有122个县处于胶着状态。报告还显示，阿人口的11.4%（约370万人）位于塔利班等控制或影响区域，约2070万人位于政府控制和影响区域，810万人则位于双方争夺区域。[①]

除了塔利班之外，“伊斯兰国”（“伊国”）“呼罗珊分支”威胁仍在。2015年初，“伊国”成立“呼罗珊分支”，主要在阿巴两国，特别是阿东部地区活动。“呼罗珊分支”一度控制阿东部楠格哈尔省22个县中的8个，但在美阿军队联合清剿以及塔利班打压下活动范围持续缩水。2017年4月，驻阿美军发动集中清剿“呼罗珊分支”的“哈姆扎行动”，联手阿安全部队在楠格哈尔省的3个县与“呼罗珊分支”激烈交火。同时，美军成功斩杀“呼罗珊分支”两任埃米尔。另有消息称，美军在7月空袭中打死了“呼罗珊分支”第三任头目阿布·赛义德。驻阿美军估计，“呼罗珊分支”高层已被清除殆尽，损失75%以上作

---

① SIGAR Reports Govt Has Lost More Ground To Insurgents, http://www.tolonews.com/afghanistan/sigar-reports-govt-has-lost-more-ground-insurgents.（上网时间：2017年11月8日）

战力量。[1] 然而，“呼罗珊分支”韧性很强，不仅与美阿军队反复争夺，还试图以地形复杂的托拉博拉山区为依托长期对抗。

（三）罗兴亚问题搅动孟加拉国

2012 年来，缅甸若开邦信仰佛教的若开人与罗兴亚穆斯林之间族群关系趋恶，大批罗兴亚难民入孟。2017 年 8 月下旬若开邦的流血冲突再度迫使约 60 万缅甸境内的罗兴亚人涌入孟境成为难民，估计当前在孟罗兴亚难民已超 80 万之巨，[2] 造成多重影响。

一是爆发人道主义危机。孟政府计划新建能容纳 80 万人的安置营地，但现有难民营中饮水和卫生设施本就缺乏，新建营地卫生条件更加紧张，加之缺乏足够治安力量维持营地秩序、实施疾病预防，霍乱等流行性疾病有在难民营大规模爆发并向外扩散的风险。

二是加剧孟政府负担。经济方面，孟 4 月、8 月遭遇两场洪灾，估计造成粮食减产 200 万吨，未来新建营地、安置难民将加大孟政府负担，对孟粮食安全和财政稳定无疑雪上加霜。安全方面，孟缅本地乃至国际极端和恐怖组织可能趁虚而入，煽动不满

① “Another ISKP leader ‘dead’: Where is the group headed after losing so many amirs?” https://www.afghanistan-analysts.org/another-iskp-leader-dead-where-is-the-group-headed-after-losing-so-many-amirs/.（上网时间：2017 年 10 月 26 日）

② “Bangladesh to build one of world’s largest refugee camps for 800, 000 Rohingya”, *the Guardian*, October 6, 2017, https://www.theguardian.com/world/2017/oct/06/bangladesh-build-worlds-largest-refugee-camps-800000-rohingya.（上网时间：2017 年 11 月 14 日）

情绪，招募暴恐分子。

三是难民问题或将长期化。孟政府强烈要求缅尽快落实罗兴亚人遣返事宜。[①] 10 月初，孟缅就难民遣返事宜举行会谈，同意设立工作组指导遣返。鉴于罗兴亚人问题在缅国内极度敏感，加之若开邦前景不明，难民回缅意愿不足，遣返工作难度颇大。难民问题或在中长期成为孟缅关系的突出问题和主要障碍。

此外，巴基斯坦近年来持续高压反恐，安全形势大幅好转，暴恐袭击发生频率及死伤人数连年下跌，国内反恐战争取得阶段性胜利。同时，巴暴恐多发存在深刻的历史与社会根源，巴政府已采取规范宗教学校、改革部落区管理及司法制度等措施，以期彻底铲除暴恐根源，相关政策效果尚需观察。

四、大国对南亚关注提升

美俄日高度重视南亚板块，纷纷加大介入力度，地缘政治博弈有所强化。

（一）特朗普政府公布南亚新政

8 月 22 日，美国总统特朗普发表讲话，出台不同于前任总统奥巴马的阿富汗及南亚政策。此后，国防部长马蒂斯、国务卿蒂勒森等高官访问南亚，落实特朗普新政。

---

① "Myanmar will destroy Bangladesh's economy with Rohingya crisis: Muhith", *bdnews*24 (*website*), October 15, 2017, https://bdnews24.com/WB-IMF/2017/10/15/myanmar-will-destroy-bangladesh-s-economy-with-rohingya-crisis-muhith.（上网时间：2017 年 11 月 14 日）

一是采取不同于前任的阿富汗政策。一方面，特朗普高度重视阿价值，寻求“与美军牺牲相匹配的，体面且可持续的结果”，避免仓促撤军导致“基地”组织、“伊国”等国际恐怖组织填补安全真空，甚至重演“9·11”恐怖袭击。另一方面，着眼更长远的地区战略博弈，以最小代价维持在阿存在。特朗普指出，美对阿政策核心在于反恐，将继续支持阿安全部队，但不会再推动阿“国家重建”和民主制度；阿人必须自主决定本国未来，承担更多经济和安全责任，美国不会对阿政府开空头支票。

二是南亚地区政策明显“重印轻巴”。一方面，大幅提高对巴指责调门。特朗普政府高官指责巴境内仍然存在塔利班庇护所。如蒂勒森 10 月访问阿期间表示，若巴不采取有效措施反恐，特别是打击“哈卡尼网络”等极端组织，将面临削减军事援助等惩罚。[①] 另一方面，积极拉印发挥更大作用。特朗普、马蒂斯及蒂勒森等人盛赞美印战略伙伴关系。6 月，印总理莫迪在特朗普就任总统之后首次访美，双方发表题为“美印通过合作伙伴关系走向繁荣”的联合声明，就强化各领域合作“战略对表”。马蒂斯盛赞印对地区稳定所做贡献，强调在反恐、海洋安全、阿富汗、朝核等系列热点问题上强化合作。[②] 10 月，蒂勒森访印，

---

① “Pakistan vows cooperation in fight against terrorist groups”, https://www.washingtonpost.com/world/national - security/pakistan - vows - cooperation - in - fight - against - terror - groups/2017/10/24/a28adf35 - 853d - 4270 - 9dbb - 1657a1992e2d_story.html? utm_ term =.ed34953ac5c6.（上网时间：2017 年 10 月 28 日）

② “6 Major Takeaways From Indian PM NarendraModi’s First Summit With Donald Trump”, https://thediplomat.com/2017/06/6 - major - takeaways - from - indian - pm - narendra - modi - first - summit - with - donald - trump/.（上网时间：2017 年 9 月 26 日）

会见莫迪和外长斯瓦拉杰等高官，强化在国际及地区事务中合作。[①]

三是重拾“印太”概念，拉印制华意图明显。莫迪6月访美期间会见特朗普等高官，就在印太地区强化合作达成共识，此举标志着美印正式共同认可及兜售“印太”概念。10月18日，蒂勒森在美国国际战略研究中心（CSIS）高调宣示，美要“大幅深化”美印关系，以打造美印百年战略友好世纪，甚至提出“印度的安全关切也是美国的安全关切”。蒂勒森当月访印期间表示，印是美应对中国在亚洲扩张影响的关键伙伴，支持印在印太地区发挥更大作用，乐于提供技术推动印军现代化，支持印成为地区“净安全提供者”；[②] 重申根据国际法确保航行和飞行自由，推动建立“自由、开放和繁荣的印太地区”，强化日印美三边合作。[③] 11月，特朗普访问亚洲多国，频繁提及“印太”一词，支持建立“自由与开放的印太”，号召世界银行和亚洲开发银行推行“高质量的基础设施投资”，并改革美自身发展援助机构，为印太国家提供“国家主导发展倡议”之外的替代性选择，

---

① “Tillerson's Visit to India Highlights Strong Emerging Alliance”，https：//www. voanews. com/a/tillerson – india –/4085312. html.（上网时间：2017年10月28日）

② “Tillerson's Visit to India Highlights Strong Emerging Alliance”，https：//www. voanews. com/a/tillerson – india –/4085312. html.（上网时间：2017年10月28日）

③ “Press Availability With Indian External Affairs Minister SushmaSwaraj”，https：//www. state. gov/secretary/remarks/2017/10/275091. htm.（上网时间：2017年10月28日）

其针对“一带一路”倡议意味明显。[①] 当月，美日印澳召开四边司局级工作会议，此系 2007 年以来四国首次聚会磋商，酝酿四国安全合作框架。

（二）俄罗斯加紧调整南亚政策

随着特朗普政府推出南亚新政，俄亦加紧调整南亚政策。

一是加大对阿干预力度。一方面，推动阿政治和解。4 月 14 日，俄在莫斯科举行阿问题磋商会议，斡旋阿政府与塔利班和谈。中国、巴基斯坦、印度、伊朗、阿富汗及中亚五国代表与会。美拒绝参会，抨击俄暗中支持塔利班，以和解为幌子拓展影响力。另一方面，扩大与阿政坛各方接触。2017 年来，俄阿外长、国家安全顾问互动频繁，围绕安全反恐问题对话增多。俄还加强与首席执行官阿卜杜拉、前总统卡尔扎伊等政要的接触。

二是维护与印传统友谊。6 月 1—2 日，印总理莫迪赴俄参加第 18 届印俄首脑峰会。普京强调，“除印之外，俄与世界上其他国家均无如此深入的合作”，“俄巴关系不会对印俄贸易造成冲击”。[②] 双方签署印度库丹库拉姆核电站三期建设和贷款协议，扩大在北极及深海油气开发、可再生能源等方面合作；推动“欧亚经济联盟”与印自贸区谈判及“北南运输走廊”建设；商定联合研发厌氧动力装置，谈判俄对印出口 S－400 防空导弹系

---

① “Remarks by President Trump at APEC CEO Summit”, https://www.whitehouse.gov/the－press－office/2017/11/10/remarks－president－trump－apec－ceo－summit－da－nang－vietnam.（上网时间：2017 年 11 月 14 日）

② “Growing ties with Pakistan will not affect relationship with India: Putin”, *the Express Tribune*, June 2, https://tribune.com.pk/story/1425491/growing－ties－pakistan－will－not－affect－relationship－india－putin/.（上网时间：2017 年 11 月 14 日）

统；俄还重申支持印成为联合国安理会常任理事国。10月20—29日，俄印在俄远东地区举行“因陀罗2017”年度军演，并首次升级为海陆空跨军种联合演习，各有约千名人员参训，规模与层级空前。[①]

三是谨慎发展对巴关系。俄更注重印巴关系敏感性和平衡性。莫迪访俄期间，普京既表示“支持印度反恐”，也肯定“巴在国内维稳中采取重大举措”，对克什米尔形势未予置评。俄巴多领域合作继续推进。政治上，俄巴围绕阿富汗问题强化立场协调。经济上，两国政府于10月签署3年期液化天然气对巴出口协议，俄天然气工业股份有限公司与巴液化天然气有限公司计划商签长期供销合同。安全上，两军互信有所增进。3月，俄军事代表团受邀访问巴军在部落区反恐作战前线。8月，巴陆军航空兵正式接收4架俄制米格－35M型武装直升机。9月，俄巴再度举行“友谊2017”联合反恐军演，双方共有200余名人员参训。

（三）日本加大对印度等国拉拢

政治上，日本首相安倍晋三访印，在莫迪老家古吉拉特邦受高规格接待。此系安倍2014年以来与莫迪的第十次会晤，落实系列合作共识。战略上，双方强化日“印太战略”与印“东向行动”对接，加强在印太区域的协同配合。两国在联合国入常等问题上相互支持，并联手提出“亚非增长走廊”计划，拓展在非洲等地影响。经济上，日承诺为“孟买—艾哈迈达巴德”

① Franz-Stefan Gady, “India, Russia Conclude Major Military Exercise”, *the Diplomat*, November 2, 2017, https://thediplomat.com/2017/11/india-russia-conclude-major-military-exercise/.（上网时间：2017年11月17日）

高铁提供 1000 亿日元（约合 9.1 亿美元）50 年期、年利率 0.1% 的超长期低息政府开发援助（ODA）贷款，另提供 900 亿日元贷款支持印基建等项目。[①] 安全上，续推美日印“马拉巴尔”海上联合军演，密切海上警戒、监视等防务合作，加强军民两用技术及军工产业界交流。人文上，日本承诺未来 5 年在印度 100 个高等教育机构开设日语课程，为印培养日语教师。此外，日亦强化对其他南亚国家的拉拢。4 月安倍会见来访的斯里兰卡总理维克勒马辛哈，承诺助斯提升海上安保能力，提供巡逻艇与人员培训，援助 10 亿日元助斯港口建设。7 月，日国际协力机构（JICA）与孟加拉国经济关系局签署协议，2017—2018 财年向孟提供 15.9 亿美元低息贷款，支持交通基建、电力和供水等 6 个项目。[②] 近来日对孟投资增长迅速，已有近 350 家日企落户当地出口加工区。[③]

（四）印度稳固南亚地区主导权

一是继续打压巴基斯坦。2017 年印巴边界依然冲突不断，双方均指责对方破坏停火。9 月，巴外交部宣称 2017 年以来印

---

① “Bullet train project in India: What you need to know about the high-speed rail system”, *Indian Express*, Sep. 14, 2017, http://indianexpress.com/article/india/bullet-train-project-in-india-shinzo-abe-narendra-modi-japan-gujarat-ahmedabad-4842994/.（上网时间：2017 年 11 月 15 日）

② “Japan to provide ＄1.59b this year”, *the Daily Star*, Jul. 03, 2017, http://www.thedailystar.net/business/japan-provide-159b-year-1427482.（上网时间：2017 年 11 月 15 日）

③ “日本投资者获准在孟加拉特殊经济区建立成衣工厂”，驻孟加拉国经商参处，2017 年 8 月 3 日，http://bd.mofcom.gov.cn/article/jmxw/201708/20170802620547.shtml。（上网时间：2017 年 11 月 15 日）

至少870次违反停火协议，造成38名平民死亡，142人受伤。[①]印则指责巴在2017年头7个月内285次违反停火协议。[②]同时，两国在联大等国际场合激烈交锋。针对巴总理阿巴西在联合国大会发言中称印“野蛮镇压克什米尔人民”，[③]印外长斯瓦拉吉回应称“印向世界输出顶级的医生和工程师，巴在制造恐怖分子”。[④]此外，印还在双边外交场合及联合国、二十国集团及金砖国家等多边机制频繁指责巴“支恐”，试图将巴渲染为“支恐国家”。

二是积极在阿问题发挥作用。印视美总统特朗普推出对阿及南亚新政为重大利好，积极回应美拉拢其在阿“贡献力量”，试图进一步拓展在阿影响及在阿问题上的话语权。除继续密切与阿在政治、经济和安全领域合作外，印还开通绕开巴进入阿及中亚

① “Civil, military officials establish contact with India to condemn deadly border firing incidents”, *Dawn*, Sep. 22, 2017, https://www.dawn.com/news/1359332.（上网时间：2017年11月15日）

② “On India-Pakistan ‘line of fire’, local military factors often provide spark”, *Indian Express*, Sep. 25, 2017, http://indianexpress.com/article/explained/on-india-pakistan-line-of-fire-local-military-factors-often-provide-spark-4859525/.（上网时间：2017年11月15日）

③ “Pakistan's PM rakes up Kashmir issue at UN, urges intervention”, *Times of India*, Sep. 22, 2017, https://timesofindia.indiatimes.com/world/pakistan/pakistans-pm-rakes-up-kashmir-issue-at-un-urges-intervention/articleshow/60788432.cms.（上网时间：2017年11月15日）

④ “Swaraj slams Pakistan at UN, says India produces engineers, doctors, and they jihadis”, *Times of India*, Sep. 24, 2017, https://timesofindia.indiatimes.com/india/swaraj-slams-pakistan-at-un-asks-why-india-turns-produces-engineers-doctors-and-they-jihadis/articleshow/60812013.cms.（上网时间：2017年11月15日）

通道。6月19日，首趟阿富汗阿丽亚娜航空公司飞机从喀布尔起飞前往新德里，这标志着阿印“空中走廊”货运航班正式开通。[1] 印还开通经伊朗恰巴哈尔港沟通阿的陆海联运通道，欲以此港作为阿摆脱对巴依赖的一个重要出海口。

三是迫使其他南亚邻国奉行“印度优先”政策。要求斯里兰卡对印关切保持敏感。印视斯为后院，对中国等密切对斯合作持高度警惕。政治上，2017年，斯总理于4月和11月两度访印，印总理莫迪亦在5月对斯进行回访。经济上，经贸关系更加紧密。两国已签署双边自贸协定，并承诺进一步深化在经济和技术领域的合作。年内印斯同意在开发和运营亭可马里港、汉班托塔机场等重大项目上加强合作，莫迪表态要斯方尽快克服国内阻力，推动上述合作获得实质进展。针对斯12月正式将汉班托塔港商业运营权移交给中国招商局港口控股有限公司，印外交部表态称“希望斯里兰卡朋友能够注意到印方的安全关切和敏感性”。提醒马尔代夫政府遵守“印度优先”原则。中马12月初签署自贸协定后，印耿耿于怀，频频对马施压，甚至煽动马国内反对派攻击现总统亚明“亲华”，但马总统没有退让，果断将“未经授权”即见印驻马大使的3名政府官员解职。期间，有马媒甚至发文称莫迪为“印度教极端主义者”。出于报复，新德里已决定扶持马国前总统纳希德（现在印就医）。纳已宣布参加2018年总统大选。现总统亚明来年处境堪忧。干涉尼泊尔大选未果。9月、12月，尼泊尔相继顺利完成地方与全国大选。左派

---

① “阿富汗开通与印度‘空中走廊’货运航班”，http：//af. mofcom. gov. cn/article/jmxw/201706/20170602596399. shtml。（上网时间：2017年12月28日）

政党尤其是尼共（联合马列）获胜。左派胜利除归功于内部团结之外，还要得益于尼民众对印干预的反感。在议会选举前夕的11月13日，亲印的大会党政府不顾左派政党等强烈反对，下令取消2017年6月尼前左派政府与中国签署的甘达基水电工程合作协议（该工程9月被正式纳入中尼“一带一路”合作框架）。但大会党此举非但未能换来选票，反因其亲印远华政策而失去更多民众支持。

（五）中国南亚影响力持续提升

中巴“全天候战略合作伙伴关系”纵深拓展。政治上，“中国方案”赢得认可。巴各界高度关注中共十九大胜利召开，盛赞中方治国理政方针和参与全球治理的主张方案。同时，中国支持巴反恐努力，推动巴阿关系转圜，于2017年11月、12月先后促成中巴阿副外长级反恐安全磋商和外长级对话，赢得阿巴双方赞赏。经济上，中巴经济走廊框架下相关项目的经济及社会效益逐步显现，围绕“一带一路”倡议及“走廊”建设在巴国内形成的“发展共识”日益凝聚。

中孟关系迈上“战略伙伴关系”新台阶。两国政治互信不断加强，经贸合作势头更劲，军事合作成果喜人，人文交流日益密切。中方继续向孟提供社会经济援助，支持孟国防建设。孟国内各界更加认可中方在孟各领域发挥的建设性作用，特别是中孟围绕“一带一路”倡议的合作共识不断增进，中孟同为“逐梦路上亲密伙伴”的共识在孟国内日益凝聚。

中尼“一带一路”合作加速推进。3月，尼总理普拉昌达访华，盛赞“一带一路”倡议，表态加强双边各领域合作。[1] 5月12日，两国签署中尼《关于在“一带一路”倡议下开展合作的谅解备忘录》，尼外秘巴拉吉称希望通过参与“一带一路”倡议加强与中国互联互通，提升公路、铁路及基建水平，实现国家繁荣。[2] 8月，两国签署中尼《关于促进投资与经济合作框架协议》，确定了双边投资合作的原则、领域、方式、便利化和保障措施、执行机构和工作机制等，利于中尼投资合作健康稳定发展。[3] 12月，左派政党领导人在大选获胜后表态将恢复被大会党叫停的中尼合作项目，尼共（联合马列）领导人奥利选后即参观中尼边境口岸（我吉隆对面的）拉苏瓦迦提。

中国在斯里兰卡影响力亦与日俱增。政治上，高层往来频繁。4月，全国政协主席俞正声访斯，庆祝两国建交60周年；5月斯总理维克勒马辛哈访华并出席“一带一路”国际高峰合作论坛。经贸联系紧密。2016年中国首次成为斯最大贸易伙伴和进口来源国，双边贸易额达45.6亿美元。[4] 人文联系密切。2017

① “习近平会见尼泊尔总理普拉昌达”，新华网，2017年3月27日，http://news.xinhuanet.com/politics/2017-03/27/c_1120704811.htm。（上网时间：2017年11月12日）

② “中尼两国政府签署‘一带一路’合作协议”，中国驻尼泊尔大使馆，2017年5月13日，http://www.fmprc.gov.cn/ce/cenp/chn/xwdt/t1461292.htm。（上网时间：2017年11月12日）

③ “中尼签署《中华人民共和国政府和尼泊尔政府关于促进投资与经济合作框架协议》”，驻尼泊尔经商参处，http://np.mofcom.gov.cn/article/jmxw/201708/20170802628671.shtml。（上网时间：2017年11月15日）

④ “商务部：愿与斯里兰卡推动中斯自贸区谈判早日达成”，国际在线，2017年2月16日，http://news.cri.cn/xiaozhi/1069dff9-5781-1d0c-db3b-5d5721b2402a.html。（上网时间：2017年11月2日）

年1—6月，中国赴斯旅游人数已达13.5万人次，成为仅次于印的斯第二大旅游客源地。[①]

（审订：胡继平）

① "Tourist arrivals rise in June, surpasses 1 million target in 1H 2017", *Daily Financial Times*, 2017 - 7 - 7, http://www.ft.lk/article/626681/Tourist - arrivals - rise - in - June - - surpasses - 1 - million - target - in - 1H - 2017.（上网时间：2017年11月2日）

第十二章 东南亚：稳中有忧 倡导合作*

2017 年，东南亚政局总体稳定，经济保持增长，安全局势可控，外交表现活跃，对华政治互信增强，南海磋商取得突破。但部分国家政争激烈，经济发展仍面临瓶颈，安全挑战增多，积极倡导对话合作。

一、政局总体稳定

（一）菲、缅、越、老：新政府“求稳图治”

2017 年是菲律宾、缅甸、越南、老挝四国新政府施政首个完整年度。菲律宾总统杜特尔特力推禁毒、反恐、经济发展，获多数民众认可，但缉毒斗争也引发争议，反对党持续推动“倒阁”，杜特尔特 10 月 15 日发表电视讲话称，如政局动荡，不排

* 本章撰稿人：张学刚、宋清润、骆永昆、宋颖慧、聂慧慧、李建钢、王孜。

除组建“革命政府”应对。[①] 杜特尔特默许将前总统马科斯遗体下葬国家英雄公墓引发民众抗议。年内恐怖组织一度攻占马拉维市，引发政府最大执政危机，大批难民逃离家园，重建任务艰巨。缅民盟政府与军方关系总体和睦，年内成功召开第二届“21 世纪彬龙会议暨联邦和平大会”，将主要民族地方武装纳入和谈进程。但政府与军方关系仍微妙，双方在处理少数民族地方武装问题上并不完全合拍，主要民族地方武装虽加入和谈，但在央地权力分配、经济利益分割、地方武装存废及指挥权归属等问题上与中央分歧严重，交火事件不断，若开邦民族宗教问题更引发国际关注和西方再度施压，美威胁对缅制裁。2017 年越共中央续推反腐、行政改革和社会治理，首次对总理进行年中质询，先后查处多名高级官员，加强对群体性事件和媒体网络管控，但征地拆迁、民族宗教、生态环保等问题仍不时引发西方敌对势力炒作。老挝人民革命党中央委员会持续推进党建、行政体制改革和反腐工作，要求外媒进一步接受政府监督。西方国家利用非政府组织频频干涉老内政，老北部山区治安事件频发，政府执政压力较大。

（二）马、柬、泰、印尼：选前政争有所升温

2018—2019 年马来西亚、柬埔寨、泰国、印尼将相继迎来大选。马来西亚或于 2018 年 3—8 月迎来国会选举，“国民阵线”“希望联盟”和伊斯兰党三方博弈激烈。执政联盟强化内部

---

① “杜特尔特：若被推翻将成立革命政府”，新加坡《联合早报》网，http：//www. zaobao. com. sg/realtime/world/story20171014 – 802951。（上网时间：2017 年 12 月 5 日）

团结，希望再度赢得大选；反对派内讧严重，前总理马哈蒂尔、前副总理安瓦尔、民主行动党元老林吉祥等围绕各自利益竞争激烈。柬埔寨将于2018年7月迎来国会选举，2017年初人民党修改《政党法》，规定"罪犯不得担任政党负责人"，迫使流亡海外的反对党救国党主席桑兰西辞去党主席职务，代主席金素卡继任。6月人民党赢得乡、分区理事会选举，但丢掉金边、暹粒、磅湛三个经济发达省市多数席位。选后，人民党再修《政党法》，规定"政党若与罪犯有瓜葛将被解散"，9月以叛国罪逮捕金素卡，11月16日以阴谋推翻政府罪解散救国党并禁其118名高层5年内从政。泰国或于2018年下半年至2019年迎来大选，最高法院判决前总理英拉在大米收购案中犯有渎职罪，判其5年监禁，英拉在判决前离境。该事件未引发街头抗议，但支持和反对他信的两派对立严重，未来仍可能引发政局动荡。印尼将于2019年迎来总统及国会"双直选"，反对派及宗教保守势力对政府挑战增多。2017年雅加达特区首长选举期间，反对派及宗教保守势力指控总统佐科的好友、华人候选人钟万学"亵渎《古兰经》"，举行大规模游行，钟万学终落选并被起诉、判监。反对派和强硬派穆斯林还针对政府推出的社会组织管理法发起示威。总统佐科称印尼正朝极端民粹主义方向发展。①

（三）新加坡：家族内争曝光，凸显治国理念之思

围绕如何处理李光耀故居，总理李显龙主张保留父亲故居并

---

① "佐科：民主'走过头'加强取缔反建国原则团体"，新加坡《联合早报》网，2017年2月24日，http://www.zaobao.com/sea/politic/story20170224-728420。（上网时间：2017年11月5日）

改造为纪念馆，其弟妹李显扬、李玮玲等认为此举有搞个人崇拜之嫌，并指责其欲安排其子继位。[①] 相关争执经推特等新媒体曝光后引发各界热议。事件表明“后李光耀时代”新加坡正经历治国理念再思考、再调适，欲在东西方治国理念间找到新平衡。年内，人民行动党增补5名中央委员并任命多名年富力强的官员出任党政要职，显示其正按自己的节奏有序推进领导层更替。

二、经济持续增长

2017年东南亚风调雨顺，农业、电子业、服务业增长明显，各国力推经济刺激措施，在外部环境改善背景下，带动整体经济走出2014—2016年增速下降“低谷”，企稳回升，全年增速超越2016年的4.6%，达到5%，系2014年增速跌落5%后首度回到5%以上“增长快车道”。[②]

（一）各国表现普遍较好

分四类情况：一是多年负增长的文莱经济止跌回稳。2013年后，受国际油价等外部影响，文莱经济持续萎缩。2017年前5个月，文莱抓住国际油价回升至小平台时机，推动出口增长，拉动整体经济好转，有望“由负转正”，但通胀、财政、消费压力仍不容乐观。二是经济相对发达的新加坡、泰国增速回升。新2012

---

① “社论：新加坡体制的考验”，新加坡《联合早报》，2017年7月5日，http：//www.zaobao.com.sg/special/report/singapore/38oxley/commentary/story20170705－776579。（上网时间：2017年11月15日）

② ASIAN DEVELOPMENT OUTLOOK UPDATE：SUSTAINING DEVELOPMENT THROUGH PUBLICPRIVATE PARTNERSHIP，p. xix.

年后增速大幅下滑，2015 年以来年均增长率仅 2%，2017 年在电子业、服务业出口带动下，经济增速升至 3%—3. 5%。[①] 泰国经济近年来波动较大，2017 年政局相对稳定，农业增产，出口和旅游增长，增速达 3. 9%。[②] 三是“发展中坚”马来西亚、印尼、越南、柬埔寨和缅甸保持较高增速。在内外需求拉动下，马 2017 年增速有望达 5. 7%，[③] 印尼有望达 5. 1%，[④] 越南农、工、服务业同比均呈增长之势，全年增速有望达 6. 7% 目标。[⑤] 柬埔寨农业、旅游业增长，全年增速可望达 7. 1%。[⑥] 缅甸外贸、外资增长，私营经济发展迅速，有望实现 6. 7% 增长。[⑦] 四是菲律宾、

---

① MTI Forecasts GDP to Grow by “3. 0 to 3. 5 Per Cent” in 2017 and “1. 5 to 3. 5 Per Cent” in 2018, 23 November 2017. https: //www. mti. gov. sg/ResearchRoom/SiteAssets/Pages/Economic – Survey – of – Singapore – Third – Quarter – 2017/PR_ 3Q17. pdf. （上网时间：2017 年 12 月 4 日）

② National Economic and Social Development Board (NESDB), Thai Economic Performance in Q3 and Outlook for 2017 – 2018, Nov 20, 2017, http: //www. nesdb. go. th/ewt_ dl_ link. php? nid = 5169. （上网时间：2017 年 12 月 5 日）

③ Malaysia on strong growth path, 19 November 2017. http: //www. thesundaily. my/news/2017/11/19/malaysia – strong – growth – path. （上网时间：2017 年 12 月 4 日）

④ Bank Indonesia Holds Policy Rate: Global Economy Strengthens, Domestic Economic Recovery Continues, November 16, 2017, http: //www. bi. go. id/en/ruang – media/siaran – pers/Pages/sp_ 198717. aspx. （上网时间：2017 年 12 月 5 日）

⑤ Khả năng hoàn thành vượt mức 13 chỉ tiêu Quốc hội giao năm 2017, Oct. 4, 2017, https: //www. baomoi. com/kha – nang – hoan – thanh – vuot – muc – 13 – chi – tieu – quoc – hoi – giao – nam – 2017/c/23451199. epi. （上网时间：2017 年 11 月 16 日）

⑥ ASIAN DEVELOPMENT OUTLOOK UPDATE: SUSTAINING DEVELOPMENT THROUGH PUBLICPRIVATE PARTNERSHIP, p. xix.

⑦ IMF Staff Completes 2017 Article IV Visit to Myanmar, November 17, 2017, https: //www. imf. org/en/News/Articles/2017/11/17/pr17447 – myanmar – imf – staff – completes – 2017 – article – iv – visit. （上网时间：2017 年 12 月 6 日）

老挝仍处增长“快车道”，但增速略有下降。“强内需”支撑菲经济持续高增长，但通胀上升致全年增速或从 2016 年的 6.9% 降至 6.7%；老财政吃紧，旅游增速略低于预期，上半年增速 6.8%，[①] 全年增速或从 2016 年的 7% 微降至 6.9%（见表 12—1）。

表 12—1　东南亚十国经济增速一览表[②]

国家	2016 年（%）	2017 年（%）	增长表现
文莱	-2.5	0.0	有望企稳
新加坡	2.0	3.0	增速回升
泰国	3.2	3.9	

① Growth on Track Expected for Lao PDR in 2017 and 2018—ADB, 29 September 2017, https://www.adb.org/news/growth-track-expected-lao-pdr-2017-and-2018-adb.（上网时间：2017 年 11 月 16 日）

② 每个国家 2016 年经济增速数据来自：International Monetary Fund, World Economic Outlook Database, October 2017, http://www.imf.org/external/pubs/ft/weo/2017/02/weodata/weorept.aspx?sy=2010&ey=2022&scsm=1&ssd=1&sort=country&ds=.&br=1&pr1.x=22&pr1.y=19&c=548%2C518%2C516%2C522%2C566%2C576%2C578%2C536%2C544%2C582&s=NGDP_RPCH%2CNGDPD%2CPCPI%2CPCPIPCH%2CTM_RPCH%2CTMG_RPCH%2CTX_RPCH%2CTXG_RPCH%2CLUR%2CBCA%2CBCA_NGDPD&grp=0&a=#download。（上网时间：2017 年 11 月 6 日）

文莱 2017 年增速预测数据来自：ASIAN DEVELOPMENT OUTLOOK UPDATE: SUSTAINING DEVELOPMENT THROUGH PUBLICPRIVATE PARTNERSHIP, p. xix。

新加坡 2017 年增速预测数据来自：MTI Forecasts GDP to Grow by “3.0 to 3.5 Per Cent” in 2017 and “1.5 to 3.5 Per Cent” in 2018, 23 November 2017, https://www.mti.gov.sg/ResearchRoom/SiteAssets/Pages/Economic-Survey-of-Singapore-Third-Quarter-2017/PR_3Q17.pdf。（上网时间：2017 年 12 月 4 日）

泰国 2017 年增速预测数据来自：National Economic and Social Development Board (NESDB), Thai Economic Performance in Q3 and Outlook for 2017-2018, Nov 20, 2017, http://www.nesdb.go.th/ewt_dl_link.php?nid=5169。（上网时间：2017 年 12 月 5 日）

续表

国家	2016 年（%）	2017 年（%）	增长表现
印尼	5.0	5.1	加速增长
马来西亚	4.2	5.7	
越南	6.2	6.7	
缅甸	6.1	6.7	
柬埔寨	7.0	7.1	
菲律宾	6.9	6.7	高速增长，但增速放缓
老挝	7.0	6.9	

印尼 2017 年增速预测数据来自：Bank Indonesia Holds Policy Rate：Global Economy Strengthens，Domestic Economic Recovery Continues，November 16，2017，http：//www. bi. go. id/en/ruang – media/siaran – pers/Pages/sp_ 198717. aspx。（上网时间：2017 年 12 月 5 日）

马来西亚 2017 年增速预测数据来自：Malaysia on strong growth path，19 November 2017，http：//www. thesundaily. my/news/2017/11/19/malaysia – strong – growth – path。（上网时间：2017 年 12 月 4 日）

越南 2017 年增速预测数据来自：Khả năng hoàn thành vượt mức 13 chỉ tiêu Quốc hộ i giao năm 2017，Oct. 4，2017. https：//www. baomoi. com/kha – nang – hoan – thanh – vuot – muc – 13 – chi – tieu – quoc – hoi – giao – nam – 2017/c/23451199. epi。（上网时间：2017 年 11 月 16 日）

缅甸 2017 年增速预测数据来自：IMF Staff Completes 2017 Article IV Visit to Myanmar，November 17，2017，https：//www. imf. org/en/News/Articles/2017/11/17/pr17447 – myanmar – imf – staff – completes – 2017 – article – iv – visit。（上网时间：2017 年 12 月 6 日）

柬埔寨 2017 年增速预测数据来自：ASIAN DEVELOPMENT OUTLOOK UPDATE：SUSTAINING DEVELOPMENT THROUGH PUBLICPRIVATE PARTNERSHIP，p. xix。

菲律宾 2017 年增速预测数据来自：Lawrence Agcaoili（The Philippine Star），Economy seen growing 6. 7% this year，September 20，2017，http：//www. philstar. com/business/2017/09/20/1740678/economy – seen – growing – 6. 7 – year。（上网时间：2017 年 11 月 9 日）

（二）内外利好因素增多

2017 年东南亚外部经济环境呈诸多利好态势：一是世界经济加速增长，预计全年增长 3.6%，[①]特别是发达经济体增长抬头，提升东南亚对外出口潜力。外资和到访的外国游客明显增多，直接拉动地区经济增长。二是全球贸易持续增长，由 2016 年增长 1.3% 提高至 2017 年的 3.6%，[②]外需增大，电子业等重点出口行业增长显著，带动相关领域发展。三是大宗商品价格温和复苏，[③]有利于东南亚大宗商品出口。四是中国在保持稳定增长同时续推深改，为东南亚经济发展提供机遇。

东南亚内部发展环境亦有所改善：一是贸易投资增长强劲。

老挝 2017 年增速预测数据来自：International Monetary Fund，World Economic Outlook Database，October 2017，http：//www. imf. org/external/pubs/ft/weo/2017/02/weodata/weorept. aspx？ sy = 2010&ey = 2022&scsm = 1&ssd = 1&sort = country&ds = . &br = 1&pr1. x = 22&pr1. y = 19&c = 548% 2C518% 2C516% 2C522% 2C566% 2C576% 2C578% 2C536% 2C544% 2C582&s = NGDP_ RPCH% 2CNGDPD% 2CPCPI% 2CPCPIPCH% 2CTM_ RPCH% 2CTMG_ RPCH% 2CTX_ RPCH% 2CTXG_ RPCH% 2CLUR% 2CBCA% 2CBCA_ NGDPD&grp = 0&a = #download。（上网时间：2017 年 11 月 6 日）

① World Economic Outlook-Seeking Sustainable Growth：Short-Term Recovery，Long-Term Challenges，October 2017，https：//www. imf. org/en/Publications/WEO/Issues/2017/09/19/world – economic – outlook – october – 2017.（上网时间：2017 年 11 月 10 日）

② WTO upgrades forecast for 2017 as trade rebounds strongly，21 SEPTEMBER 2017，https：//www. wto. org/english/news_ e/pres17_ e/pr800_ e. htm.（上网时间：2017 年 11 月 9 日）

③ 数据来源：https：//markets. ft. com/data/commodities。（上网时间：2017 年 11 月 10 日）

马前8个月外贸飙升22%,[1] 越前10个月出口猛增20.7%,[2] 菲上半年外贸增长15.3%,[3] 印尼三季度总投资猛增13.7%,[4] 缅4—9月吸引外资43亿美元，同比增加30亿美元。[5] 二是制造业复苏。在电子、生物制药和精密工程制造等带动下，新加坡制造业二、三季度分别增长8.2%和15.5%;[6] 越前10个月工业生产指数同比增长8.7%;[7] 马制造业1—9月同比增长10%—

① “8月出口成长超预期 连9个月双位数增长”，2017年10月6日，http://www.orientaldaily.com.my/s/215461。(上网时间：2017年11月16日)

② Vietnam's export by the end of 2017 is expected to reach 210 billion USD, 8 Nov 2017, http://hanoitimes.com.vn/economy/trade-service/2017/11/81E0BA76/vietnam-s-export-by-the-end-of-2017-is-expected-to-reach-210-billion-usd/.(上网时间：2017年11月14日)

③ Highlights of Foreign Trade Statistics of the Philippines: First Semester 2017, October 10, 2017, https://psa.gov.ph/content/highlights-foreign-trade-statistics-philippines-first-semester-2017.(上网时间：2017年11月14日)

④ Indonesia's Q3-2017 Foreign & Domestic Direct Investment Rise, 30 October 2017, https://www.indonesia-investments.com/news/todays-headlines/indonesia-s-q3-2017-foreign-domestic-direct-investment-rise/item8329?.(上网时间：2017年11月14日)

⑤ FDI in Myanmar tops 4 bln USD in first half of FY 2017-18, 2017-09-30, http://news.xinhuanet.com/english/2017-09/30/c_136651022.htm.(上网时间：2017年11月14日)

⑥ “创三年来新高 我国第三季预估增长4.6%”，2017年10月14日，http://beltandroad.zaobao.com/beltandroad/news/story20171014-802869。(上网时间：2017年11月10日)

⑦ Vietnam's economy maintains positive growth momentum: financial supervision commission Thursday, 2017-11-09, http://en.nhandan.com.vn/business/economy/item/5630102-vietnam%E2%80%99s-economy-maintains-positive-growth-momentum-financial-supervision-commission.html.(上网时间：2017年11月16日)

22%。[1] 三是股汇两市温和上扬。新加坡元、文莱元、马来西亚林吉特、泰铢等不同程度缓慢升值，越南盾、柬埔寨瑞尔、缅甸元汇率基本保持稳定，但菲律宾比索、老挝基普下半年趋向贬值，印尼盾9月以来、林吉特10月以来出现贬值。新加坡股市年终收于两年新高，越股市创近10年高位。[2] 四是私人消费增长。新加坡零售指数8月上升3.5%，[3] 马全年私人消费预计增长6.3%，[4] 菲二季度私人消费增长5.9%，政府消费支出增长7.1%，[5] 印尼私人消费增速与GDP增速相当，二、三季分别增长4.95%和4.93%。[6] 针对上述利好因素，各国纷纷出台加强基建、吸引外资、便利营商、鼓励消费和信贷的措施，确保了经济

---

① 数据来源：https：//www. dosm. gov. my/v1/index. php? r = column/cthemeByCat&cat = 90&bul_ id = bmhEVktlNDN0ZEpyT2NCd3lHdjBMQT09&menu_ id = SjgwNXdiM0JlT3Q2TDBlWXdKdUVldz09。（上网时间：2017年11月16日）

② “东南亚股市：新加坡股市收于两年新高，越南股市涨逾1%”，2017年11月8日，https：//cn. reuters. com/article/东南亚股市：新加坡股市收于两年新高，越南股市涨逾1%25 - idCNL3S1NE48K。（上网时间：2017年11月13日）

③ “利好因素多 我国8月份零售销售指数上升3.5%”，2017年10月13日，http：//www. zaobao. com. sg/zfinance/news/story20171013 - 802617。（上网时间：2017年11月10日）

④ Private consumption to grow at 6.3 pct in 2017，September 13，2017，https：//www. nst. com. my/business/2017/09/279289/private - consumption - grow - 63 - pct - 2017.（上网时间：2017年11月14日）

⑤ Akrur Barua，The Philippines：Poised for strong growth again-Asia Pacific Economic Outlook，Q4 2017，September 28，2017，https：//dupress. deloitte. com/dup - us - en/economy/asia - pacific - economic - outlook/2017/q4 - philippines. html#endnote - 1.（上网时间：2017年11月14日）

⑥ Indonesia's Q3 GDP growth misses forecasts at 5.06%，NOV 7，2017，http：//www. straitstimes. com/business/economy/indonesias - q3 - gdp - growth - misses - forecasts - at - 506.（上网时间：2017年11月14日）

持续稳定增长。此外，2017 年东南亚各国（除缅、越外）普遍通胀下降，给予刺激措施更大空间，但一定程度上反映出经济活力有所下降。如老作为最不发达国家，通胀率仅 1.5%，[①] 新加坡通胀率仅 0.5%，[②] 文莱为 -0.3%。[③]

（三）痼疾仍存，前景看好

东南亚经济发展仍面临短板：一是金融体系仍落后。缅、老、柬、越等发展较快的国家急需融资支持，但银行体系欠发达，美元化现象严重，削弱货币自主性；印尼、菲信贷成本偏高、效率偏低，削弱市场竞争力。二是财政吃紧，限制公共投资。东南亚多国虽大力发展基建，但仍面临长期税收不足、公共投资紧缺等问题。老 2017 年财赤达 6.18%，难实现 5% 控制目标。[④] 印尼税收不足，2017 年上半年税收收入仅占 GDP 的 10.3%，财长坦承“低到难以接受”，希望到 2019 年将该比例

---

① 此为柬埔寨 2017 年上半年通胀率，数据来源：“柬埔寨央行数据显示 2017 年上半年柬经济形势良好”，2017 年 7 月 24 日，http://www.mofcom.gov.cn/article/i/jyjl/j/201707/20170702614179.shtml。（上网时间：2017 年 11 月 13 日）

② MAS Monetary Policy Statement, 13 October 2017, http://www.mas.gov.sg/News-and-Publications/Speeches-and-Monetary-Policy-Statements/Monetary-Policy-Statements/2017/MAS-Monetary-Policy-Statement-13Oct17.aspx.（上网时间：2017 年 11 月 10 日）

③ ASIAN DEVELOPMENT OUTLOOK UPDATE: SUSTAINING DEVELOPMENT THROUGH PUBLICPRIVATE PARTNERSHIP, p. 197.

④ Laos: Govt seeks funding boost as budget deficit bites, Oct. 17, 2017, http://aec.utcc.ac.th/TH/laos-govt-seeks-funding-boost-as-budget-deficit-bites/.（上网时间：2017 年 11 月 16 日）

升至 19%。[①] 三是经济发展仍受制于政治议题。2013 年大选后，柬连续调升工人最低工资，由 2013 年的 80 美元/月涨到 2017 年的 153 美元/月，2018 年将进一步涨至 165 美元/月，不利循序渐进发展，削弱投资者信心。[②] 菲、马、印尼等国恐怖主义威胁上升影响外来投资者信心。此外，美欧持续加息或抑制外资流入东南亚，加剧地区国家债务负担；美贸易保护政策或削弱东南亚出口优势。

本地区发展前景依然看好，尤体现在数字经济和“智慧城市”建设领域。新加坡系本地区最早提出建设“智慧城市”的国家，在瑞典 Easy Park 公司评定的“2017 智慧城市指数”中位列全球第二。[③] 作为 2018 年东盟轮值主席国，新已将“数字经济”纳入东盟经济共同体合作内容。泰继 2016 年成立“数字经济与社会部”后，2017 年重点加强数字社会、数字政府、劳动力软件系统开发和相关硬件建设。[④] 马来西亚加强了对跨境电商

---

① Karlis Salna, Asia's Newest Trillion-Dollar Economy Faces Bittersweet Win, Oct. 16, 2017, https://www.bloomberg.com/news/articles/2017-10-15/indonesia-set-for-trillion-dollar-economy-in-bittersweet-triumph.（上网时间：2017 年 11 月 16 日）

② Cambodia Sustains Strong Growth and Moving Up Manufacturing Value Chains, November 22, 2017.（上网时间：2017 年 12 月 5 日）

③ 2017 Smart Cities Index, https://easyparkgroup.com/smart-cities-index/.（上网时间：2017 年 11 月 16 日）

④ Digital economy has great potential to create new opportunities, August 24, 2017, http://www.worldbank.org/en/country/thailand/publication/thailand-economic-monitor-august-2017-digital-transformation.（上网时间：2017 年 11 月 9 日）

管理，拟修改《消费税法》，对跨境电商和服务平台征收消费税。[①] 印尼政府奉行“移动先行”战略，已将数字经济作为工作重点。[②]

三、非传统安全问题凸显

（一）反恐战事升级

2017 年 5—10 月，菲律宾政府军在马拉维市与“阿布沙耶夫”“毛特”（Maute）组织武装人员持续交火，截至 10 月 17 日宣布解放马拉维市，政府军共击毙 961 名武装分子，其中含“阿布沙耶夫”“毛特”组织 3 名核心头目伊斯尼隆·哈皮隆（Isnilon Hapilon）、奥马卡延·毛特（Omarkhayam Maute）及马来西亚籍武装分子马赫穆德·艾哈迈德（Mahmud Ahmad），此外有 165 名军警及 47 名平民死亡，逾 46 万居民逃离家园，[③] 成为菲律宾现代史上规模最大的一次城市反恐作战，重建费用至少需 500 亿比索（约 10 亿美元）。[④] 印尼、泰国南部等地也多次遭

---

① “拟修法向跨境电商征消费税”，2017 年 9 月 18 日，http://www.orientaldaily.com.my/s/213082。（上网时间：2017 年 11 月 16 日）

② “全球企业押注印尼数字经济”，2017 年 10 月 10 日，http://id.mofcom.gov.cn/article/jjxs/201710/20171002655270.shtml。（上网时间：2017 年 11 月 13 日）

③ “菲律宾国防部长宣布马拉维战事结束”，2017 年 10 月 23 日，新华网，http://news.xinhuanet.com/world/2017-10/23/c_1121844722.htm。（上网时间：2017 年 11 月 5 日）

④ Eimor P. Santos: *Gov't needs more than* 500 *billion to rebuild Marawi*, September 16, 2017, CNN http://cnnphilippines.com/news/2017/09/16/Marawi-rehabilitation-funding.html.（上网时间：2017 年 11 月 5 日）

遇恐袭。为应对恐怖主义威胁，印尼与澳大利亚6月份邀请马、菲、新西兰、文莱在印尼北苏拉威西省商讨反恐对策。[①] 10月马、菲、印尼三国正式启动空中联巡，实行月度轮换制，可适时开放领空并吸收东盟其他成员国加入。[②] 10月东盟第11届防长会宣布将加强情报交换，加大反恐侦察与监控力度。

（二）民族宗教问题持续显现

一是缅北和谈艰难推进。2017年3月掸邦北部果敢地区再发严重冲突，系2015年以来该地区最激烈战斗。[③] 5月底第二届"21世纪彬龙会议暨联邦和平大会"在中方斡旋下成功召开，尚未签署停火协议的7个少数民族地方武装首次与会，中国外交部亚洲事务特使孙国祥出席。谈判各方就政治、经济、社会、土地与自然等4个领域41项议题展开磋商，达成37项共识（含政治12项、经济11项、社会4项、土地与自然10项）。[④] 但政府军与少数民族地方武装在"不得分裂国家""实行自决权"、武装力量存废与指挥权归属等关键问题上仍争执不下。二是缅甸罗兴

---

① *Indonesia, Australia host counter-terrorism meeting*, 29 Jul. 2017, The Star, https://www.thestar.com.my/news/regional/2017/07/29/indonesia-australia-host-counterterrorism-meeting/.（上网时间：2017年11月5日）

② "马菲印尼三国启动联合空中巡逻应对恐怖主义威胁"，2017年10月12日，新华网，http://news.xinhuanet.com/world/2017-10/12/c_1121794519.htm。（上网时间：2017年11月5日）

③ "缅北果敢地区军事冲突再起，大量边民涌入云南"，2017年3月8日，凤凰网，http://news.ifeng.com/a/20170308/50760628_0.shtml。（上网时间：2017年11月5日）

④ "第二届21世纪彬龙会议落幕 联邦协议顺利签署"，2017年5月30日，中国网，http://news.china.com/news100/11038989/20170530/30602470.html。（上网时间：2017年11月5日）

亚人问题再发激烈冲突。8 月 25 日，罗兴亚人武装对若开邦政府军警目标发起袭击，双方持续交火，致 1000 多人死亡，60 余万难民进入孟加拉国。[①] 西方媒体指责缅政府军“侵犯人权”、民盟政府“未制止人道灾难”，穆斯林国家也纷纷对罗兴亚人处境表示严重关切。[②] 11 月 23 日缅孟签署“若开邦流离失所者”遣返协议，[③] 但缅国内围绕罗兴亚人历史地位、公民待遇及社会权益分配等分歧仍大。年底，印尼阿贡火山喷发引发航班取消、人员紧急疏散，成为本地区最大自然灾害。

四、外交活跃

（一）“主场外交”表现抢眼

2017 年 3 月 7 日印尼举办“环印度洋地区合作联盟”（IORA）成立 20 年来首次峰会，发表《雅加达宣言》，称将加强成员国海洋安全、贸易投资、渔业可持续发展、灾害应对和人文交流方面合作。11 月 6—11 日，越举办亚太经合组织

---

① “罗兴亚人现状震动世界 昂山素季因难民危机被推上‘道德审判台’”，2017 年 9 月 11 日，环球网，http：//world. huanqiu. com/exclusive/2017 – 09/11232220. html。（上网时间：2017 年 11 月 5 日）

② *Dalam KTT ASEAN*，*Indonesia Dorong Penyelesaian Masalah Rohingya*，September 11，2017，Ko0mpas，http：//nasional. kompas. com/read/2017/11/09/20584001/dalam – ktt – asean – indonesia – dorong – penyelesaian – masalah – rohingya.（上网时间：2017 年 11 月 5 日）

③ “缅甸与孟加拉国签署‘罗兴亚人’遣返安排”，2017 年 11 月 23 日，人民网，http：//world. people. com. cn/n1/2017/1123/c1002 – 29664674. html。（上网时间：2017 年 12 月 5 日）

（APEC）领导人会议，发表《岘港宣言》，强调促进可持续、创新、包容性增长，深化区域经济一体化，充分挖掘商业部门特别是中小微企业潜力，增进粮食安全和农业可持续发展，共同应对气候变化。会议首次举办 APEC 领导人与东盟领导人对话会，积极展现东盟在地区事务中的“中心地位”。11 月 13—14 日菲举办东盟峰会暨东亚合作领导人系列会议，同期召开“区域全面经济伙伴关系协定”（RCEP）首次领导人会议，推动经济、反恐、反腐等合作，《马尼拉时报》称“展现了东盟的中心地位，是绝对的成功”。[①]

（二）注重与美、日沟通

特朗普上任后，美国对东南亚政策不明，其亚太外交班底迟迟未配齐，加之东盟多国长期存在对美贸易顺差，因而普遍希望主动与美加强沟通，尽早探知美态度并预做纾解工作。2017 年 5 月越总理阮春福访美，与美签订 80 亿美元商品与服务贸易协议。9 月 11—13 日马总理纳吉布访美，签署 130 亿美元协议，购美飞机并加强基建合作。10 月 2—4 日泰总理巴育访美，签署 60 亿美元协议，购美 20 架波音飞机及 15.5 万吨原煤等。10 月 21—26 日新加坡总理李显龙访美，签署 138 亿美元协议，购美波音飞机等。[②] 11 月特朗普访越并签署 120 亿美元协议，访菲期

① “The 31st Asean Summit: An unqualified success”, The Manila Times, http://www.manilatimes.net/31st-asean-summit-unqualified-success/362834/.（上网时间：2017 年 11 月 15 日）

② “李总理和特朗普见证协定签署 新航购 39 架波音客机总值 187 亿美元”，《联合早报》，http://www.zaobao.com.sg/news/singapore/story20171025-805568。（上网时间：2017 年 11 月 13 日）

间就反恐、海上合作等达成共识，并同意就洽签《美菲自贸协定》展开磋商。此外，各国还十分注意吸引日资。1 月 12—17 日，日首相安倍晋三访问菲、印尼、越，三国均获日更多发展援助。6 月 4—8 日，越总理阮春福访日，获日低息贷款和无偿援助，日还向越提供约 3.5 亿美元低息贷款购买 6 艘巡逻艇。[①] 8 月 6—9 日，柬首相洪森访日，获 2.46 亿美元基建无偿援助，10 月再获日 3500 万美元无偿援助用于提升运力。[②]

（三）强调对话解决外交争端

一是积极推动“南海行为准则”磋商取得突破。2017 年 8 月，中国东盟外长会通过“准则”框架文件，11 月中国东盟领导人会议宣布正式启动“准则”案文磋商，东盟领导人称“这体现了当前南海局势稳定的积极趋势和双方致力于维护地区和平稳定的共识”。[③] 二是积极化解内部海事争端。近年来，越、马、印尼、泰、菲等国渔业纠纷增多，各国更加重视通过沟通机制管控分歧。2017 年 5 月越政府下发文件，要求尽快与海上邻国商签渔业合作协定、建立热线等。[④] 7 月越印尼同意就续签《航海

---

① “5 ngày thăm Nhật：50 hoạt động và 22 tỷ USD”，Zing，https：//news. zing. vn/5 - ngay - tham - nhat - 50 - hoat - dong - va - 22 - ty - usd - post752987. html. （上网时间：2017 年 11 月 13 日）

② “日本政府再向柬无偿援助 3500 万美元”，《柬华日报》，http：//jianhuadaily. com/20171003/803。（上网时间：2017 年 11 月 13 日）

③ Joint Statement of the ASEAN-China Summit，November 14，Manila.

④ “Ngăn chặn khai thác hải sản trái phép ở vùng biển nước ngoài”，Vietnamnet，http：//vietnamnet. vn/vn/thoi - su/chinh - tri/ngan - chan - khai - thac - hai - san - trai - phep - o - vung - bien - nuoc - ngoai - 375264. html. （上网时间：2017 年 11 月 16 日）

与渔业合作备忘录》一事展开磋商，[①] 越马就商签《渔业合作协定》达成一致。[②] 8 月越印尼签署《加强海警合作意向书》，[③] 越泰领导人指示提升双方应对海上突发事件能力。[④] 9 月 22 日越渔船进入菲海域捕鱼，两名越渔民遭枪击身亡。越菲两国利用热线电话迅速沟通，[⑤] 10 月 7 日菲方返还越渔民遗体，11 月 29 日释放被扣渔船和 5 名船员。三是强调以对话手段化解外交突发事件。2017 年初，马来西亚与朝鲜因一名朝鲜籍男子在马遇刺出现外交争端；2—8 月，老柬边界发生军人对峙事件；下半年，德因越执法人员在德强行抓捕越籍潜逃贪污犯，暂停与越战略伙伴关系；年内，缅因罗兴亚人问题与西方再现口角。东盟相关国家及东盟机制在应对时均强调保持克制、求同化异，相关事件未对地区稳定产生较大冲击。

---

① "Indonesia và Việt Nam thúc đẩy hợp tác trong lĩnh vực biển và nghề cá", VOV5, http://vovworld.vn/vi-VN/tin-tuc/indonesia-va-viet-nam-thuc-day-hop-tac-trong-linh-vuc-bien-va-nghe-ca-456836.vov.（上网时间：2017 年 11 月 16 日）

② "Đẩy mạnh hợp tác Việt Nam-Malaysia", VTV, http://vtv.vn/viet-nam-va-the-gioi/day-manh-hop-tac-viet-nam-malaysia-20170713181656653.htm.（上网时间：2017 年 11 月 16 日）

③ "Việt Nam-Indonesia ký nhiều văn kiện hợp tác quan trọng", Vneconomy, http://vneconomy.vn/thoi-su/viet-nam-indonesia-ky-nhieu-van-kien-hop-tac-quan-trong-20170824014831564.htm.（上网时间：2017 年 11 月 16 日）

④ "Việt Nam-Thái Lan thúc đẩy hợp tác song phương", Thanh nien, https://thanhnien.vn/thoi-su/viet-nam-thai-lan-thuc-day-hop-tac-song-phuong-866969.html.（上网时间：2017 年 11 月 16 日）

⑤ "Vụ bắn tàu cá Việt Nam: Philippines đình chỉ người đứng đầu lực lượng truy bắt", Infonet, http://infonet.vn/vu-ban-tau-ca-viet-nam-philippines-dinh-chi-nguoi-dung-dau-luc-luong-truy-bat-post238302.info.（上网时间：2017 年 11 月 16 日）

五、对华关系稳步提升

2017年东南亚对华关系总体稳定、“亮点”频现，东盟各国对华沟通协调意识增强，经贸合作持续深化，海上磋商续有进展。

（一）相互支持“主场外交”，领导人“走亲戚”成为常态

2017年5月，柬埔寨首相洪森、印尼总统佐科、老挝国家主席本扬、马来西亚总理纳吉布、缅甸国务资政昂山素季、菲律宾总统杜特尔特、越南国家主席陈大光等东盟七国元首和政府首脑均来华出席“一带一路”国际合作高峰论坛，泰国、新加坡、文莱派遣政府高级代表团与会。东南亚成为参会代表最集中的地区之一。9月4—5日，泰总理巴育作为东盟国家政府代表来华出席金砖国家峰会暨新兴市场国家与发展中国家对话会，与中方共同推动“构建一个更加高效、反映当前世界经济版图的全球经济治理架构”。[①] 11月10—11日中国国家主席习近平赴越出席APEC峰会，12—16日中国国务院总理李克强赴菲出席东亚领导人系列会议，提出系列合作倡议，得到东盟国家赞赏和欢迎。[②] 11月30日至12月3日，柬埔寨首相兼人民党主席洪森、缅甸国务资政兼民主联盟主席昂山素季再度访华，专程出席中国共产党与世界政党高层对话会，与中方一道呼吁“在新型国际关系

① “金砖国家领导人厦门宣言：构建更反映当前世界经济版图的治理架构”，新华社2017年9月4日电。

② “李克强在第20次中国—东盟领导人会议上的讲话（全文）”，新华社马尼拉11月13日电。

的基础上建立求同存异、相互尊重、互学互鉴的新型政党关系”。[①] 年内，缅总统吴廷觉、新加坡总理李显龙还分别于4月和9月专程对中国进行正式友好访问，体现了对双边关系的重视。

（二）经贸人文联系更趋密切

2016年因受中国调整经济结构、优化对外产能布局等影响，加之东盟各国持续调整对外经贸政策、鼓励产业升级，中国东盟贸易额一度出现增幅下降情况，当年双方贸易为4522亿美元，与2015年双边贸易额4720亿美元相比下降4.19%。[②] 2017年随着双方经济调整措施的逐步到位，经贸互利局面逐步显现。2017年1—7月中国东盟贸易额达2770亿美元，同比增长14.5%，双方经贸合作重回较快增长轨道。[③] 截至2017年5月，双方累计双向投资1850亿美元，中马钦州—关丹“两国双园”、中老铁路等重大项目顺利推进，中缅油气管道建成运营，中泰高铁、中印尼雅万高铁项目“合作共赢”方向未变，中菲加紧落实首批基建合作项目。[④] 2017年还是中国东盟旅游合作年，双方游客有望

---

① “中国共产党与世界政党高层对话会北京倡议”，新华社北京2017年12月3日电。

② “中国东盟贸易额2020年或破万亿美元 中国赴东盟投资加速”，中国财新网记者莫业林，2017—08—14，http：//mp. weixin. qq. com/s? _ _ biz = MzIxMjQwMjM2Mg%3D%3D&idx = 3&mid = 2247490403&sn = 3967b9cf14ecad3153c346175f6428bd。（上网时间：2017年12月3日）

③ “第14届中国—东盟博览会举行，国际产能合作成热点”，第一财经记者冯芸清，2017—09—13 10：07，http：//m. yicai. com/news/5344413. html。（上网时间：2017年12月20日）

④ “财经观察：中国东盟携手共谱繁荣新篇章”，新华社北京11月12日电，记者曹筱凡。（上网时间：2017年12月3日）

超越2016年的3800万人次再创新高。[①] 双方已确定2018年为“中国东盟创新年”，有望在新经济、新业态取得新突破。

（三）海上磋商取得重要进展

2017年中国与东盟继续在维护南海稳定方面开展合作，有效防止了南海争议被再度炒热。8月6日中国东盟外长会就“南海行为准则”框架文件达成共识，年底中国东盟领导人会议宣布“准则”案文磋商正式启动。此举标志着地区和平稳定机制建设取得重要进展，彰显了中国与东盟自主解决南海问题的决心和能力。[②] 双方已决定2018年首次举办“中国—东盟海上联合演习桌面推演”,[③] 继续推动南海成为“和平、友谊、合作之海”。

（审订：胡继平）

① “旅游合作，中国—东盟关系发展重要纽带”，国务院新闻办公室网站，2017年11月21日，http://www.scio.gov.cn/31773/35507/35510/Document/1606419/1606419.htm。

② “中国—东盟关系树立‘好邻居’典范”，新华社马尼拉2017年11月15日电，记者宋聃、陈瑶。（上网时间：2017年12月4日）

③ “李克强出席第20次中国—东盟领导人会议时强调构建理念共通、繁荣共享、责任共担的命运共同体”，新华社马尼拉11月13日电，记者陈瑶、许林贵。（上网时间：2017年12月4日）

第十三章　中亚：发展向好　合作求稳*

2017年中亚国家经济形势有所好转，政局总体稳定，吉尔吉斯首次平稳完成权力交接。俄罗斯持续强化对中亚影响，特朗普政府对中亚政策尚在形成中，中国与中亚国家各领域合作不断深化。安全方面，中亚暴恐事件明显减少，整体形势稳定，但受外部局势影响，安全挑战依旧严峻。

一、经济企稳回升

2017年，中亚国家经济缓慢回升，内外发展环境趋好，各国反危机措施逐步见效，但经济转型任重道远。

（一）宏观经济缓慢回升

表现有四：一是国内生产总值（GDP）数据好转。1—9月，哈、乌、吉、塔（吉克斯坦）、土（库曼斯坦）GDP同比分别增长4.3%、5.3%、5%、6.8%、6.4%。相较于2013—2016年，除乌因改革振荡增速下降外，其他国家基本呈回升态势。从

* 本章撰稿人：丁晓星、王聪、王明昌。

环比情况看，哈、塔、土前三季度数据明显好于第一季度。二是汇率保持稳定。截至10月底，哈、土本币汇率维持不变，其他各国货币与2016年同期持平，比2015年表现稳健。三是财政状况好转。2017年1—10月土财政扭亏为盈，盈余约1亿马纳特（约0.28亿美元），而2016年全年土财政赤字达24亿马纳特（约6.85亿美元）。2017年1—8月，吉财政预算收入921.741亿索姆，同比增长13.3%；支出1003.785亿索姆，同比增长4.4%。四是外贸额大幅上升。1—9月，哈、乌外贸总额分别增长25.7%和16.7%，其中出口分别增长31.5%和25.6%，进口分别增长17.2%和8.4%。

表13—1 2013—2017年中亚五国GDP增速

	2013年	2014年	2015年	2016年	2017年1—9月
哈萨克斯坦	+6%	+4.3%	+1.2%	+1%	+4.3%
乌兹别克斯坦	+9%	+8.1%	+8%	+7.8%	+5.3%
吉尔吉斯斯坦	+10.5%	+3.6%	+3.5%	+3.8%	+5%
塔吉克斯坦	+7.4%	+6.7%	+6%	+6.9%	+6.8%
土库曼斯坦	+10.9%	+10.3%	+6.7%	+6.2%	+6.4%

数据来源：各国统计部门。

表13—2 2017年中亚五国经济环比情况

	1—3月	1—6月	1—9月
哈萨克斯坦	3%	4.2%	4.3%
乌兹别克斯坦	7.5%	7%	5.3%
吉尔吉斯斯坦	7.8%	6.4%	5%
塔吉克斯坦	6.5%	6%	6.8%
土库曼斯坦	6.2%	6.4%	6.4%

数据来源：各国统计部门。

表 13—3　中亚五国汇率情况

	1 月 1 日	10 月 31 日	兑美元	2016 年同期	2015 年同期
哈萨克斯坦	333.29	334	贬值 0.2%	升值 1.9%	贬值 53%
乌兹别克斯坦	3231.48	8078.12	贬值 60%	贬值 9.7%	贬值 10.3%
吉尔吉斯斯坦	69.2	68.7	升值 0.7%	升值 9.1%	贬值 18%
塔吉克斯坦	7.87	8.79	贬值 11.6%	贬值 12.7%	贬值 24%
土库曼斯坦	3.5	3.5	不变	不变	贬值 23%

数据来源：各国央行数据。

（二）内外发展环境趋好

2017 年，内外环境趋好推动中亚国家经济复苏。从外部环境看：一是主要贸易伙伴国经济回暖。2017 年 1—9 月，中俄 GDP 增速分别为 6.9% 和 1.8%，[①] 好于 2016 年同期的 6.7% 和 -0.7%。[②] 中俄经济回暖拓展了中亚外部市场。2017 年 1—9 月，中国与中亚五国贸易总额达 259.3 亿美元，同比增长 19.3%。而俄经济回升直接带动中亚侨汇增长。据俄央行数据，2017 年上半年乌、吉、塔劳工从俄汇入侨汇分别增长 24.71%、17.7% 和 15.96%。二是国际能源价格回升。2017 年，布伦特原油和 WTI 原油均价分别约 52 美元/桶[③]和

① Бег на месте: российская экономика в стагнации, https: //www. gazeta. ru/business/2017/11/13/10983536. shtml. （上网时间：2017 年 11 月 15 日）

② ВЭБ: ВВП России сократился в январе-сентябре на 0.7%, http: //www. vestifinance. ru/articles/76748. （上网时间：2017 年 12 月 1 日）

③ EIA прогнозирует увеличение средней цены нефти Brent в 2017 году до $52, 69 https: //allpetro. ru/eia - prognoziruet - uvelichenie - srednej - tseny - nefti - brent - v - 2017 - godu - do - 52 - 69/. （上网时间：2017 年 11 月 16 日）

50.1 美元/桶①，而 2016 年均价则为 41.9 美元/桶②和 43 美元/桶③。国际油价上涨增加了中亚产油国的出口收入。1—9 月，哈出口总额同比增长 31.1%，石油和天然气凝析油出口同比增长 36.6%，黑色金属出口增长 59.1%。1—10 月，土天然气出口量增长 6.4%。

从内部因素看：一是大型活动较多，投资拉动明显。2017 年，哈先后举办了世界大学生冬运会和世博会，大量基建工程拉高了投资率。1—10 月，哈固定资产投资同比增长 6.5%。二是农业延续增长势头。农业是经济发展的“压舱石”。2017 年中亚五国农业延续增长势头。1—9 月，吉农业产值同比增长 0.8%；1—10 月，土农业增长 4.9%。三是出台系列反危机措施。2017 年中亚五国出台系列经济改革措施。哈提出“第三次现代化”，重点发展高科技、加工制造、农业、交通运输等产业，推动哈经济多元化发展，大力建设阿斯塔纳金融中心；乌进行全方位经济改革，取消了汇率“双轨制”，并在税收、海关等方面扶持本国企业；吉努力发掘内部潜能，吸引外资参与境内的中小水电站建设，并积极参与“中亚—南亚”输变电工程（CASA－1000）；塔在稳定国内金融体系的基础上，拓展国际贸易；土通过举

---

① EIA прогнозирует увеличение средней цены нефти Brent в 2017 году до $52, 69 https://allpetro.ru/eia-prognoziruet-uvelichenie-srednej-tseny-nefti-brent-v-2017-godu-do-52-69/.（上网时间：2017 年 11 月 15 日）

② Средняя цена нефти Urals в 2016 году упала на 18% http://www.rbc.ru/rbcfreenews/587366ac9a794725d6a62dcf.（上网时间：2017 年 11 月 17 日）

③ EIA повысило прогнозную цену нефти Brent в 2016 году до $43, 43 за баррель https://ria.ru/economy/20161013/1479188142.html.（上网时间：2017 年 11 月 16 日）

办“亚洲室内与武道运动会”（“亚室会”）大力推动基础设施建设。

（三）短期复苏可期，经济转型任务艰巨

目前，中亚国家基本走出了2008年金融危机以来的“二次探底”期，国际机构普遍看好未来中亚的经济前景。世界银行预计，2018年哈、乌、吉、塔、土GDP增速将达2.6%、7.7%、4%、5.9%和6.5%。11月，欧洲复兴开发银行预计，2018年上述五国GDP增速分别为3.5%、6.2%、4.2%、5%和5.2%。但从结构上看，各国仍未完成经济转型，苏联时期形成的低价值产品出口模式尚未改变，经济转型任重而道远。

一是原材料出口型的经济模式难以改变。2017年，受国际油价上升和卡沙甘油田投产的利好因素影响，哈全年预计开采石油7500万吨，高于年初预定的7100万吨。1—10月，哈固定资产投资同比增长6.5%，其中矿产领域投资占比35.3%。[①] 1—9月，土天然气和伴生气开采量同比增长7.8%，天然气出口量增长8.1%，油气领域投资同比增长13.3%。

二是经济开放程度依旧较低。虽然哈、吉、塔等国已加入世界贸易组织，但中亚各国的经济开放程度普遍较低。目前，中亚国家普遍实行汇率区间浮动政策，金融市场不对外开放，部分国家甚至不公开基本的经济数据，导致国际金融机构难以对其进行信用评级。截至2017年10月，中亚地区仅哈萨克斯坦拥有国际

---

① В Казахстане объем инвестиций в основной капитал в январе-октябре вырос на 6，5% http：//www.kt.kz/rus/economy/v_kazahstane_obyem_investicij_v_osnovnoj_kapital_v_janvare_oktjabre_viros_na_6_5_1153649094.html.（上网时间：2017年11月20日）

三大主流评级机构（惠誉、标普和穆迪）的主权信用评级。

三是营商环境急需改善。中亚国家政府对市场的干预程度依旧较高，营商环境需要改善。世界银行《2017 年世界营商环境报告》显示，乌、吉、塔三国分别排名第 74、第 77 和第 123 名。

二、政局稳中有变

（一）哈萨克斯坦调整权力结构

2017 年初，纳扎尔巴耶夫总统发表专门讲话，启动哈宪法改革。3 月，哈议会通过了《关于对哈宪法进行补充修改》的法案。根据修改后的宪法，总统将 40 多项权力移交政府和议会。此前政府只对总统负责，新宪法要求政府同时对总统和议会负责。内阁成员任命程序也有改变。未来总理须先同议会协商政府成员名单，议会同意后提交总统批准，政府辞职由向总统提交辞呈改为向议会提交等。哈学者认为，宪法改革并不意味着哈由总统制转为议会制，纳还保留直接任命外交部长和强力部门领导人的权力，且其民族领袖称号受宪法保护“永久不变”。纳的目的在于，通过宪法改革，建立更加均衡的权力架构，通过“集体领导”达到相互平衡、彼此制约，确保哈政局长期稳定。

4 月中旬，纳扎尔巴耶夫总统发表“社会意识现代化”一文，指出“哈进入新的历史时期，社会意识现代化不是政治与经济现代化的补充，而是现代化的核心”，“抱残守缺跟不上时代，必须改变自己”。社会意识现代化的核心内容是“有竞争力、保持民族特性、崇尚知识和开放性”。[①] 纳强调社会意识现代化的目的是改变哈社会的传统思维，进行社会革新，使哈民族更具竞争力和开放性。作为社会意识现代化的一部分，2017 年 10 月底，纳扎尔巴耶夫总统签署命令，启动哈语拉丁化改革工作，从 2018 年起普及拉丁文教材。哈文字改革意义重大，意味着哈将逐步摆脱俄文化的影响，从文化上更加自主和开放，与世界接轨。

（二）乌兹别克斯坦现“米氏新政”

2017 年初，米尔济约耶夫正式出任乌新总统。不久，乌便通过了《2017—2021 年五大优先发展战略》，确定了未来乌兹别克斯坦五大优先发展方向，即完善国家和社会管理体系，推进司法体制改革，保持宏观经济稳定，推进经济自由化，重视社会保障和科教文卫，加强国防、民族、宗教和外交政策。为配合五大优先发展方向，2017 年乌在政治、经济等领域进行了全方位改革。一是继续高举“卡里莫夫模式”的旗帜。米尔济约耶夫的改革并不是否定过去，而是对“卡里莫夫模式”的改良。二是转变政府职能，扭转官僚作风，减少政府对市场的干预。米尔济约耶夫强调“政府要为人民服务，而不是人民服务政府”。任总统以来，米撤换了约 80% 的州、部级领导，对各级行政机构一把手的工作实行考核评价，接受民众监督。三是妥善公开卡里莫娃案，传递反腐决心。7 月，乌当局公布了前总统卡里莫夫之女

---

① Статья Главы государства “Взгляд в будущее: модернизация общественного сознания” http://www.akorda.kz/ru/events/akorda_news/press_conferences/statya-glavy-gosudarstva-vzglyad-v-budushchee-modernizaciya-obshchestvennogo-soznaniya.（上网时间：2017 年 12 月 8 日）

卡里莫娃因涉嫌侵吞国有资产、偷税漏税等被判刑5年。据悉，卡里莫娃早在2015年就被判刑，此时公布案情意在向外界传递乌高层的反腐决心。四是完善金融体系。9月，米尔济约耶夫签署《乌外汇政策自由化首批实施细则》总统令，逐步取消汇率“双轨制”。

由于改革措施符合国情、社情，“米氏新政”得到国际舆论的一致好评。国际货币基金组织称，“从长远看，乌的改革将通过提高外部竞争力、吸引外国直接投资和完善国内资源分配体制来促进经济增长”。通过系列改革，米尔济约耶夫树立了较高个人威望，建立了以其为核心的执政班底。目前，乌政府高层中，总理阿里波夫、第一副总理拉马托夫、副总理米尔扎耶夫等均是其“老部下”。

（三）吉尔吉斯斯坦首次平稳交接权力

2017年10月15日，吉尔吉斯斯坦举行总统大选，11名候选人竞选，投票率约56%。社民党候选人、原总理热恩别科夫以约54.8%的得票率首轮胜出，反对派主要候选人巴巴诺夫获33.8%的选票。本次选举过程稳定，未出现大规模舞弊现象，选后政局稳定，吉首次实现权力平稳交接，摆脱了“逢选必乱”的魔咒，对吉未来发展意义重大。热恩别科夫是阿坦巴耶夫的亲密战友，曾任总统办公厅副主任，2016年出任总理。尽管阿坦巴耶夫已经离任，但他有可能以社民党主席身份继续施加影响。分析认为，热恩别科夫将基本延续“阿坦巴耶夫路线”，对内强调政治稳定、改善民生，奉行“以俄为主、大国平衡”的外交政策。

（四）塔吉克斯坦和土库曼斯坦总统继续强化权力

2017 年，塔总统拉赫蒙的控局能力继续增强。一方面，加大对伊斯兰复兴党的“围剿”，积极寻求国际支持。7 月，上合组织地区反恐机构和集体安全条约组织（集安组织）先后将该党列入恐怖组织名单。另一方面，拉赫蒙积极培养长子——鲁斯塔姆。1 月，拉赫蒙解除了乌拜杜洛耶夫的杜尚别市长职务，任命鲁斯塔姆为新的杜尚别市长。杜尚别市长一职在塔政坛上地位较高，被视为是通往权力高层的“跳板”。

2017 年，土总统别尔德穆哈梅多夫多管齐下，强化总统职权。一是如期选举，再次连任。2 月土举行总统大选，别尔德穆哈梅多夫以 92% 的得票率再次当选，任期至 2024 年。二是频繁更换高官，缓解执政压力。近年来，受国际能源价格下跌影响，土经济增速明显放缓。别尔德穆哈梅多夫撤换了多名高层，如主管油气工作的副总理卡卡耶夫、主管农业的副总理巴扎洛夫以及总检察长哈雷耶夫等。三是主办大型国际活动，提升在民众中的威望。2017 年土举行了“亚室会”“中亚 + 日本”外长级会议等重大国际活动，别尔德穆哈梅多夫均出席并发表讲话。

三、大国外交和域内互动呈现新动向

（一）俄罗斯持续强化对中亚影响

2017 年是俄罗斯与中亚国家建交 25 周年，是“总结过去、开拓未来的好时机”。[①] 同时，随着国际格局的深度调整，特朗普就任美国总统、英国“脱欧”、欧洲难民问题等困扰，西方对中亚的关注持续下降，为俄强化中亚外交提供机遇。

2017 年普京出访了中亚四国，并与中亚各国领导人多次会谈。2 月，普京访问哈、塔、吉三国；4 月，乌总统米尔济约耶夫访俄，俄乌签署 160 亿美元合作协议；[②] 10 月，普京时隔多年访土。10 月 10—11 日，独联体八国领导人访俄参加独联体国家领导人峰会，普京与乌、土、塔领导人单独会谈。[③]

经贸投资领域，2017 年 1—9 月，独联体国家间贸易额达 750 亿美元，同比增长 25%。[④] 1—8 月，俄、乌贸易额同比增长 20%。[⑤] 截至 2017 年 9 月，俄对中亚各国的直接投资约 200 亿美元，在中亚的俄资企业（含合资）超过 7500 家。2013—2016 年中亚劳工自俄罗斯的侨汇总额超过 370 亿美元，平均每年达

① Партнерство, испытанноевременем, https: //rg. ru/2017/10/04/lavrov – pomoshch – rf – centralnoj – azii – prevysila – 6 – milliardov – dollarov. html. （上网时间：2017 年 12 月 3 日）

② Десятки документов подписаны в ходе визита Шавката Мирзиёева в Москву, http: //www. aloqada. com/News/2017/04/05/desyatki – dokumentov – podpisany – v – nbsp – khode – vizita – shavkata – mirzijoeva – v – nbsp – moskvu. （上网时间：2017 年 11 月 7 日）

③ Путин обсудил с коллегами по ЕврАзЭС и СНГ укрепление взаимодействия, http: //tass. ru/politika/4637872. （上网时间：2017 年 12 月 7 日）

④ Путин обсудил с коллегами по ЕврАзЭС и СНГ укрепление взаимодействия, http: //tass. ru/politika/4637872. （上网时间：2017 年 12 月 7 日）

⑤ Мирзиёев заявил, что отношения с Россией наполнились реальными результатами, http: //www. aloqada. com/News/2017/10/11/mirzijoev – zayavil – chto – otnosheniya – s – rossiey – napolnilis – realnymi – rezultatami. （上网时间：2017 年 11 月 7 日）

92.5 亿美元。[①]

安全领域，俄不断加强与中亚各国合作，巩固南部边防。目前，独联体国家已成为“伊斯兰国”的重要招募来源和恐袭目标。2017 年以来，俄国防部向驻吉、塔军事基地增配最新式武器装备，利用集安组织等开展大规模反恐演习。10 月，吉总理伊萨科夫透露，俄准备在吉南部建设新的军事基地。[②]

此外，俄与中亚各国在人文教育领域的合作也明显提升。2017 年 8 月，28 名俄罗斯教师赴塔支教，并带去 6 万本俄语教科书。[③] 俄在土的普希金俄语中学已经建成，并准备在吉建设类似中学。目前，中亚国家在俄罗斯的留学生总数达 15 万。[④] 总体看，短期内俄在中亚的影响力将明显上升，但不会改变中亚多元化的地缘格局。

（二）特朗普政府对中亚政策尚在调整之中

近年来，随着美国阿富汗政策的调整，美国的中亚外交也不断调整。一方面，美国关闭了在中亚的所有军事基地，减少对中亚各国的援助力度；另一方面，美与中亚五国建立“C5 +1”外

---

① Партнерство, испытанноевременем, https://rg.ru/2017/10/04/lavrov-pomoshch-rf-centralnoj-azii-prevysila-6-milliardov-dollarov.html.（上网时间：2017 年 12 月 3 日）

② У России просят военную базу в предвыборных целях, https://vz.ru/politics/2017/10/2/889379.html.（上网时间：2017 年 12 月 4 日）

③ Партнерство, испытанноевременем, https://rg.ru/2017/10/04/lavrov-pomoshch-rf-centralnoj-azii-prevysila-6-milliardov-dollarov.html.（上网时间：2017 年 12 月 3 日）

④ Партнерство, испытанноевременем, https://rg.ru/2017/10/04/lavrov-pomoshch-rf-centralnoj-azii-prevysila-6-milliardov-dollarov.html.（上网时间：2017 年 12 月 3 日）

长机制，定期举行会议，保持对话。特朗普出任美总统以来，未出台明确的中亚战略，美与中亚各国仅保持“常规”外交和军事合作。

2017 年 5 月，美总统特朗普出席在利雅得举行的“穆斯林国家—美国峰会”，其间与哈、乌、塔三国总统分别举行了双边会谈，成为其任内首次与中亚国家领导人会面。[①] 9 月，中亚五国外长赴美，与美国务卿共同出席“C5 +1”外长会，商讨了安全等领域合作事宜，未达成实质成果。[②] 在援助方面，美开始减少对中亚各国的援助额。根据 2018 财年美预算显示，美将完全终止对中亚五国的“AEECA”援助（“对欧洲、欧亚和中亚的援助”）。[③]

总体看，美对中亚地区的关注度和影响力在持续下降。未来，美对中亚政策将主要取决于阿富汗安全形势和国际反恐形势的变化。8 月下旬，特朗普阐述了其阿富汗新战略，表示美国将在阿采取“基于条件”，而非“基于时间表”的政策。[④] 特朗普虽未明确宣布增兵，但已确定将继续在阿富汗反恐。展望未来，

---

① Шавкат Мирзиёев посетит саммит арабо-мусульманских стран и США, http：//ru. sputniknews - uz. com/politics/20170518/5436016/Shavkat - Mirzieev - sammit - Er - Riyaml.（上网时间：2017 年 12 月 3 日）

② В Нью-Йорке прошла встреча в формате C5 + 1, https：//www. uzdaily. uz/articles - id - 34267. htm.（上网时间：2017 年 10 月 1 日）

③ “美国削减对中亚南亚经济援助 美媒忧中国借机拓展影响力”，http：//www. cankaoxiaoxi. com/world/20170508/1965227. shtml。（上网时间：2017 年 12 月 3 日）

④ “特朗普出台阿富汗新战略”，http：//www. beijingreview. com. cn/shishi/201709/t20170908_ 800104300. html。（上网时间：2017 年 12 月 3 日）

美与中亚国家合作将主要侧重在加强安全和反恐合作，以应对阿富汗和恐怖主义问题。

（三）中亚国家与伊斯兰世界关系持续发展

近年来，中亚国家与伊斯兰国家的关系明显加强。2016 年 10 月，伊斯兰合作组织外长理事会第 43 次会议在乌首都塔什干举行。伊斯兰开发银行宣布，2016—2020 年将向中亚国家提供 60 亿美元援助。乌宣布在撒马尔罕成立伊玛目布哈里国际研究中心、在塔什干伊斯兰大学设立伊斯兰合作组织教科文研究室等。[①]

2017 年 9 月，第一届伊斯兰合作组织科技大会在哈召开，多国总统参会，各方就加强伊斯兰国家间科技合作达成一致，并确定 2018 年第二届会议将在乌兹别克斯坦举行。[②] 同月 28 日，吉举办了“现代世俗国家中的伊斯兰教”国际会议，19 个国家的宗教事务官员和学者出席，各方发布共同宣言，支持在比什凯克设立伊斯兰研究中心等。[③]

（四）中国与中亚关系全面深化

随着“一带一路”建设的推进，中国与中亚国家关系全面

① “伊斯兰开发银行将向中亚国家提供 60 亿美元的发展资金”，http：//uz. mofcom. gov. cn/article/jmxw/201610/20161001422213. shtml。（上网时间：2017 年 12 月 3 日）

② Президент Узбекистана завершил визит в Казахстан，http：//www. aloqada. com/News/2017/09/10/prezident – uzbekistana – zavershil – vizit – v – kazakhstan. （上网时间：2017 年 12 月 3 日）

③ “中国伊协秘书长马中平参加‘现代世俗国家中的伊斯兰教’国际会议”，http：//www. chinaislam. net. cn/cms/news/xhxw/201709/30 – 11390. html。（上网时间：2017 年 10 月 1 日）

深化，各领域合作取得新成果。

2017 年，中国与中亚国家领导人保持紧密交往。5 月，哈、乌、吉三国总统赴华参加“一带一路”国际合作高峰论坛；6 月，习近平主席赴哈参加第 17 届上合组织领导人峰会，与中亚五国领导人进行了交流；8 月底，塔总统拉赫蒙访华，并参加“新兴市场国家与发展中国家对话会”，中、塔双边关系提升到全面战略伙伴关系。中亚各国对中国发展模式的认同感不断增强，《习近平谈治国理政》的乌语版、哈语版先后出版。

经贸投资领域，中国与中亚各国在“丝路带”框架内的合作稳步推进。中、哈双方制定了总额达 270 亿美元的产能合作重点项目清单，成立了 20 亿美元的中哈产能合作基金，并设立了一期 150 亿美元的中哈产能合作专项贷款。[①] 2017 年 5 月，乌总统米尔济约耶夫访华，中乌签署了总额达 230 亿美元的投资和经贸协议。8 月，第五届中国—中亚合作论坛在连云港举行，中亚五国政府代表表示愿加强“丝绸之路经济带”内的互利合作。[②] 此外，塔总统拉赫蒙访华时，中、塔也签署了数亿美元的合作和贷款协议。

人文教育领域的合作不断深入。中国与哈、乌等国策划了文化年、旅游年等活动，共同筹划拍摄电影和纪录片。中国继续增加中亚各国赴华留学生的名额。此外，中国与哈、乌等国开始讨

---

① “中哈产能合作已形成总额 270 亿美元重点项目清单”，http://www.china.com.cn/news/2017-05/12/content_40800962.html。（上网时间：2017 年 12 月 3 日）

② “中国—中亚合作论坛召开”，http://news.xinhuanet.com/politics/2017-08/03/c_129671118.html。（上网时间：2017 年 12 月 3 日）

论合办大学。

（五）中亚国家间互动明显增强

2016年下半年以来，乌不断改善与邻国的关系，带动整个中亚地区的内部积极互动。首先，领导人互访频繁。截至2017年11月底，乌总统三次访哈、两次访土、一次访吉，其他各国领导人间也互访频繁。此外，中亚各国领导人在上合组织、“一带一路”高峰论坛、伊斯兰合作组织会议等场合多次碰面，展现兄弟关系。其次，经贸合作增长迅速。米尔济约耶夫上台后，乌与邻国经贸合作大幅上升。2017年1—6月，乌与哈、吉、塔贸易额分别增长了11%、69%和22%。[①] 第三，边界、水资源争端得到控制。乌、吉多次举行边界谈判，解决了50多段争议边界，划定了85%的边界。[②] 在水资源问题上，乌改变了此前坚决反对吉、塔修建水电站的态度，表示愿参与上游水电站的建设。第四，重提地区一体化。乌表态称，准备参与恢复“中亚统一能源系统”；哈外长则建议称，中亚各国可以讨论地区一体化问题。2017年11月，乌总统米尔济约耶夫倡议成立中亚国家领导人定期会晤机制，得到其他国家的支持。[③]

---

① В 2017 году товарооборот Узбекистана со странами ЦА увеличился на 13%, http：//ru. sputniknews - uz. com/economy/20170907/6245120/uzbekistan - ca - tovarooborot. html. （上网时间：2017年12月3日）

② Президент Узбекистана подписал закон о границе с Киргизией, https：//regnum. ru/news/2330599. html. （上网时间：2017年12月3日）

③ В Самарканде пройдет крупная международная конференция по региональной безопасности, http：//www. aloqada. com/News/2017/11/07/v - samarkande - proydet - krupnaya - mezhdunarodnaya - konferenciya - po - regionalnoy - bezopasnosti. （上网时间：2017年11月13日）

四、安全形势总体稳定，外部威胁依然严峻

（一）恐袭事件明显减少，反恐形势总体稳定

2017年，随着大国加大反恐力度，国际反恐形势发生新变化。据澳大利亚经济与和平研究所发布的“2017年全球恐怖主义指数”（Global Terrorism Index）显示，2017年全球恐怖活动致死人数连续第二年下降，比2014年恐怖活动“高峰期”（致死人数超过32500人）下降了约22%。[①] 2017年，中亚恐袭活动也得到控制，未发生严重恐怖袭击事件。

虽未发生恶性暴恐事件，但各国强力部门挫败了数十起恐袭，逮捕数百名涉恐人员。据塔内务部数据，2017年上半年塔共阻止了12起恐怖袭击，逮捕228名涉恐人员，其中104人与“伊斯兰国”有关。[②] 8月底，中国驻吉使馆遇袭一周年之际，吉国安委在楚河州破获一恐怖小组，打死2名恐怖分子，缴获大量枪支和手榴弹。[③] 10月，吉国安委执行反恐行动时，2名国安

---

① Global Terrorism Index, http://visionofhumanity.org/app/uploads/2017/11/Global-Terrorism-Index-2017.pdf.（上网时间：2017年12月1日）

② 228 граждан Таджикистана задержаны за причастность к терроризму, http://avesta.tj/2017/07/21/228-grazhdan-tadzhikistana-zaderzhany-za-prichastnost-k-terrorizmu/.（上网时间：2017年12月1日）

③ На севере Кыргызстана спецназ ликвидировал двух террористов, http://www.vb.kg/doc/365556_territoriia_terrora_godovshina_ataki_na_posolstvo_knr_i_popytki_novyh.html.（上网时间：2017年12月1日）

委成员遇袭受伤，恐怖分子成功潜逃。[①]

（二）国际反恐形势复杂，中亚安全挑战依然严峻

近年来，中亚本土恐袭得到控制的同时，中亚籍恐怖分子在国际暴恐活动中却十分活跃，在俄罗斯、土耳其、欧洲、美国等参与实施了一系列严重恐袭。例如：2016 年 6 月中亚籍恐怖分子在伊斯坦布尔阿塔图尔克机场制造了连环爆炸，造成 41 人死亡、239 人受伤；[②] 2017 年 4 月，圣彼得堡地铁恐怖袭击，造成数十人伤亡，嫌犯为吉尔吉斯人；[③] 10 月，2 名乌籍恐怖分子在纽约发动卡车撞人恐袭，造成 8 人死亡、12 人重伤。[④] 据俄外交部数据，截至 2017 年 9 月，境外作战的中亚恐怖分子总数达 5000 人。[⑤]

2017 年，中东反恐形势发生新变化，“伊斯兰国”的地盘被不断挤压，叙利亚宣布反恐战争取得胜利。但这并不意味着国际反恐斗争的结束。2017 年下半年起，大量残存的国际恐怖分子开始向非洲、南亚、东南亚地区转移，寻求新的战略基地。中亚籍恐怖分子回流本土的问题变得更加突出。9 月，俄安全委员会

---

① На юге Киргизии террористы ранили двух сотрудников госбезопасности, https: //regnum. ru/news/polit/2279101. html. （上网时间：2017 年 12 月 1 日）

② “41 人遇难 239 人受伤，土耳其机场恐袭令世界紧张”，http: //world. huanqiu. com/exclusive/2016 – 06/9102145. html。（上网时间：2017 年 12 月 1 日）

③ “俄罗斯圣彼得堡地铁发生恐袭事件已致 11 死 45 伤”，http: //world. huanqiu. com/hot/2017 – 04/10423310. html。（上网时间：2017 年 12 月 1 日）

④ “纽约曼哈顿发生卡车撞人恐怖袭击事件 8 人死亡”，http: //news. xinhuanet. com/2017 – 11/01/c_ 1121886418. html。（上网时间：2017 年 12 月 1 日）

⑤ В Сирии воевало около пяти тысяч боевиков из Центральной Азии, http: //www. islamsng. com/sng/news/13358. （上网时间：2017 年 12 月 25 日）

副主任努尔加里耶夫称，在叙利亚作战的中亚恐怖分子正向“故乡”回流，试图在中亚建立地下恐怖小组。[①]

与此同时，阿富汗的安全形势依然严峻。2017 年初，阿官员表示，阿政府控制的领土仅占总国土面积的 57%。[②] 阿富汗塔利班在巩固东部和南部大本营的同时，不断向东北部和北部拓展。同时，“伊斯兰国”在阿实施了多起重大恐袭。10 月，集安组织秘书长哈恰图洛夫称，阿北部的“伊斯兰国”等武装分子已有 7000 多名，因季节因素，未来几个月这些武装分子不会发动大规模恐袭，但 2018 年春季集安组织必须做好防御准备。[③] 11 月底，阿富汗军方称，在北部靠近中亚的朱兹詹省，抓获了“伊斯兰国”阿富汗分支的重要军事指挥官——安瓦罗夫（乌兹别克斯坦布哈拉州人）。[④]

（三）各国继续强化反恐举措

一是加快修改相关法案，严防回流恐袭。2017 年 4 月，哈通过《刑法》修正案，决定取消赴国外参与恐怖活动人员的国

---

① Воевавшие в Сирии боевики создают 《спящие ячейки》 в странах Центральной Азии, -Совбез РФ, http: //ca – news. org/news: 1405841/? from = ya.（上网时间：2017 年 12 月 1 日）

② “特朗普出台阿富汗新战略”, http: //www. beijingreview. com. cn/shishi/201709/t20170908_ 800104300. html。（上网时间：2017 年 12 月 3 日）

③ Странам ОДКБ нужно быть готовыми к отражению вторжения боевиков из Афганистана, -генсек ОДКБ, http: //avesta. tj/2017/10/20/stranam – odkb – nuzhno – byt – gotovymi – k – otrazheniyu – vtorzheniya – boevikov – iz – afganistana – gensek – odkb/.（上网时间：2017 年 12 月 1 日）

④ В Афганистане задержали крупного командира ИГ узбекского происхождения, http: //podrobno. uz/cat/world/v – afganistane – zaderzhali – krupnogo – komandira – ig – uzbekskogo – proiskhozhdeniya – /. （上网时间：2017 年 12 月 6 日）

籍，使其无法正常回国。[①] 同时，为应对日益严峻的网络暴恐，塔议会修改了《侦查法》，通过了《关于允许执法机关监控居民网络的法案》等，赋予塔情报部门获取公民上网信息的权力。[②]

二是打击极端组织活动，防止极端思想传播，根除招募土壤。宗教极端思想的传播是中亚公民被招募的重要原因，各国均加大对极端组织的打击力度。近年来，吉尔吉斯不断补充极端组织名单，截至2017年底已经增加到20个。2017年6月，吉通过了《2017—2022年打击恐怖主义和极端主义计划》。[③] 为应对极端思想的网络传播问题，2016年11月至2017年8月，塔对国内所有的手机号进行重新实名登记，近200万个手机号被注销。[④]与此同时，据上合组织地区反恐怖机构副主任穆卡舍夫称，过去3年，上合组织冻结了2000多个涉恐银行账户，屏蔽了10万多个极端思想网站。[⑤]

三是加强地区各国强力部门间合作，共同抵御外部威胁。近

---

① Глава Минюста утверждает, что политической подоплеки в данном решении нет, https: //regnum. ru/news/polit/2267747. html. （上网时间：2017年12月1日）

② "塔议会下院议员赞成关于允许执法机关监控居民网络的法案", http: //tj. mofcom. gov. cn/article/jmxw/201707/20170702609314. shtml。（上网时间：2017年9月1日）

③ Почему в Кыргызстане растет угроза насильственного экстремизма и терроризма, https: //www. zakon. kz/4885510 - pochemu - v - kyrgyzstane - rastet - ugroza. html. （上网时间：2017年11月21日）

④ В Таджикистане отключили свыше 2 млн. SIM-карт, http: //avesta. tj/2017/08/02/v - tadzhikistane - otklyuchili - svyshe - 2 - mln27 \ - sim - kart/.

⑤ "上合组织成员国情报部门2016年协助挫败40起策划在俄罗斯实施的恐袭", http: //sputniknews. cn/economics/201711011023944777/。（上网时间：2017年12月3日）

年，中亚各国关系不断改善，为各国加强反恐合作打下基础。2017 年乌、吉、塔三国安全和边防部门多次召开会议，就共同打击国际恐怖主义达成诸多成果。此外，10 月 10—11 日，在独联体国家领导人峰会上，各方讨论了边防、反恐等问题，并最终签署了《独联体和平研究和航空领域合作的协定》《改善独联体国家间统一防空体系的决定》等 18 份文件。

四是加强与俄罗斯、集安组织和上合组织等的军事合作。3 月，塔、俄在塔南部举行 4 万多名军人参加的大规模反恐军事演习。[①] 8 月，俄国防部长绍伊古称，俄将向驻塔、吉军事基地配备最新武器，以防止恐怖分子从阿富汗向北转移。11 月，集安组织快反部队再次在塔开展大规模反恐军事演习，5000 多名军人参加。[②] 此外，上合组织的地区反恐成效明显，过去 3 年间，上合组织挫败了 550 多起涉恐犯罪，逮捕了 1500 多名恐怖分子，缴获了 700 多个自制爆炸装置、50 多吨爆炸物、6000 多件枪支和 50 多万件弹药。[③]

（审订：冯仲平）

---

① Россия модернизирует таджикскую армию с оглядкой на ситуацию в Афганистане, http://avesta.tj/2017/10/12/rossiya – moderniziruet – tadzhikskuyu – armiyu – s – oglyadkoj – na – situatsiyu – v – afganistane/.（上网时间：2017 年 12 月 1 日）

② В Таджикистане проходят таджикско-российские антитеррористические учения, http://avesta.tj/2017/03/28/v – tadzhikistane – prohodyat – tadzhiksko – rossijskie – antiterroristicheskie – ucheniya/.（上网时间：2017 年 12 月 3 日）

③ “上合组织成员国 3 年来挫败 550 起涉恐案和极端主义犯罪”，http://world.huanqiu.com/exclusive/2017 – 10/11338158.html。（上网时间：2017 年 12 月 1 日）

第十四章　中东：战乱变革　破而难立*

2017 年，中东继续在失序中艰难挣扎，在由变生乱、乱中求治、求治无门的怪圈中徘徊不前。这一年，“伊斯兰国”极端组织在各方强力打压下加速衰亡，叙利亚战场上建起“冲突降级区”，但战乱依旧，地缘政治格局与地区战略力量对比仍在剧烈变化之中，新平衡尚未形成，新秩序遥不可期。

从地区层面看，中东进入“后伊斯兰国”时代，权力与治理真空引发新一轮激烈争夺；教派与民族冲突仍是地区主要矛盾；库尔德人异军突起，要求分割国家主权；阿拉伯阵营内部分歧凸显，地缘政治板块进一步破碎。从国家层面看，各国艰难探索发展新道路，实力对比在内外冲击下发生变化，传统平衡被打破，博弈主动权易手，竞争出现新态势。与此同时，美国特朗普新政府上台后，调整对中东政策，重树反恐与遏伊两面大旗，整合旧盟友体系；俄罗斯强势介入中东，在叙利亚问题上与美分庭抗礼，广交朋友。中东从美国“一家独大”转向美俄“双雄对峙”，加剧地区力量分化。

---

* 本章撰稿人：廖百智、李亚男、秦天、龚正、唐恬波。

一、地缘格局碎片化程度加深，新秩序遥不可期

中东历来是国际社会中地缘格局变化最复杂、碎片化程度最深的地区之一。2011 年开启的大变局加剧了这一情势，接踵而来的内战、教派冲突和反恐战争进一步粉碎了区域和国家内部的政治版图。2017 年，虽然联合抗击“伊斯兰国”的战争取得阶段性胜利，叙利亚内战烈度亦有所降低，但地区“碎片化”趋势并无逆转迹象，呈现出新的特点：一是“碎片”之间的边界带逐渐清晰、固化，成为争夺与冲突高发区；二是“碎片”内部裂痕显现，部分小集团加速分化。各国、各方利益诉求分歧增大，整合难度增加。

（一）“伊斯兰国”加速衰亡，地区治理难题再度凸显

2014 年起肆虐于伊拉克、叙利亚北部地区的极端组织“伊斯兰国”，本身是中东地区秩序崩塌的产物，反过来又加速了地区旧格局解体。在各方打压下，该组织自 2016 年开始由盛转衰，2017 年不断丢城失地，行将覆灭。一是控制区急速减少。截至 2017 年 6 月，“伊斯兰国”有效控制面积约为 3.62 万平方千米，与 2015 年年初相比缩小 60% 以上，[①] 较其巅峰时期缩减近七成。受其奴役的人口也大幅减少。“伊斯兰国”的“治理”计划宣告

① IHS Markit Report, “*Islamic State Territory Down 60 Percent and Revenue Down 80 Percent on Caliphate's Third Anniversary*”, published at June 29, 2017. 参见：http://news.ihsmarkit.com/press-release/aerospace-defense-security/islamic-state-territory-down-60-percent-and-revenue-down-80.（上网时间：2017 年 11 月）

失败，从一个准国家行为体退化为散兵游勇，其残留据点正被逐个击破。二是财源濒临枯竭。“伊斯兰国”的主要收入来源是走私石油、倒卖文物、勒索、劫掠、强征人头税及其他非法活动。随着控制区减少和人口流失，其敛财空间被不断压缩。非法收入从2015年每月8100万美元跌至2017年每月1600万美元，减少80%以上；[①] 其中石油收入缩水尤为严重，至2017年10月仅有400万美元进账，是2015年月收益的1/10。[②] 三是宣传和动员能力下降。对外发布视频减少，信息传播效率降低；外籍“圣战者”进入渠道被切断，本地几无兵员可募，远不能满足战斗需求。2017年7月，“伊斯兰国”在伊拉克的大本营和最后据点摩苏尔失守；10月，其窃据“首都”拉卡被叙利亚民主军收复，“统治根基”遭摧毁。[③] 随后兵败如山倒，接连丢失迈亚丁、阿布卡迈勒、加伊姆、代尔祖尔等重镇，实体组织加速衰亡。

“伊斯兰国”的军事失败，标志着中东进入“后伊国时代”，但恐怖主义与极端思想的威胁并未解除，地区国家治理难题再度浮出水面。一方面，旧问题没有随反恐战争的胜利而获得解决。以伊拉克、叙利亚为代表，中东多数国家普遍存在教派和民族冲

---

① 降幅由2017年第二季度数据和2015年同期数据对比得出。数据来源见IHS Markit Report（同上）。

② Patrick B. Johnston，“*Oil，Extortion Still Paying Off for ISIS*”，参见：https：//www. rand. org/blog/2017/10/oil – extortion – still – paying – off – for – isis. html。（上网时间：2017年11月）

③ Aaron Y. Zelin，“*Interpreting the Fall of Islamic State Governance*”，October 16，2017. 参见：http：//www. washingtoninstitute. org/policy – analysis/view/interpreting – the – fall – of – islamic – state – governance。（上网时间：2017年11月）

突、高层腐败、政党恶斗、青年人口“膨胀”、[1] 失业率高、经济增长乏力、政府预算短缺等问题，国家治理能力原本不足，不能提供治安、医教等必要公共产品，无力弥合教派、民族间矛盾，由此引发社会不满，成为催生恐怖组织的土壤。反恐战争消耗了政府大量资源，释放了教派仇恨，放大了权力斗争空间，使上述问题进一步恶化，形成恶性循环。另一方面，旷日持久的战乱又催生了新问题。战争制造了大量难民，导致武器大范围扩散、暴力频发，严重削弱了政府的管控能力，给国家治理和战后重建带来更大挑战。在伊拉克，伊朗影响力扩张、什叶派民兵壮大并获准编入政府军，引起逊尼派的不满和恐惧；高层政治斗争暗流涌动，总理阿巴迪忙于打压对手、巩固权力，无暇推进社会重建；库尔德自治区趁机要求独立，招致中央政府武力压制。在叙利亚，内战仍在继续，政府军趁“伊斯兰国”覆灭之机，加紧收复失地；反对派控制地盘大幅缩水，但仍有外援，固守据点与政府军对抗；库尔德武装坐大，已成一方割据力量；美、俄、沙、土、伊朗等外部势力操纵代理人，尽力扩大在叙影响；政治对话与战后重建短期内难以启动。伊拉克、叙利亚当前的国家治理困境，既为“伊斯兰国”溃败后化整为零、藏恐于民提供了条件，也蕴含着极端组织死灰复燃、卷土重来的重大隐患。

（二）边缘地带与真空区成争夺焦点，冲突呈长期化趋势

反恐战争阶段性胜利和内战烈度降低，产生了两类区域。一

---

① 人口结构中青年人口快速增长，同时缺乏必要的教育和工作机会，成为导致社会动荡的高风险因素。这一问题在中东国家中尤其突出。参见：Lionel Beehner, “The Effects of ‘Youth Bulge’ on Civil Conflicts, https：//www. cfr. org/backgrounder/effects – youth – bulge – civil – conflicts。（上网时间：2017 年 10 月）

是“伊斯兰国”退出后留下的治理真空区；二是教派、部落、族群势力范围相对固定后形成的边缘带，均成各方角逐的新焦点。真空区争夺是各派扩充影响力的零和博弈。美国《大西洋月刊》在拉卡之战结束后刊登评论文章称：打击“伊斯兰国”的共同目标实际上短暂延缓了中东地区的碎片化趋势，迫使不同派别的武装在战场上形成一定程度的默契与协作；但反恐战争胜利解除了普遍威胁，被掩盖的矛盾再次集中爆发，其激烈程度和紧迫程度更甚于前。[①] “伊斯兰国”覆灭前夕，各派加紧抢夺地盘，扩大战果，充实己方力量，遏制对手扩张，意图在下一阶段竞争中占据主动。反映在主权国家边界线内，是伊拉克什叶派民兵、库尔德地方政府与中央政府的三方角力，是叙利亚政府军、库尔德“人民保卫军”和逊尼派反政府武装的混战；反映在地区层面，是俄罗斯支持的土耳其、伊朗和美国支持的沙特、阿联酋等对伊、叙战后重建与政治安排的深度介入，各方均欲在伊、叙扶植代理人或同盟政府。边缘带冲突是长期以来族群矛盾不可调和的集中体现。战乱在中东制造了大量难民，难民迁徙流动改变了地区原有的人口分布结构，教派、民族混居区减少，什叶派、逊尼派和库尔德人、阿拉伯人、德鲁兹人、土库曼人等，都逐渐向本教派、本民族聚居地集中，形成核心区域并组建武装，抱团自保。而且各派背后都有复杂的外部力量支持，没有任何一

① Thanassis Cambanis, “*The War on ISIS Held the Middle East Together*”, Oct 17, 2017. 参见：https：//www. theatlantic. com/international/archive/2017/10/raqqa - isis - middle - east - iraq - kurds/543120/。（上网时间：2017 年 11 月）

方能完全吞并对手的占领区，[1] 但又都有扩张冲动，因此频繁在边缘地区爆发冲突。也门胡塞武装盘踞北部萨达省、哈杰省等传统什叶派地区和首都萨那，与沙特支持的哈迪政府和南部逊尼派部落武装对峙两年有余，在荷台达、马里卜和伊卜等地长期进行拉锯战。利比亚世俗派支持的东部政府、伊斯兰宗教武装支持的西部政府和联合国扶植的民族团结政府都在独立运作，相互争抢地盘和支持者，冲突集中在西北部、中东部势力交错区和班加西附近油气资源富集区。在伊、叙战场上，库尔德人武装南下西进，势力扩张至幼发拉底河东岸；伊朗支持真主党和什叶派民兵挺进叙东部、南部，控制伊叙边境，合谋打通“什叶派走廊”；土耳其在摩苏尔近郊和伊德利卜地区驻军，支持逊尼派反政府武装，严防库尔德控制区勾连成片。各派别势力范围犬牙交错，力量相对平衡，对话停滞不前，政治和解无门，冲突呈现小规模、大范围、长期化特征。

（三）现有同盟内部矛盾上升，频现分裂危机

在中东地区教派冲突的大背景下，以伊朗为首的什叶派和以沙特为首的逊尼派形成两大对立阵营，各阵营内部稳定和阵营间力量相对平衡是维持地区秩序的必要条件。但随着地区政治版图破碎程度不断加深，同盟进一步分裂为更小的集团，“碎片化”朝着“碎末化”方向发展。首先是逊尼派阵营核心集团“海湾国家合作委员会”爆发史上最严重分裂危机。2017 年 6 月，沙特联合阿联酋、巴林、埃及等国，宣布与卡塔尔中断外交关系，

---

① 牛新春：“解体的中东：重回‘弱主权时代’”，载《现代国际关系》2017 年第 7 期，第 4 页。

严厉指责其勾结伊朗、支持恐怖主义，对其实施封锁和制裁。这一方面固然是海合会内部积怨爆发所致。沙特长期以来对卡塔尔支持“穆斯林兄弟会”等政治伊斯兰势力不满，对其在叙利亚、巴勒斯坦、利比亚等问题上与沙立场相悖而深感愤怒，早有整肃门户、逼卡塔尔妥协之意。另一方面，也是当前地缘博弈新态势催生的必然结果。“后伊斯兰国”时代沙、伊矛盾凸显，沙特为阻断伊朗影响力持续上升的势头，被迫整合盟友队伍，“以斗争求团结”，消除内部分歧，其政策得到美国暗中鼓励。但卡塔尔亦获土耳其、俄罗斯支持，与沙特僵持对峙，拒不低头。其他海湾国家如科威特、阿曼等立场暧昧，并不愿跟随沙特“站队”。分裂危机持续至今，海合会已四分五裂，名存实亡。

在已处于分裂状态的国家中，现有政治或武装同盟也出现新的分化，其脆弱性充分显露。在也门，胡塞武装与前总统萨利赫结盟，共同对抗沙特支持的哈迪政府、逊尼派部落武装和“南方分离运动”，形成北南对峙局面，战场形势长期胶着。2017年，萨利赫加紧与沙特方面接触，谋求和解，意图争取沙特支持、重返权力中心，引起胡塞不满。12月初，双方公开决裂，萨利赫在与胡塞武装火并中身亡，“北方阵营”瓦解。“南方分离运动”对哈迪政府统一全境毫无信心，不愿继续在战场上消耗，于2017年中提出南部诸省独立要求；逊尼派部落武装割据自治，意欲隔岸观火、独善其身；哈迪及其内阁主要成员流亡沙特，寸步难行。反胡塞同盟也已分崩离析，目前战局主要靠沙特、阿联酋等外部力量维持。但沙、阿两国对退出也门战争的“路线图”亦有分歧，至今未提出可行方案。在利比亚，旨在消除内战、重新配置权力的《政治协议》已成一纸空文，据此成立的民族团结政府反而加剧了国内各派别分裂，原本以东、西政府两方对立为主的纷争，又衍生出民族团结政府的支持者与反对者的冲突，[①] 各派自行其是，矛盾愈演愈烈。冲突各方均不能有效控制其加盟力量，所谓“同盟”成为政治投机者逐利而动的不稳定组合。2017 年 7 月，法国力促东部政府与民族团结政府代表实现对话，口头承诺停火和尽快举行大选，但在各方同盟松散破碎的情况下，并无实际意义。

（四）非国家行为体力量壮大，要求分割主权

中东地区持续战乱造成部分国家政权中空，一些地区长期处于无政府状态，非国家行为体趁势而起，参与地缘政治争夺。其中最突出、波及范围最广的是库尔德族群。在叙利亚，库尔德人原本是被边缘化的少数民族，2011 年内战爆发后迅速坐大。2014 年“伊斯兰国”在伊、叙北部肆虐，库尔德人首当其冲、奋起反击，显示出较强的组织性和战斗力，成为美国在当地最为倚重的反恐盟友，获得大量资金和武器援助，同时还得到俄罗斯认可，在莫斯科设立代表处，军事实力和政治地位同步提升。2016 年宣布成立地区自治政府。2017 年特朗普上台后，为尽快实现反恐目标，不顾盟友反对，开始直接向叙利亚库尔德“人民保卫军”提供重型武器装备，使其在战场上如虎添翼。随着“伊斯兰国”丢城弃地，库尔德人在叙北部的控制区已扩大至叙

① 畅红：“利比亚局势分析”，载杨光、唐志超主编：《中东发展报告（2016—2017）》中“‘后美国时代’的中东格局”，北京：社会科学文献出版社，2017 年 10 月版，第 166 页。

利亚领土的 37%—40%；[①] 其主体部分连成一片，一条沿伊、叙、土边境东西贯通的“库尔德走廊”呼之欲出，给相关国家带来巨大战略压力。2017 年 9 月，叙利亚库尔德人开始在控制区内分阶段推进政治选举，提出以联邦形式加入国家体系，分割权力。在伊拉克，库尔德人较早实现了自治，辖区内军事和经济事务几乎不受中央政府约束。反“伊斯兰国”战争又为库尔德自治区领土扩张提供了机会。从 2014 年到 2017 年，其有效控制面积外扩了近 40%，[②] 并占领了伊北部最重要的资源城市基尔库克。9 月，库区举行公投谋求独立，招致伊中央政府强力镇压，封锁其与外界联系、掐断经济来源、夺回基尔库克，并要求库尔德“自由战士”武装接受政府直接管理。伊拉克政府的举措得到邻国土耳其、伊朗、沙特等支持，与库区的紧张关系恐将持续。截至目前，虽然叙、伊库尔德人名义上还留在统一国家的框架内，但是中央政府已无力对其行使主权。类似情况同样存在于也门、利比亚、黎巴嫩等国。胡塞武装组织、“南部分离运动”、“基地”半岛分支、米苏拉塔民兵、津坦部落武装联盟、真主党、什叶派民兵等，都是拥有独立经济和军事能力的非国家行为体，其政治诉求随实力同步增长，与中央政府的权力争夺长期存在。

---

① Mohammad Bassiki，“Syrian Kurds focused on federalism”，参见：https：//www. al – monitor. com/pulse/originals/2017/10/syria – federal – state – kurds – turkey – russia. html.（上网时间：2017 年 11 月）

② Isabel Coles and Stephen Kalin，“In fight against Islamic State，Kurds expand their territory”，参见：https：//www. reuters. com/investigates/special – report/mideast – crisis – kurds – land/。（上网时间：2017 年 11 月）

“后伊斯兰国”时代，非国家行为体与国家实力此消彼长标志着中东重现“弱主权”现象。一是民众对国家的认同感持续下降，已不再把国家视为必须维持的政治共同体，而是选择效忠于教派、民族、部落等组织。二是国家内部出现新边界，权力结构被拆散，各派势力割据领土、分享主权，[①] 政令不能统一。三是外部势力深度介入国家内政。伊朗通过输送人员和武器，对伊、叙政府政策施加重大影响；土耳其发动“幼发拉底之盾”行动，在叙利亚北部开辟飞地；沙特与阿联酋在也门代行主权；埃及、卡塔尔分别支持两方力量在利比亚武装对抗。这些国家的国内政治实为地区政治，内战成为事实上的地区战争乃至“微型世界大战”，[②] 国家边界与主权的独立自主名存实亡，任何尝试借助现存民族国家体系与国际法重建地区秩序的努力都不可避免会遭遇重大障碍，地区动荡局势将长期存在。

二、地区国家力量对比变化，新平衡尚未形成

2017 年，中东地区主要国家间关系的关键词仍是斗争与博

① Galip Dalay，“Break-up of the Middle East：Will we see a new regional order?”，参见：http：//www. middleeasteye. net/essays/middle – east – fragmentation – opportunity – regional – co – operation – 1111336507。（上网时间：2017 年 11 月）

② Liz Sly，“A mini world war rages in the fields of Aleppo”，参见：https：//www. washingtonpost. com/world/middle_ east/a – mini – world – war – rages – in – the – fields – of – aleppo/2016/02/14/d2dfff02 – d340 – 11e5 – a65b – 587e721fb231_ story. html? utm_ term =. b09034e24e19。（上网时间：2017 年 11 月）

弈，但斗争态势出现了前所未有的新变化。从国家角度看，伊朗影响力快速上升，沙特受内外事务所累，左支右绌，疲于招架，双方攻守角色互换；土耳其回归中东，成为第三方力量；埃及等传统强国振兴无望，以色列偏安一隅，地区国家多强并立格局不再。从民族角度看，阿拉伯世界分崩离析，战乱不绝，波斯人和突厥人由从属者变为引导者，从中东政治舞台的边缘走向中心。从教派角度看，逊尼派联盟松散，围绕政治伊斯兰问题出现分化，什叶派抱团取暖，联手扩张“新月地带”。国家力量对比出现反转趋势，传统少数派占据上风；阿拉伯集团主导局面被打破，转变为沙特、伊朗和土耳其的“三国演义”。

（一）伊朗稳步收割战果，巩固新月地带，以守代攻

西方学者普遍认为，伊朗是2011年“阿拉伯之春”以来中东地区的最大赢家。阿拉伯国家政权颠覆、社会动荡，间接改善了伊朗的地区战略环境；奥巴马政府推动核协议最终签署，取消了相关制裁，使其回归为一个正常国家；叙利亚危机和反“伊斯兰国”战争又助其进一步向伊拉克和叙利亚社会渗透、培植亲伊朗政权、巩固代理人网络。目前，伊朗在四个阿拉伯国家中有代理人武装：在黎巴嫩依靠真主党威胁以色列；在也门资助胡塞武装将沙特拖入泥潭；在伊拉克扶植什叶派民兵“人民动员力量”打击恐怖主义、参与权力分享；在叙利亚援助、训练政府军，力保阿萨德政权不倒，维护盟友安全。从德黑兰到巴格达，经大马士革到贝鲁特，什叶派“新月地带”已俨然成形，成为逊尼派国家的现实威胁。在国际社会中，虽然伊朗仍受美、沙围堵，但其与土耳其、俄罗斯的三边合作却在不断深化，更因海湾国家分裂而意外获得拉拢卡塔尔、阿曼的机会。

但囿于实力、人口与意识形态特性，伊朗的影响力只能在现有的什叶派聚居区传播，无法突破这一天然界限。当前其影响力已接近数十年来峰值，开始出现下行迹象。2017 年，伊朗的政策重点是保护既得利益，将什叶派势力范围稳定住并进一步做大做强，维持对沙特的战略优势。其关键环节在叙利亚。叙利亚是“什叶派新月”的脊梁，若失守则前功尽弃，伊拉克和黎巴嫩真主党不仅无法建立陆上的直接联系，难以形成合力，而且有可能被各个击破。[①] 因此，伊朗加快了在叙利亚收割战果的速度。在战场上，支持叙政府军向东推进，抢占“伊斯兰国”的残余地盘，甚至不惜冒与美军正面冲突的风险，向叙东部发射导弹，高调、直接介入战事；动用无人机，骚扰美国在叙特种部队，阻扰其军事部署；支持真主党远程作战；调派伊拉克什叶派民兵赴伊叙边境，协助叙政府军，合力打通“什叶派走廊”。在政治上，支持伊拉克政府打压库区独立要求，助其收回基尔库克油田控制权和军队主导权；为阿萨德政权合法性背书；频繁与土、俄领导人会晤，积极推动阿斯塔纳和谈，主导叙利亚战后安排。与此同时，伊朗外交政策保持了必要的谨慎和克制，对沙特的挑衅行为并无过激反应，反而数次做出愿与沙特和解的姿态。

（二）沙特危机感上升，重组反伊同盟，攻守失措

与伊朗相比，2017 年可谓是沙特的“艰难时期”。从外部看，伊朗影响力扩张压缩沙特战略空间，其势力范围被挤压至阿拉伯半岛南部；也门内战久拖不决，已成沙特版“越南战争”，

① 秦天：“克制的伊朗：巩固‘什叶派新月区’”，载《现代国际关系》2017 年第 7 期，第 10 页。

国际舆论压力增大，南部边疆安全环境不断恶化，胡塞武装频繁向其境内发射导弹，射程远及首都利雅得附近；伊叙战场围歼“伊斯兰国”进入收官阶段，各方争相卡位，沙特虽力有不逮，但也不甘落后。从内部看，王权代际交接问题紧迫感上升，需抓紧时间为小王子萨勒曼平稳上位铺路，消除政治动荡隐患；“伊斯兰国”失败后，“圣战”分子回流恶果显现，国内恐袭风险上升，“圣城”麦加、麦地那等敏感目标几度险遭袭击；国际油价长期低位徘徊，能源消费增速放缓，全球能源格局酝酿重大调整，对沙特传统“地租经济”形成持续打击，经济结构亟需转型，但 2016 年提出的“2030 愿景”因目标过于宏大、触及王室及权贵利益而推进缓慢。内忧外患之中，唯一的利好因素是特朗普上台后美国中东政策回调，出现诸多有利于沙特的变化。美国反恐优先、遏制伊朗的目标，与沙利益高度趋同，美对沙重视程度也明显提高。但在这一年中，特朗普政府的中东政策也显露出模糊、混乱，调整快，不确定性较强的特征，反为沙内外政策增加了风险。

内外压力导致沙特不安全感持续上升，频繁出招以求破局。一是为小萨勒曼清除对手，进行事实上的权力交接。2017 年 6 月，沙特国王下令罢黜王储纳伊夫，由其子小萨勒曼接替纳伊夫出任新王储，确定王位父子交接的最终顺序；第四次改组内阁，清洗“前朝旧臣”，为小萨勒曼执政确定班底。11 月，又以反腐为名抓捕大批王子和高官，为王储继位和推进改革扫清障碍。这些举措一方面巩固了小萨勒曼的权力地位；但另一方面，也从根本上破坏了沙特自 1932 年建国以来延续的政治规则，为未来王室权斗埋下了隐患。二是由小萨勒曼领军，推进经济、社会、文化全面改革，意在争取国内外支持。6 月，出台法令允许沙特女性驾车和进体育场观赛，并拟取消沿袭数百年的“穿黑袍”传统；8 月，提出在红海沿岸打造旅游胜地，吸引国际游客，改善沙特形象；10 月，宣布重返“温和伊斯兰”“摧毁极端主义意识形态”，为此解除数千名保守神职人员任职资格；随后，又计划斥资 5000 亿美元，在沙特与埃及、约旦接壤地区建设“新未来”现代城，重点发展新能源、电子技术、生物科技等新型产业。改革措施来势汹汹，既为迎合占人口多数的年轻群体[①]需求，也为改善沙特国际形象、吸引外资，推动经济结构转型，但实际效果尚需时日检验。三是加紧贴靠美国，同时改善对俄关系、“东向”亚洲，平衡政策风险。对美同盟始终是沙特对外关系的核心与基石，但沙美关系在奥巴马政府时期一度降至冰点。特朗普上台执政使沙看到转机，加紧贴靠。2017 年 5 月，沙特高规格接待美总统特朗普首访，签订千亿美元军火合同，商定数百亿美元双向投资计划，达成反恐融资谅解备忘录，进行利益绑定，重启美沙同盟。但特朗普政府在中东奉行“美国优先”，“盟友自助”，只肯摇旗，不愿出力，也令沙特心存戒备。2017 年年初，萨勒曼国王连访马来西亚、印尼、文莱、日本、中国和马尔代夫六国，继续推动外交政策“东向”，开拓亚洲能源市场，探索反恐与安全合作；10 月，又高调访问俄罗斯，为其建国来首次，既为与俄联手稳定国际石油市场，又为平衡对美关

---

① 目前，沙特 30 岁以下青年人口占比高达 70%，其中 20% 无业，是影响未来一段时期政治与社会稳定的关键因素。参见：Thomas L. Friedman，“*Attention*：*Saudi Prince in a Hurry.*” Http：//www.nytimes.com/2017/11/07/opinion/saudi - prince - reform - coup.html。（上网时间：2017 年 11 月）

系，对冲在地区热点问题上的风险。四是重整旗鼓，打造新的反伊朗联盟。沙特与美国新政府在遏制伊朗问题上再次达成共识后，开始整顿盟友体系，联合阿联酋、巴林等“死党”向海合会成员卡塔尔施加压力，要求其坚定立场、断绝与伊朗一切联系；与宿敌以色列秘密接触，计划与其军方和情报部门合作，共同打击黎巴嫩境内真主党势力，斩断伊朗最强的一支“触手”；借黎巴嫩总理哈里里辞职向伊朗发难，指责伊朗干涉他国内政、在中东地区制造混乱，渲染教派斗争，煽动反伊情绪，试图将伊朗及其代理人威胁推向国际化、多边化，以扭转对伊竞争的颓势。

（三）土耳其回归中东，力保核心安全，以攻为守

与伊朗、沙特相比，土耳其可算地区事务中的新玩家。土虽地处中东，但传统上却是一个“准欧洲”国家，在政治、经济、外交上寻求全方位融入西方，珍视其北约成员、欧盟候选成员国身份，将中东地区视为“落后”与“麻烦”之地，不愿深度介入。但近年来，随着入欧进程受挫，国内政治伊斯兰思潮兴起，土耳其经济实力壮大，地区野心膨胀，开始调整战略方向，“东向”又“南下”，渴望成为伊斯兰世界新的领军者。2011 年中东剧烈动荡以来，土积极介入地区事务，与“穆斯林兄弟会”等势力进行利益捆绑，输出“土耳其模式”。这是突厥人自奥斯曼帝国解体以来首次大规模介入中东，并凭借其至关重要的地理位置和地区第一大经济体的实力，很快成为地缘政治中举足轻重的角色。但因其在中东缺乏战略根基，对“阿拉伯之春”发展方向判断失误，在外交上过于激进，在反恐问题上玩弄两面手法，反而陷入被动，核心利益受到威胁。政治伊斯兰运动陷入低谷，在地区范围内受打压，危及土政权安全；“伊斯兰国”借土边境运送武器及人员，暴恐活动渗透并扩散至其腹地；国内政治极化现象加剧，教俗矛盾抬头；叙利亚危机外溢，百万难民涌入，给经济和社会治安带来极大挑战；伊叙边境库尔德武装壮大，挑动土国内库族分裂势力，民族和解进程中断，政府与库尔德工人党的武装冲突又起。从 2013 年开始，土耳其内外环境不断波动，事件频发，至 2016 年爆发未遂政变，似已达混乱顶峰，地区野心更被逼退至国家安全红线附近。2017 年，土耳其进入一个相对平稳的调整和蓄力期。政策虽然延续了一贯鲁莽、大胆的作风，但目标高度集中：一是维护其政权安全，确保埃尔多安和正发党政府能全面、牢固、长期控制土耳其社会；二是全力遏制库尔德人在土叙边境独立建国，打击库尔德分离主义势力，维护其领土安全；三是积极参与叙利亚战后安排，在无法推翻巴沙尔政权的情况下，支持温和反对派在叙北建立缓冲区，维护其边界安全。

2017 年初，土耳其政府延续了 2016 年 7 月以来实行的“国家紧急状态”，赋予总统埃尔多安特殊权力，便于其继续打击“居伦运动”分子和其他政敌、异见人士，稳定国内安全形势。4 月，埃尔多安推动公投修宪，将土政体从议会制变为总统制。为确保公投成功，埃尔多安在公投举行前不惜频繁制造与德国、荷兰等国的外交争端，以煽动欧洲侨民和本土民众的民族主义情绪，提升支持率。公投通过后，总统权力被无限扩大，埃尔多安对社会的控制能力进一步增强。[①] 无论西方媒体如何哀叹土耳其

---

① “A bitter victory for Turkey's new sultan”，参见：https：//www. ft. com/content/afbb75cc－235f－11e7－a34a－538b4cb30025。（上网时间：2017 年 11 月）

诞生了一位“新苏丹”，但客观上这一结果能确保土政府高效调动国内资源，为其政策目标服务。这也是其继续参与中东地区“权力游戏”，与沙特、伊朗同台竞技的必要条件。

国内局势大体可控，使土耳其政府得以投入更多精力应对外部威胁。在海湾分裂危机中，埃尔多安出于支持“穆兄会”及政治伊斯兰的立场，坚定站在卡塔尔一边，在沙特实施封锁禁令后，向卡达尔运送食物、派遣小规模武装人员，与卡“患难与共”。虽然土本意不愿因此开罪沙特，但涉及“穆兄会”问题退无可退。在遏制库尔德武装问题上，土政府虽于 2017 年 3 月宣布结束“幼发拉底之盾”行动，但军队并未撤出叙北地区，反而进一步增兵巴布，在库尔德武装控制的阿夫林和东部库尔德人大本营之间设置障碍，阻止其打通“库尔德走廊”、将势力延伸至地中海沿岸。9 月，伊拉克库区举行独立公投，土耳其随即发声谴责，配合伊拉克政府封锁库区边界、夺回基尔库克。虽然土耳其政府一直是伊拉克库区的合作伙伴，也是其石油出口的最大受益者，但库尔德问题是土耳其心腹大患，为此牺牲经济和外交利益在所难免。在叙利亚问题上，土耳其被迫放弃推翻巴沙尔的政治目标，与俄罗斯、伊朗密切合作，联手推动阿斯塔纳和谈，在土叙边境设置“冲突降级区”，清除激进组织武装，实现局部停火。“冲突降级区”实质上是土支持叙反对派维持的战略缓冲带，用以隔离恐怖组织和库尔德武装对土边境的威胁。10 月，土政府直接派军队进驻叙伊德利卜地区，声称按“冲突降级区”相关协议，协助维持该地区秩序，实则是趁各方尤其是库尔德武装备战拉卡之际，抢占有利战略地位。

沙、伊、土领衔地区新一轮合纵连横，为近百年来中东地缘政治格局的大变革。三国分别是中东前三大经济体，在宗教、意识形态和政治制度方面有较大区别，综合实力亦各有优劣。从短期看，三方权力斗争错综复杂。沙特是阿拉伯世界仅剩的强国，领导阿联酋等保守王权，拉拢埃及等世俗政权，与以色列默契，争取美国支持，打压什叶派伊朗及“穆兄会”等政治伊斯兰势力；伊朗影响力在叙利亚、伊拉克有压倒性优势，对黎巴嫩真主党如臂使指，与俄罗斯结盟，并伺机拉拢阿曼、卡塔尔等摇摆国家，分化逊尼派王权集团；土耳其驻军叙利亚、伊拉克、卡塔尔，力挺“穆兄会”、哈马斯，在美俄间双面下注，与保守王权、什叶派既竞争又合作，三角关系变幻不定。从长期看，三方各具地区野心，拉帮结派，竞争将趋于全面化，不仅争一城一地得失，更比拼发展潜力、综合实力和地区投放能力，需要较长时间才能形成动态平衡。

三、域外力量博弈由“一家独大”转向“双雄对峙”

中东历来是大国利益的交汇点和战略博弈的舞台，冷战后逐渐形成了美国全面主导、欧洲跟随、俄罗斯撤至外围的单极霸权体系。近年来地区局势动荡给域外大国造成了不同程度的冲击，也为其主动或被动调整利益布局、转换政策提供了契机。2011年以来，奥巴马政府全面调低了美国在中东的战略目标，转向离岸平衡，动摇了地区盟友体系。特朗普上台后政策虽有所回调，但大势已改。欧洲由于地理上与中东接壤，受乱局影响大，疲于应付难民危机和恐怖主义扩散，虽有心干预但能力不足。俄罗斯趁虚而入，借叙利亚危机强势重返，势力范围突破北约黑海防线、深入中东腹地，[①] 军政影响力快速扩张。2017 年，中东大国博弈态势从美一家独大转向美俄两强争霸，双方沿波斯湾一线基本上形成了“南北相持”的战略格局：俄主导中东“北线”，出兵叙利亚、与伊朗准结盟、与土耳其合作；美在阿拉伯半岛和海湾地区根基深厚，特朗普政府重启与沙特、埃及、以色列等传统盟友关系，强化对中东“南线”控制。

目前美俄对弈呈现较明显的不均衡特征。美政经军综合影响力强、有成熟盟友体系；俄在军事安全领域中有相对优势、与地区国家关系交易型居多，是美主导的旧地区秩序的挑战者。未来只要中东地区乱局持续，俄就始终能找到“点对点”与美争夺资源和盟友的战略机遇，美俄博弈将是长期牵动中东地缘格局变化的关键因素。

（一）美国新政府调整政策，重树遏伊反恐大旗，遏伊是战略重点

2017 年初特朗普上台执政后，全面扭转了奥巴马政府在中东“战略收缩”的态势，将中东作为兑现“美国优先”理念的重点，重组美国在中东的利益，重申对盟友的安全承诺，重塑地区主导权。其政策核心是反恐和遏制伊朗，维护美国的国家安全。为此，美新一届政府明显加大了对地区事务的介入力度。一是重启盟友体系。在特朗普看来，中东恐怖主义是对美国利益的

---

① Frederick W. Kagan & Kimberly Kagan, *Putin Ushers in a New Era of Global Geopolitics*, ISW Report, Setember 27, 2015. 参见：https：//talos – iraq. com/wp – content/uploads/2015/09/CTP – ISW – Putin – Ushers – in – a – New – Era – of – Global – Geopolitics – 1. pdf.（上网时间：2017 年 11 月）

最大威胁，而伊朗是地区最大的“支恐”国家，反恐与遏伊的目标在本质上一致；但考虑到伊拉克战争和利比亚战争的惨痛教训，特朗普又不愿深度卷入中东事务，不愿在中东继续耗费资源，以免该地区进一步成为美国无法摆脱的“负资产”。因此，依靠盟友体系达成战略目标是特朗普落实其中东政策的基本思路。一方面，着手重建、修复地区盟友体系。对沙特，明确表示支持其反伊朗的强硬立场，支持其在也门的军事行动，加大对沙军售，美沙关系迅速回暖；对埃及，赞赏塞西总统强权，回避人权等敏感问题，加强军事、经济合作，重启美埃关系；对以色列，视其为“亲密盟友”，为其“受蔑视和不公”鸣不平，避而不谈以扩建定居点问题。另一方面，弥合盟友内部矛盾，合力反恐。特朗普上台后，密集接待沙特、埃及、以色列、约旦等国首脑及高官访美，推动沙特向埃及输油，在沙、埃间“增信释疑”；承诺推动巴以和谈，缓解以色列与阿拉伯国家间紧张关系；斡旋卡塔尔“断交危机”，劝说海合会和解等。二是加大反恐军事投入。2017 年初，美召集由 68 个成员国组成的国际反“伊斯兰国”联盟在华盛顿举行部长级会议；制订在中东反恐的“三阶段”计划，将 2017 年定为军事打击“伊斯兰国”的重点年，号召消灭其实体；大幅增加对也门、叙利亚的轰炸频次；不顾土耳其反对，向叙利亚库尔德武装提供重武器等。此外，美国还一改奥巴马时期的谨慎作风，降低军事行动门槛。4 月曾动用“战斧”巡航导弹袭击叙利亚政府军目标，后期更是直接向伊叙战场及美军基地增兵。据五角大楼最新报告显示，2017 年第三季度，美在中东部署人员总数达到 54325 人，比上半年部署人员数目增加了 33%；仅叙利亚境内的战斗人员和后勤人员就增加了30%，是2016年总人数的6倍。[①] 增加军事人员除部署在伊叙外，还分布在巴林、科威特、卡塔尔、阿联酋等国。三是收紧对伊朗制裁，架空伊核协议。伊核协议签署后，对伊朗的涉核制裁逐渐取消，但其他领域的经济和军事制裁仍然存在。特朗普明确表示反对核协议，上台后曾于2月、4月两度增加制裁名单；3月又推出《2017年反制伊朗制造不稳定法》《2017年伊朗弹道导弹及执行制裁法》草案；7月，国务院发布《2017年度反恐国别报告》，将伊朗与"伊斯兰国""基地"组织并列，对伊制裁加码；10月，白宫发布"对伊朗新战略"，宣布"不认可"伊核全面协议，将伊斯兰革命卫队作为打压重点，并宣布将与地区伙伴合作，全面打击伊朗，制裁其资助"恐怖主义"及发展导弹计划，封堵其所有制造核武通道。虽然特朗普目前还未正式撕毁伊核协议，但该协议逐渐被架空已是既成事实。美伊重新进入全面对抗轨道。四是加紧布局"后伊斯兰国时代"。按照美提出的反恐计划，第一阶段以军事行动为主，第二阶段致力于稳定过渡，第三阶段是正常化阶段，伊叙两国将在美国及其盟友支持下重建社会、恢复发展。[②] 2017年，国际反恐联盟对"伊斯兰国"的军事斗争节节推进，有望按计划完成第一阶段，美在伊叙的工作开始转向战后政治安排，在地区的战略重点转向遏制伊朗。一方面，被迫接受巴沙尔政权继续执政一段时间，但仍力争

---

① Jack Detsch, "Pentagon reports troop surge in Middle East", 参见：Pentagon reports troop surge in Middle East。（上网时间：2017年11月）

② Rex W. Tillerson, "Remarks at the Ministerial Plenary for the Global Coalition Working to Defeat ISIS", March 22, 2017. 参见：https://www.state.gov/secretary/remarks/2017/03/269039.htm。（上网时间：2017年11月）

在叙保持最大影响力，扶持叙“民主军”与政府军展开“反恐竞赛”，加紧收复失地，抢夺在叙势力范围及叙战后安排的发言权，阻止伊朗影响力进一步扩张。另一方面，全力争取伊拉克，急于将其拉入“反伊朗阵营”。虽然美不愿直接参与地区国家重建进程，但鼓励沙特与伊拉克改善关系，授意沙特在伊战后稳定和重建中发挥作用，支持双方召开高层协调委员会，商讨重开伊西南部的阿尔阿尔边境口岸。

（二）俄罗斯地区影响力上升，在叙利亚与美国分庭抗礼，多方经营伙伴关系

当前，俄在中东的战略目标主要有三：首先是打击恐怖主义和“伊斯兰国”极端组织，防范宗教极端思想、暴恐活动扩散和“圣战”分子回流，维护俄本土安全。俄约有 2000 名公民前往伊、叙加入“伊斯兰国”，若回流将对俄国内安全构成严峻挑战。其次是防范“阿拉伯之春”引发的中东“街头革命”扩散到俄罗斯或其盟国，防范其传统势力范围如中亚等被中东乱局波及，遏止西式民主蔓延势头，维护俄罗斯的政权安全和社会稳定。其三是重建俄罗斯大国地位，恢复苏联时期的国际影响力，与美（至少）在安全领域实现力量制衡。奥巴马时期美中东政策的摇摆和叙利亚危机为俄提供了难得的战略机遇。2015 年 10 月，俄以反恐为名，向叙派遣作战人员、频繁发动空袭，迅速扭转了叙战场形势，帮助摇摇欲坠的巴沙尔政权站稳脚跟。随后持续发力，与伊朗结成挺巴沙尔同盟，逼美国与其协调在叙空中行动；拉拢土耳其，撬动北约防御体系；抢夺美传统盟友，蚕食美势力范围；积极寻找和培植地区代理人。美俄博弈明显呈现出“俄进美退”的趋势。2017 年特朗普上台后，该趋势在一定程度上被遏止，但俄已在中东打开局面，成为地区事务中不可或缺的一方力量。一是不断开拓“朋友圈”，扩大与地区国家的军工、能源合作。俄在中东的政策摒弃了意识形态因素，遵从实用性与灵活性原则，与地区所有国家打交道、不断示好。一方面，巩固与传统友好国家的关系。向伊朗提供军事和外交支持，在伊部署S-300防空导弹系统，投资建设核电站，培训伊军事技术人员等；伊投桃报李，破例为俄空军提供过境通道和转场空军基地，使俄成为唯一获此特权的国家。支持叙利亚巴沙尔政权，为叙政府军地面行动提供空中支援，协助其与反对派武装争夺地盘；扩建位于叙西部沿海的图尔塔斯海军基地、位于拉塔基亚的哈米米空军基地，并将赫梅米姆机场升级为新的空天军基地，增加在叙军事存在。另一方面，与原属美西方阵营的国家关系也取得显著进展。与土耳其关系快速回暖，2017年双边高层会晤频繁，普京和埃尔多安年内在各个场合多次会见；经贸关系全面恢复，核电站和天然气管道项目持续推进；向土提供S-400防空系统并附加技术转让，与土空军联合行动打击“伊斯兰国”，联手在叙创建“冲突降级区”。与埃及创建外长和防长定期会晤的“2+2”机制，联合举行军演；向埃售卖大量武器，为埃反恐行动提供支持；拟在埃开辟新的军事基地。与以色列虽在伊核和叙利亚问题上有根本分歧，但经贸与军事技术合作稳步推进，2017年上半年双边贸易额较去年同期增长3.8亿美元。与伊拉克签订军售协议，建立联合情报信息中心，协调反恐。与美铁杆盟友沙特关系取得历史性进展，沙特国王首次访俄，称俄罗斯为“友好国家”，双方强化在能源和军事领域的合作意向，达成30亿美元投资协议，成立军事技术合作委员会等。此外，俄还在利比亚投棋布子，支持东部政府及其实权人物“国民军”司令哈夫塔尔。二是积极推动阿斯塔纳和谈，主导叙利亚和平进程。叙利亚是俄在中东的战略支点，叙利亚问题是俄参与中东地缘政治竞争的主要抓手，叙利亚和平进程是俄巩固和扩大前一阶段军事行动成果的主要途径。2016 年底，在联合国日内瓦和谈陷入停滞之际，俄罗斯联合土耳其、伊朗在莫斯科召开外长及防长会议，确立了推动叙利亚问题政治解决的阿斯塔纳和谈机制，在美西方主导的进程之外开辟了第二轨道。截至 2017 年 11 月，阿斯塔纳和谈共进行了 7 轮，最大成果是在叙建立 4 个“冲突降级区”，分别位于土叙边境的伊德利卜地区、叙中部的霍姆斯北部和哈马省、首都大马士革以外的东古都以及南部达拉和库乃特拉省的部分地区。“冲突降级区”在划定区域内实现了各方停火，有效降低了叙冲突烈度，为实现全境停火创造了良好条件。但对俄罗斯来说，和谈成果并不仅限于此。俄凭借阿斯塔纳和谈机制，巩固了与伊朗、土耳其的准同盟关系，争取了其他中东国家的重视甚至支持，从叙利亚和平进程的外围进入到中心，也从中东地区政治的外围进入到中心。一位西方外交家称，如今特朗普在中东做所有决定，都不能不考虑俄罗斯的因素，这是此前任何一位美国总统都不曾遇到过的局面。

（三）“临时利益集团”冲击传统盟友体系，各方力量分化组合加快

美俄在中东的相持、对峙格局呈现出多层次的特点：在战术层面上，双方利益有重叠，联合反恐需求大；在战略层面上，分歧很难调和，尤其在叙利亚巴沙尔政权和伊朗问题上，立场尖锐对立。双方关系还处于试探和调整之中，固然要力避直接冲突，

但也不会放弃支持代理人进一步争夺势力范围。更重要的是，美俄均无意也无力向地区盟友追加承诺，主导重建地区秩序，其中东政策均具有强烈实用主义色彩。这给地区国家带来了机遇和挑战。一方面，获得在两强间双面下注的机会，与双方同时合作，既能拓宽利益空间，又可对冲大国政策变动风险；但另一方面，双方皆不堪依靠，大国主导作用在中东持续衰退，导致地区各国、各派别不得不奋力自保，对外协调意愿降低，安全困境频现。集中表现为各方行为自主性和投机性增强，围绕具体问题形成跨盟友体系的“临时利益集团”。比如土耳其、伊朗在叙利亚问题上合作，沙特、以色列在反伊问题上达成默契，伊朗在海湾分裂危机中支持卡塔尔，土耳其在打压库尔德问题上与伊拉克中央政府配合等。这些“临时利益集团”具有权宜性、短暂性、不稳定性等特征，“交易”色彩浓重，分化组合快，虽不能从根本上取代传统的盟友体系，但无疑加剧了盟友间的不信任，为地区力量进一步拆分埋下了伏笔。

（审订：张力）

第十五章　非洲：转型发展　任重道远*

2017 年，非洲在经济低谷中顶风前行，谋求转型；政治上反思现有制度弊端，寻求治理模式变革；安全上挑战增多，压力加大，着力提高自主维安能力；大国对非政策进入调整期，中非关系稳步发展，“一带一路”倡议成助推中非合作新动力。

一、经济在低谷中前行

非洲经济发展近年遇强劲“逆风”，2016 年触底后艰难上扬，2017 年整体经济形势有所好转，经济走势被看好。

（一）增速缓慢恢复

自 20 世纪 90 年代中叶起，非洲经济保持了近 20 年的快速增长，年均增速约 5%。但自大宗商品价格下跌以来，非洲经济遭遇困境，2015 年、2016 年增速分别下降至 4.1% 和 2.4%，其中 2016 年撒哈拉以南非洲（简称撒南非洲）经济增速放缓至 1.4%，为 20 年来最低，更是 2001 年以来首次低于全球平均增

* 本章撰稿人：徐伟忠、余文胜、王磊、殷悦、孙红。

速，人均 GDP 自 1995 年以来首陷负增长。2017 年得益于大宗商品价格回升和非洲自身发展能力提高，经济增长率回升至 3.2%，[①] 撒南非洲经济增速回升至 2.6%。其他宏观经济指标均有所好转，通货膨胀率 2016 年上升 4.3% 之后，2017 年回落 2%，达到 10.5%；经常性账户赤字占 GDP 比重由 2016 年的 4.2% 降至 3.4%，贸易额在 2016 年下降 2.2% 的基础上回升 4.1%。[②]

同时，非洲国家增速差异化特征延续，地区差异、类型差异明显。从地区来看，东非地区依然表现卓越，2017 年 GDP 预计增长 5.6%；北非地区增长 3.4%；西非地区增长 3.4%；南部非洲增长仅 1.4%；中部非洲为 2.2%，[③] 从经济发展类型来看，非资源富集国依然明显快于资源富集国，撒南非洲石油出口国 2017 年增速为 0.8%，非石油出口国（不包括南非）增速为 5.5%。[④]

表 15—1　2014—2017 年非洲经济增速（%）

	2014	2015	2016	2017
非洲	3.7	4.1	2.4	3.2
东非	7.0	6.2	5.5	5.6

① United Nations Economic Commission for Africa, "Economic report for Africa 2017, Urbanization and Industrialization for Africa's Transformation", p. 9.

② IMF, "Regional Economic Outlook: Sub-Saharan Africa Fiscal Adjustment and Economic Diversification", October 17, 2017, pp. 5 – 14.

③ AFDB, "AFRICA economic outlook 2017: Entrepreneurship and industrialisation", p. 31.

④ IMF, "Regional Economic Outlook: Sub-Saharan Africa Fiscal Adjustment and Economic Diversification", October 17, 2017, p. 80.

续表

	2014	2015	2016	2017
西非	5.7	4.4	0.1	3.4
南非	2.4	2.5	1.0	1.4
北非	2.8	3.6	2.6	3.4
中非	3.5	3.4	2.4	2.2
撒南非洲	5.1	3.4	1.4	2.6
石油出口国（撒南非洲）	5.9	2.5	-1.5	0.8
非石油出口国（撒南非洲，不包括南非）	6.1	5.5	5.1	5.5

注：根据 IMF、联合国非洲经济委员会数据整理。

（二）“三巨头”仍陷泥潭

尼日利亚、南非、安哥拉是撒南非洲经济总量前三大经济体，但近年来“三巨头”经济在衰退线上反复挣扎，拖累了地区经济增长。

尼日利亚是非洲第一大经济体、第一大产油国。其 2010—2014 年平均经济增长 6.4%，但在 2016 年暴跌至 -1.6%，25 年来首次遭遇经济负增长，2017 年恢复至 0.8%。[①] 尼出口收入的 98% 来自原油，经济增长严重依赖国际市场石油价格的上扬。尼虽在近年力推经济多元发展，但其非石油部门经济在近两年不盛反衰，产值在 2016 年为负增长，2017 年第一季度仅增长 0.6%。金融业、银行依然主要为油气产业服务，导致不良贷款

① IMF, “Regional Economic Outlook: Sub-Saharan Africa Fiscal Adjustment and Economic Diversification”, October 17, 2017, p. 14.

率从2015年的6%上升至2017年3月的15%。[①]

安哥拉是仅次于尼日利亚的非洲第二大产油国，出口收入的95%来自石油。其2012—2014年均增长率超过6%，2015年下滑至3%，2016年进一步跌至0.8%，2017年缓慢恢复至1.2%。[②] 安哥拉金融市场混乱，宽扎（安哥拉货币）贬幅一度超过30%，官方汇率与黑市汇率差距极大。通胀率最高时为2016年底的41.2%，2017年8月恢复至25.2%，但仍大大高过正常线。其外汇储备在近5年损失30%，降至149亿美元。[③]

南非2016年第四季度GDP增长－0.3%，2017年第一季度增长－0.7%，这是其经济八年来首次陷入技术性衰退。[④] 除农业和矿业以外，南非所有经济部门都出现了萎缩。金融、实物资产和商业、服务业萎缩了1.2%，制造业衰退更为严重，萎缩3.7%，表现最糟糕的服装制造业萎缩了12.1%。三大评级机构标普、穆迪、惠誉在年中集体将南非主权信用评级下调。南非经济虽在2017年下半年回暖，但全年增长仅0.8%，未能达到1.1%的预期目标。且南非民生问题依旧突出，物价偏高，失业率近30%。[⑤]

---

① United Nations Economic Commission for Africa, "Economic report for Africa 2017, Urbanization and Industrialization for Africa's Transformation", p. 24.

② World Bank, "Africa's Pulse, AN ANALYSIS OF ISSUES SHAPING AFRICA'S ECONOMIC FUTURE", October, 2017, p. 8.

③ World Bank, "Africa's Pulse, AN ANALYSIS OF ISSUES SHAPING AFRICA'S ECONOMIC FUTURE", October, 2017, p. 12.

④ 2008年全球金融危机以来，判断能否进入"技术性衰退"的标识，是连续两个季度增速为负值。

⑤ "南非经济出现'技术性衰退'"，《人民日报》，2017年6月9日，第22版。

（三）债务问题显现

非洲债务问题一直存在，但被经济向好时期的繁荣掩盖。一旦发展遭遇逆风，外部环境变差，债务问题即刻凸显。2014 年以来，非洲外债平均增速超过 10%，外债总额已经超过 4400 亿美元，[①] 非洲债务占 GDP 比重由 2015 年的 27% 上升到了 2017 年的 32.4%。[②] 撒南非洲国家债务占 GDP 比重平均已超过 50%，比 2013 年增长了 15 个百分点。[③]

对于资源富集国来说。油价下跌严重，财政收入大减，但政府支出却未能因时收紧，反而靠举债弥补亏空。如加蓬、刚果（布）等石油出口国近两年疲于应付贸易额锐减、财政收入下滑等问题，其他资源出口国如加纳、赞比亚、津巴布韦等也深陷财政亏空和高债务窘境。莫桑比克 2017 年 1 月出现债务违约现象。加蓬政府债务超过 GDP 的 60%，刚果（布）的债务已经超过 GDP 的 100%。[④]

对于非资源富集国来说。科特迪瓦、肯尼亚、塞内加尔等国保持了较高的经济增长率，但这些国家为在不利的国际经济环境中创造发展条件，着力改善基建，出现“大干快上”倾向，债

---

① “联合国报告提示非洲国家警惕债务问题”，新华网，2016 年 7 月 6 日，http：//news.xinhua.com/2016－07/22/c－1119262857.htm。（上网时间：2017 年 11 月 30 日）

② United Nations Economic Commission for Africa，“Economic report for Africa 2017，Urbanization and Industrialization for Africa’s Transformation”，p. 23.

③ IMF，“Regional Economic Outlook：Sub-Saharan Africa Fiscal Adjustment and Economic Diversification”，October 17，2017，p. ix.

④ IMF，“Regional Economic Outlook：Sub-Saharan Africa Fiscal Adjustment and Economic Diversification”，October 17，2017，p. 1.

务压力随之升高。肯尼亚 2017 年的两次大选靡费甚巨，财政压力加大，国内债务在 10 月大选期间迅速增加 3.5 亿美元（达 208 亿美元），[①] 国际货币基金组织和世行警告肯存在债务违约风险。这些国家的经济虽然保持了较高的增长速度，但是拖欠债务，出现不良贷款的现象逐渐增多。

外资流入减少也加重了非洲的融资成本。欧美对非发展援助下降，国际资本加速回流，美国加息幅度快于预期，美元的升值及其减税政策都不利于非洲的对外融资。此外，恐怖主义威胁和政治动荡始终是外部投资者所忌惮的因素。流入撒南非洲的外资增长率由 2003—2008 年的 11.6% 降至 2015 年的 0.6%，撒南非洲 46 个国家中的 32 个 2016 年吸收的 FDI 出现下降，流入 FDI 占 GDP 比重由 2010—2013 年的 4.2% 降至 2015—2016 年的 3.1%。[②] 塞内加尔、尼日利亚被迫在 2017 年发行欧元债券，依靠国际债券市场寻求资金，加大了融资成本。

（四）新增长势头萌动

随着外部经济环境好转和内部转型推动，非洲未来有望在低谷过后继续兑现增长潜力。国际机构普遍看好非洲经济走势，联合国预测 2018 年非洲经济将增长 3.8%，[③] 世行预测撒南非洲经

---

① "Kenya's debt to rise to 60pc of GDP in 2018 - Moody's Rating", October 17 2017, https://www.capitalfm.co.ke/business/2017/10/kenyas-debt-rise-60pc-gdp-2018-moodys-rating/.（上网时间：2017 年 11 月 30 日）

② World Bank, "Africa's Pulse, AN ANALYSIS OF ISSUES SHAPING AFRICA'S ECONOMIC FUTURE", October, 2017, p. 24.

③ United Nations Economic Commission for Africa, "Economic report for Africa 2017, Urbanization and Industrialization for Africa's Transformation", p. 26.

济有望在 2018 年增长 3.2%，在 2019 年达到 3.5%。[①] 原因在于：

首先，大宗商品价格企稳回升。世行计算 2017 年原油价格比 2016 年上涨 24%，主要金属价格比 2016 年上升 22%，并将保持上升势头，茶、咖啡等农产品价格也有所回升。[②] 油价上扬与产油量提高，东部与南部非洲干旱缓解、农业生产恢复等因素叠加，推动了非洲经济的反弹。

其次，国际经济环境转向利好。非洲经济外向性明显，对国际贸易、投资、援助依赖较大。国际机构对全球经济长期走向较为乐观，IMF 预计全球经济将在 2017 年增长 3.6%，在 2018 年增长 3.7%，中国增速高于预期，美国、欧盟经济有所回暖。国际贸易转向活跃，2017 年和 2018 年世界商品和服务贸易预计分别增长 2.7% 和 3.3%，远高于 2016 年 1.2% 的增速。[③]

第三，工业化、服务业提供新发展动能。为走出低谷，摆脱过度依赖初级产品出口和经济多样化匮乏导致的脆弱性，非洲开始注重倚重内生动力。一是本土制造理念风行。非洲制造业占 GDP 比重仅为 11%，相对于 2009 年的 9% 取得一定进步。[④] 非洲

---

① World Bank, "Global Economic Prospects, A Fragile Recovery", June, 2017, p. 119.

② World Bank, "Africa's Pulse, AN ANALYSIS OF ISSUES SHAPING AFRICA'S ECONOMIC FUTURE", October, 2017, p. 7.

③ IMF, "Regional Economic Outlook: Sub-Saharan Africa Fiscal Adjustment and Economic Diversification", October 17, 2017, p. 1.

④ Figures of the week: Africa Industrialization Day, Brookings institution, https://www.brookings.edu/blog/africa-in-focus/2016/11/23/figures-of-the-week-africa-industrialization-day/.（上网时间：2017 年 11 月 30 日）

各国开始重视本土制造业发展，埃塞俄比亚提出“非洲制造”，卢旺达提出“卢旺达制造”理念，扶植本土工业。埃塞制造业产值在近十年内增长了1.5倍。二是服务业发展快。非洲服务业呈现越过工业化的“跃迁”式发展态势，目前服务业占GDP比重已接近50%。[①] 适应本地条件的服务行业发展如火如荼，如移动支付在东非肯尼亚、坦桑尼亚等国腾飞发展，有着“非洲支付宝”之称的M-pesa在肯尼亚的注册用户已占成年人口的40%。[②] 此外，非洲城市化速度领先世界，城市化水平将由20世纪90年代的30%迅速发展到2050年的56%，[③] 不断加速的城市化进程将成为地区工业及服务业发展的重要驱动。

二、寻求治理模式变革

与2016年大选年相比，2017年非洲仅有四国举行大选，数量不多但各具特点。围绕这四场选举，非洲再次掀起治理模式之争。与此同时，非盟也力图改变制度缺陷，通过改革提高其领导非洲能力。

（一）给出了长期执政的三种不同实践

一是修宪连任，多方认可。非洲在近两年出现任期将尽的领

---

① “非洲国家应大力促进服务业发展”，环球财经，http://finance.huanqiu.com/roll/2017-08/7247463.html。（上网时间：2017年11月15日）

② “M-pesa全球交易数量创新高”，驻肯尼亚经商参赞处，http://www.mofcom.gov.cn/article/i/jyjl/k/201703/20170302525338.shtml。（上网时间：2017年11月20日）

③ United Nations Economic Commission for Africa, “Economic report for Africa 2017, Urbanization and Industrialization for Africa's Transformation”, p.65.

导人追求“第三任期”现象，继布隆迪、刚果（布）闯关成功后，2017年8月，卢旺达现任总统保罗·卡加梅以98.63%得票率第三次当选总统，再次引起非洲内外对“第三任期”问题的关注。西方人权组织虽对卡加梅有批评，但西方各国政府多保持默许。非洲原则上不支持“超期连任”，但多数国家欢迎卡加梅继续执政。在他宣布“超期参选”后，非盟仍将其选为非盟改革领导人，将卢旺达确定为下届主席国。二是主动退位，新老交接。2017年8月，安哥拉执政党“安人运”以61%得票率赢得大选，其候选人洛伦索接替已执政38年的多斯桑托斯，完成权力交接。但多斯桑托斯仍将在未来四年任执政党主席，其家族仍控制着国家主权基金以及国家石油公司，外界据此认为此次大选只不过是多斯桑托斯“垂帘听政”的开始。[①] 三是恋栈不退，内部生变。2017年11月，执政已近40年的津巴布韦总统穆加贝有意为妻子格蕾丝上位铺路，以“企图篡位”为由将副总统姆南加古瓦革职，迫其流亡。津军方对此极为不满，国防军司令奇温加率军队占领首都，要求弹劾总统。穆加贝最终被迫辞职，姆南加古瓦回国继任，津巴布韦正式进入“后穆时代”。

西式民主效率低，长期执政弊端多；两者如何选择，非洲出现明显两派，双方争吵不休，成为一些非洲国家政治动荡的重要因素。2017年上半年以来，已经执政30余年的乌干达总统穆塞韦尼有意修宪取消总统候选人的年龄限制，引发议会激烈抗议，

---

① Angola to elect new president as dos Santos retires, 22 Aug 2017, http://www.aljazeera.com/news/2017/08/angola-elect-president-dos-santos-retires-170822072622989.html.（上网时间：2017年11月15日）

执政党近乎分裂。9月，多哥各地多次爆发游行示威，反抗已执政50年的福雷家族。刚果（金）总统卡比拉试图修宪连任，一再推迟大选，国内局势动荡。

（二）“法院政治”促非洲反思西式民主的成本与效率

肯尼亚于2017年8月完成大选，但最高法院受理败选方奥廷加的上诉，出人意料地宣布现任总统乌胡鲁·肯雅塔胜选结果无效，要求重选，非洲首次出现司法机构推翻大选结果的情况。西方舆论从法治进步的角度赞同肯尼亚最高法院的判决，但此次重选裁决不仅引发司法与行政两权相争，而且再次激化了部族冲突、朝野对立。重选最终遭奥廷加及其支持者抵制，投票率仅38%。肯人权委员会主席称，极低的投票率削弱了肯雅塔当选的合法性。奥廷加还宣布将组建“人民大会”与政府分庭抗礼。肯尼亚两次大选更是靡费10余亿美元，使肯政府遭到世行债务违约警告。无独有偶，利比里亚11月举行大选，最高法院以首轮选举出现违规为由，无限期推迟二轮决选。此次延期使得经历过14年内战混乱以及埃博拉侵袭的利比里亚再陷不稳定，其经济遭到严重打击，当地货币在大选期间已贬值近20%。此类事件引发非洲对西式“三权分立”制度适用性的反思。“全非网”发文称，非洲在现有社会条件下推行西式民主无益于发展与稳定，反而会导致党争不休，部族冲突等诸多问题。[1]

（三）非盟寻求治理模式改革

经长期酝酿，非盟推出了一系列改革措施，以图克服长期存

---

① “Africa：Dilemmas of Democracy and State Power in Africa”，11January2017，http：//allafrica.com/stories/201701111104.html.（上网时间：2017年11月15日）

在的财源受限、派系竞争、制度缺陷等问题，以实现治理模式变革，更好统筹区域治理。

非盟在2016年7月指定卢旺达总统卡加梅牵头成立非盟改革指导委员会。2017年3月，前乍得总理穆萨·法基接替德拉米尼·祖马担任非盟委员会主席，表示将把工作重点放在非盟改革上。经与各方商讨协调，卡加梅在2017年1月推出非盟改革方案：在财政上逐步实现资金自主。计划在5年内，实现非盟委员会日常运转资金预算全部自主、75%的项目预算自主、25%的和平及安全行动预算自主，以减少外部力量对非洲事务的干扰。在机制上抓大放小，提高效率。突出非盟工作的优先点，下放部分经济事务到次区域组织，在重点领域如和平安全领域加强非盟和平与安全委员会的介入权重，改组或合并10余个功能重叠的内部机构。①

（四）新思潮促治理模式变革

近年来，为突破西方新自由主义经济和民主政治范式的束缚，非洲学者和政治领袖加强对新治理模式的探索，新思想不断产生，对非洲治理变革产生的影响日益重要。

作为当今非洲发展的最重要政治思潮之一，“非洲复兴”思想在2017年又有新发展，试图指引非洲摆脱旧有的发展模式，通过联合一体，自主发展，提高非洲的整体治理能力、经济实力和国际影响，最终实现非洲全面复兴。非盟委员会新任主席法基

① “Kagame African Union reform team seeks to realign key bloc's institutions”, 6 February 2017, http://www.theeastafrican.co.ke/news/Kagame-AU-reform-team-seeks-to-realign-key-bloc-institutions/2558-3801800-125713f/index.html.（上网时间：2017年11月20日）

在上任后称将继续把代表“非洲复兴”精神的《2063 年议程》作为非洲发展蓝图，继续推进非洲自贸区、地区互联互通基础设施建设等规划。[①]

作为发展模式的一种尝试，2017 年非洲“发展型”政府[②]获得更多的关注与效仿。埃塞俄比亚、卢旺达是此类型国家中的翘楚，埃塞经济 2017 年增长 8.5%，是非洲增速最快国家。[③] 卢旺达在非洲治理指数、清廉指数等排名上位居前列。“发展型”治理模式打破了西方新自由主义对非洲治理模式的垄断，为非洲国家自主探索发展道路提供了可供参考的样板，引起了普遍关注与学习。参考埃塞和卢旺达的经验，尼日利亚设计了经济多元化发展战略、坦桑尼亚制订了经济发展 5 年规划，非洲开始更加注重政府对经济的引导作用。

民间对治理模式有更多创见。近年非洲涌现出以“黑人企业家精神”为代表的对治理模式的民间思考。非洲学者、实业家认为非洲不发达的根源在于实业精神不彰，培育和弘扬“黑人企业家精神”是促进非洲发展和实现真正民族解放的必由之

① “Africa is on the move despite challenges-AU chair on AU Day”, 26 May 2017, http://www.africanews.com/2017/05/26/africa-is-on-the-move-despite-challenges-au-chair-on-au-day/.（上网时间：2017 年 11 月 21 日）

② 非洲“发展型”政府，又称为非洲“民主发展型”政府，主要特点是：政治上建立一党长期执政的政党体制，并结合自身国情，补充建设以多元包容为特征的民主参与政治，政府可以在稳定执政基础上有效制定出前瞻发展战略；经济上以求发展作为施政纲领，实行政府主导与市场经济体制的有效结合，对经济施加强大的政府干预。

③ IMF, “Regional Economic Outlook: Sub-Saharan Africa Fiscal Adjustment and Economic Diversification”, October 17, 2017, p. 80.

路，表现出非洲由“崇政治”到“重经济”的转变。在地区层面，非洲开发银行连续举办了三届“非洲投资论坛”，并在2017年提出“扶助青年企业家项目”。在国家层面，尼日利亚、南非等国设立了专门的创业奖励来鼓励创业。各国纷纷出台优惠政策，加大招商引资，肯尼亚设立50余个免税出口加工区，尼日利亚计划设立25个工业园，[①] 回应民间出现的兴办实业潮。

三、安全压力上升

2017年，非洲安全面临的压力增大，热点问题解决陷入停滞，暴恐势力不断肇事，部族、教派对立引发的社会矛盾呈上升趋势。近年非洲维和、维稳的能力虽有所增强，但由于美欧减少资金支持，其捉襟见肘的困境进一步显现。

（一）热点问题复杂难解

2017年，马里、南苏丹、索马里、中非共和国等“老热点”问题的解决几无进展，有的甚至出现倒退。一是马里和平进程举步维艰。马里2015年和平协议的执行出现重大拖延，取得的进展十分脆弱，同时安全形势令人担忧，恐怖主义活动持续蔓延，已从该国北部扩大到中部，今年以来对邻国布基纳法索、尼日尔安全的威胁也增大。二是南苏丹和平协议名存实亡。2016年7月，民族团结过渡政府成立仅3个月，总统基尔与前第一副总统

① 武芳、姜菲菲、田伊霖：“非洲工业化与中国在非产业园区建设”，摘自《非洲发展报告2016—2017》中“非洲工业化与中国在非洲产业园区建设”，中国社会科学院西亚非洲研究所，2017年7月第1版，第34页。

马沙尔两派即矛盾激化并火并，后马沙尔流亡国外，全国范围内暴力冲突持续，该国陷入严峻的政治、经济和人道主义危机。2017年高层权力之争依然无解，找到解决冲突办法的机会越来越渺茫。目前，南苏丹冲突已造成30多万人死亡，近400万人流离失所。① 三是索马里实现和平任重道远。2月，索马里选举产生新总统穆罕默德·阿卜杜拉希·穆罕默德并组建新政府。穆罕默德总统上任不久即宣布国家处于“战争状态”，撤换军队、警察和情报部门负责人，希望打击极端组织“青年党”并解放被后者控制的地区。但至年末其打击政策效果不彰，“青年党”反而愈挫愈“勇”、攻城略地，引发外界对索马里安全局势恶化的担忧。

（二）恐怖主义打而不灭

2017年，非洲恐怖和极端组织虽遭沉重打击，但并未被剿灭，反而活动更加猖獗，呈现以下一些特点：一是重特大暴恐事件频发。2017年1月18日，马里北部加奥一军营遭汽车炸弹袭击，造成至少77人死亡，115人受伤。6月8日，索马里北部一处军事基地遭遇袭击，造成至少59人死亡。7月25日，在尼日利亚东北部博尔诺州马古梅里地区尼国家石油公司的勘探专家车队遭袭，致69人丧生。10月14日，索马里首都摩加迪沙闹市区一酒店附近发生汽车炸弹袭击，造成512人死亡，295人受伤。② 二是恐怖组织之间的勾连加强。3月2日，西非萨赫勒地

---

① “Le cauchemar sans fin du Soudan du Sud”, Le Figaro, 15 septembre 2017.

② “Attentat du 14 octobre en Somalie_ 512 morts (nouveau bilan)”, AFP 04/12/17.

区的三支圣战组织“信仰捍卫者”“穆拉比特”“撒哈拉埃米尔国”宣布合并，成立“伊斯兰和穆斯林支持者集团”，[①]并表示向“基地”组织时任领导人扎瓦西里效忠。该组织成立后在马里发动了约60起袭击。[②] 效忠“基地”组织的“伊斯兰和穆斯林支持者集团”与“大撒哈拉伊斯兰国”（Islamic State in the Great Sahara）尽管目标不同，但“越来越多地协调行动，互通信息、分享经验”。[③] 此外，据法国军事情报披露，“博科圣地”（又称“伊斯兰国西非省”）与“大撒哈拉伊斯兰国”已于2017年3月正式联手，“伊斯兰国”对西非辐射力大增。一旦该组织在中东崩溃，西非势必将成为下一个“哈里发国”。[④] 三是自杀式炸弹袭击激增。尼日利亚“博科圣地”、索马里“青年党”等恐怖组织在国内外力量的联合打击下，行动方式由过去的军事对抗更多转向自杀式炸弹袭击。据大赦国际统计，2017年4—8月“博科圣地”在尼日利亚和喀麦隆共造成近400人丧生，是此前5个月数字的两倍，几乎全为自杀式炸弹袭击。[⑤] 尤其更多地使用妇女

---

① Jamaat Nusrat al-Islam wal-Muslimin 简称 JNIM，英文名 Group of Supporters of Islam and Muslims。

② “Afrique de l'Ouest_ Le G5 Sahel face à des groupes armés qui communiquent de plus en plus”，RFI，5 Novembre 2017.

③ “Afrique de l'Ouest_ Le G5 Sahel face à des groupes armés qui communiquent de plus en plus”，RFI，5 Novembre 2017.

④ “Mali's jihadist merger_ desperate or dangerous”，ISS Africa，3 April 2017.

⑤ “Boko Haram attacks kill 400 since April：Amnesty”，AFP（eng），5 September 2017.

和儿童充当“人体炸弹”。[①] 索马里“青年党”在首都摩加迪沙更多采取自杀式汽车炸弹方式制造恐袭事件。四是“伊斯兰国”自2016年在东、西非立足后，势力进一步发展壮大。5月23日，索马里北部邦特兰地区博萨索一警方检查站遭自杀式炸弹袭击，有5人死亡。“伊斯兰国”发布声明对袭击负责，这是“伊斯兰国”首次承认在索马里发动恐袭。“伊斯兰国”索马里分支成员已从2016年的几十人发展到200余人，还从“总部”获得指令和资金。[②] “伊斯兰国”近期在马里、尼日尔、布基纳法索等国频繁发动袭击。

（三）社会治安遇多种挑战

2017年，非洲多国因部族矛盾、教派对立、党派斗争等发生暴力事件，社会治安形势恶化。2017年，中非共和国各武装派别之间因部族宗教矛盾或争夺资源，暴力冲突升级；目前全国16个省中，有14个被武装组织控制，大量平民流离失所，年初至10月已有12名联合国维和士兵丧生。喀麦隆英语区（西北大区和西南大区，人口约占全国人口的20%）2016年底以来分离主义活动抬头，抗议“被边缘化”，要求本地区独立。9月底和10月初，示威者与警方爆发冲突，造成至少十人死亡，100多人

① 联合国儿童基金会8月称，自2017年年初以来“博科圣地”在尼东北部将83名儿童用作“人体炸弹”，该数字是2016年同期的4倍，其中55名为女童。“Nigeria：la milice anti-Boko Haram s'engage à ne plus utiliser d'enfants（Unicef）”，AFP，15/09/17.

② “蜂拥而至？索马里恐成‘伊斯兰国’新据点”，新华社，2017年11月12日。

受伤。[①] 赞比亚因朝野矛盾不断发生蓄意纵火和毁坏公共财物事件，7 月 4 日，首都卢萨卡最大的商品市场遭纵火，上百间商铺被焚毁。7 月 11 日，赞议会通过了总统此前颁布、为期 90 天的紧急状态令，以遏止上述破坏行为；埃塞俄比亚曾在 2016 年 10 月因奥罗米亚州等地爆发大规模示威抗议引发严重暴力，埃政府被迫宣布“紧急状态”。2017 年 8 月，“紧急状态”虽然解除，但 9 月以来奥罗米亚州和索马里州交界地带因土地划分争议，两州民众冲突持续不断，导致多人死亡，7 万多民众流离失所。

非洲小武器走私、贩毒、拐卖妇女和儿童、绑架等有组织犯罪猖獗，近两年已形成一条北起利比亚、南至刚果（金），西由马里、尼日利亚，东至南苏丹，覆盖撒哈拉和萨赫勒地区的武器走私通道，“博科圣地”等恐怖组织借此补充人员、武器，被绑架的妇女则被贩卖至各地。撒南非洲暴力犯罪有所上升。以该地区经济发展程度最高和最有影响力的南非为例，因经济衰退、社会矛盾激化和枪支泛滥等因素，多项恶性犯罪呈上升趋势。2016—2017 年度，南非暴力抢劫案高达 140956 起，较上年增加 6. 4%，平均每天发生 386 起，其中抢车和入室抢劫案分别增加 14. 5% 和 5%，平均每天发生 46 起和 61 起。同期，南非的谋杀案为 19016 起，较上年的 18673 起增加 1. 8%，每 10 万人的谋杀率达到了 33. 6，处在一个非常高的水平。[②]

---

① “Cameroun. Révolte dans les régions anglophones”, Le Télégramme 28/10/17, http://www.letelegramme.fr/monde/cameroun - revolte - dans - les - regions - anglophones.（上网时间：2017 年 10 月 30 日）

② “Victims of Crime Survey 2016/17 _ Statistics South Africa”, http://www.statssa.gov.za/? p = 10521.（上网时间：2017 年 11 月 15 日）

（四）区域组织合力应对安全挑战

面对日益复杂严峻的安全形势，非盟、东非政府间发展组织（伊加特）等区域组织加大力度推动地区和平。非盟 2017 年 1 月选出新领导人后，将安全作为工作重点，加大介入地区冲突。非盟委员会主席法基上任不久便前往南苏丹和索马里进行实地调研，这在非盟历史上尚属首次。7 月，非盟举行新领导人上任后的首次峰会，将萨赫勒地区反恐作为主要议题，支持次区域组织和国家合力反恐。伊加特加大斡旋，并于 6 月举办南苏丹问题特别峰会，就恢复实施南苏丹和平协议出谋划策。继 2015 年乍得湖流域委员会成员国（包括喀麦隆、尼日利亚、尼日尔、乍得）和贝宁宣布组建多国部队打击极端组织“博科圣地”之后，2017 年 2 月萨赫勒五国集团（包括马里、毛里塔尼亚、布基纳法索、尼日尔和乍得）宣布建立地区联合部队，合力应对跨国恐怖主义、有组织犯罪等安全威胁。10 月底，这支部队已于三国（马里、布基纳法索和尼日尔）边境地区发起首批反恐行动。法基认为，上述两支地区联合部队是“非洲人解决非洲问题”的“最新证明”。[①]

尽管非洲区域组织反恐维和能力有所加强，但目前面临严重资金短缺难题。非盟预算的 73% 来自外部援助，其维和行动经费更全部由域外国家提供。[②] 继 2016 年欧盟削减非盟维和士兵津

---

① “Forum de Dakar：assurer un maintien de la sécurité africain”，http：//www.france24.com/fr/20171114 – forum – dakar – assurer – maintien – securite – africain – sall – kagame – parly – g5 – sahel.（上网时间：2017 年 11 月 16 日）

② “Afrique：Sommet de l'Union africaine-La taxe pour financer l'UA sur les rails”，RFI，5 Juillet 2017.

贴的20%后，2017年美特朗普政府有意削减国际维和经费，除将联合国维和经费份额从28%减至25%外，还将减少对其他多边国际机构的直接援助。[①] 资金短缺成非盟维和最大掣肘，为减轻对外部援助的依赖，2016年7月非盟峰会决定，通过上缴域外进口税的0.2%，每年为非盟筹集12亿美元资金，但目前仅肯尼亚、卢旺达、乍得和埃塞俄比亚等少数几国开始实施该计划，其他国家仍处于观望状态。因资金不足，11月7日非盟驻索马里特派团宣布，将在2017年年底前撤离1000名士兵，引发对索马里安全局势的担忧。2017年以来，萨赫勒五国也四处"化缘"，以争取域外国家对其组建联合部队提供经费支持。

四、大国对非政策进入调整期

2017年，欧美受困于民粹升温、难民涌入、恐袭不断等问题，政策内倾明显，对非关注重点调整为反恐、难民等与自身利益紧密相关的安全议题。印度、土耳其、以色列、日本等国进一步强化对非关系，经贸和安全两手并重。

（一）欧美聚焦非洲安全议题

2017年美国特朗普总统上台，对非发展援助大幅缩水，侧重安全投入。特朗普对国际援助和自由贸易持消极态度，对非外交团队组建缓慢，引发非洲普遍疑虑。据美《外交政策》2017年4月披露，特朗普政府提交的2018年财政预算中，美将对非

---

① "ONU: les dossiers africains du nouveau chef des opérations de maintien de la paix", RFI, 1 Avril 2017.

整体援助削减 13%，其中美对非洲多个地区合作国的援助资金遭大幅削减，包括对安哥拉削减 35.3%，对吉布提削减 54.5%，对埃塞俄比亚削减 34.3%。[①] 特朗普政府还表示将收紧“非洲增长与机遇法”下给予非洲的贸易优惠条件，减少对非承诺的气候变暖资金支持。对奥巴马时期曾提出的“电力非洲”“贸易非洲”等倡议，特朗普弃之不顾，代之为加大对非军售力度，包括向肯尼亚出售武装直升机，批准尼日利亚 6 亿美元军售合同。美加大了对非洲恐怖组织打击力度，3 月决定在尼日尔增设无人机基地，增强对萨赫勒地区恐怖组织的侦察，4 月初美向索马里派出数十人正规地面部队，培训、武装索军队打击“青年党”；此系美 1993 年在索遭“黑鹰坠落”重挫而撤军后，时隔 20 多年首次派出地面部队入非。4 月 19—20 日，美邀请 42 个非洲国家的防长在美非洲司令部总部德国斯图加特召开安全峰会，决定建立美非反恐联络机制，加大协调美非反恐行动，同时多点部署，准备联合打击“伊斯兰国”“基地”组织在北非据点及西非“博科圣地”和索马里“青年党”等极端组织，将暴恐势力消灭在非本土。

欧洲以难民和反恐问题为重点，加大对非安全投入。难民大量涌入成为欧洲难以承受之痛，非洲是欧洲难民的主要来源地之一。2017 年以来，虽然来自中东的难民数量大幅回落，但从意大利入欧的非洲难民占难民总数比例持续增大，从 2016 年的

---

① “The End of Foreign Aid As We Know It”, April 24, 2017, http://foreignpolicy.com/2017/04/24/u-s-agency-for-international-development-foreign-aid-state-department-trump-slash-foreign-funding/.（上网时间：2017 年 11 月 12 日）

50.2%升至2017年的80.6%，对欧就业、安全和社会安定构成挑战。欧洲加大对非难民防范力度，德国总理默克尔等政要接连访非，强化非洲难民管控。2016年12月欧盟委员会宣布，欧盟将斥资1亿欧元建立新的“非洲援助基金”，抑制非洲难民流入非洲。2017年8月28日，法国、德国、意大利、西班牙和欧盟外交与安全政策代表又召集乍得、尼日尔、利比亚等国领导人，在巴黎开会集中探讨加强防范非洲难民外流。法国总统马克龙表示，难民是欧、非面临的共同挑战。此次峰会决定，欧洲加大对尼日尔和乍得的支持，协助利比亚恢复政治稳定，加大打击非法移民力度。欧洲国家将加强与非洲移民源头国家和以利比亚为主的中转国家合作，查处偷渡的幕后组织者，瓦解非法移民网络。11月29—30日，第五届欧盟—非盟峰会在科特迪瓦经济首都阿比让召开，移民议题是焦点，峰会发表关于利比亚移民问题的联合声明，提出立即对贩卖非洲人口展开调查；设立欧—非—联合国三方工作组，对难民和移民入欧主要通道（特别是利比亚）进行救援；要求所有非法移民目的国暂停强制遣返移民到“安全局势危险”的利比亚等。反恐是欧盟关注非洲的另一大议题，2017年以来意大利等国加大对利比亚打击“伊斯兰国”据点的支持。7月，法国总统马克龙到访马里，召集萨赫勒五国集团举行特别峰会，法国支持毛里塔尼亚、布基纳法索、乍得、尼日尔和马里等萨赫勒五国成立5000人联合部队，共同打击当地恐怖主义。其中萨赫勒五国各出资1000万欧元、欧盟提供5000万欧元、法国提供800万欧元。[①]

（二）印、日等亚洲大国强化对非外交攻势

印度对非影响力快速上升。近年来印非经贸关系不断加强，双方贸易额快速增长，从2005年的117亿美元，增加到2016年的近500亿美元，预计2020年将突破1000亿美元。[②] 2014年起印度即已超越美国，成为仅次于中国的非洲第二大贸易伙伴国。2017年5月，印度首次主办非洲开发银行第52次年会，这是继2015年印非峰会后印度经略非洲的又一重大举措。印总理莫迪在年会上宣称，非是印政府外交和经济政策的“最高优先方向”。印非达成数项重大投融资协议，如印进出口银行宣布向卢旺达提供8100万美元贷款；与加纳签署协议，为其修建铁路提供近4亿美元贷款。印度还联合日本积极宣扬“亚非增长走廊”计划，该计划是2016年莫迪访日期间与安倍共同提出的。此次年会上，日印两国发布建设“亚非增长走廊”的愿景文件，表示将联手打造亚非工业走廊、通信网络、电力网络和泛非电子网络等联通设施，力推该计划在非落地。

日本在非积极开拓“新边疆”。非洲既是日本拓展能源供应多元化的重要目的地，也是日本在联合国安理会“争常”寻求国际支持的“大票仓”。近年莫桑比克因油气大发现，成为日本重点拉拢对象。2017年3月，日本邀请莫桑比克总统纽西访日，

① “West African and French Leaders Launch Sahel Force”, http: //allafrica. com/stories/201707030730. html.（上网时间：2017年11月12日）

② “India Continues Building Trade Ties With Africa”, https: //foreignpolicyblogs. com/2017/07/05/india – continues – building – trade – ties – with – africa/.（上网时间：2017年11月21日）

安倍晋三在会见中承诺加大对莫桑油气投资，两国还发表谴责朝鲜拥核射导弹的联合声明。7月，日本财务省宣布将与非洲开发银行等合作，设立约6700亿日元（约合66亿美元）的资金合作框架，推动日企在非洲建立低二氧化碳排放的煤炭火力发电站。8月24—25日，日非国际发展部长级会议在莫桑比克召开，日本外相河野太郎参会，大力鼓吹安倍首相在援非领域倡导的“投资高质量基础设施”，并宣称将开展人才培训提高非洲生产效率。日本还在非洲推动自卫队军事力量“借船出海”，吉布提是目前自卫队唯一的海外据点。9月日本自卫队在吉布提实施武装撤侨演练，参演规模约110人，意在以保护侨民为由，扩大日本海外军事力量使用，日本还表示未来将扩大吉布提基地面积，增加驻军人数，部署大型运输机。

中东大国积极强化对非联系，谋求经济利益和外交支持。土耳其总统访非助推双方经贸合作。2017年1月23—27日，土耳其总统埃尔多安率领200多人的政、商代表团，访问坦桑尼亚、莫桑比克和马达加斯加等非洲三国，此访旨在加快土非经贸联系。近年来土非贸易增长迅速，从2003年的55亿美元增长到2016年的近200亿美元，土在非直接投资额也超过60亿美元。埃尔多安承诺，土耳其将在多领域同非洲分享经验和技术，实现土非共赢；土耳其还将为坦桑尼亚修建400千米的中央铁路提供贷款支持，并表示将加快对非投资。以色列寻求扩大非洲对其外交支持。为同阿拉伯国家竞争国际支持，非洲国家成为以色列重点进取方向。继2016年总理内塔尼亚胡出访卢旺达、肯尼亚、乌干达、埃塞俄比亚四国后，2017年6月，内塔尼亚胡再次赴非，参加了在利比里亚举行的西非国家经济共同体峰会，两年内总理接连访非在以色列外交史上是第一次。内塔尼亚胡会见了15国非洲领导人，在会上宣布“以色列已彻底重返非洲”。以色列本计划10月在多哥举行首届“以色列—非洲峰会”，但9月以色列和多哥政府以“准备尚未充分”为由，将峰会推迟举行。

五、“一带一路”助推中非合作

2017年中非关系稳步发展，在政治、经贸、安全、人文领域均获新进展，“一带一路”倡议成助推中非合作新动力。

（一）“一带一路”合作亮点纷呈

2017年，“一带一路”成为中非政治交往、金融和产能合作强劲驱动力。3月，马达加斯加总统埃里访华，中马决定建立全面合作伙伴关系，签署了推进“一带一路”倡议建设的谅解备忘录。5月，埃塞俄比亚总理海尔马里亚姆、肯尼亚总统肯雅塔来华出席“一带一路”国际合作高峰论坛。峰会后，中埃、中肯关系提升为全面战略合作伙伴关系，埃塞还正式加入亚洲基础设施投资银行，成为撒南非洲第一个加入亚投行的国家。

5月31日，中肯合作建设的蒙巴萨至内罗毕铁路（蒙内铁路）正式建成通车，铁路连接肯首都内罗毕和东非第一大港蒙巴萨港，被肯尼亚人誉为“世纪铁路”。该铁路采用中国标准、中国技术、中国装备制造和中国管理经验建造，将成为东部非洲乃至整个非洲大陆的示范项目。蒙内铁路还为当地提供累计超过3.8万个工作岗位，当地雇员占总员工比例约90%。

金融与产能合作成果喜人。2017年1月，在“一带一路”构想下中国首家海外成立的商业银行——丝路国际银行在吉布提正式挂牌营业，这是中企首次在非洲大陆获得银行全牌照。① 5月，中刚非洲银行在刚果第二大城市黑角开设分行，该银行是中国在非首次以合资方式创设的全牌照综合性商业银行，其规模不断扩大，将为在刚及中部非洲国家投资的中企提供更多便利。

“一带一路”在非掀起产业园建设热潮。2017 年，湖南省与埃塞俄比亚共建的阿达玛装备制造工业园开工建设，占地 1.22 平方千米，一批国内龙头企业准备入园投资。中土公司投资开发的埃塞俄比亚德雷达瓦工业园也将于 2017 年完工。

（二）经贸合作回暖

2017 年，在中非“十大合作计划”和“一带一路”倡议的推动下，中非经贸合作扭转了近两年负增长态势。

中非进出口贸易实现“双增长”。在全球经济缓慢复苏、中非经济均面临转型的背景下，中非贸易步伐加快。据中国海关统计，2017 年 1—9 月，中非进出口总额为 1256.4 亿美元，同比增长 14.5%，超出同期中国外贸总体增幅 2.8 个百分点。其中，中国对非出口 700.7 亿美元，增长 2.2%，自非进口涨幅显著，达 555.8 亿美元，增长 34.9%，高出中国同期外贸进口涨幅 17.6 个百分点。中非贸易差额缩小，顺差 144.9 亿美元，同比下滑 47.0%。进出口商品结构进一步优化，中国自非洲进口的能矿产品量价齐升，机电、化工、农产品进口金额增长明显，其中水果、咖啡进口金额增幅较大，分别增长 151% 和 77%。中国

① “丝路国际银行正式挂牌营业 中企首获非洲大陆银行全牌照”，中国经济网，2017 年 1 月 18 日，http://www.chinanews.com/cj/2017/01－18/8128490.shtml。（上网时间：2017 年 11 月 5 日）

对非的交通工具出口成新亮点，船舶、机车车辆、航空航天器材出口均翻番。

2017 年 1—6 月，中企对非洲非金融类直接投资流量达 16 亿美元，同比增长 22%。国家开发银行上半年累计向 43 个非洲国家提供投融资超过 500 亿美元，贷款余额达 368 亿美元，重点支持农业、制造业、基础设施、社会民生等领域发展。[①] 一季度中企在非新签承包工程合同额 134 亿美元、完成营业额 94 亿美元。其中，在安哥拉、尼日利亚、肯尼亚新签合同额同比分别增长 136%、132% 和 13%；在非洲新签合同额超过 5 亿美元的项目共有 5 个，合同额 13 亿美元的尼日利亚奥古鲁—伊杰布燃气电站项目是一季度中国企业海外新签合同额的第三大项目。[②]

（三）安全合作取得突破性进展

8 月 1 日，中国人民解放军海军吉布提保障基地正式建成并投入使用，这是中国第一个海外后勤保障基地，是中非安全合作的重大历史性突破。基地不仅有利于更好履行在亚丁湾、索马里海域护航以及开展人道主义救援等国际义务，而且有利中国保护在非海外利益，开展撤侨护侨、应急救援等活动。自 2008 年以来，中国海军已连续不间断派出了 25 批护航编队、70 多艘次舰艇远赴亚丁湾执行护航任务，圆满完成了 6300 余艘中外船舶护

---

① “国开行在非洲已提供超 500 亿美元投融资”，新华网，2017 年 10 月 5 日，http：//news. xinhuanet. com/2017 - 10/05/c_ 1121763970. htm。（上网时间：2017 年 11 月 5 日）

② “商务部召开例行新闻发布会介绍一季度中非经贸合作情况”，中华人民共和国商务部，2017 年 5 月 12 日，http：//www. mofcom. gov. cn/article/tongjiziliao/fuwzn/swfalv/201705/20170502577720. shtml。（上网时间：2017 年 11 月 5 日）

航任务，成功解救、接护和救助遇险船舶60余艘，访问了6大洲60多个国家。11月22日，吉布提总统盖莱对华进行国事访问，两国一致同意建立中吉战略伙伴关系，全面深化各领域合作，为中国在吉基地未来的完善和发展提供更多保障。

此外，中非在维和领域合作也取得新进展。根据习近平主席2015年在联合国峰会上的承诺，2017年中国已完成8000人规模维和待命部队的注册工作，将尽快形成遂行任务能力。2017年10月，中国还向联合国苏丹达尔富尔维和行动部署了首支维和直升机分队，主要担负空中巡逻、维和部队运输、人员搜救后送、空运后勤补给以及其他支援任务。[①]

（四）中非关系深入发展

2017年，中非不仅在政治、经贸领域交往更加密切，还在人文交流、金砖合作机制、公共卫生等领域开展深入合作。4月，刘延东副总理访问南非，正式启动中国—南非高级别人文交流机制，这是中国同非洲国家建立的首个此类机制，涵盖了双方在教育、科技、文化、卫生、青年等诸多领域的合作。机制的启动夯实了中南关系的民意基础，有力地推动了两国人文交流。9月4日，南非总统祖马、几内亚总统孔戴来华出席金砖国家领导人第9次会晤和新兴市场国家与发展中国家对话会，并与习近平主席会谈。作为非盟轮值主席，孔戴总统高度赞扬中国对非盟的支持，表示“非洲国家高度评价中国有关尊重非洲国家自主解

① “中国维和直升机分队将在苏丹达尔富尔遂行任务”，新华网，2017年10月18日，http://news.xinhuanet.com/mil/2017-10/18/c_129722287.htm。（上网日期：2017年11月5日）

决非洲问题的主张，愿加强非中全方位合作，密切非盟同中国在国际事务中对话和合作”。[①]

7 月 26 日起，中国海军“和平方舟号”医疗船赴非洲吉布提、塞拉利昂、加蓬、刚果（布）、安哥拉、莫桑比克、坦桑尼亚等国访问并提供人道主义医疗服务，执行“和谐使命—2017”任务，预计历时 155 天。[②] 中国还决定向中非共和国复派医疗队，积极帮助中非战后医疗恢复工作，向中非政府提供医疗物资和抗疟药援助。

2017 年非洲多国遭遇重度旱灾和饥荒。中国通过联合国世界粮食计划署向包括埃塞俄比亚、津巴布韦、喀麦隆、尼日尔在内的 8 个国家约 165 万灾民、难民和国内流离失所者提供紧急人道主义粮食和营养援助。[③]

非洲国家对“一个中国”原则表示出更大认同。2016 年 12 月 20 日，圣多美与普林西比（圣普）宣布同台湾当局“断交”。12 月 26 日，中国与圣普恢复两国大使级外交关系。2017 年 1 月，尼日利亚严令台湾地区驻尼机构摘牌更名、迁出首都、削权减人，并禁止尼政府官员和机构同台湾当局发生任何官方往来，彻底解决了这一影响中尼政治互信的历史遗留问题，排除了干扰

---

① “习近平会见几内亚总统孔戴”，外交部网站，2017 年 9 月 5 日，http://www.fmprc.gov.cn/web/zyxw/t1490046.shtml。（上网时间：2017 年 11 月 24 日）

② “和平方舟医院船首次环非洲访问并提供医疗服务”，国防部网站，2017 年 7 月 26 日，http://www.mod.gov.cn/diplomacy/2017-07/26/content_4786796.htm。（上网时间：2017 年 11 月 5 日）

③ “中国政府对亚非 8 国提供紧急粮食援助”，《人民日报》，2017 年 09 月 22 日 21 版。

两国关系健康发展的政治障碍。

非洲国家、执政党学习借鉴中国发展和中共治理经验的愿望日益强烈，习近平主席关于减贫、反腐、党建等治国理政经验获非洲领导人广泛认可与追捧，“向东看”在非已成潮流，中非合作正向着更广更深层次迈进。

（审订：张力）

第十六章　欧洲：转机初现　问题犹存*

2017 年，欧洲仍面临延续了数年的困难和挑战，民众不满情绪和民粹力量持续上升，政坛整体“向右转”。但随着经济实现较快增长，欧洲总体形势出现转机。

一、经济增长成为亮点

自债务危机以来，欧洲经济一直困难重重，但 2017 年增长较快，成为欧洲一年来的最大“亮点”。欧盟委员会副主席莫斯科维奇称，欧盟和欧元区取得近 10 年来最强劲的增长。[①]

（一）实现超预期复苏

欧洲经济形势改善有诸多体现：增长方面，2017 年第 1—3

* 本章撰稿人：刘明礼、陈旸、王莉、黄静、李超、董一凡。

① “Autumn 2017 Economic Forecast”, https：//ec. europa. eu/info/business - economy - euro/economic - performance - and - forecasts/economic - forecasts/autumn - 2017 - economic - forecast_ en#autumn - 2017 - economic - forecast - continued - growth - in - a - changing - policy - context.（上网时间：2017 年 11 月 10 日）

季度欧盟经济分别环比增长 0.6%、0.7% 和 0.6%，[①] 欧盟委员会预计 2017 年欧盟和欧元区将分别增长 2.3% 和 2.2%，将比肩或超过美国（2.2%）、日本（1.6%）、英国（1.5%），成为发达国家“领跑者”。[②] 就业方面，2017 年 9 月，欧元区和欧盟失业率分别为 8.9% 和 7.5%，分别达到 2009 年 1 月和 2008 年 11 月以来的新低。[③] 财政方面，2017 年二季度，欧元区和欧盟财政赤字率分别为 1.2% 和 1.3%，同比分别降低 0.3 和 0.4 个百分点。债务方面，2017 年二季度，欧元区和欧盟公共债务比分别为 89.1% 和 83.4%，同比分别降低 1.7 和 0.4 个百分点。[④]

欧洲经济好转主要得益于内外环境改善。从内部环境看，欧洲度过债务危机后的衰退周期，消费和投资信心回升，2017 年 10 月，欧盟和欧元区经济景气指数（ESI）分别为 114.2 和 114，

① “GDP up by 0.6% in both the euro area and the EU28”, http：//ec. europa. eu/eurostat/documents/2995521/8357385/2 - 31102017 - BP - EN. pdf/5610b2fd - 85a9 - 48e8 - b510 - 3d87eb73793a.（上网时间：2017 年 11 月 10 日）

② “European Economic Forecast-Autumn 2017”, https：//ec. europa. eu/info/sites/info/files/economy - finance/upd_ ip063_ en. pdf.（上网时间：2017 年 11 月 10 日）

③ “Euro area unemployment at 8.9%”, http：//ec. europa. eu/eurostat/documents/2995521/8357265/3 - 31102017 - CP - EN. pdf/cc23432e - f918 - 4f93 - 9fe7 - 0c03badb9792.（上网时间：2017 年 11 月 10 日）

④ “October 2017：Economic Sentiment rises further in both the euro area and the EU”, https：//ec. europa. eu/info/business - economy - euro/indicators - statistics/economic - databases/business - and - consumer - surveys/latest - business - and - consumer - surveys_ en.（上网时间：2017 年 11 月 10 日）

达到2007年6月和2001年1月以来最高。[①] 加之2015年1月启动的欧版“量化宽松”持续发力，消费和投资较为旺盛，2017年欧盟内需和投资增长率预计分别达2.4%和4.1%，为国际金融危机以来最高，基本追平危机前（2003—2007年）水平。从外部看，世界经济回暖特别是中国、美国两大经济体的“稳定输出”，使欧外贸延续增长势头。2017年1—8月，欧盟出口增长率达9.3%，远高于全球贸易预期增长率（4.2%），对美国、中国等主要贸易伙伴出口分别增长4%和19.2%。[②]

（二）复苏仍面临风险

欧洲经济复苏势头良好的同时仍面临诸多风险，未来仍有变数。欧失业率虽下降明显，但仍远高于美国（4.1%）、日本（2.8%）。欧元区通胀率在2月一度达到2%，此后一直震荡下行，至10月达1.4%，距离欧洲央行2%的政策目标仍有距离。2018—2019年预计通胀率为1.4%和1.6%，欧洲央行结束“欧版量宽”等超常规货币政策投鼠忌器，仍面临资产泡沫风险。此外，欧洲经济面临的人口老龄化、创新成果转化不足、产业空心化、银行业不良贷款风险等长期性问题，也将限制其进一步提升增长率。

---

① “October 2017: Economic Sentiment rises further in both the euro area and the EU”, https: //ec. europa. eu/info/business - economy - euro/indicators - statistics/economic - databases/business - and - consumer - surveys/latest - business - and - consumer - surveys_ en.（上网时间：2017年11月10日）

② “Euro area international trade in goods surplus □ 16.1 bn”, http: //ec. europa. eu/eurostat/documents/2995521/8314094/6 - 16102017 - AP - EN. pdf/8dadd367 - 97ae - 499d - 9a33 - da25a80149d9.（上网时间：2017年11月10日）

欧盟内部政治风险也将成为阻碍因素。西班牙加泰罗尼亚独立运动持续发酵，政府已将 2018 年增长率预期从 2.6% 降至 2.3%；[①] 英国“脱欧”引发的政治经济不确定性仍较大，若 2019 年 3 月英国与欧盟未就双边关系形成实质协议，欧洲经济不免会受波及；意大利 2018 年的大选也将影响其结构改革及消化不良贷款的进程，若民粹力量上台将构成较大消极影响。

（三）加快政策调整步伐

得益于超预期复苏创造的良好环境，以及破解结构性经济难题的需求，欧盟 2017 年在经济政策上做出系列调整。

释放收紧货币政策信号。2017 年 1 月，欧洲央行宣布将“量化宽松”延期至 2017 年 12 月，同时将 2017 年 4—12 月期间每月购债规模从 800 亿欧元缩减至 600 亿欧元；2017 年 10 月，又决定将“量化宽松”延期至 2018 年 9 月，将 2018 年 1—9 月期间每月购债规模从 600 亿欧元缩减至 300 亿欧元。欧洲央行在延长“量化宽松”时间同时减少每月购债规模的做法，一方面回应“鸽派”及市场对保持通胀和流动性供给的关切，同时也逐步释放收紧货币政策的信号，以实现货币政策正常化。

提出系列产业计划。2017 年 9 月，欧盟委员会主席容克在年度“盟情咨文”中提出一揽子新兴产业发展计划，包括旨在刺激创新、环保、数字产业投资的《工业政策战略》、提振数字经济发展的《非个人数据流动框架》等，以刺激新兴产业发展，

---

① “Catalonia crisis could impact Spanish economic growth: European Commission”, https://www.thelocal.es/20171109/catalonia-crisis-could-impact-spanish-economic-growth-european-commission.（上网时间：2017 年 11 月 10 日）

打造经济发展新动能。此外，欧盟及成员国也提出刺激电动车发展的政策，英、法等国已提出逐步淘汰汽油车的计划，欧盟委员会拟订了 2030 年新能源车达到欧汽车存量 15%—20% 的目标，[①]以倒逼车企转型发展电动车行业。

推进自贸区战略。2017 年，欧盟继续推进自贸区战略，拓展海外市场。9 月，与加拿大签署的《全面性经济与贸易协议》生效，与印尼启动自贸区谈判；11 月，启动与智利的自贸区谈判；12 月，与日本完成经济伙伴关系协定谈判。

二、政局整体"右转"

2017 年可谓欧洲的"超级大选年"，英、法、德三大国及荷兰、奥地利、捷克等国均遇"换届"。由于常年经受危机，欧洲民众纷纷借选票表达不满，从而推动政局整体"右转"。

（一）民众求变心理强烈

欧洲民众多年来承受着经济、安全等多重压力，求变心切，期待政府有所作为。但主流政党却四平八稳、缺乏活力，左右翼大党政策取向日益趋同，都难以带来根本性变化，失业率也长期处在高位，民众纷纷投出"惩罚票"。

法国社会党执政 5 年后，并未取得明显改革成效，奥朗德成为自 1958 年以来首位主动放弃竞选连任的总统。2017 年 9 月 24

---

① "New EU car CO_2 limits in danger amid German automaker lobbying", https://www.euractiv.com/section/climate-environment/news/new-eu-car-co2-limits-in-danger-amid-german-automaker-lobbying/.（上网时间：2017 年 11 月 10 日）

日德国大选，联盟党选票流失严重，默克尔权威缩水，外界对其批评声日渐增多，著名政论杂志《明镜周刊》称，“默克尔一言九鼎的时代基本已经过去。”① 11月19日，联盟党、自民党、绿党组阁尝试失败，德国自二战后首次陷入组阁僵局，显示主流政党在“如何变”的问题上难以达成共识。10月1日，西班牙加泰罗尼亚区举行独立公投，开启了持续近1个月的“独立闹剧”。公投发生的一个重要原因在于，西班牙其他地区经济表现相对差，加区的财富一定程度遭“转移支付”，部分民众对中央政府产生了强烈不满和抵触情绪。

（二）极右政党异军突起

民众对现实的不满长期积聚并集中爆发，最终推动欧洲政坛整体右倾，最突出的表现就是民粹势力上升，极右政党纷纷进入议会，甚至在个别国家（如芬兰）已经参与执政。纵观2017年欧洲各国大选，极右势力进一步得以巩固，其影响力呈现由小国向大国、由边缘国向核心国拓展的局面，引发主流政党和民众的担忧。

在德、奥、捷三国，极右政党所得选票均获“历史性突破”。9月24日德国大选，德国选择党首次进入联邦议会且斩获12.6%选票，成为议会第三大党，举国震惊，党主席高兰德声称

① Florian Gathmann, “Sondierungen: Merkels Schwäche, Jamaikas Risiko”, http://www.spiegel.de/politik/deutschland/sondierungen－angela－merkel－ihre－schwaeche－gefaehrdet－jamaika－a－1177888.html.（上网时间：2017年11月16日）

将“围剿默克尔政府”。[①] 10 月 15 日奥地利国民议会选举，极右的自由党支持率达 26%，创 1999 年来“最佳战绩”，两个月后，人民党与自由党组阁成功，自由党跻身执政党。10 月 21 日捷克大选，右翼民粹政党“ANO2011”取得近三成选票，一跃成为第一大党，党主席巴比什号称“捷克版特朗普”，于 12 月 6 日出任捷克总理，但由于进入议会的其他政党拒绝与其联合执政，巴比什领导本党及一些无党派专家组建了少数派政府。在法国，极右政党“国民阵线”虽未最终胜出，但声势浩大，时隔 15 年再次进入总统选举第二轮，外界评论称其“不再位居边缘，已成长为全民党”。[②] 各界普遍担忧，若马克龙改革乏力，5 年后“国民阵线”可能卷土重来。

极右、民粹政党普遍持反全球化、反欧盟、反难民、反自贸等极端主张，德国选择党、“ANO2011”等还发出过美化纳粹的言论，将对欧盟及相关成员国国际形象、政府施政造成负面影响。

（三）主流政党纷纷右倾

2017 年欧洲政坛不仅极右政党“登堂入室”，主流政党亦纷纷“向右”调整。

德国总理默克尔领导的联盟党虽在大选中蝉联第一大党，但得票率由 4 年前的 41.7% 大幅下滑至 32.9%，为几十年来最差

---

① “Gauland will Merkel jagen, AfD im Osten zweitstärkste Kraft”, https://www.welt.de/politik/deutschland/article168986388/Gauland-will-merkel-jagen-AfD-im-Osten-zweitstaerkste-Kraft.html.（上网时间：2017 年 11 月 17 日）

② Martin Michelot, “Madame Le Pen und ihre Helfer”, *Internationale Politik*, März/April 2017, S. 14.

选绩。选票一部分被选择党分走，另一部分流向同属右翼阵营的自民党。多年来，默克尔暗中向左靠，其引入最低工资标准、向难民“开放门户”、允许满足条件的提前退休者领取全额养老金等政策，本来都是社民党的主张，因此支持联盟党的传统右派选民十分不满，纷纷要求默克尔“回归右翼”。[①] 德国《时代周报》刊文称，选票流失正是对联盟党背离右翼路线的惩罚。[②] 社民党总理候选人舒尔茨打出“社会公平牌”参选，但实际效果不佳，民众多认为其口号空洞，难以实现，且提高福利的做法与当前主流改革方向相悖。

奥地利则显现出中右翼倒向极右的新趋势。2015 年难民危机爆发以来，奥地利共接纳约 10 万难民，对当地秩序造成冲击，也成为极右翼政党自由党崛起的重要诱因。出于遏制自由党、争夺执政地位的目的，人民党主导设置了接纳难民上限，提出严控边境、削减难民福利、在北非建立难民营等主张，发出“奥地利优先”的口号，[③] 并反对欧盟干涉其相关政策，不断向极右倾斜，以留住选民。此次与自由党联合组阁，人民党让出了内政、外交、国防三个关键部长，自由党权力大增。受此影响，人民党未来恐将更为保守。

---

① “Tillich will CDU nach rechts rücken”, https: //www. welt. de/newsticker/dpa_ nt/infoline_ nt/brennpunkte_ nt/article169194793/Tillich – will – CDU – nach – rechts – ruecken. html.（上网时间：2017 年 11 月 19 日）

② Mattias Geis, “CDU und SPD, das wird nix”, http: //www. zeit. de/2017/52/ cdu – spd – grosse – koalition – sondierungen.（上网时间：2017 年 12 月 21 日）

③ Zameena Mejia, “This 31 – year – old millennial is set to be the world’s youngest head of state”, https: //www. cnbc. com/2017/10/16/austrias – sebastian – kurz – is – set – to – be – europes – first – millennial – leader. html.（上网时间：2017 年 12 月 21 日）

法国总统马克龙虽出身社会党，但摒弃左翼身份，组建了中间派政党“前进运动”参选，最终得以胜出。其竞选口号被认为是“非左非右”，但当选总统后推行的劳动法改革、减税、推动私有化等，实际属于偏右的主张。

总之，当前欧洲政坛呈现左翼式微、右翼坐大的局面，各国都以自身利益为重，保守、内顾倾向凸显。

三、努力适应外交新形势

2017年国际环境变化对欧盟外交影响很大。新形势下，欧盟稳住阵脚，积极调适，力求务实，竭力维护自身利益与国际影响。

（一）谋划应对“特朗普冲击”

奥巴马时代美国战略重心东移，欧洲频遭美国“冷落”，特朗普接任后，“美国优先”路线使跨大西洋关系直面更为猛烈冲击。竞选期间，特朗普公开鼓吹“欧盟崩溃”“北约过时”，为英国“脱欧”站台，对疑欧政党示好；就职以来，就美国对德国巨额贸易逆差表示严重不满。特别是美国决定退出欧盟苦心促成的联合国气候变化协议，欧盟受挫感与危机感空前。在欧洲理事会主席图斯克看来，“不确定的特朗普”对欧盟已构成威胁。①德国外长加布里尔称美国“短视”政策削弱西方，损害欧洲。德国总理默克尔则强调“依靠别人的时代一去不复返”，促欧洲

① Andrew Rettman，“EU head calls Trump a ‘threat’ to Europe”，https：//euobserver.com/foreign/136742.（上网时间：2017年1月31日）

自强。欧盟委员会对谷歌开出24亿欧元的反垄断罚单，某种意义亦被外界视为欧盟对“美国优先”的一种回击。但欧盟也深知，欧美双方互为最大贸易与投资伙伴，欧盟仍需与美国维持同盟，稳定经济、确保安全及对外“示强”，故仍寻求与美国妥协。法国、德国及欧盟高官与美国加强互访沟通，“求同存异”。北约多国承诺按美国要求增加军费，罗马尼亚、波罗的海国家等国有望“达标”。总体看，未来欧洲国家对美国政策可能一方面寻求更大自主性，另一方面仍会努力协调与美国合作，正如欧盟“外长”莫盖里尼所言，双方关系将进入“更加务实、更富交易性”时代。[①]

（二）对俄罗斯政策保持稳定

2017年，欧洲国家对俄罗斯政策延续了总体防范思路。在乌克兰危机僵持之际，欧洲力克内部分歧，再度延长对俄罗斯制裁；与北约共同牵头，在芬兰建立针对俄罗斯的“反混合威胁中心”；支持北约落实抗俄东防协议；揭批俄罗斯支持欧洲民粹政党及西班牙分裂势力，插手法国、德国、捷克等国大选；6月波兰自美国进口首批液化天然气，急欲减轻对俄罗斯能源依赖。

同时，欧洲国家解决能源、安全等问题绕不开俄罗斯，欧盟对俄罗斯政策的“选择性合作”特点日趋突出。2017年双方高

---

① Remarks by the High Representative/Vice-President Federica Mogherini at the press roundtable during the visit to the United States of America, https://eeas.europa.eu/headquarters/headquarters - omepage _ en/20408/% 20Remarks% 20by% 20High% 20Representative% 20Mogherini% 20at% 20the% 20press% 20roundtable% 20during% 20the% 20visit% 20to% 20the% 20United% 20States% 20of% 20America.（上网时间：2017年2月10日）

层互动较上年明显增多。普京出访法国、德国等国，访问匈牙利敲定价值120亿美元匈牙利核电站扩建工程；欧盟“外长”、德国总统等也相继访问俄罗斯。2014年6月至2017年6月，欧盟对俄罗斯出口下降了28%，从俄罗斯进口减少了31%。但随着俄罗斯经济复苏，民众购买力增强，以及油气价格和卢布汇率回升，2017年起，在欧俄相互制裁措施并未取消的情况下，彼此贸易量开始止跌反弹，上半年同比已增加26%。[①]

（三）尽力稳定周边局势

欧洲国家近年诸多危机与其大周边形势密切关联，为摆脱安全困境，欧洲对周边投入持续加大，治理思路“稳定为上”。2017年6月7日，欧盟通过新战略，着重帮助伙伴国增强对内外挑战的弹性应对能力。[②] 一是深化与非洲合作。欧盟出资5000万欧元，助建撒赫勒5国组成的北非反恐部队。利比亚作为重点伙伴，欧盟为其提供9000万欧元维稳资金。[③] 在2017年底召开的第五届欧非峰会上，除加强双边安全合作外，欧盟拟在2020年前通过欧盟“对外投资基金”募集440亿欧元投资非洲，重

① “EU-Russia trade continuing despite sanctions”, http://www.europarl.europa.eu/RegData/etudes/ATAG/2017/608817/EPRS_ATA（2017）608817_EN.pdf.（上网时间：2017年11月24日）

② “EU presents its strategy for more resilient states and societies around the world”, European Commission-Press release, http://europa.eu/rapid/press-release_IP-17-1554_en.htm.（上网时间：2017年6月8日）

③ “Partnership Framework on Migration: Commission reports on results and lessons learnt one year on”, http://europa.eu/rapid/press-release_IP-17-1554_en.htm.（上网时间：2017年6月14日）

点解决当地青年教育及就业等事关发展与安全的关键性问题。[①]二是灵活推进“东邻工程”。欧洲“东邻”政策中的价值观因素明显下降，欧盟与欧亚经济联盟间相处之道更趋灵活。2017年底召开的“东部伙伴关系”[②]峰会中，双方敲定2020年前实现20项“有形成果”，包括在中小企业发展、数字经济、能源、基建等领域的合作；欧盟与亚美尼亚关系得到重启，与白俄罗斯关系开始正常化。三是努力调控与土耳其矛盾。2017年，欧盟对土耳其民主与法制“脱轨”日益不满，德国、荷兰等国与土耳其关系一度恶化。欧盟接纳土耳其入盟意愿下降，2018年欧盟预算中帮助土耳其入盟的基金砍掉8000万欧元。[③]不过，鉴于欧盟解决恐袭、移民等难题仍需依赖土耳其支持，而土耳其也不会轻易放弃与欧洲国家合作红利，双方继续寻求妥协，避免关系全面恶化。四是力图影响叙利亚重建进程。随着叙利亚战争接近尾声，欧洲持续加大介入力度，配合美国施加军事与制裁高压的同时，4月初出台《欧盟对叙利亚战略》，并召集“支持叙利亚及地区未来”国际会议，欲对叙利亚危机最终解决施加影响。

（四）力保国际话语权

近年来欧洲危机迭起，实力下滑，精力内顾，对外影响力下

---

① “African Union-European Union Summit: Investing in Youth for a Sustainable Future”, http://europa.eu/rapid/press-release_IP-17-5007_en.htm.（上网时间：2017年12月1日）

② “东部伙伴关系”于2009年启动，是欧盟针对东部邻国的重要政策框架，旨在通过加强与乌克兰、格鲁吉亚、摩尔多瓦、白俄罗斯、亚美尼亚和阿塞拜疆等6国的全方位合作，力促其向欧洲靠拢。

③ Andrew Rettman, “Turkey poised for first EU budget cut”, https://euobserver.com/enlargement/139627.（上网时间：2017年10月26日）

降。尽管如此，在全球治理领域，欧洲国家仍借联合国、G20、G7 等多边框架引领“风向”。在气候变化问题上，针对美国退出《巴黎气候协定》，欧盟集体发声强调气候协定不容重新谈判，坚持与其他大国推进落实。在波恩气候大会召开之际，欧盟发布报告，展示其减排目标“稳步实现”的“气候先锋”形象。在自贸议题上，面对美国深度冻结 TTIP 等保护主义势头，欧洲国家展开对全球化利弊的系统反思，一方面肯定全球化贡献，另一方面欲主动塑造该进程。欧盟还极力调和与日本在自贸谈判中的利益分歧，在 G20 峰会召开之际，达成欧日自贸原则性协议，彰显维护自由贸易决心与能量。在核扩散议题上，针对特朗普政府意图单方面中止伊核协议，欧洲强调坚定维护伊核协议，同时加紧与美国及其他相关方协调，力遏伊朗“滋事”。2017 年，欧洲参与朝核危机解决的意愿与举措明显强化，欧盟外长会议多次将朝核议题列入议程，数度出台对朝鲜制裁措施，同时加强与美国、中国、日本、韩国等利益相关方的协调与合作，合力对朝鲜施压。

四、加速构筑安全防线

2017 年欧洲安全形势依然复杂，表现为：东部形成军事对峙、暴恐活动“常态化”、难民潮、网络安全等。欧洲各国普遍加大安全投入，内外兼修，加速推进安全防务联盟建设。

（一）强化传统安全能力

乌克兰危机持续 3 年仍难平静，违背停火协议的冲突时有发生，北约与俄罗斯对峙局面难改。欧洲各国与北约密切协调，着力提升自身军事能力。一是防线前置。自2017年2月起，由美国、英国、加拿大、德国率领的四个北约“国际营”陆续进驻波兰及波罗的海三国，将前线向东推进至距俄罗斯仅50—100千米处；2017年10月，北约正式组成“黑海新军”，为旅级多国部队，由罗马尼亚领衔，人数近4000人，与俄隔海相望。二是提升军费。2017年北约成员国中欧洲国家防务开支预计将增长3.5%，达2569亿美元。[①] 三是优化军事指挥结构。2017年11月，北约防长会议决定将新设大西洋司令部和后勤司令部，前者负责保障美欧间海上交通线自由与安全，后者用于改进欧洲地区军队的机动性，改善北约司令部的后勤保障能力，同时还拟成立网络行动中心，全方位协调整合北约网络规划和行动能力。[②] 四是加强欧洲内部安全防务合作。2017年6月，欧盟成立“军事规划与指挥能力”办公室（MPCC），负责协调军事与民事行动，被视为“通往欧洲司令部的一小步”。[③] 2017年9月，欧盟出台了“网络安全计划”，更新2013年的《网络安全战略》，加强欧盟网络与信息安全局的职能，拟建立欧盟统一的网络安全认证框

① “Defence Expenditure of NATO Countries（2010 - 2017）”, https：//www. nato. int/nato_ static_ fl2014/assets/pdf/pdf_ 2017_ 06/20170629_ 170629 - pr2017 - 111 - en. pdf.（上网时间：2017年11月10日）

② “Press conference by NATO Secretary General Jens Stoltenberg following the meeting of the North Atlantic Council at the level of Defence Ministers”, https：//www. nato. int/cps/en/natohq/opinions_ 148417. htm.（上网时间：2017年11月10日）

③ “EU’s small steps toward（whisper it）a military HQ”, https：//www. politico. eu/article/eus - small - steps - toward - whisper - it - a - military - hq - defense - cooperation/.（上网时间：2017年11月10日）

架、成立欧洲网络安全研究和能力中心。[①] 欧盟致力于执行一揽子防务合作计划，在开展“协调性防务年度评估”（CARD）和落实“欧洲防务基金”（EDF）的同时，2017 年 12 月 8 日，欧盟理事会批准 25 个成员国（英国、丹麦和马耳他未加入）在防务领域开展“永久结构性合作”（PESCO），这是近 10 年来欧盟在该领域迈出的最重要一步。25 个欧盟国家将先行先试，组成“防务合作圈”，提高防务合作效率。[②]

（二）严防恐怖袭击威胁

根据美国“和平宗教”网站统计，2017 年 1—10 月欧洲共发生暴力极端主义恐袭案 35 起，致 70 死 429 伤，其频次和杀伤性堪比 2016 年，死伤人数则高于从 2006—2014 年的总和。[③] 2017 年，极端暴力恐怖分子搅乱欧洲腹地，攻破英国防线，侵入北欧，肆虐西班牙，共有 9 个欧洲国家遭戕害，创 2001 年以来新高。恐怖分子以小搏大，利用普通货车、小轿车，与刀、锤等简易工具随机组合，频频得手。恐袭目标软硬结合，既有人群密集、安全防区外的“软目标”，又有政治“心脏”、强力部门等“硬目标”，反恐部门防不胜防。随着“伊斯兰国”的溃散，

① “Resilience, Deterrence and Defence: Building strong cyber security for the EU”, http://ec.europa.eu/newsroom/document.cfm?doc_id=46998.（上网时间：2017 年 11 月 10 日）

② “Communication on the Delivery of the European Agenda on Migration”, https://ec.europa.eu/home-affairs/sites/homeaffairs/files/what-we-do/policies/european-agenda-migration/20170927_communication_on_the_delivery_of_the_eam_en.pdf.（上网时间：2017 年 11 月 14 日）

③ “Islamic Terror in Europe”, https://www.thereligionofpeace.com/attacks/europe-attacks.aspx.（上网时间：2017 年 11 月 10 日）

欧洲奔赴伊拉克、叙利亚的“圣战分子”渐次回流，欧洲反恐压力不降反升。瑞典安全局长索恩贝格称，“欧洲恐情已成‘新常态’”。①

面对随机多发、长期化的恐情，欧盟成员国协力应对，持续加大打击力度，升级安保措施，强化社会抗打击能力。一是加速反恐立法。法国通过新《反恐法》，将维持两年之久的“紧急状态”常态化。德国联邦议院通过系列安保措施，批准对潜在危险分子使用电子脚铐，强制共享和保留飞机乘客数据。欧盟通过新《欧洲刑警组织条例》，强化其反恐职能。二是加强情报共享。法国成立国家反恐中心，负责协调各情报部门的反恐工作，英国督促军情五处、六处与警方情报共享，北约亦成立打击恐怖主义情报小组，加强成员国间信息交流。三是反击极端化。法国新《反恐法》规定，个人鼓吹、颂扬恐怖主义构成犯罪，并拟出台反极端化计划，全面遏制极端化蔓延。英、法宣布实施共同反恐计划，施压互联网运营商提供网络密钥，推动数字领域反恐合作。欧盟委员会成立了“激进化高级专家组”，提高各领域合作，共同致力于反极端化工作。

（三）收紧难民政策

欧洲在 2015 年经历了自二战结束以来最大的难民潮后，2017 年难民入欧人数显著下降，1—10 月有 14.9 万难民和移民经地中海抵欧，比 2016 年同期减少 55.75%，已逐渐回归到难

① “Terror situation in Europe is the ‘new normal’, says Swedish security boss”, https：//www.thelocal.se/20170818/terror－situation－in－europe－is－the－new－normal－says－swedish－security－boss.（上网时间：2017 年 11 月 10 日）

民危机前水平。[①] 不过，非法移民滞留情况依然严峻，欧盟委员会报告称，在 2016 年近 100 万非法滞留的移民中，仅 22.6 万人被遣返。[②] 在欧盟成员国内迁移分配难民的工作也举步维艰，移民管理体系和申根区制度备受冲击。

欧盟机构及其成员国疏堵结合，继续收紧难民政策。一是加强外部边界管理。欧洲边境与海岸警卫局已向边境地区派出 1700 名警卫队员及员工。欧洲刑警组织下辖“欧洲打击移民偷渡中心”成立仅两年，已协助侦办 161 起偷渡案，逮捕嫌犯 314 名，甄别监视 830 艘可疑偷渡船只。[③] 欧盟还升级边境智能管理，批准使用耗资 4.8 亿欧元的新“电子出入境系统”。新系统将于 2020 年投入使用，取代人工通关审查。二是加快遣返安置步伐。2017 年 2 月，德国政府通过系列措施，增设难民遣返中心、增发志愿遣返补贴，加速难民遣返。2017 年 3 月，欧盟更新了“回归行动计划”，建议各国规范遣返步骤，提高行动效率。欧盟统计局数据显示，2016 年在欧洲申请难民庇护初审被拒率为

---

① UNHCR, “Europe Refugee and Migrant Situation Report”, http://data2.unhcr.org/en/situations/mediterranean#_ga=2.50061734.1069572267.1510622552-1885051113.1510622552.（上网时间：2017 年 11 月 14 日）

② “Communication on the Delivery of the European Agenda on Migration”, https://ec.europa.eu/home-affairs/sites/homeaffairs/files/what-we-do/policies/european-agenda-migration/20170927_communication_on_the_delivery_of_the_eam_en.pdf.（上网时间：2017 年 11 月 14 日）

③ “Communication on the Delivery of the European Agenda on Migration”, https://ec.europa.eu/home-affairs/sites/homeaffairs/files/what-we-do/policies/european-agenda-migration/20170927_communication_on_the_delivery_of_the_eam_en.pdf.（上网时间：2017 年 11 月 14 日）

39%，2017 年上半年已升至 52%。[1] 三是严控地中海中部线路。2017 年初涌入意大利的人数曾一路飙升，6 月创下历史新高，引发欧盟高度关注。2017 年 4 月，欧盟拨款 9000 万欧元，强化中部地中海难民线路的管理，协助利比亚遣返其他国家滞留其国内的难民。2017 年 7 月，意大利和欧盟联合资助利比亚 4630 万欧元，助其加强边境管理。此后，进入意大利的难民数量迅速下降，截至 10 月仅为 11.4 万人，比 2016 年同期减少 4 万余人。

五、中欧关系迎来新机遇

2017 年由于国际格局变化，中欧关系面临新的合作机遇。

（一）保持稳步发展势头

受益于欧洲经济复苏，中欧贸易在连续两年下滑后回升。据中国海关数据，2017 年前 3 季度，中国对欧盟进出口增长了 16.4%（2015 年为 -8.2%，2016 年为 -3.1%）。[2] 在双边投资方面，中国对欧投资大幅增加备受瞩目。美国荣鼎咨询公司与德国墨卡托研究所的联合报告称，中国对欧投资在 2016 年创下

---

① "Asylum quarterly report Q2 2017", http://ec.europa.eu/eurostat/statistics-explained/pdfscache/13562.pdf.（上网时间：2017 年 11 月 14 日）

② "海关总署：前三季度我国货物贸易进出口总值 20.29 万亿元 同比增长 16.6%"，中国经济网，2017 年 10 月 13 日，http://www.ce.cn/xwzx/gnsz/gdxw/201710/13/t20171013_26522781.shtml；"2015 年中国与欧洲国家贸易统计表"，中华人民共和国商务部欧洲司，http://ozs.mofcom.gov.cn/article/zojmgx/date/201602/20160201251114.shtml；"2016 年 1—12 月中国与欧洲国家贸易统计表"，中华人民共和国商务部欧洲司，http://ozs.mofcom.gov.cn/article/zojmgx/date/201702/20170202520524.shtml。（上网时间：2017 年 11 月 19 日）

350 亿欧元记录，年增率为 77%。欧洲已成中国资本“走出去”的重要目的地。[①] 据中国商务部数据，截至 2017 年 7 月，中国累计对欧盟投资达 757 亿美元。[②]

2017 年，中欧高层互访频繁。一是两大传统峰会成功举办。第 19 次中国—欧盟领导人会晤于 6 月在布鲁塞尔举行，第 6 次中国—中东欧国家领导人会晤于 11 月在匈牙利举行。二是中国与欧洲主要大国保持了密切互动。2 月，法国总理卡泽纳夫和意大利总统马塔雷拉同一天抵达中国；5 月，李克强总理访德并与默克尔总理举行年度会晤；6 月，习近平主席赴德参加 G20 汉堡峰会，并对德进行国事访问。三是中欧领导人相互支持大型多边会议。1 月，习近平主席出席瑞士达沃斯世界经济论坛；5 月，8 个欧洲国家元首或政府首脑来华出席“一带一路”峰会；7 月，习近平主席前往德国汉堡参加 G20 峰会。四是中国与北欧国家的互动升温。4 月初，习近平主席对芬兰进行国事访问；数日后，挪威首相索尔贝格来华；5 月，丹麦首相拉斯穆森访华；6 月，芬兰总理西比莱及瑞典首相勒文来华出席夏季达沃斯论坛。

（二）出现新的合作机遇

美国总统特朗普上台后，中欧在自由贸易、气候变化、全球

---

① Thilo Hanemann and Mikko Huotari, “Record Flows and Growing Imbalances: Chinese Investment in Europe in 2016”, Rohdium Group and Merics, January 2017, http://rhg.com/wp-content/uploads/2017/01/RHG_Merics_COFDI_EU_2016.pdf.（上网时间：2017 年 11 月 19 日）

② 商务部召开例行新闻发布会（2017 年 9 月 21 日），http://www.mofcom.gov.cn/article/ae/ah/diaocd/201709/20170902647695.shtml。（上网时间：2017 年 11 月 19 日）

治理等问题上的共识增多。习近平主席2017年1月17日在达沃斯世界经济论坛上关于经济全球化的讲话得到了欧洲舆论的热烈回应，德国总理默克尔表示很喜欢习近平主席“搞保护主义如同把自己关进黑屋子”的比喻。[①] 欧盟为表明对自由贸易及国际气变合作的坚定立场，将往年一般在7月举行的中欧峰会提前到6月1—2日举行。[②]《纽约时报》则认为，“通过退出巴黎气候协定，特朗普制造了一个全球领导力真空，为美国的盟友和对手一同奉上了重塑世界权力结构的大好机会”。[③] 随后在7月的G20汉堡峰会期间，中国与主席国德国密切沟通，共同支持全球化及全球治理。

中欧“一带一路”合作也取得新进展。欧洲国家对2017年5月14—15日在北京举行的“一带一路”国际合作峰会十分踊跃。波兰总理希德沃、捷克总统泽曼、匈牙利总理欧尔班、西班牙首相拉霍伊、希腊总理齐普拉斯、瑞士联邦主席洛伊特哈德、塞尔维亚总理武契奇、意大利总理真蒂洛尼等8个欧洲国家的国家元首或政府首脑出席。11月27日，第6次中国—中东欧国家领导人会晤在布达佩斯举行，中国和中东欧16国领导人参加，欧盟、奥地利、瑞士、希腊、白俄罗斯和欧洲

---

① “Merkel, Li Hail Trade Ties as Trump Pursues Protectionism”, *Bloomberg*, Jan 26, 2017.

② “Exclusive: EU preparing early China summit in message to Trump-sources”, *Reuters*, February 16, 2017; “EU and China to hold summit on June 2, focus on climate”, *Reuters*, May 11, 2017.

③ David Sanger and Jane Perlez, “Trump Hands the Chinese a Gift: The Chance for Global Leadership”, *New York Times*, June 2, 2017.

复兴开发银行作为观察员与会。会晤后，中国同中东欧16国共同发表《中国—中东欧国家合作布达佩斯纲要》，表示愿以"16+1合作"为依托，继续共商、共建、共享"一带一路"，推动"一带一路"倡议与欧洲投资计划等重大倡议和各国国家发展规划相对接。

（三）仍有困难和障碍

首先，受内部民粹主义思潮影响，欧洲贸易保护主义抬头。2017年5月，欧盟发布"反思报告"《驾驭全球化》，提出面对全球化时代不能太"天真幼稚"，强调在贸易投资中要"互惠对等"。[①] 德、法、意等国正推动欧盟对外资并购其战略性及高科技企业设限。成员国层面，德国已于2017年7月对欧盟以外投资者在德国进行的收购制定了新的审查规则。其次，一些西欧国家对于中国与中东欧"16+1合作"仍持较大疑虑。2017年8月，德国外长加布里尔表示，"如果我们不能成功地用一个战略对付中国，那么中国就会分化欧洲"。[②] 在9月13日的"盟情咨文"中，欧盟委员会主席容克提议成员国在外交决策中放弃一致表决制，接受多数表决制，防止他国通过拉拢个别成员国阻挠欧盟决策。此外，在"一带一路"问题上，欧盟也有一些疑虑。欧盟委员会于2017年2月对中国"一带一路"在中东欧的重要

---

① European Commission, "Reflection Paper on Harnessing Globalisation", 10 May 2017.

② Lucrezia Poggetti, "One China-One Europe? German Foreign Minister's Remarks Irk Beijing", *The Diplomat*, September 9, 2017, http: //thediplomat. com/2017/09/one - china - one - europe - german - foreign - ministers - remarks - irk - beijing/. （上网时间：2017年11月19日）

合作项目——匈塞铁路展开调查，以评估该项目是否违反了欧盟“大型交通项目必须进行公开招标”的相关法律。

（审订：冯仲平）

第十七章　拉美：政局趋稳　经济显好*

2017 年，拉丁美洲展现出摆脱政治、经济、社会三重危机阴影势头，多数国家政局稳定，经济结束 6 年下行颓势呈复苏之态，地区总体安全形势较世界其他地区略显平和，但因深层结构性矛盾仍未解决，加上“特朗普冲击”影响，不少国家仍面临发展困境。中拉关系在“一带一路”倡议激励下成为拉美外交“亮点”。

一、多数国家政局稳定

2017 年，拉美多国顺利举行选举，政治生态继续“左退右进”趋势，右翼执政持续强化，地区政局基本稳定，但腐败问题日益成为拉美政坛“动荡之源”。

（一）多国选举顺利推进

2017 年拉美多国选举，政权交接基本顺利。4 月 2 日，厄瓜多尔举行第二轮大选，左翼执政党联盟“主权祖国联盟”候选

---

* 本章撰稿人：吴洪英、孙岩峰、吕洋、严谨、曹廷、陈晓阳、杨首国。

人莫雷诺以 51.12 % 得票率当选总统,[①] 实现左翼继续执政。6 月，墨西哥部分州长选举，总统培尼亚表弟德尔马索在墨西哥州以微弱优势（33.7% 对 30.8%）战胜左翼国家复兴运动候选人,[②] 当选最大州州长，革命制度党保住执政优势。10 月 22 日，阿根廷中期选举，中右翼执政联盟获意外胜利，在参众两院分别增加 9 席、19 席，尽管均未过半数，但有效阻止反对派在国会形成 2/3 绝对多数,[③] 马克里执政地位更趋稳固。12 月 7 日，智利举行总统大选第二轮投票，右翼的前总统皮涅拉以 54.57% 的得票率当选，选举过程平稳。在巴西，尽管特梅尔总统遭到最高法院“2014 年大选舞弊案”“妨碍司法”“受贿”和“组织犯罪集团”等多项罪名指控，多次面临“下台”和“司法审判”风险，但经多方动员及高超的从政手腕，均涉险过关，执政到 2018 年 10 月大选几无悬念。在哥伦比亚，随着第一大反政府武装“哥伦比亚革命武装力量”（FARC）放下武器并组建政党，第二大反政府武装力量“哥伦比亚民族解放军”启动与政府和谈，和平进程出现重大突破，桑托斯总统执政地位稳固。在古巴，面对国际大宗商品价格下跌、多轮飓风袭击、委内瑞拉石油援助减少、尤其特朗普“收紧”对古政策，古巴经济增长面临

① La Oficialista Lenin Moreno gana elecciones ecuador, http://www.lavanguardia.com/internacional/20170403/421419134593/oficialista - lenin - moreno - gana - elecciones - ecuador.html.

② Elecciones en el Estado de México 2017, https://elpais.com/internacional/2017/06/04/mexico/1496529288_ 244889.html.

③ 中国国际广播电台国际在线，http://news.cri.cn/20171031/3b63d8be - 745a - c7be - 4964 - 1cc6f6ad783f.html。

困难；加上2018年劳尔可能辞去国务委员会主席职务，古巴政治经济改革进入关键期。

同时，部分国家政局动荡。12月4日，洪都拉斯大选结束，寻求连任的埃尔南德斯总统与反对党候选人纳斯拉亚因得票率异常接近（42.98%：41.39%），[①] 两人均宣布自己当选，两派支持者均上街声援，引发政局动荡。尽管12月17日，洪都拉斯最高选举法院宣布埃尔南德斯当选，但反对派宣布不接受计票结果，并发动全国游行示威，混乱局面一时难平。12月7日，阿根廷联邦法院以前总统克里斯蒂娜在1994年阿首都“犹太人共济会大楼爆炸案”中与伊朗存在秘密交易为由，以“叛国罪”剥夺其参议员资格并予以逮捕，[②] 引发政坛强烈地震。阿政局走向值得观察。

（二）政治生态延续“左弱右强”态势

巴西、阿根廷、哥伦比亚、秘鲁等国右翼政权推出放松监管、增加投资、鼓励生产、增大市场调节等经济改革措施，在一定程度上获民众支持，执政地位有所稳固。智利右翼的前总统皮涅拉“东山再起”，显示右翼力量在该国的影响重新上升。同时，多国左翼力量也开始对近年“溃败”反思，并逐渐稳住阵脚。巴西左翼前总统卢拉，尽管多起官司缠身，但打出“反迫害”旗帜团结中左翼，发动多轮街头抗争，成为2018年大选总

---

① 洪都拉斯最高选举法院（Tribunal Supremo Electoral）官网，https://www.tse.hn/web/index.html；投票结果公布网站，https://resultadosgenerales2017.tse.hn/。

② 阿根廷《号角报》，https://www.clarin.com/politica/saber-dia-bonadio-pidio-detencion-desafuero-cristina-kirchner_0_BkwduLD-z.html。

统候选人中支持率最高者（20%以上）。墨西哥左翼“国家复兴运动”利用特朗普对墨强硬政策，调动民众反美、反右翼情绪，党领袖奥夫拉多尔在多次民调中均保持领先[①]，成为2018年大选呼声最高的候选人。此外，玻利维亚和乌拉圭两国左翼执政联盟吸取他国教训，采取较温和政策，力稳执政基础。长远看，左翼力量在拉美仍拥有相当基础，对右翼形成强大牵制，左右博弈将成为拉美政坛“新常态”。

（三）腐败问题严重冲击拉美政坛

近年来，拉美多国政坛频曝腐败案，包括导致巴西劳工党政府垮台的“巴西石油公司弊案”、阿根廷前总统克里斯蒂娜政府的“基建舞弊案”、智利总统巴切莱特的儿子儿媳的“不动产腐败案”、墨西哥总统培尼亚夫人的“豪宅案”、牵涉诸多拉美政要的“巴拿马文件案”，尤其2017年年初以来影响拉美多国政坛的“奥德布莱希特建筑公司行贿案”持续发酵，几乎“刷黑”整个巴西政坛（包括多位总统、主要政党领袖、参众议长等），还牵涉包括秘鲁前后4位总统（托莱多、加西亚、乌马拉和库琴斯基）、阿根廷前总统克里斯蒂娜，哥伦比亚现总统桑托斯以及巴拿马、多米尼加等国高官政要。4月，巴西“JBS公司行贿案”爆发，特梅尔总统连遭最高检察院三项指控。在全球反腐大潮下，拉美民众越来越不满政党和政治人物的腐败行径，抗议活动不断增加。腐败问题越来越成为影响拉美政治稳定的重大变量。

---

① 美国威尔逊中心网站，https：//www.wilsoncenter.org/event/amlo－morena－and－the－2018－mexico－elections。

（四）委内瑞拉政局走向日趋复杂

2017 年，马杜罗政府采取多重举措，稳定政权。3 月，最高法院宣布反对派所控制的国会“非法”，宣布取缔；7 月举行“制宪大会”选举，组建执政党完全掌控的“制宪大会”，正式取代国会；10 月，举行州长选举，执政联盟在 23 个州中获 18 个州长职位，取得压倒性胜利。至此，马杜罗政府掌控军权、财权、立法权、行政权、司法权、选举权以及多数地方政府，执政基础渐稳。然而，面对国际油价持续下跌，严重依赖石油出口的委经济仍未根本好转，并呈继续恶化趋势，政府一时难拿出治理经济的“良方”，加上反对派持续街头抗议，特朗普政府持续加大制裁，巴西、阿根廷、秘鲁等地区右翼国家对委内政颇有“微词”，委仍难扭转政治、经济和社会“三重危机”，马杜罗政府面临严峻执政考验。

二、经济“触底反弹”

2017 年，拉美经济一扫 6 年持续下行阴影，初展复苏势头，但仍面临多重风险和挑战。

（一）经济开始艰难复苏

继 2011—2016 年拉美经济增速持续 6 年下滑（从 2010 年 6.1% 相继降至 4.7%、3.0%、2.9%、1.2%、0.07% 和 -0.9%）后，2017 年拉美经济终于止跌回升，迎来复苏势头。据

IMF 预测，2017 年拉美 GDP 增长 1.2%，[①] 其中巴西、墨西哥、阿根廷前三大经济体分别增长 0.7%、2% 和 2.5%，巴拿马借助与中华人民共和国建交的良机实现 5.3% 增长，领跑拉美。[②] 同时，拉美部分经济指数呈向好趋势。从贸易看，全地区出口增长 10%，进口涨幅 7%，一举扭转连续三年贸易萎缩势头。从财政赤字看，各国政府初级财政赤字率由 2016 年的 2.7% 降至 2.2%，其中巴西顶住连续两年赤字率上升压力，维持在 2.5%，阿根廷由 4.8% 降至 4.5%，墨西哥取得 1.8% 的初级财政盈余。[③] 从通胀看，截至 2017 年 10 月，全地区 12 个月累计通胀率为 4.2%，同比下降 0.4 个百分点，其中巴西、阿根廷、哥伦比亚、智利、秘鲁五国分别为 3.6%、22.3%、4.0%、2.4% 和 2.7%，[④] 整体通胀上升势头得到遏制。

虽说拉美经济开始复苏，但横向看，增速既未达到世界平均水平（3.6%），也未达到发展中国家水平（4.6%），更赶不上亚洲国家水平（6.5%），甚至不及撒南非洲（2.6%），仍是全球增长最缓慢地区，[⑤] 显示其经济复苏仍任重道远。同时，少数

---

① IMF, Regional Economic Outlook Western Hemisphere Department: Latin America and the Caribbean: Stuck in Low Gear, October 13, 2017, pp. 28 – 29.

② IMF, Regional Economic Outlook Western Hemisphere Department: Latin America and the Caribbean: Stuck in Low Gear, October 13, 2017, p. 3.

③ IMF, Regional Economic Outlook Western Hemisphere Department: Latin America and the Caribbean: Stuck in Low Gear, October 13, 2017, p. 29.

④ IMF, World Economic Outlook Database, http://www.imf.org/external/pubs/ft/weo/2017/02/weodata/index.aspx.（上网时间：2017 年 11 月 19 日）

⑤ IMF, World Economic Outlook October 2017 (WEO): Gaining Momentum?, October 2017, p. 3.

国家因国内政治争斗、油价下跌和自然灾难而导致经济表现不佳。根据 IMF 预测，2017 年委经济增长在上一年下滑 8% 基础上继续衰退 12%，通货膨胀预计达 2069%，[①] 石油出口收入锐减导致偿债能力下降，2017 年 11 月首次发生偿债“技术性违约”，“标准普尔”和“惠誉”两大国际评级机构将其主权信用降至“违约级”。厄瓜多尔执政党内讧，新总统莫莱诺难推重大改革，加上“厄尔尼诺现象”，经济“雪上加霜”，GDP 仅增 0.2%。加勒比国家因遭受多轮飓风袭击，农业和旅游业遭重创，经济增速可能比 IMF 预计 0.3% 还低。古巴、海地、多米尼加、特立尼达和多巴哥等国增速至少下滑 0.5 个百分点。[②]

（二）内外利好因素联动助推经济复苏

从外部因素看，拉美国家外部市场环境显著好转。一是发达国家和新兴经济体增长向好，有利拉美对外贸易。2017 年，美国、欧盟、日本经济分别增长 2.2%、2.1% 和 1.5%，对拉美进口需求分别增长 6.7%、4.8% 和 8.8%。[③] 中国经济保持 6.7%—6.9% 中高速增长，[④] 助推中拉双边贸易增长 23%，有力

---

① 国际货币基金组织 10 月《世界经济展望》，http：//www. imf. org/external/datamapper/PCPIPCH@ WEO/WEOWORLD/VEN。

② “Actividad económica de América Latina y el Caribe se expandirá 1，2% en 2017 y 2，2% en 2018”，CEPAL，https：//www. cepal. org/es/comunicados/actividad – economica – america – latina – caribe – se – expandira – 12 – 2017 – 22 – 2018.（上网时间：2017 年 11 月 20 日）

③ CEPAL，*Perspectivas del Comercio Internacionalde América Latina y el Caribe*，Octubre de 2017，p. 42.

④ “五个关键字勾勒中国经济新气象”，新华网，http：//news. xinhuanet. com/2017 – 11/20/c_ 1121981603. htm。（上网时间：2017 年 11 月 20 日）

拉动拉美出口。[①] 二是部分国际大宗商品价格稳步回升，有助增加拉美外汇收入。受亚洲市场强劲需求拉动，2017 年拉美原油、铜、铝、铁矿石出口价格分别上涨 20.9%、19.1%、18.7% 和 32.6%，贸易条件得到显著改善。[②] 三是国际金融市场总体缓和，有利于拉美外部融资。相比“黑天鹅事件”频发的 2016 年，2017 年国际金融市场可谓波澜不惊，“特朗普冲击”对拉美经济的影响尚未完全显现；英国“脱欧”、美联储“加息”影响国际资本市场的边际效应递减；国际投资者重拾对拉美投资信心，巴西商业信心指数 10 月达 90.3 点，为 2014 年 7 月以来最高。[③] 联合国拉美经委会估计 2017 年拉美外资流入有望增加 8.5%。[④]

从内部因素看，拉美国家经济刺激政策初见成效。墨西哥、智利、哥伦比亚等国组成的“太平洋联盟”大力推进“面向亚太”政策，加快对外开放和贸易多元化步伐；巴西、秘鲁等国稳步降息，扩大招商引资，刺激国内消费和投资；厄瓜多尔、阿根廷等国放松关税和非关税限制，激活国内需求；墨西哥、玻利维亚等推动劳工改革，吸引私人投资、增加就业。在多重政策努

---

① CEPAL, *Perspectivas del Comercio Internacionalde América Latina y el Caribe*, Octubre de 2017, p. 16.

② CEPAL, *Perspectivas del Comercio Internacionalde América Latina y el Caribe*, Octubre de 2017, p. 48.

③ 巴西总统特梅尔署名文章：“巴西正重新走上正轨”，新华网，http://news.xinhuanet.com/world/2017-11/15/c_129741396.htm。（上网时间：2017 年 11 月 18 日）

④ ECLAC, *Foreign Direct Investment in Latin America and the Caribbean 2017*, United Nations, 2017, p. 59.

力下，拉动拉美经济的“三驾马车”（出口、投资、消费）渐回正轨，巴西、墨西哥、哥伦比亚出口额分别增长18%、9%和16.5%，其中巴西1—10月贸易顺差达584.77亿美元，创历史新高；[①] 阿根廷、哥伦比亚、巴西固定资本构成总额分别增长2.3%、2.4%和1.3%；[②] 消费增长超过出口和投资，重新成为拉动经济增长的主要引擎。[③]

（三）多重隐忧尚存

拉美大多数国家虽已走出衰退，但内外多重因素仍制约未来增长。一是日益沉重的债务负担恐成“定时炸弹”。拉美中央政府债务占GDP比重升至59.8%，其中巴西高达83.4%，远超60%的国际警戒线，阿根廷（53.4%）、墨西哥（53.3%）、乌拉圭（59.8%）等国亦高于发展中国家48.3%的平均水平。高企的债务负担严重压缩了财政、货币政策弹性，尤其随时可能引发系统性风险。二是结构性顽疾制约增长前景。当前复苏多来自需求侧刺激（投资、消费、出口），供给侧要素（劳动力、资本、全要素生产率）仍未有效配置，拉美失业率高达9.2%，平均青年失业率达20%，非正规就业盛行；[④] 资本回报率仅为

---

① CEPAL，*Perspectivas del Comercio Internacionalde América Latina y el Caribe*，Octubre de 2017，p. 52.

② IMF，World Economic Outlook Database，http：//www. imf. org/external/pubs/ft/weo/2017/02/weodata/index. aspx.（上网时间：2017年11月19日）

③ IMF，Regional Economic Outlook Western Hemisphere Department：Latin America and the Caribbean：Stuck in Low Gear，October 13，2017，p. 3.

④ ECLAC，*Employment situation in Latin America and the Caribbean*：*Labourimmigrationin Latin America*，Number 16，2017，p. 7.

4.2%，创15年新低；外企利润的55%流出，资本再投入难续；[①] 现代服务业、高端制造业发展滞后，创新乏力，增长内生动力不足。三是乱象频发影响改革决心和成效。2018年巴西、墨西哥和哥伦比亚等国将举行大选，委内瑞拉、厄瓜多尔、秘鲁政局动荡不定，前景难料；奥德布雷希特跨国腐败案、"巴拿马文件"避税丑闻恐将继续冲击拉美政坛。预计拉美还将遭遇洪水、地震、飓风等袭击。"天灾人祸"让各国政府疲于应付，难以推动长期结构性经济改革。四是"特朗普冲击"恐影响拉美经济前景。美国"利益至上"、保护主义和强权政治导致北美自贸协议前途未卜，美古关系出现"逆转"，美委关系持续紧张，尤其修墙驱赶移民和限制侨汇等政策极大影响墨西哥、中美洲和加勒比国家经济，减税、加息、缩表（缩减资产负债表）进程加大拉美国家经济不确定性。IMF预计2018年拉美GDP增长1.9%，低于世界平均增速（3.7%），巴西、墨西哥、阿根廷分别增长1.5%、1.9%和2.5%，显示复苏后劲不足。[②] 如何进行结构性深层次改革，通过加强域内域外经贸合作，将美国保护主义影响降至最低，实现经济长期、稳定、包容性增长，考验着拉美各国政府。

---

① ECLAC, *Foreign Direct Investment in Latin America and the Caribbean 2017*, United Nations, 2017, p. 13.

② IMF, Regional Economic Outlook Western Hemisphere Department: Latin America and the Caribbean: Stuck in Low Gear, October 13, 2017, p. 28.

三、安全形势总体平和

2017 年，拉美地区安全形势总体相对平稳，但非传统安全问题有所凸显。

（一）地区安全形势趋于稳定

拉美是全球极少数“无核区”之一。各国秉承“不研发核武器”“不搞军备竞争”“以和平对话解决冲突”的共识，维持地区和平与安全。2017 年，较战争频发的中东、恐袭不断的欧洲和非洲、枪击事件接二连三的美国，拉美未发生重大恐袭事件，整个地区安全形势平稳。尤其哥伦比亚和平进程不断推进，第一大反政府武装“哥伦比亚武装革命力量”6 月 27 日完全放下武器，8 月 31 日举行新政党“大众革命替代力量”成立大会，实现从崇尚武力的游击队向致力于民主政治的政党“华丽转身”；第二大反政府武装力量“哥伦比亚民族解放军”（ELN）欲仿效“哥伦比亚武装革命力量”，2 月开始和谈，9 月 4 日达成“百日停火协议”。[①] 至此，长期影响拉美地区的“动荡源”有望彻底消失。正如哥伦比亚总统桑托斯所言，这些和平对话和协议将“转化为持久稳定的和平”。[②]

---

① ONU aprueba verificar alto al fuego con el ELN en Colombia, ONU, http：//www.dw.com/es/onu－aprueba－verificar－alto－al－fuego－con－el－eln－en－colombia/a－40827133，2017 年 5 月 10 日。

② “放下武器，哥武何去何从”，新华社，6 月 27 日，http：//news.xinhuanet.com/world/2017－06/28/c_ 1121227364.htm。

（二）少数国家社会治安有所恶化

2017年，由于经济持续多年不景气，政治纷争持续不断，加上毒品问题长期困扰，一些拉美国家社会治安形势有所恶化。毒品问题是长期困扰墨西哥社会安宁的“毒瘤”。2017年涉毒相关的暴力犯罪不断增多。据非政府组织“犯罪信号灯”统计，1—9月墨共发生2.4万起凶杀案，1.8万人遭杀害，2017年恐成“墨有史以来最为暴力的年份”。[①] 同时，针对记者、军警和政府官员的暴力犯罪也显著增加。据“全球记者保护协会”统计，墨西哥全年10余名记者遇难，成为“新闻记者风险最高的国家”之一，仅次于索马里。[②] 墨国家统计局调查称，74.9%的民众认为所处城市不安全，少数城市比例高达90%以上。[③]巴西大城市的有组织犯罪一直非常猖獗。据统计，2017年1—6月全国共发生2.82万起凶杀案，同比增长6.79%，平均每天155起，每小时6起。委内瑞拉因油价持续下跌而经济严重衰退、政治内斗不断升级，社会治安形势也日益恶化。2017年，委全年的凶杀率远超2016年的十万分之91.8，首都加拉加斯位居“世界五

① 2017, el peor año en materia de seguridad en México: Semáforo Delictivo, http://wradio.com.mx/radio/2017/10/24/nacional/1508866478_960338.html，2017年10月24日。

② “墨西哥记者生存现状调查”，2017年9月26日，新华网，http://news.xinhuanet.com/globe/2017-09/26/c_136626249.htm。

③ ENCUESTA NACIONAL DE SEGURIDAD PÚBLICA URBANA CIFRAS CORRESPONDIENTES A JUNIO DE 2017，INEIGI，2017年7月17日。

十大最危险城市”之列。[1]

随着涉毒暴力犯罪和有组织犯罪活动增多，拉美一些国家的监狱长期人满为患，严重超员，仅巴西监狱超容量就高达50%以上。2017年，巴西、墨西哥、洪都拉斯等国接连发生骇人听闻的监狱暴乱事件，多因狱内帮派之间为争地盘发生火拼，造成不少囚犯和狱警伤亡。由于政府投入有限，安防设备陈旧简陋，难以实施有效监管，少数国家监狱俨然成为“法外之地”和“国中之国”。

（三）多重自然灾害频袭拉美多国

拉美作为气候变化和“厄尔尼诺现象”的长期受害者，2017年又频遭干旱、洪水、泥石流、地震和飓风等多重自然灾害侵袭，造成大量人员伤亡和重大财产损失，阻碍拉美经济复苏步伐，增加社会治理成本。其中古巴遭遇百年不遇旱灾，全国71%的耕地缺水，11个省、120个直辖市储水量不足50%，近百万人受灾。[2] 哥伦比亚、智利和秘鲁遭暴雨侵袭而引发泥石流，不少矿区、桥梁、道路和供水供电设施受损严重。墨西哥9月上中旬在南部海域和首都墨西哥城附近先后发生8.2级、7.1级强震及近万次余震，分别造成98人和369人死亡，12.6万处房屋受损，数万民众流离失所，灾后安置和重建工作进展缓慢，

---

① “Venezuela tiene 7 ciudades entre las 50 más peligrosas del mundo”, 14 de NOVIEMBRE, 2017, http://efectococuyo.com/secundarias/venezuela-tiene-7-ciudades-entre-las-50-mas-peligrosas-del-mundo.

② “古巴遭受百年不遇干旱”，2017年5月9日，《人民日报》，http://paper.people.com.cn/rmrb/html/2017-05/09/nw.D110000renmrb_20170509_3-22.htm。

部分灾区发生抢劫、偷盗案件，导致民众对政府不满。[①]“哈维”“艾尔玛”和“玛莉亚”等多轮飓风横扫加勒比地区，造成古巴、多米尼克、巴哈马等国基础设施严重破坏，经济和人员损失惨重，社会治安形势恶化。

（四）加强域内外安全合作

面对严峻的治安形势和频发的自然灾害，拉美国家不断加强联合执法、边境管理、防灾减灾和人道主义援助等领域合作。2017 年 3 月 6—15 日，阿根廷、玻利维亚、巴西、智利、哥伦比亚、多米尼加、厄瓜多尔等国配合国际刑警组织展开大规模缉毒行动，查获大量可卡因、大麻和海洛因，捣毁多个制毒实验室，沉重打击拉美毒品集团和跨国犯罪组织。[②] 8 月 14—18 日，哥伦比亚、秘鲁两国武装力量与美国“南方司令部”特种部队在佛罗里达军事基地举行名为“南方标枪”的联合军事演习，以应对跨境犯罪活动。8 月 22—24 日，秘鲁和美国共同主办“南美洲防务理事会会议”，双方承诺“凝聚共识、联合行动”，共同应对日趋严峻的网络攻击、跨境犯罪和人道主义危机。[③]

---

① “不到两个月，经历九千多次余震”，2017 年 11 月 2 日，新华网，http：//news. xinhuanet. com/world/2017 – 11/02/c_ 129730884. htm。

② “国际刑警组织联合拉美和西非国家实施大规模缉毒行动”，http：//news. xinhuanet. com/world/2017 – 03/25/c_ 129517960. htm，2017 年 3 月 24 日。

③ Southcom Commander Highlights Security Cooperation With Regional Partners, Aug. 24, 2017 https：//www. defense. gov/News/Article/Article/1287945/southcom – commander – highlights – security – cooperation – with – regional – partners/.

四、外交遭遇“特朗普冲击”

2017 年拉美国家面对特朗普政府一系列不友好政策，积极反思和调整对美政策，加快地区一体化进程，加强面向“亚太战略”，注重与欧盟合作，谋求改善外部环境。

（一）美拉关系急剧降温

特朗普上台后，采取一系列对拉美不友好政策。一是力推在美墨边境“修墙”，力图阻挡拉美“毒品和非法移民”。特朗普要求国会拨款 16 亿美元用于修墙，[①] 日后再设法让墨承担。但因所需资金庞大（至少 200 多亿美元），且目前无法到位，修墙进展缓慢。二是大力驱赶拉美“非法移民”。加派边境执法和巡逻人员，加大对美境内拉美非法移民搜查和遣返，并不分青红皂白地将所有来自拉美的非法移民驱赶到墨境内，导致墨境内非法移民急剧增多。特朗普还威胁取消奥巴马政府批准的“儿童移民缓遣计划”（DACA）。[②] 三是重新谈判“北美洲自由贸易协定”（NAFTA），对墨、加态度强硬，在“原产地规则”“日落

---

① Trump aún quiere que México pague el muro pese a su ultimátum al Congreso, La Vanguardia, http://www.lavanguardia.com/internacional/20170824/43782942138/trump-mexico-pague-muro-ultimatum-congreso.html.

② What is DACA and why is the Trump administration ending it?, Foxnews, http://www.foxnews.com/politics/2017/10/31/what-is-daca-and-why-is-trump-administration-ending-it.html.

条款”以及劳工标准等核心议题上坚决不让步。[①] 谈判虽已进行5轮，但进展缓慢，前景堪忧。四是强求美“制造业回归”，强迫在拉美投资的美企回国投资，强迫在美有投资的外企放弃在拉美投资，增加对美投资，否则“予以制裁”。结果，福特、丰田等国际汽车“巨头”被迫放弃或减少在墨投资。五是加大对委内瑞拉经济制裁。2017年美总共发起了六轮对委高官（包括委副总统艾萨米）的金融和政治制裁。[②] 8月初，特朗普甚至一度威胁“不排除对委采取军事行动”，使美委关系降至历史冰点。六是对古巴采取“倒退”政策。6月16日，特朗普宣布严格执行对古“经济制裁和贸易封锁”政策，限制美企与古巴具有军队、安全、情治背景的公司开展业务，严控美公民赴古旅行许可，只可通过美国旅行社以团组方式访古。[③] 10月，美以驻古外交官遭“声波攻击”为由，撤走大批外交官并暂停向古巴公民发放签证。11月7日，宣布禁止美公民与180家有官方、军方背景的古巴公司进行商业往来。显然，特朗普“倒退的”对古政策使美古关系正常化进程面临变数。此外，美单方面退出TPP，让欲加强与美经贸关系的墨西哥、秘鲁和智利等国大失

① US hikes tensions in NAFTA talks with call for ‘sunset clause’, https://www.cnbc.com/2017/10/13/us-hikes-tensions-in-nafta-talks-with-call-for-sunset-clause.html.

② Estados Unidos impone nuevas sanciones financieras “contra la dictadura de Venezuela”, http://www.elmundo.es/internacional/2017/08/25/59a04e8a268e3e86218b47a1.html.

③ Donald Trump cancela “el acuerdo bilateral de Obama con Cuba”, http://www.cubadebate.cu/noticias/2017/06/16/donald-trump-inicia-discurso-sobre-relaciones-cuba-estados-unidos/#.Whtt_NSGO1s.

所望。

面对“特朗普冲击”，拉美国家采取多重方式进行因应。一是“针锋相对”。墨西哥坚决拒绝为“修墙”买单，在NAFTA谈判中坚守自己立场；拉美国家普遍谴责美国“贸易保护主义政策”和“不人道的移民政策”；委内瑞拉总统马杜罗下令启动退出“美洲国家组织”（OAS）程序，反击美利用该组织孤立委，动员军队做好捍卫国家主权的准备，还启用人民币来代替美元作为石油计价货币。古巴强烈谴责特朗普“倒行逆施”的做法，希望在相互尊重、平等的基础上继续推进双边关系正常化。二是“抱团取暖”。针对特朗普贸易保护主义，拉美国家加强沟通与合作，加快推进地区一体化进程。2017年6月30日，太平洋联盟（简称“太盟”）第12届峰会在哥伦比亚举行，决定加强地区一体化和多边贸易体系。7月，南共市峰会在阿根廷开幕，举办“南共市—太盟：促进一体化进程”研讨会，决定加快两个组织对话，推动地区一体化“升级换代”。三是“虚以委蛇”。尽管美自私的贸易保护主义和移民政策受到拉美国家普遍谴责，但有些国家尤其右翼执政的国家仍注重发展与美关系。2017年，秘鲁总统库琴斯基、阿根廷总统马克里、哥伦比亚总统桑托斯、巴拿马总统巴雷拉先后访美；8月，哥伦比亚、阿根廷、智利和巴拿马热情接待美国副总统彭斯到访，均显示这些国家仍欲夯实与美关系。

（二）加强与亚太和欧盟国家合作

面对“特朗普冲击”，拉美国家纷纷将眼光投向亚太地区和欧盟，希望通过外交多元化来改善外部环境。2017年3月，智利不甘TPP因美国退出而沉寂，“自挑大梁”，召集其余TPP成员国共商 TPP 未来，并邀请中、韩参加。5 月，拉美两个国家元首和 20 多个部长来华出席“一带一路”国际合作峰会。6 月，“太盟”第 12 届峰会给予澳大利亚、加拿大、新西兰和新加坡“伙伴国家”地位，表达与其签署经贸协定的谈判意愿。[①] 7 月，巴西总统特梅尔和墨西哥总统培尼亚积极出席在中国厦门召开的“第九次金砖国家领导人峰会”。11 月初，墨西哥、秘鲁和智利积极出席在越南召开的 APEC 峰会。[②] 这些外交活动显示，亚太地区已经成为拉美多数国家的外交“优先”。

同时，拉美国家积极拓展与欧洲、非洲国家关系。古巴于 4 月 21 日宣布与摩洛哥恢复中断了 37 年的外交关系。[③] 10 月，古巴能矿部长洛佩斯赴俄访问，与俄国家石油公司达成能源合作协议。[④] 11 月，古巴与欧盟一起积极实施《古欧双边关系正常化框架协议》。[⑤] 委内瑞拉总统马杜罗于 10 月 4 日参加在莫斯科举办的“2017 年俄罗斯能源周”论坛，会晤普京总统，推动能源、安全合作及委债务重组谈判。马杜罗还访问白俄罗斯、土耳其和

---

① Culminó la XII Cumbre de la Alianza del Pacífico, https://alianzapacifico.net/culmino-la-xii-cumbre-de-la-alianza-del-pacifico/.

② “墨西哥和越南召开贸易投资合作委员会第一次会议”，http://mx.mofcom.gov.cn/article/jmxw/201711/20171102667825.shtml。

③ Cuba and Morocco Reestablish Diplomatic Relations, http://www.havanatimes.org/?p=124865.

④ Rusia aumentará envío de petróleo a Cuba, https://www.cibercuba.com/noticias/2017-10-07-u174664-e146802-rusia-aumentara-envio-petroleo-cuba.

⑤ Provisionalmente en vigor desde mañana el Acuerdo Cuba-Unión Europea, http://www.cubadebate.cu/noticias/2017/10/31/provisionalmente-en-vigor-desde-manana-el-acuerdo-cuba-union-europea/.

阿尔及利亚，加强务实合作。[①] 墨西哥加快与欧盟自贸协定升级谈判。拉美国家不断加强域外合作，以期拓展更大发展空间，摆脱发展困境。

（三）拉美一体化分野加大

面对特朗普政府加大对右翼国家的拉拢、对左翼国家的制裁，拉美国家的团结与合作尤其是地区一体化发展遭遇考验。2017 年年初，面对特朗普采取一系列对拉美不友好政策，拉美国家对美国的“自私”和“霸道”一致谴责，一度呈现“地区大团结”景象。但随着美加大对委内瑞拉制裁，并利用美洲国家组织作为打压委内瑞拉的工具，“委内瑞拉问题”导致拉美国家出现分化、“选边站”。古巴、玻利维亚、厄瓜多尔、尼加拉瓜等左翼国家坚决反对美对委制裁，坚决支持马杜罗政权；巴西、墨西哥、阿根廷、秘鲁、巴拿马等右翼政权追随美国，拒绝承认委“制宪大会”选举结果，虽反对美对委动武，但要求马杜罗尊重宪法和民主制度。结果，唯一一个覆盖拉美 33 国的地区一体化组织“拉美国家共同体”召开多次会议讨论委内瑞拉问题，因“挺马”“反马”两派观点分歧较大，均无果而终。原定于 10 月底召开的欧盟—拉共体峰会也因此被迫推迟到 2018 年。[②] 包括美洲所有国家（除古巴外）的美洲国家组织在美国主

---

① Así fue la gira de Nicolás Maduro por Rusia, Belarús y Turquía, https://www.telesurtv.net/news/Asi – fue – la – gira – de – Nicolas – Maduro – por – Rusia – Belarus – y – Turquia – 20171006 – 0064.html.

② Estiman realización de la III Cumbre CELAC-UE para 2018, https://www.telesurtv.net/news/Estiman – realizacion – de – la – III – Cumbre – CELAC – UE – para – 2018 – 20170920 – 0019.html.

导下先后召开4次涉委会议，并威胁委若不在2018年1月提前大选将会取消其成员国资格，[①] 但均因拉美国家间分歧大而成效有限。

五、中拉关系进入全面发展新阶段

2017年，中拉合作取得新进展，“一带一路”成为新抓手，中国与巴拿马实现建交新突破，经贸合作明显提质增量。随着中拉关系转型、升级，机遇前所未有，挑战亦不少。

（一）中拉关系发展战略规划加速付诸实施

2017年是中拉关系发展构想全面落实年。习近平主席2013年、2014年、2016年三访拉美，提出系列新的合作构想和政策主张，包括中拉关系“五位一体”格局（政治上真诚互信、经贸上合作共赢、人文上互学互鉴、国际事务中密切协作、整体合作和双边关系相互促进）；“1+3+6”务实合作框架，即“一个规划”（2015—2019年中国与拉美和加勒比国家合作规划）、“三大引擎”（贸易、投资、金融合作）、“六大领域”（能源资源、基础设施建设、农业、制造业、科技创新、信息技术）；打造“中拉命运共同体”四点建议（高举和平发展合作旗帜、推动发展战略对接、推进合作换档加速、实现合作成果共享）。同时，拉美国家普遍意识到拓展与华合作重要性。巴西、阿根廷等

① Secretario General presenta al Consejo Permanente informe actualizado sobre Venezuela，http：//www.oas.org/es/centro_noticias/comunicado_prensa.asp？sCodigo=C-014/17.

国右翼政府重回与中国靠近路线，墨西哥视中国为多元外交突破口，秘鲁、智利加速面向中国的“亚太战略”。2017 年，阿根廷、智利、巴西、墨西哥、巴拿马等国总统相继访华。中拉关系呈现高层互动热络、经贸多元拓展、人文交流扩大的全方位发展格局。

（二）“一带一路”成为中拉合作新平台

将拉美纳入“一带一路”既有历史依据，更有现实基础。从历史看，早在 1565 年，中国—菲律宾—新西班牙（现墨西哥）海上贸易路线就已开通，形成中拉“古代海上丝绸之路”。[①]从现实看，近年拉美急需搭上“中国快车”，提振经济，尤其希通过与“一带一路”对接，获取更多资金、市场、技术，推动交通、水利、通信、电力等基础设施建设。

2017 年，习近平主席表示“拉美是‘21 世纪海上丝绸之路’的自然延伸，中方愿同拉美在‘一带一路’建设框架内实现中拉发展战略对接，促进共同发展”。这一表态为“一带一路”与拉美对接正式定调。对此，拉美国家反应十分积极。智利政商界普遍认为“一带一路”建设契合拉美国家发展需要。阿根廷前外长马尔科拉强调，“一带一路”为拉美提供新的国际合作平台，有助于加快地区基础设施互联互通，促进中拉融合。5 月，阿根廷总统马克里、智利总统巴切莱特以及近 20 个拉美国家政要齐聚北京，参加“一带一路”国际合作高峰

① “综述：从‘中国船’到‘新海丝’——拉美国家拥抱‘一带一路’倡议”，新华社，2017 年 5 月 24 日，http://news.xinhuanet.com/world/2017-05/24/c_1121030198.htm。

论坛。

“一带一路”与拉美对接取得一系列成果。2017年8月，珠海港与巴西维多利亚港直航航线正式开通。11月，中拉国际博览会在珠海成功举办。同时，珠海横琴专门规划建设的中拉经贸合作园也正式揭牌。珠海拟打造成“一带一路”与拉美连接的重要节点城市。从拉美看，2017年与中国建交的巴拿马因其特殊地缘重要性，也将成为“一带一路”向拉美延伸的重要承接地。随着“一带一路”在拉美不断深入，中拉合作将面临全新发展局面。

（三）中国与巴拿马建交标志中拉关系新突破

2017年6月13日，中国与巴拿马共和国宣布建交，不仅使中巴关系翻开新的一页，也对中拉关系产生重要、积极影响。巴拿马地处中美洲地峡，坐拥巴拿马运河“黄金水道”，是拉美交通、商业、金融中心。近年，巴拿马政局稳定，经济高速增长，社会安宁，成为拉美“耀眼明星”。巴雷拉总统2014年上台后，越来越意识到中国大陆对巴重要性，于2017年克服阻力做出与台“断交”的政治决断。中巴建交有力打击了“台独”分裂势力，对中国与其他未建交国关系产生积极推动作用，亦彰显中国对拉美影响力全面增强。

中巴建交使双边关系驶入“快车道”。2017年11月，巴拿马总统巴雷拉首次对华进行国事访问，中巴决定以共建“一带一路”为统领，加快发展战略对接，推动全面合作，共签署19项合作协议，涉及“一带一路”、经贸、投资、海运、铁路、人力资源、产业园区、农业、质检、民航、旅游等多领域。[①]

（四）中拉关系转型、升级步伐加快

2017年，中拉合作换档加速，尤其是经贸上加速由贸易主导向贸易、投资、金融三轮驱动推进的转变。

中拉贸易止跌回升，结构改善。2017年1—8月，中拉贸易额达1667.8亿美元，同比增长18%，其中中国出口835.3亿美元，进口832.5亿美元，同比分别增长13.5%和22.8%。与巴西、智利、阿根廷间贸易增速较快，分别为28%、79%和18.2%。贸易结构也由初级产品、纺织品向机电、化工产品等高附加值产品转变。[②] 贸易机制不断完善。中国已与16国签署贸易协定或议定书，与15国签署双边投资保护协定，与11国签署双边投资协定，与9国签署避免双重征税协定，还与智利、秘鲁和哥斯达黎加签订了自贸协定。2017年11月，中国与智利签署自贸协定升级议定书，还积极推进与哥伦比亚、乌拉圭自贸协定可行性研究。

中国对拉美投资规模扩大，领域更加宽广。中国成为拉美第三大投资来源国，拉美成为中国第二大境外投资目的地。据商务部统计，2016年，中国对拉非金融类直接投资达298.4亿美元，同比增长39%，与拉美国家新签工程承包合同额为191.2亿美

---

① “巴拿马总统结束历史性访华　两国多领域合作获‘里程碑式突破’”，新浪网，2017年11月24日，http://news.sina.com.cn/o/2017-11-24/doc-ifypapmz4524635.shtml。

② “商务部：中拉贸易重回增长通道 产品结构日趋多元化”，《经济日报》，2017年10月29日，http://intl.ce.cn/specials/zxgjzh/201710/29/t20171029_26688723.shtml。

元，同比增长5.3%。企业并购成为重要投资方式。2017年第一季度中国基建企业在巴西收购金额达57亿美元，占巴西外来投资近40%。巴中工商总会预计，2017年全年中国对巴投资有望达到200亿美元，同比增长70%。[①]截至2016年底，中国对拉美直接投资存量达2071.5亿美元。从投资领域看，已从传统的能矿、基础设施等逐步向金融、农业、制造业、信息产业、服务业、电子商务、航空运输拓展。

金融合作全面开展。中国国有大型银行纷纷在拉美设点，开展信贷等业务，石油换贷款、货币互换等合作机制不断拓展，并推出了各类专项基金贷款，包括中拉产能合作专项基金（300亿美元）、中拉基础设施专项贷款（200亿美元）等。2017年6月，中国与巴西建立基础设施合作基金，中方出资150亿美元，巴方出资50亿美元。据美洲对话组织统计，2005—2016年，中国政策性银行向拉美贷款总额超过1410亿美元，已超过世界银行和美洲开发银行对拉贷款总和。[②]

此外，“人文上互学互鉴”已成为中拉关系“五位一体”格局中重要一环。2017年，中拉人文交流从传统文化到现代文明、从经贸合作到治国理政经验、从区域治理到全球治理全方位拓展。目前，中国同拉美19国签有文化协定，与10国开展了文化交流执行计划；已在拉美20国开设39所孔子学院、11个孔子学堂。

---

① “巴西欢迎中国投资基础设施”，2017年9月26日，FT中文网，http://www.ftchinese.com/story/001074461。

② 美洲对话组织：《China-Latin America Finance Database》，2017年2月，https://www.thedialogue.org/map_list/。

（五）深化中拉关系面临的新挑战

中拉关系转型升级、发展融合是一项长期任务，合作基础需不断夯实。中拉地理相距遥远，政治、社会和文化差异较大，合作历史积淀薄弱，金融、信息、法律和管理等合作配套服务滞后。拉美33国发展水平参差不齐，对华政策取向不一，整体合作推进难度较大。当前，拉美经济复苏基础并不牢固，部分国家左右争斗激烈，政局不稳；地区贸易保护主义思想抬头，对华反倾销不断；环保、劳工、土著权益等问题时常困扰中企。2018年，巴西、墨西哥、委内瑞拉、古巴等主要国家将举行大选，保持合作稳定性亦面临一定考验。

（审订：袁鹏）

第十八章 大洋洲：趋势向稳 偶有起伏*

2017年，大洋洲各国政局总体稳定，但受内外多重因素影响，不少国家执政难题增多；地区经济驱动力不强，自身结构性问题突出，导致贫富两极分化严重；非传统安全威胁上升，地区国家抱团应对。随着“21世纪海上丝绸之路”不断推进，中国与地区国家交往更趋深入，但阻力不容忽视。

一、政局稳定之下暗流涌动

近两年，澳大利亚、新西兰、巴布亚新几内亚（简称巴新）等国纷纷举行选举，过程总体平顺，尤其是一些“逢选必乱”的小岛国实现了政府平稳过渡。但随着以欧、美为代表的逆全球化、孤立主义及西方右翼民粹主义的兴起，地区国家政局暗流涌动，小党派异军突起、执政党艰难护盘的情况增多。

（一）“反建制”风潮搅动澳、新两国政局

长期以来，澳大利亚、新西兰一直高举自由主义、全球化大

---

* 本章撰稿人：田京灵、郭春梅。

旗，坚定支持并维护由美主导的自由主义国际秩序。但随着全球金融危机、恐怖主义威胁、难民问题等持续发酵，许多国家在全球化进程中“遭受的伤害大于收益”，自由主义主导下的全球化负面效应不断显现，[①] 西方自由主义的局限性也日益凸显。面对西方世界整体危机，尤其是长期以来几乎“与恐怖主义绝缘”的大洋洲屡遭威胁，澳新民众不安全感骤升，澳新两国长期以来引以为傲的多元主义文化社会根基不断被侵蚀。党派利益之争致政府对经济发展及社会问题反应滞后，澳新民众对传统建制派精英的不信任感上升；为争取选民，主流政党政策逐渐趋于“中庸”，既导致党内传统左、右翼势力不满积聚，也使民众渐感疲倦，单纯“求变”的心态增强，甚至转而支持反移民、反全球化、反建制或极端保守主义势力。如在澳大利亚政坛素有“女版特朗普”之称的宝琳·汉森（Pauline Hanson）及其带领的“单一民族党”（One Nation Party），素以观点出位著称的尼克·色诺芬（Nick Xenophon）及其创立的“尼克·色诺芬团队”（Nick Xenophon Team），以及在新西兰被称为2017年大选“造王者”的右翼小党新西兰优先党（NZ First）等，更有“80后美女”杰辛达·阿德恩（Jacinda Ardern）任新西兰工党党首不到三个月即掀起全国范围的“杰辛达热”（Jacindamania）并最终登上总理宝座，这些都足显年轻选民和草根阶层对传统政治精英的“厌倦”。

澳大利亚党争加剧，执政党内外受制。2016年7月，澳大利亚三年一度的联邦议会选举提前举行。反对党工党强势回归，

① 阎学通：“反建制主义与国际秩序”，《国际政治科学》2017年第2期。

与联盟党差距大幅缩小，总理特恩布尔（Malcolm Turnbull）率领的自由—国家党联盟（简称联盟党）在众议院的优势仅剩1席。2017年，两党之争不断升级，双方围绕执政党议员“双重国籍风波”等展开持续角力。2017年以来，澳多名议员因违反宪法第44条[①]“议员不得持有他国国籍”的规定而辞职，含副总理乔伊斯（Barnaby Joyce）、内阁部长纳什（Fiona Nash）、参议院议长帕里（Stephen Parry）。因联盟党在众议院只有1席优势，执政党在年底补选时“压力山大”。12月16日，自由党拿下选情最胶着的班尼朗选区补选，执政地位暂时无虞，但仍备受掣肘，须小心应对。与此同时，执政党内斗加剧。以前总理阿博特（Tony Abbott）为代表的保守派不断抨击特恩布尔“偏离自由党传统”，自由党参议员伯南迪（Cory Bernardi）退党自立，[②]卫生部长李苏珊（Sussan Ley）因涉嫌滥用公款被迫辞职。

新西兰工党组建少数政府，执政难度加大。2017年9月23日新西兰举行三年一届的议会选举，因无单一政党取得过半席位（共120席），各政党就联合执政展开近一个月的“拉锯式”谈判。10月19日下午，作为组阁“关键力量”的新西兰优先党（NZ First）终决定选择工党。议会第二大党工党（46席）遂与新西兰优先党（9席）、绿党（8席）组建联合政府，执政三届、长达9年且支持率较高的国家党被迫下台。10月26日，37岁的

① Section 44 of the Australian Constitution, http://www.austlii.edu.au/au/legis/cth/consol_act/coaca430/s44.html.（上网时间：2017年11月20日）

② *Cory Bernardi Formally Quits Liberal Party*, Feb. 7th, 2017, http://www.abc.net.au/news/2017-02-07/cory-bernardi-formally-quits-liberal-party/8247402.（上网时间：2017年2月7日）

工党女党魁杰辛达·阿德恩（Jacinda Ardern）宣誓就任总理，新西兰优先党党魁温斯顿·彼得斯（Winston Peters）任副总理兼外长。但这一组合也意味着未来执政难题偏多：一方面，将面临空前强大的反对党制衡，国家党（56席）仍是议会第一大党，尽管未能开创“四连任”局面，但执政9年来成绩斐然，支持率稳居第一，党内团结，前总理英格利希（Bill English）仍任党首，必将对执政党构成有力制约；另一方面，新政府为“工党+绿党+新西兰优先党”三党联盟，三党此前从未联手且理念分歧较大，新任副总理兼外长彼得斯从政四十余年，经验丰富，向来“不按套路出牌”，行事风格难捉摸。如何统一政见、协调各方，“80后”女总理阿德恩的领导力将面临不断考验。

（二）小岛国在动荡后走向暂时稳定

南太岛国曾经历漫长的殖民历史，随着大国势力的争夺“几易其主”，其更曾遭受二战炮火和战后核武器试验的摧残。二战后，小岛国家民族觉醒，从1962年西萨摩亚脱离新西兰独立起，库克群岛、瑙鲁、斐济、汤加、巴新、所罗门群岛、基里巴斯、图瓦卢、瓦努阿图等相继实现自治或独立。但各国政治体系、经济结构、社会分配等仍受到原宗主国及旧体制较大影响，从“部落氏族”阶段直接过渡到选举政治，导致政局动荡、管理失序甚至街头暴力、军事政变等屡屡发生。近年来，在国际社会的关注和岛国自身的发展努力下，各国民众的政治意识逐渐提高，政治参与也较以往成熟，部分国家在动荡后实现了较长时间的稳定，但大多数仍处于向现代化徘徊前行的过程中，呈现“暂稳、常乱”的态势。

1. 长期动荡国家政局暂稳

一是斐济实现了由军政府向民选政府的平稳转型，局势趋于稳定。历史上，斐济政局长期受两大主要民族斐济族、印度族互相争斗影响，其1970年独立以来的4次政变均与此相关。2006年斐军司令姆拜尼马拉马发动政变，接管政府。8年间，姆拜尼马拉马锐意改革，成绩突出，民意支持上升，在完成一系列体制改革后，着手推动军政府转型。2013年起，姆拜尼马拉马启动修宪进程、宣布大选期限、组建政党并卸下斐军司令一职。2014年大选中，姆拜尼马拉马率斐济优先党赢得59.2%选票获组阁权，出任民选政府总理，顺利完成转型。目前，执政党牢控议会近2/3席位，执政地位稳固。

二是巴新2017年举行大选，奥尼尔总理连任。长期以来，该国政治生态依赖部落、语言、地理和个人关系而构建，政党结构较松散，国民议会对政府不信任投票常导致总理下台、政府解散和提前大选。2012年大选，彼得·奥尼尔高票当选总理，执政根基稳固。奥上台后着力推行系列稳局举措，从政策和立法上改变政局不稳局面，2013年通过立法，禁止国民议会对上任不足18个月的新政府发起不信任投票；确认逐步削减外国人对本国媒体所有权，强化国家管理等。2016年7月，奥尼尔政府以高支持率平稳度过一轮不信任投票，并于2017年6—7月大选中再获连任。

2. 不稳定因素依然活跃

一是部分岛国面临分离主义挑战。例如，巴新面临布干维尔问题。该问题由来已久，布干维尔人和政府军自20世纪80年代末起进行了长达12年的战争，后达成和平协议。巴新政府同意布干维尔在巴新宪法框架内自治，并可在未来进行政治公投。2005年巴新政府批准了《布干维尔宪法》，布干维尔成立自治政府；布干维尔自治政府决定于2019年6月进行独立公投。但中央政府仍希对其施加影响。2017年1月，巴新中央政府与布干维尔自治政府签订协定，在首都莫尔兹比港设立“布干维尔公投委员会”，且规定公投结果须经巴新国民议会通过方可生效。布干维尔去留问题仍待观察。再如，密克罗尼西亚联邦政府面临地方割据问题。密国联邦政府相对孱弱，各州实力可观，联邦政府与地方政府在专属经济区所有权、利益分成、外国投资管理、移民和土地所有权等问题上均存在竞争关系，且地方领袖影响力不容小觑，如雅浦、波纳佩等地方仍保留族长制，社会层级分明，永久族长分摊地方权力。此外，密国领土东西长约2500公里，南北宽约900公里，4个主岛（四州依此划分）呈菱形分布，各州间距离遥远，地理上为分离主义滋长提供了条件。

二是政府更迭仍然频繁。如，瓦努阿图1980年独立，实行议会制，总理由全体议员（52名）按多数原则选举产生，每届任期4年。只要议会简单多数通过对政府不信任案，总理即被免职、内阁解散，议会须重选总理；或者，3/4议员出席特别会议、2/3议员同意被弹劾总理的解散议会动议，议会即被解散，得重新大选。瓦努阿图议会党派林立，2016年2月大选后，议会中党派更是多达17个，还有数名独立议员。总理所在的党仅有14席（共52席），政党联盟非常松散，小党派和议员倒戈极易打破力量平衡。因此，瓦努阿图独立以来历任总理几乎全被弹劾下台，很少能完成4年任期。现总理萨尔维2016年2月上台后已经历数轮不信任投票，虽有惊无险，但执政联盟并不占绝对多数，外界普遍预测其难以维持到2020年大选。

二、经济增长难掩内外结构性困局

（一）澳、新经济稳中有忧，转型压力增大

澳大利亚经济缺乏有力驱动，增速放缓。得益于资源禀赋和庞大的亚洲市场，澳大利亚经济在金融危机席卷全球、发达国家相继陷入衰退的情况下，仍实现了连续26年的增长。但随着全球经济复苏乏力、资源类大宗商品需求下降，宏观经济环境的恶化将澳大利亚经济推向了转型的十字路口。尽管资源能源出口总量仍然在继续增长，但价格下挫严重，导致出口额减少。以铁矿石价格为例，2011年国际铁矿石价格升至191美元/吨，而2015年底跌至38美元/吨，澳大利亚曾红火一时的小型矿企被迫相继裁员、关张。与此同时，矿业投资下降的幅度远远超过住房、制造业等非矿业投资的增长，固定资产投资持续收缩，经济动力严重不足。劳动力市场持续闲置，薪资增长疲弱，导致通胀率较低，2016年约为1.5%，远低于2%—3%的目标。

新西兰经济表现尚可，但维持增长的压力仍大。国家党政府时期，新西兰经济逐渐走出金融危机的衰退期而恢复增长，政府财政状况持续改善。目前新西兰经济增速仍然领先于大多数发达国家。据新西兰官方预计，2017年新西兰经济增速有望达到3.3%，并在2019年达到约3.8%的峰值。[①] 近年来，随着全球

① Beehive, Budget 2017: Overview. May 25th, 2017. https://www.beehive.govnt.nz/release/budget-2017-overview.（上网时间：2017年6月7日）

乳制品价格小幅回升，以及旅游业蓬勃发展，新西兰经济增长仍然可期。但 2017 年后半年的经济增长和新西兰元表现欠佳，一方面由于工党政府上台推行大幅减少移民、严控海外资产进入等政策，市场信心有所动摇；另一方面，新西兰经济的掣肘因素依然存在：近年移民净流入增加推高建设需求，导致大城市住房压力增加，房地产市场泡沫给经济带来一定风险；显著的外向型特征也使经济体量较小、优势产业固定的新西兰经济对国际市场的依赖度较高，抵御风险能力不强。

（二）小岛国勉力发展，经济脆弱性愈显

小岛国近年经济整体增速稍有下滑，各国情况也差别较大，因此尽管旅游业、矿业和海洋经济起着带动作用，未来的可持续增长仍面临较大压力，经济结构失衡和经济脆弱性愈加凸显。

经济基础薄弱，脆弱性突出。受殖民历史影响，岛国产业结构失衡，经济现代化艰难，发展落后，经济基础较薄弱。目前小岛国的主要经济来源是国际社会的各类经济援助，旅游业和经济作物出口以及磷酸盐矿产出口、颁发海底矿床开发许可、专属经济区捕鱼许可等。瑙鲁曾为最富有的岛国之一，因岛上鸟粪富含磷酸盐，其长期借磷酸盐矿开采出口获利，但矿产开采殆尽后，经济重面挑战。大洋洲岛国为全世界著名的金枪鱼产地，岛国通过发放捕鱼许可，可获一定收入。随着海底矿床开发近年成为热点，美、日、加等国的进入也使海底矿床成为新的“生财之道”。此外，国际市场波动、自然灾害影响等不可抗因素也对小岛国“看天吃饭”的经济环境造成较大影响。

经济表现较好的国家增速有放缓趋势。巴新近年来凭借丰富的矿产资源和前些年国际资源价格走高的拉动，以及国家级液化

天然气项目、拉姆镍矿项目等投资和基建陆续开展，进入经济较快增长期，已逐渐成为太平洋岛国经济发展的领头羊。但随着大型基建项目的完成，全球大宗商品价格下跌，以能源出口为主的巴新经济遭受较大冲击。近年自然灾害频发，巴新农业和畜牧业受灾严重。斐济2016年受自然灾害影响，主要出口业糖业出口同比骤减20%，飓风“温斯顿”过境，使经济受到较大打击。另外，斐政府债台高垒，外汇储备不足制约经济发展。但是因林业、金融保险、航空运输等产业获得一定发展，且政局趋稳带来旅游业复苏，酒店餐饮业受到拉动，斐经济仍实现了缓慢增长。2017年飓风“温斯顿”灾后重建拉动斐经济增长率或达3.4%，高于2016年预期的1.6%的水平。[①]

三、地区凝聚力日增，共同应对安全挑战

（一）恐怖威胁逐年上升

澳大利亚是打击“伊斯兰国”（IS）国际联盟的重要参与国，且本土恐怖主义滋长、澳籍恐怖分子回流增多，恐情不容乐观。2014年9月，澳大利亚首次将恐怖威胁预警等级调至“高级”，意为“很可能”发生恐袭。2014年12月澳本土发生首起恐袭，嫌犯在悉尼一家咖啡馆劫持人质，后被当场击毙，一名女人质身亡。2016年9月，IS公开挑衅，呼吁对澳发动“独狼”袭击，并点名悉尼歌剧院、板球场等，随后澳在悉尼、墨尔本等地破获多起恐袭阴谋，公共设施、普通路人、政要等均为目标，

① Economist Intelligence Unit，County Report Fiji，2nd Quater－2017.

嫌犯不乏未成年人。2017 年 6 月 5 日，澳第二大城市墨尔本发生恐袭，索马里裔青年雅各布向警察开枪，后被击毙，造成 2 人死亡、3 人受伤。新西兰本土虽未发生恐怖袭击，但国内极端主义思想支持者、传播者增加，本土恐怖主义滋长，现实威胁上升，近年来各类炸弹威胁、恐吓案件明显增多，“外籍战士”流入等威胁更趋严峻。

（二）极端天气和自然灾害频发

澳近年备受极端天气侵扰，旱涝灾害交替发生。2016 年 12 月至 2017 年 2 月，澳在短短 90 天内破 205 项气温纪录。东部昆州、新州、维州及首都堪培拉遭遇高温热浪，连续数十天气温在 35 摄氏度以上。2017 年 2 月受极端热浪影响，新州地区遭遇山火，逾 2500 名消防员和志愿者参与救火；多家生产企业关闭，以缓解电网压力。西部、南部则遭遇极端暴雨。2016 年 12 月狂风暴雨席卷南澳，致 11.5 万家庭多日断电。新西兰位于环太平洋火山地震带，极易受地质灾害袭击。新西兰每年有超过 1.4 万次地震，其中超过里氏 5.0 级的约 20 次。2010 年、2011 年克赖斯特彻奇市连发强震，造成重大损失。2016 年 11 月南岛中部再次地震，但人员和财产损失不大。海底地震常引发海啸，造成沿海居民不便。2016 年怀特岛火山出现轻微喷发迹象，鲁阿佩胡火山再趋活跃，新西兰政府发布旅游警告。

小岛国受极端天气和海平面上升等影响较大。一是全球变暖导致海平面上升，对其影响增加。岛国“整块”陆地面积较小、平均海拔较低，海平面上升、海水倒灌严重制约居民生活、生产，如马绍尔某环岛公路每隔 15 天就要被淹没在水下一次；图瓦卢政府多次要求国民尽快搬迁至海拔较高处；基里巴斯更将

"海外置地"作为政府重要工作之一，并与斐济签订协议，斥资830万美元在斐济瓦努阿岛购置约24平方公里林地，以备不得已时"举国搬迁"。2015—2016年受厄尔尼诺影响，部分岛国旱情严重，农、林、渔业大量减产，淡水短缺，旅游业受影响；热带飓风"帕姆""温斯顿"更造成岛国经济产业、基础设施大量毁坏，经济损失巨大。

（三）地区大国关注视野重新聚焦南太

澳加紧巩固南太"后院"。澳为南太平洋大国，也是许多岛国的主要贸易伙伴，以及经济、技术和军事援助国。但一段时期以来澳对南太有所疏离，不仅政府首脑连年缺席地区重要组织"太平洋岛国论坛"会议，还削减对岛国援助，在气候变化问题上不顾岛国感受等。为重拾地区影响力，特恩布尔上台不久便出席"太平洋岛国论坛"会议；在应对气候变化上积极表态，并额外向岛国提供8000万澳元"绿色基金"；派船只、部队、直升机等助斐济应对飓风灾害；给予巴新安全、外交、情报、资金支持，助其2018年举办APEC会议等。2017年11月，澳外交政策白皮书进一步明确太平洋岛国地区在澳外交整体战略中的地位，专门提出要与太平洋岛国"共享安全繁荣"，强化与巴新关系、进一步"走进"太平洋、巩固与太平洋岛国双边和地区伙伴关系等。①

新西兰视南太为外交重点，不断强化对南太地区领导力。多年来，与澳希望在更大舞台发挥"中等强国"影响力不同，新

---

① DFAT, *opportunity security strength – 2017 Foreign Policy White Paper*, Nov. 23th 2017. pp. 99 – 105.

西兰一直将“在太平洋岛国地区发挥影响力”视为外交要务。政治上，及时恢复与斐济关系，维持与岛国密切互动。2006 年斐政变后，新西兰与澳一同对斐实施制裁。斐 2013 年修宪、2014 年大选后，新西兰取消对斐制裁，双边关系正常化。经济上，将岛国作为外援重点。新西兰每年对外援助约 6 亿新元，其中过半投向南太岛国。为此，新还设立了“太平洋合作基金”，制订帮助岛国发展的“太平洋计划”。地区合作机制上，重视岛国地区组织，肯定太平洋岛国论坛（PIF）、太平洋岛国发展论坛（PIDF）等地区组织的作用，新西兰总理几乎参加了每届论坛会议，并在该组织中发挥重要影响。

（四）小岛国内部抱团，力争国际存在感

岛国地区主义近年蓬勃发展，在关心的国际议题上频频发出一个声音。近年影响力较大的地区机制有太平洋岛国论坛（PIF）、美拉尼西亚先锋集团（MSG）、太平洋岛国发展论坛（PIDF）等。通过地区组织和国际会议，南太岛国近年来在气候变化、海洋经济等国际议题上频刷“存在感”。以太平洋岛国论坛为例，论坛自成立以来，不断致力于促进地区经济增长，增强地区政治与安全治理，通过协调、监督和评估论坛领导人决策的执行，加强区域合作和一体化，造福太平洋人民。纵观近年太平洋岛国论坛的发展，论坛每年都会发布共同宣言，在气候变化、海洋保护、区域发展框架等方面协调一致，扩大国际影响；注重依托联合国等国际平台发挥作用，如将第 44 届论坛形成的《马朱罗宣言》在联大期间递交时任联合国秘书长潘基文，并进一步提出《马朱罗宣言》的后续行动；积极争取在巴黎峰会中发挥作用；努力将海洋保护列为联合国可持续发展目标之一，并要求明确写入相关成果文件中。此外，论坛注重成员国在国际舞台上作为太平洋地区国家的代表性，论坛公报多次支持相关国家在国际组织中担任角色，如支持澳大利亚、新西兰担任联合国安理会非常任理事国，支持澳大利亚成为联合国人权理事会成员，支持库克群岛成为联合国教科文组织执行委员会委员等。

四、域外大国深耕，加剧地缘博弈

（一）美国强化对地区各国影响力

强化美澳同盟。尽管特朗普上台后，美澳在具体问题上有些分歧，但美澳关系仍然牢固，澳大利亚仍是美同盟体系和“印太”地区的重要伙伴；对澳而言，美澳关系是澳外交与防务基石。近年来，双方致力于加强网络反恐合作，推进网络安全对话；美海军陆战队继续轮驻达尔文，美还将在澳北部进行最大规模的航空部署，并在装备上增进协同性；2017 年，澳陆军少将诺布尔出任美太平洋司令部陆军副司令，两国军事合作进一步增强；经济上，双方经济融合度提高，美是澳第一大投资国，占对澳外国直接投资存量的 24%；澳对美投资达 450 亿美元，创造了 9.5 万个就业岗位。此外，美澳还在朝核、南海、东海争端等议题上统一立场；在地区多边层面加强对话与机制协调等。

与新西兰关系处于近三十年来最好时期。20 世纪 80 年代，美新关系一度因新西兰无核化政策而陷入冰点，美将双边同盟关系降为伙伴、朋友关系。进入 21 世纪后，双方关系逐步改善。随着 2010 年《惠灵顿宣言》、2012 年《华盛顿宣言》的签订，美新关系在战略安全领域的互动逐渐恢复并迅速热络起来。2012

年美取消新西兰军舰访问美港口禁令，2016 年 10 月新西兰邀请并批准美“桑普森号”军舰访新。但在特朗普政府时期，美新关系仍有不确定性。

强调“重新重视南太”。美是南太传统主导国之一。二战后，许多太平洋岛国成为美托管地，如密克罗尼西亚联邦、马绍尔群岛、北马里亚纳、帕劳；冷战期间，由于这些岛国占据了太平洋重要的军事战略位置，为防止苏联染指这一地区、威胁美国安全，美与澳新便强势将南太岛国纳入势力范围，作为美太平洋岛链部署的一环。目前，美国在该地区除了有关岛、北马里亚纳、美属萨摩亚等海外领地，还有帕劳、马绍尔群岛、密克罗尼西亚联邦三个自由联系国，以及部署在基里巴斯、帕劳、马绍尔等多处的军事基地。美国的三个自由联系国及海外领地，一并成为“美国维护重要航道的防卫边境”。[①] 美国重返亚太以来，明显加强了对南太的重视程度。2012 年美国务卿希拉里·克林顿出席太平洋岛国论坛；美国际开发署重启“太平洋岛国办事处”，推进对岛国援助。随后，美还出台“美国太平洋气候基金”等多项长期援助计划，组织岛国召开“我们的海洋”会议等，充分照顾岛国最关心的生态、环保、海洋资源等需求。

（二）日本积极扩展在本地区影响

日澳关系不断密切。日本是澳大利亚第二大贸易伙伴、主要投资来源地，且双方同为美亚太盟友，在维护美国主导的亚太秩序上拥有共同利益。澳大利亚前总理阿博特与日本首相安倍晋三

---

① Thomas Lum, Bruce Vaughn, “The Southwest Pacific: U. S. interests and China's Growing Influence”, p. 5.

"私交"较好，特恩布尔上台后继续重视对日关系，还将日作为其东亚首访地，称"日为澳全天候朋友"。2017 年 1 月 13—15 日，安倍晋三访澳，双方发表联合公报，称日澳"特殊战略伙伴关系前所未有的强大、重要"，双方尤其在军事合作方面取得较大进展。日澳军事合作曾因日竞标澳潜艇计划失败而受挫，但安倍此访将两国军事合作提升到新层次。双方签署新版《物资劳务相互提供协定》，允许自卫队与澳军在联合演习、维和行动中，甚至战时相互提供弹药。这是日首次与美国之外的国家签署相互提供弹药的军事协定。[①]

加大对南太岛国经营力度。近年来，日对南太岛国的重视度不断上升，除政治层面考量外，南太渔业、天然气等资源丰富对日也有较强吸引力。除对部分岛国的官方发展援助外，早在 1997 年日便与太平洋岛国启动了"日本—太平洋岛国论坛首脑会议"（PALM），该会议每三年举行一次，现已成为日本与岛国联系的主要官方平台，迄今共举办七届，最近一次于 2015 年 5 月在日本福岛县磐城召开，达成《福岛磐城宣言》《日本对太平洋岛国一揽子援助计划》两项成果。日本在峰会上承诺，三年内向峰会成员国提供至少 550 亿日元（约合人民币 28 亿元）援助，较上届峰会增加约 150 亿日元，并向巴新、帕劳、萨摩亚、所罗门群岛等国提供基础设施建设贷款，为遭受飓风灾害的国家提供减救灾资金；气候变化上，日本宣布向"绿色气候基金"

① *Malcolm Turnbull and Japanese Prime Minister Shizo Abe commit to stronger defence ties*, http://www.news.com.au/finance/work/leaders/malcolm－turnbull－and－japanese－prime－minister－shizo－abe－commit－to－stronger－defence－ties/news－story/dab4366b431e491f615766dcc36ba5c8.（上网时间：2017 年 1 月 15 日）

注资 15 亿美元，并在生态环保、垃圾处理、能源等领域加强对南太岛国的技术援助，如在萨摩亚建“气候变化研究中心”，为岛国培养防灾等领域专家等。

（三）印度与地区各国关系渐趋热络

印澳关系升温。近年来随着印度经济崛起，赴澳的印度裔移民、留学生增多，印对澳经济社会影响越来越大，印澳关系不断升温。双边层面，印视澳为印度洋上的“天然合作伙伴”，除积极探讨双边 FTA 谈判之外，着力在安全领域有所突破。2014 年两国签署双边安全合作框架，并于 2015 年开启双边海军军演。澳总理特恩布尔 2017 年 4 月访印期间，双方就海洋问题联合表态，强调在印度洋上具有共同利益，呼吁相关各方尊重国际法等。6 月，两国在澳西海岸举行了第二次海军军演，旨在“提升双边海上合作的军事协同性”，“确保良好的海洋秩序”。

印对南太关注度上升。莫迪政府上台后，新德里前所未有地加大了对南太尤其是斐济（印度裔占斐济总人口近一半）的关注力度。2014 年 11 月，印度总理莫迪出访斐济，承诺援斐 500 万美元。莫迪不但是印独立后第二位访斐的总理，在此访期间还与太平洋岛国领导人举行了第一届印度—太平洋岛国论坛，并自此形成年度惯例。2016 年 4 月，印度总统慕克吉（Shri Pranab Mukherjee）访问巴新，他也是印度首位访问巴新的国家元首。其间，双方签订了关于印进出口银行贷款 1 亿美元支持巴新 3 个基建项目、加强卫生合作、增进人文交流、建设印度巴新信息科技合作中心四项合作谅解备忘录。慕克吉表示，巴新自然资源丰富，印希望帮助巴新合理开发这些领域，并愿提供海岸护卫舰保护巴新专属经济区。[①]

（四）多边安全合作机制逐渐成型

近年来，在美“印太”战略推动下，美、日、印、澳四国沟通、合作不断升温，美日澳、美日印、印日澳三边对话相继成型，多边的二轨对话也在不断推进，美日澳印四边联盟有死灰复燃之势。在军事合作上，2017 年 7 月 14—17 日，就在中印洞朗对峙之际，由美、日、印三方海军参与的“马拉巴尔军演”在孟加拉湾举行，澳作为观察员参与该演习，这是澳 2007 年退出该机制后首次进入。2017 年 10 月，美提出“印太”战略后，澳做出积极表态，并在 11 月 23 日发布的 14 年来首份外交政策白皮书中，明确将自身所处地区由“亚太”改为“印太”，并称“印太”是澳“未来机遇所在”。澳方认为，面对中国崛起这一打破“基于规则的秩序”的最大变量，美维持国际秩序繁荣稳定的作用更加重要，澳希望并支持美保持地区主导地位，同时强化与日本、印度、印尼等“志同道合”国家合作。

五、中国与大洋洲：在风雨中携手向前

中国与太平洋岛国有着较长时间的交往历史。近年来，随着中国崛起与“一带一路”倡议的渐次铺开，中国与大洋洲交往愈加密切，经济社会融合加速，尽管分歧与阻力再所难免，但相信中国与大洋洲能在风雨中携手向前。

---

① “印度总统访问巴布亚新几内亚 重点推进四领域合作”，中国驻巴新经商参赞处，2016 年 5 月 4 日，https：//pg. mofcom. gov. cn。（上网时间：2017 年 11 月 19 日）

（一）中澳关系：进入新一轮磨合与适应期

2017 年是中澳建交的第 45 年，多年来，基于两国全方位的互补性，中澳关系总体上保持了积极平稳发展，双边各层级交往机制不断增加完善，贸易投资交往更是亮点纷呈。目前中国是澳大利亚第一大贸易伙伴、第一大投资来源国（按流量计）、第一大留学生来源地。2014 年，习主席访问澳大利亚期间将双边关系提升至“全面战略伙伴关系”。2015 年，谈判十年之久的中澳双边自由贸易协定正式达成，成为中澳关系的另一里程碑。

但近年来，伴随双边关系成长和政治、经济、社会等各层面交往逐渐深入，以及在地区、国际舞台互动增多，中澳关系中的分歧面逐渐凸显。2017 年 6 月，澳大利亚广播电台（ABC）“四角”（Four Corners）节目称，中国通过“控制在澳华人华侨”“收买澳大利亚政客”，并试图“操纵学界及媒体舆论”等，干预澳大利亚内政，“严重损害澳国家主权、政治体制和国家安全”。[①] 随着澳大利亚国内外矛盾交织、党派之争白热化，此事件不断发酵，不仅发展为两国媒体间的“舆论战”，更上升到政府和外交层面，澳总理特恩布尔在一次针对反对党的发言中，竟用中文说“澳大利亚人民站起来（了）”，而中国外交部也召见了澳大利亚驻华大使，“反华闹剧变成正剧”。[②]

澳大利亚《2017 外交政策白皮书》中体现了澳大利亚对华

---

① 参见：http：//www. abc. net. au/4corners/power - and - influence - promo/8579844.（上网时间：2017 年 6 月 5 日）

② 郭春梅：“澳大利亚前所未有的焦虑和无能”，观点中国，2017 年 12 月 12 日，http：//opinion. china. com. cn/opinion_ 5_ 175905. html。（上网时间：2017 年 12 月 13 日）

心态的“矛盾与纠结”：一方面，澳认为中国崛起将挑战现有的“基于规则的地区秩序”，尤其是在南海问题上，对“中国以前所未有的速度和规模”推进岛礁建设表示“严重担忧”，反对中国将争议区的人工设施用于军事用途。另一方面，《2017 年外交政策白皮书》较以往“白皮书”（如 2016 年的国防白皮书）中对中国及双边关系的表述更加客观、积极，既表示中国在维护全球和安全稳定的责任与能力都在增加，应鼓励中国在维持稳定、尊重小国等方面行使正当权力、发挥更大作用；又表示澳将致力于推进中澳全面战略伙伴关系，将目前双方在战略沟通、国防合作、社会交流、经济联系、教育研究合作等各领域广泛深入的合作置于对外工作优先领域，进一步扩展各领域交往的深度和广度。

综上，中澳关系进入又一个拐点，随着地区和国际格局的不断变化，中澳关系必须在新的战略环境下，进行新一轮的互相适应和磨合，不断增强战略互信，提升抵御风险的能力。

（二）中新关系：续写友好，共筑丝路

中新建交 45 年来，中新关系在高水平政治互信和互利双赢经贸合作的“双轮驱动”下，始终保持健康平稳发展势头。两国政治、经济、文化交往频繁，各领域合作充满活力并不断取得新成果，在重要多边机制及重大国际和地区问题上，保持着良好沟通与协调。2014 年 11 月，中国国家主席习近平访问新西兰期间，双方宣布将中新关系提升至“全面战略伙伴关系”，并签署了一系列合作成果。2015 年 6 月 5 日，新西兰总理约翰·基宣布，新西兰将向亚投行注资 1.25 亿新西兰元（约合 8700 万美元），正式成为第一个以创始成员国身份加入亚投行的西方发达国家。新西兰对中国“一带一路”倡议反响积极，国家党发起“大洋洲‘一带一路’促进机制”、工党成立新西兰“一带一路”智库和基金会，这表明与中国“共筑丝路”已成为新西兰两党和社会主流共识。[1] 2017 年 4 月，中国国务院总理李克强访问新西兰，双方对“一带一路”倡议与新西兰本地基础设施建设计划对接取得建设性突破，中新签署了《中华人民共和国政府和新西兰政府关于加强“一带一路”倡议合作的安排备忘录》；同月，中新自贸协定升级版首轮谈判正式启动。中新双边自贸协定（FTA）自 2008 年签署并实施以来，双边贸易额增长近 3 倍、年均增长 13% 以上，在全球经济不振、贸易下滑的背景下，双边贸易仍保持较快增长。2016/2017 财年（截至 2017 年 6 月），中新双边贸易额超过 240 亿新元（约 168 亿美元）。中新 FTA 升级版将在原有基础上进一步“扩容”，涵盖服务、投资、电子商务等更多领域，力争实现 2020 年双边贸易额达 300 亿新元（约 210 亿美元）目标。

（三）中国与小岛国家关系：相互尊重，共享发展

中国与太平洋岛国同属发展中国家，交往多年来，中国与大多数太平洋岛国注意尊重彼此国家主权和领土完整、尊重彼此发展道路，注重在联合国、亚太经合组织、太平洋岛国论坛等多边机制的沟通与协调，共同维护发展中国家利益。2014 年底习近平主席出访斐济并会晤 8 个建交国首脑，倡导构建“相互尊重、共同发展战略伙伴关系”，强调太平洋岛国是“21 世纪海上丝绸

① “新西兰政要发起‘一带一路’促进机制”，2017 年 3 月 28 日，新华网。（上网时间：2017 年 4 月 1 日）

之路”（简称“海丝”）的自然延伸，赢得各国普遍赞誉。2017年3月，太平洋岛国论坛秘书长泰勒来华出席博鳌亚洲论坛年会，高度评价“一带一路”倡议。5月，斐总理姆拜尼马拉马作为唯一太平洋岛国领导人应邀参加“一带一路”国际合作高峰论坛，与参会国共同签署论坛联合公报，时任斐济外长昆布安博拉称，“该倡议给整个太平洋岛国地区带来发展机遇”。近年，太平洋岛国在国家发展战略上增加了对接“海丝”的考量，如，2014年太平洋岛国论坛发布《太平洋地区主义框架》，力推地区互联互通和一体化建设，与“海丝”不谋而合。2016年7月，巴新总理奥尼尔访华期间表示将推进巴新“2010—2030年发展战略规划”与“海丝”对接；2017年11月20日，中国与巴新签订中巴新农业产业园、高地地区公路升级改造和戈罗卡城市供水系统3个合作项目。[①] 巴新总理奥尼尔表示，巴新积极欢迎中国的“一带一路”倡议，欢迎中国来巴新发展投资，特别是帮助巴新进行基础设施建设，希望将巴新打造成“高效的贸易通道”。

近年中国与太平洋岛国经贸往来发展迅速，在全球贸易低迷情况下，中国与太平洋岛国贸易2015年同比增长61.1%至81.1亿美元。中国现为斐济、瓦努阿图最大进口来源国，巴新、基里巴斯、瑙鲁第二大进口来源国，汤加、纽埃第三大进口来源国；太平洋岛国地区也是中国的投资热点地区，仅2015年度，中国

① “中国驻巴新大使薛冰陪同巴新总理奥尼尔出席中巴新合作项目签约仪式”，中国外交部，2017年11月20日，http://www.fmprc.gov.cn/web/zwbd_673032/wshd_673034/t1512325.shtml。（上网时间：2017年11月22日）

在太平洋岛国新签对外承包工程合同额便达到17.5亿美元，完成营业额8.9亿美元，非金融类直接投资1.2亿美元。[①] 随着经贸投资和旅游市场的不断发展，交通运输行业尤其是民航业近两年发展较快。2016年，中国与萨摩亚、巴新签署《双边航空运输协定》，为开通定期直航航线铺平道路；据巴新《国民报》11月16日报道，新几内亚航空公司将于2018年3月30日开通莫尔兹比港（巴新首都）至上海直航，每周两次往返。[②]

文化及民间交流不断增强。2015年是中国与巴新、斐济建交40周年，中方派出大量艺术代表团奔赴演出；2017年上半年，“中国国画精品展”“中国黄河风情艺术摄影展”等特色展览在斐举办，广受好评。在教育合作上，中国积极兑现2015—2020年向岛国提供2000个奖学金名额和5000个培训机会的承诺；通过孔子学院等向岛国派出汉语和多学科支教老师，迄已为岛国培训4000余名管理和技术人才。

（审订：胡继平）

① “中国与太平洋岛国地区贸易与投资情况”，中国商务部美大司，2016年8月17日，http://mds.mofcom.gov.cn/article/Nocategory/200210/20021000042986.shtml。（上网时间：2017年11月19日）

② Mark Haihuie, Flights to Shanghai ‘will’ Boost Business Tourism, The National, Nov. 16th, 2017, www.thenational.com.pg/flights-will-boost-business-tourism/.（上网时间：2017年11月23日）

大　国　篇

第十九章　美国：施政首年　内外受阻*

2017年是特朗普施政开局之年，其推进国内外政策议程雄心勃勃，但遭遇各方重重阻力。对内，加剧美国政治、社会分裂，经济亮丽背后孕育着风险；对外，“美国优先”理念主导下的战略与政策调整，对美国外交和国际社会形成重大冲击，严重削弱美国国际地位和影响力。中美关系虽实现平稳过渡，但未来仍面临诸多不确定性。

一、美国政治：反建制议程加剧执政困境

特朗普当选总统依靠的是反建制、反非法移民、反自由贸易等立场和特立独行的行事风格，执政后竭力兑现竞选承诺，引起极大争议，执政首年虽有所斩获，但仍难摆脱执政困境。

（一）坚定推动反建制议程，施政有所斩获

特朗普当政后，以强烈的个人执政风格推动国内政策议程

---

* 本章撰稿人：钱立伟、李岩、张文宗、余翔、杨文静、李峥、程宏亮、孟亚波、黄放、李默、孙立鹏、马雪、王锦、孙成昊、贾春阳、张磊。

"右转"并打上"反建制"烙印，堪称"逢奥必反"（Anything but Obama）。其施政方式呈现以总统权力为主、以府会合作为辅的特征。一是通过行使行政权施政。就职前9个月内，共签发行政命令近50份、总统公告近90份、总统备忘录80多份，涉及移民、医疗、执法、基建、经贸、能源、教育、外交、军事和反恐等方方面面。[①]影响较大的包括呼吁废除"奥巴马医改法"、废除"如厕令"、禁止"变性人"参军、废除"童年抵美者暂缓遣返"计划（DACA）、推出三版"旅行禁令"和美墨边境"建墙令"、批准"拱心石"XL输油管道项目和达科他管道项目、下令"买美国货、雇美国人"、退出《巴黎协定》和《跨太平洋伙伴关系协定》（TPP）、下令重审贸易协定等。特朗普依靠行政令施政，既是其喜权用权的表现，又是其本人欠缺从政经验、团队人手不足、官僚体系阻力大、议程争议大等诸多因素造成的。二是与国会合作持续推动医改和税改等议程。特朗普执政后，共和党同时控制府会。特朗普抓住机会，与共和党主导的国会紧密合作推动医改和税改，力求实现"双赢"。

特朗普迄今在国内主要政绩是成功推动国会通过税改法案，为兑现其大规模减税的竞选承诺奠定基础；利用美国南部遭受严重飓风灾害，推动国会两党就灾害援助、提高债务上限和联邦政府部门临时拨款等达成协议，并在共和党支持下通过《2018财年预算案和未来十年预算纲要》；三度推出"旅行禁令"并获联邦最高法院支持等。

---

① 统计自白宫网站，截至2017年10月中旬。

（二）施政阻力大、掣肘多，社会分裂加剧

因与建制派政治精英关系不睦、缺乏从政经验，特朗普在决策上倚重由亲信、家属、军人和商业精英组成的小圈子。[①] 特朗普摆出不甘被体制束缚、不愿与自由派妥协、不讨好任何人的姿态，通过“推特治国”等方式“直接与选民对话”，向他眼中的“腐败政客”“被操控的体系”和“假新闻”等政治敌人施压。[②] 在与国会打交道时，特朗普既重视对国会的游说，在不满时也时常公开抨击甚至羞辱部分议员，推卸自己责任。[③]

首先，“通俄门”调查影响特朗普执政氛围。美国国内舆论普遍认定俄罗斯“干预”2016 年美国大选，国会、联邦调查局、特别检察官米勒多方深挖特朗普“通俄门”问题，特朗普家人和竞选团队成员在特朗普就任前和俄罗斯进行非官方接触的材料不断被曝光，前国安顾问弗林被迫离职并认罪，库什纳、小特朗普被国会质询，前竞选顾问乔治·帕帕多普洛斯、马纳福特及其

---

① 在其团队中，班农（已离职）、康威、伊万卡和库什纳等为亲信和家属；弗林（已离职）、马蒂斯、麦克马斯特、凯利等为军人；蒂勒森、努钦、罗斯等是商界大鳄。这些人对其决策起到举足轻重的作用。

② “Donald Trump says he would not be President without Twitter”，http：//www.independent.co.uk/news/world/americas/us – politics/donald – trump – tweets – twitter – social – media – facebook – instagram – fox – business – network – would – not – be – a8013491.html.（上网时间：2017 年 10 月 27 日）

③ “Trump attacks Republicans on Twitter，but Democrats? Not so much”，https：//www.washingtonpost.com/news/wonk/wp/2017/08/25/trump – attacks – republicans – on – twitter – but – democrats – not – so – much/? utm_ term = .a2fb7c24ea35.（上网时间：2017 年 9 月 17 日）

副手里克·盖茨被起诉，导致白宫长期“被乌云笼罩”。[①] 多名民主党议员推动弹劾，部分媒体推波助澜，使弹劾议题保持热度。[②]

其次，政府人事调整频繁，班子搭建严重滞后。一方面，特朗普缺乏从政经验、与建制派不和，手中既无人可用，国会参议院又拖延提名确认时间，导致政府岗位大量空缺。截至 10 月 12 日，联邦政府 600 多个关键岗位中，仅 145 个岗位的提名获参议院通过，218 个提名有待通过，仍有 270 多个没有提名人。虽然 22 名内阁和内阁级官员已全部就位，但大量中高层岗位空缺，参议院通过提名的时间普遍超过此前七届政府。另一方面，由于缺乏从政经验，特朗普不断调整人事以优化团队效能。前白宫办公厅主任普里伯斯、前白宫新闻发言人斯派塞以及前白宫首席战略师班农在内的 13 名重要官员及顾问请辞；前联邦调查局局长

---

① “Russia：The ‘cloud’ over the Trump White House”，http：//www. bbc. com/news/world – us – canada – 38966846.（上网时间：2017 年 10 月 11 日）

② 针对特朗普的弹劾努力贯穿全年：1 月，特朗普刚就职，《华盛顿邮报》即刊出消息称，各方认为其涉嫌利用职位之便攫取商业利益，欲对其发起弹劾；当月，名为“现在就弹劾特朗普”的网站上线，民调显示 35% 线上登记选民支持弹劾。2 月，民主党众议员杰罗尔德·纳德勒提议特朗普政府移交所有与俄罗斯有关和与潜在利益冲突有关的文件；“领导弹劾特朗普”政治行动委员会也于当月成立。3 月，联邦众议员玛克辛·沃特斯发推文称已就“通俄门”事件“做好弹劾准备”。5 月，民主党联邦众议员艾尔·格林提出弹劾倡议；共和党联邦众议员贾斯廷·阿迈什和卡洛斯·科贝鲁亦提出应就妨碍司法对特朗普提出弹劾；支持弹劾的登记选民比例升至约 48%。7 月，民主党联邦众议员布拉德·舍尔曼提出弹劾议案，指控其妨碍司法。8 月夏洛茨维尔骚乱后，特朗普发表争议性言论，联邦众议员史蒂夫·科恩表态支持弹劾。综合 8—9 月民调显示，支持弹劾的登记选民比例维持在 48% 左右。主流媒体曾就弹劾特朗普发表多篇文章。

科米在内的3人被解雇；国土安全部长凯利（转任白宫办公厅主任）和副国家安全顾问麦克法兰（被提名为驻新加坡大使）等4人发生岗位变动。

再次，总统权力受多方制衡，施政议程屡屡受阻。一是法院制约政令效力。如三个版本的“旅行禁令”均曾被联邦地方法院和上诉法院叫停或部分叫停。二是国会制衡白宫。在医改、税改等需要国会配合立法才能推动的重大议题上，国会具有主动权。如特朗普为推翻“奥巴马医改法”几经奔走，终因国会无法通过而功亏一篑。三是民主党和部分州政府抵制削弱政策实际效果。如特朗普退出《巴黎协定》、取消对“庇护城市”联邦资助等做法引发民主党强烈反弹。加利福尼亚等州公开表示将继续履行减排承诺、发展清洁能源。[①] 部分州政府还对其打击非法移民的做法提起诉讼。[②] 四是共和党内斗增加施政成本。虽然多数共和党议员在党派利益前低调配合特朗普，但共和党建制派既没有“驯服”特朗普，特朗普也无法整合共和党。[③] 例如，7月底共和党医改法案在参议院以一票之差铩羽，而12月初参院版本的税改法案为拉到足够票数几经修改，甚至在最终投票前数小时

---

① “U. S. Climate Change Policy：Made in California”，https：//www. nytimes. com/2017/09/27/climate/california – climate – change. html.（上网时间：2017年5月7日）

② “Nine States Sue Trump Seeking Data on Immigration Crackdown”，https：//www. bloomberg. com/news/articles/2017 – 10 – 17/nine – states – sue – trump – seeking – illegal – immigration – crackdown – data.（上网时间：2017年11月10日）

③ “Trump is killing the Republican Party”，https：//www. washingtonpost. com/opinions/trump – is – killing – the – republican – party/2017/07/16/048056dc – 68c4 – 11e7 – a1d7 – 9a32c91c6f40_ story. html？ utm_ term = . d8266f52dba4.（上网时间：2017年9月17日）

还加入“手写条款”。

最后，主流舆论敌视，自由派势力抵制。自由派占主导的美国主流媒体对特朗普态度敌视，影响大的《华盛顿邮报》《纽约时报》等媒体在报道议程设置、社论基调、民调统计等方面均有意“抹黑”特朗普，招致特朗普不满。[①] 夏洛茨维尔骚乱后特朗普对极右翼势力和自由派民众“各打五十大板”的表态等引发主流舆论强烈抨击，更成为班农离职的导火索。特朗普对橄榄球队员在升国旗时下跪抗议的做法出言不逊等极富争议的表态也不断激起各种游行示威，美国社会的分裂程度与2016年大选期间相比有增无减。[②]

（三）评估和展望

特朗普的执政使美国的民粹主义得到一定程度释放。但经过近一年的施政，特朗普支持率并无明显上升。[③] 影响2018年美国政治和社会走向的因素主要有三：

第一，两党能否借中期选举弥合各自党内分歧。2018年中期选举是两党整合内部力量的良机，两党将加速调整政策理念和竞选策略，冲击中期选举并为2020年大选做准备。民主党面临

---

① “Trump's war on media is truly dangerous”，http：//www. foxnews. com/opinion/2017/10/31/juan – williams – trumps – war – on – media – is – truly – dangerous. html.（上网时间：2017年11月7日）

② “America，a year later”，http：//edition. cnn. com/interactive/2017/politics/state/2016 – election – anniversary/.（上网时间：2017年11月20日）

③ “CNN poll：One year later，less confidence，less trust in President Trump”，http：//edition. cnn. com/2017/11/08/politics/cnn – poll – trump – one – year – later/index. html.（上网时间：2017年11月12日）

的挑战是，如何在不抛弃“身份政治”的同时对选民提出更具吸引力的经济主张。左翼希望民主党继续“左转”，继续高举全民医保、提高最低工资、大学免费等旗帜，巩固在女性、少数族群、高教育程度白人等群体中的支持；温和派则认为继续“左转”无法赢得大选，要求以温和政策扩大选民基础，重新争取白人“蓝领”支持。[①] 共和党则面临右翼民粹势力与温和派之间的内斗。班农将继续担当民粹势力“操盘手”，支持反建制参选人夺取共和党建制派议员的席位。[②]

第二，美国经济与就业的改善会否惠及白人“蓝领”。目前股市繁荣，失业率下降，过去几十年持续下降的家庭收入中位数也开始增长，对美国经济的乐观预期对特朗普有利。但经济增长能否惠及白人“蓝领”对特朗普有特殊意义。2016 年大选期间，约 1/4 曾支持过奥巴马的白人“蓝领”转投特朗普，但这种支持是不稳定的。美国昆尼皮亚克大学 8 月的一份民调显示，特朗普在白人“蓝领”中的支持率已跌破半数。如果该群体认为共和党主导的税改有利于富人，或认为特朗普施政对改善自身经济状况没有帮助，未来或“由爱生恨”。

第三，各项调查是否会对特朗普构成直接威胁。“通俄门”调查明显对特朗普和共和党不利。鉴于“兹事体大”，相关调查不会轻易“盖棺定论”，或成为特朗普长期困扰。关于特朗普涉

① “Future of the Democratic Party”, CQ Researcher, Oct. 13, 2017, pp. 847 - 853.

② Peter Baker, “Steve Bannon Vows ‘War’ on His Own Party”, Oct. 22, 2017, https: //www. nytimes. com/2017/10/22/us/politics/steve - bannon - roosevelt - fdr. html. (上网时间：2017 年 11 月 3 日)

嫌“干预司法”的指责不绝于耳，民主党议员还以此为由发起弹劾，可行性虽低，但在舆论上对特朗普不利。各方对特朗普处理总统职务与个人和家族经济利益间冲突的质疑始终不断，不排除未来就此曝出“猛料”并升级为重大政治事件的可能。民主党和反特朗普势力会将各项调查作为打击特朗普的重要手段，即便证据不足以发起弹劾，至少也能在舆论上持续打击特朗普。未来不排除相关调查延烧到特朗普本人身上并引发“政坛地震”的可能。

总之，特朗普执政后政策急剧“右转”，使“左转”了8年的美国一时难以适应，国内政治极化、碎片化趋势愈演愈烈，各类社会矛盾纷纷激化，这一趋势短期内不会得到缓解，两党政治共识极难建立。特朗普未来执政地位稳固与否，取决于“通俄门”等调查是否会直接威胁其总统职位，其执政环境能否改善，取决于2018年中期选举共和党能否及在多大程度上维持国会两院多数，以及特朗普能否协调府会关系并整合共和党有效推动既定议程。

二、美国经济：亮丽背后孕育潜在风险

特朗普执政以来，推出了一系列旨在重振美国经济、保护国内就业和调整对外贸易的措施。这些措施虽有助于提振企业和民众对未来经济的信心，但由于措施本身存在政策风险，在美联储收紧货币政策的大趋势下，美国经济能否延续当前亮丽态势仍有待观察。

（一）经济表现强劲

美国经济年内保持强劲增长，实现连续8年扩张。一是经济保持增长态势。2017年前3个季度增速分别为1.2%、3.1%和3.2%。其中三季度创下2008年以来经济增速第二高速（第一高速为2014年二季度的4.6%）。2017年上半年经济年化增长率为1.9%，高于2016年同期1.1%的水平。[①] 按照年率计算，美国GDP总量从2016年四季度的18.9万亿美元，增至2017年二季度的19.5万亿美元。二是劳动力市场继续向好。失业率从2016年12月的4.7%降至2017年10月的4.1%。2017年1—10月，共创造160.5万个工作岗位。劳动参与率2017年10月为62.7%，在近12月中小幅上升。薪资水平涨至1973年以来最高水平。[②] 三是三大股指迭创历史新高。标普、纳指和道指12月1日收盘分别为2647.58点、6873.97点和24272.35点，较1月1日分别上涨368.58点、1259.18点和4406.93点，涨幅分别为16.2%、22.4%和22.2%。金融总财富超过金融危机前，从2016年四季度末的107.2万亿美元增加到2017年二季度末的111.4万亿美元，增加了4.2万亿美元。[③]

特朗普将美国经济增长归功于其推行的经济政策，但鉴于政

---

① U. S. Department of the Treasury, Bureau of the Fiscal Service, Treasury Bulletin, June 2017.

② https://www.bls.gov/news.release/empsit.t12.htm.（上网时间：2017年11月8日）

③ https://alfred.stlouisfed.org/graph/?g=f4tj&utm_source=Twitter&utm_medium=SM&utm_term=output&utm_content=data&utm_campaign=9207.（上网时间：2017年11月20日）

策实施有时滞性，即使特朗普经济政策非常“对症”，其有效性目前也尚无法显现。目前看，推动经济向好的主要推动力是两大因素：一是美国经济自身已进入扩张周期；二是在受金融危机长期压制后，消费、私人投资等不断释放，点燃美国经济内生性增长动力。特朗普经济政策对美国经济的积极作用主要是提振了企业和民众对未来经济前景的乐观预期，认为特朗普政府会推出更多刺激政策。受利好因素预期的刺激，美国经济有望保持较快增长。

（二）特朗普经济政策

特朗普上台后，针对美长期投资不足、国内产能利用率低、国内需求不旺、对外贸易失衡等问题，将经济减负和扭转贸易结构作为解决上述问题的核心目标，推出了一系列改革举措。

从国内经济政策看，在能源领域，废除了奥巴马的“清洁电力计划”，签署了允许扩大海上油气钻探的行政令；撤销限制煤炭开采的“河流保护规则”，允许美出口煤炭，放松天然气出口许可和批准程序；批准“拱心石”XL 和达科他输油管道项目。在税收方面，特朗普 2017 年 9 月 27 日公布自 20 世纪 80 年代以来最大规模的税改方案，主要对象是联邦个人所得税和企业所得税，内容主要包括减税、流程简化和漏洞修复。[①] 此后，11 月 16 日，众议院版本的税改方案以 227：205 票通过。12 月 2 日，参议院版本的税改方案以 51：49 票获批，表明特朗普税改取得实质性进展。在去监管化方面，特朗普签署行政令责成财政

---

① http：//thehill. com/homenews/senate/349085 – pessimism – abounds – on – trump – tax – reform – effort.（上网时间：2017 年 11 月 24 日）

部牵头研究废除《多德—弗兰克法案》的具体步骤，发布全面改革美国资本市场蓝图报告。在产业政策方面，特朗普签署了多份行政令和备忘录，例如《购美国货、雇美国人》等，力阻外国企业和产品进入，保护本国市场。同时，设立贸易和制造业政策办公室。特朗普政府对钢铁、铝制品进口展开232调查，对中国发起301调查。在基建方面，相继举办“基础设施周”“开发劳动力周”“美国制造周”等活动力促就业。特朗普表示，美国的基建将“以火箭般的速度”进行，将10年的审批周期缩短至2年，开放私人资本和技术准入，加大乡村地区资金投入，投资非传统基建领域等；力推学徒制，解决目前劳动市场面临就业岗位和潜在员工工作技能不匹配问题，提高劳动参与率。

在“美国优先”理念的指导下，特朗普在对外经济政策方面，一是拒绝传统责任，2017年1月宣布退出《跨太平洋伙伴关系协定》（TPP），将贸易谈判重点转向双边；6月宣布退出《巴黎协定》；拒绝为世界银行增资，要求其检查资产负债表，特别是向中国发放贷款的状况。二是重新调整美国对外贸易体系，启动《北美自贸协定》（NAFTA）重谈，宣布重审《美韩自贸协定》，特朗普还多次表示希望与英国启动双边自贸谈判。三是通过强化贸易执法来封闭国内市场。特朗普颁布《加强对违反贸易关税法案的“双反”执法》《要求提交巨额贸易赤字综合报告》《应对贸易协定的违反与滥用》行政令和《关于美国贸易代表办公室（USTR）的总统备忘录》，指示相关部门对包括中国在内的其他国家采取的任何伤害美国公平贸易、知识产权、创新和技术发展的不合理、歧视性的法律、政策和实践进行调查。

（三）政策风险

总体看，特朗普的经济政策带有非常强的政府刺激特点，如果实施，短期内应该能对美国经济产生一些“立竿见影”的拉动作用。如为企业减税，能够短期提振企业的投资意愿。放松《多德—弗兰克法案》的监管要求，将减轻金融业合规经营的约束，鼓励银行和金融公司增加放贷。而特朗普要求加强贸易执法，打击不公平国际贸易行为，重新审核已经谈成的自贸协定，实质上是在为美国国内市场构建更高的贸易壁垒，排挤外国产品和企业，为美国本土企业和“美国制造”产品腾出更多市场空间。

但上述政策也存在较大的风险，其负面作用会日益凸显。

一是特朗普税改方案落地。2017 年底前，参众两院仍要进行合并税改版本的谈判，各方力量仍在持续角力。《华盛顿邮报》称，参众两院不同版本的税改法案，在削减企业税日期、废除遗产税、调整个人所得税等诸多方面的立场有很大不同，加剧了两党内部、府会分歧。尤其是，美国民主党抱怨特朗普税改让富人获益，部分共和党议员也因废除州和地方税收抵扣项目而对特朗普颇为不满。税改若久拖不决，将严重影响市场对美国经济前景信心。

二是债务负担或进一步上升。截至 2017 年 11 月 10 日，美联邦政府债务总额已达 20.5 万亿美元，其中公共债务已达 14.8 万亿美元。据美国税收政策中心统计，若当前特朗普税改框架生效，未来 10 年联邦收入将减少 2.4 万亿美元，其中因削减企业所得税、废除遗产和赠与税，联邦收入将分别损失 2.6 万亿美元和 2400 亿美元，改革个人所得税将增加联邦收入 4700 亿美元。因此，特朗普减税无法实现其声称的“财政中性”，必将进一步加剧美国业已严峻的债务形势。

三是去监管化易增大金融风险。金融危机之后，美联储与财政部等政府部门紧密合作，加强金融监管，对大银行进行“压力测试”，保障金融体系安全。但特朗普上台后维护华尔街等金融机构利益，主张放松金融监管。2017 年 8 月，美联储主席耶伦在演讲中警告称：“不要忘了金融危机的教训，美联储对大银行进行‘压力测试’等加强金融监管的政策是为了让金融体系更安全。”[①] 许多美经济学家认为，特朗普做法或为下一轮危机埋下隐患。

（四）美联储加快货币政策正常化步伐

除了特朗普政府经济政策上的变化外，2017 年美联储货币政策也出现了一些新的变化和调整。世界正聚焦美联储的未来货币政策走向能否对冲掉特朗普经济政策的风险，保证美国经济继续保持向好态势。

2017 年以来，美联储明显加快了货币政策正常化的步伐。3 月美联储启动年内首次加息，也是金融危机后的第三次加息。与前两次加息不同，美联储不再长时间观望和踌躇，首次连续两个季度加息。6 月、12 月又各加息 25 个基点，联邦基金利率达到

---

① https：//www. nytimes. com/interactive/2017/11/02/business/economy/janet%C2%ADyellen%C2%ADfed%C2%ADlegacy. html. （上网时间：2017 年 11 月 6 日）

1.25%—1.5%的水平。[①] 耶伦强调称，除非经济前景出现实质性恶化，否则收紧货币政策的过程不会像2015年、2016年那么慢。在加息的同时，美联储也正式启动缩减资产负债表计划（简称“缩表”）。按照“缩表”计划，美联储在部分债券到期后，不再续买。相比出售资产和主动缩表，停止对到期债券回笼资金再投资变得更加缓和。美联储每月缩减60亿美元国债、40亿美元抵押债券支持的证券（MBS）。缩表规模每季度增加一次，最高限额将达到每月缩减300亿美元国债、200亿美元MBS。美联储未明确公布缩表目标，但纽约联储主席威廉·杜德利称，美联储将用10年时间将资产负债表规模稳定在2.4万亿至3.5万亿美元区间。[②]

促使美联储下决心加快收紧流动性的主要原因有：一是防范特朗普政府“去监管化”后带来的金融泡沫。美财政部已公布数十项金融监管机构放松监管的具体建议，预计特朗普提名的几位金融监管机构负责人得到国会参议院批准后，美国金融监管规则将实现变革。此举有利于美国企业获得贷款，助力特朗普实现激发美经济活力的目标，但也引发对金融危机卷土重来的担忧。杜德利认为，银行监管机构必须坚决维护金融监管规定，防范未来发生金融危机，应对金融监管“倒退”保持警惕。二是防止特朗普加大经济刺激造成经济过热。上台以来，特朗普推进立法

---

① The Fed，https：//www.federalreserve.gov/monetarypolicy/openmarket.htm.（上网时间：2017年12月28日）

② William C. Dudley，The U.S. Economic Outlook and the Implications for Monetary Policy https：//www.newyorkfed.org/newsevents/speeches/2017/dud170907.（上网时间：2017年11月20日）

屡屡受挫，“通俄门”持续发酵，亟需聚焦经济议题，增加政绩。特朗普正积极推动各项经济议程。由此，市场对政府经济政策再次期待，或引发通胀快速上涨。耶伦称，要提前防范通胀，以避免被迫快速加息的风险。三是耶伦有意塑造继任者货币政策方向。金融危机后，美联储大量买入 MBS 和国债，将资产负债表规模从 9830 亿扩大到 4.2 万亿美元，以此推动部分投资者进入高风险资产领域，提振股票、公司债券和房地产，使数百万美国人能再融资，从而让美经济走出金融危机阴影。耶伦任期即将在 2018 年 2 月结束，她积极作为以加快货币政策正常化进程，塑造继任者的政策方向。

下一步，美联储有望继续保持当前的加息和缩表政策。据此次议息会议 17 位美联储专家最新预测，2018 年、2019 年联邦基金利率中位数为 2.1%、2.9%，即 2018 年和 2019 年每年加息 3 次。[①] 但美联储仍不会完全放弃量化宽松政策：一方面，美联储不会将资产负债削减至金融危机前水平；另一方面，利用量化宽松政策买卖资产可双向调节市场流动性，确保货币政策的灵活性、有效性。

三、外交安全：“美国优先”主导战略调整

特朗普政府在“美国优先”的外交理念主导下，以五大

① The Fed, Economic projections of Federal Reserve Board members and Federal Reserve Bank presidents under their individual assessments of projected appropriate monetary policy, September 2017, https://www.federalreserve.gov/monetarypolicy/files/fomcprojtabl20170920.pdf.（上网时间：2017 年 11 月 25 日）

"战略"为主攻方向，保持大国关系在调整中有一定延续性，统筹中东、亚太两大地缘区域，强化军事实力与战略威慑，对全球治理的立场全面倒退。特朗普政府的战略与政策调整对美国外交与国际社会形成全方位冲击。

(一)"美国优先"主导下的外交理念

特朗普是以反建制派起家和当选的，其外交反传统、反奥巴马特色非常明显。其在上台初期就提出"美国优先"的外交政纲，将维护美国国家安全与经济利益作为外交第一考虑。①

首先，将维护美国本土安全，防止恐怖分子袭击美国本土，并将打击"伊斯兰国"列为首要安全目标。

其次，积极推动"有利于美国人民利益"的经济外交，宣布退出 TPP，并将与相关国家重谈双边贸易协定列为迫切计划，以实现"贸易服务于美国经济增长和工作回归"目标，改善贸易不平衡、促别国赴美投资等。

第三，修正奥巴马外交遗产，令美国外交"重回正轨"。特朗普不仅反对奥巴马进步主义的外交纲领，更反对二战后形成的"自由民主世界秩序"，认为美在全球化的多边体系中"吃了亏"，造成经济与安全"双输"局面。为此，一方面，着手否定奥巴马以美古关系改善、《巴黎协定》、伊核协议、《跨太平洋伙伴关系协定》（TPP）为代表的外交遗产；另一方面，挑战美国海外驻军、跨大西洋关系、对俄关系以及民主人权等传统外交思维。他敦促盟友承担更多责任，支持英国"脱欧"，主张积极改

---

① 白宫网站：http：//www. whitehouse. gov/america – first – foreign – policy. （上网时间：2017 年 12 月 5 日）

善对俄关系，反对输出美式价值观。

第四，以“有原则的现实主义”作为外交指导思想。特朗普多次阐述这一思想，以追求和平、安全与繁荣等“共同利益与价值观”为原则，采取现实主义手法实现目标。在其视野中，和平、安全与繁荣是最主要的战略目标，与奥巴马相比未提及国际秩序与价值观的作用，凸显其现实主义、讲求实效的一面，也使美国战略观更为狭隘。同时，特朗普更青睐军事力量的作用，主张“以实力求和平”，选择性使用“人权牌”。

最后，特朗普外交还体现出一定继承性。受制于美国精英阶层约束与外交惯性影响，其外交政策仍表现出延续性，特别是在大国关系、盟友体系以及亚太、中东、欧洲三大地缘板块方面，如对俄外交回归全面遏制与有限接触，对华外交经过最初震荡回到接触与制约双轨路线，强化盟友体系等，而且重视亚太势头未减，重塑中东主导权并巩固欧洲“后院”。其改变的主要是全球治理、多边经济秩序以及美国的外交风格，在其他领域则在大体延续既定政策的基础上进行微调。

（二）战略与政策调整的五大特点

其一，以五大“战略”为主攻方向。特朗普政府先后出台“打击伊斯兰国战略”、对朝“极限施压战略”、“阿富汗新战略”、“伊朗新战略”及“印太战略”，体现出反恐、防扩、中东、印太是其关注重点，反映出重视本土安全与维持地缘优势的双重考虑。特朗普就职时曾承诺，会“与文明世界合作，让极端伊斯兰恐怖组织从地球上完全消失”。[1] 2017 年 2 月推出的“打击伊斯兰国战略”与 8 月出台的“阿富汗新战略”，均旨在实现这一目标。首先，赋予防长马蒂斯更大权力，其可自行决定军队层级与战区调动，以取得战场胜利。在阿富汗以“基于时间表”转向“视情况而定”策略，美国未来增兵规模及军队是否直接参战将由马蒂斯决定。其次，不再聚焦“国家重建”，而是转向“稳定局势”，并推动地区国家承担更多责任。特朗普希望借军事方面的简政放权获得反恐战场胜利，并减轻美国在地区治理上的负担，以服务安全与经济优先目标。同时，特朗普也将反恐作为撬动地区地缘格局的战略工具，加强与中东、南亚盟友伙伴合作，遏制伊朗，施压巴基斯坦，扶植印度。

随着朝鲜核导能力不断逼近美国“红线”，特朗普对朝采取了军事威慑、经济制裁、外交断绝等“极限施压战略”，试图通过将施压手段最大化迫使朝鲜“重回谈判桌”。特朗普与金正恩相互威胁加码，使美国对朝动武可能性上升，但美国主流仍坚持以施压迫让步思路，和谈可能性较低。

伊朗问题上，特朗普竞选期间曾多次抨击伊核协议，上台后对伊立场强硬，其目的在于凝聚盟友、凸显反奥，并通过深度介入逊尼派、什叶派冲突而增强地缘影响力。2017 年 10 月特朗普出台对伊“新战略”，包括全面应对伊朗威胁，而非仅针对核问

---

① 白宫网站：“Remarks by President Trump in Joint Address to Congress”，February 28，2017，U. S. Capitol Washington，D. C.，https：//www. whitehouse. gov/the – press – office/2017/02/28/remarks – president – trump – joint – address – congress.（上网时间：2017 年 12 月 5 日）

题；表示美国“不认可”伊朗履行协议；打压伊斯兰革命卫队。美国将与地区伙伴合作，全面打击伊地区活动，制裁其资助“恐怖主义”及发展导弹计划，并封堵伊所有核武通道，表明美国将在核安全与地缘优势之间寻求平衡。

“印太战略”有望成为“亚太再平衡”的替代战略。特朗普政府宣布“亚太再平衡已死”，但对如何经营亚太并未提出相应方略。特朗普“阿富汗新战略”的提出以及此后国务卿蒂勒森有关印度政策的讲话，均表明提升印度作用并将其作为“印太秩序”核心的思路凸显而出。此后特朗普访问亚太五国时正式提出“印太”概念。综合其表述，军事上以海上安全合作为中心，经济上以“互惠、公平”双边贸易为中心，辅之以军售、能源、反恐等议题，旨在打造基于规则的“自由、开放与繁荣的印太秩序”。[①]

其二，大国关系在调整中保持一定延续性。对俄关系上，特朗普上台初期虽有意改善，但受到国内和国际双重因素的制约。“通俄门”发酵一定程度上绑架其对俄政策，特朗普迫于国会压力签署对俄新制裁决议，其中包括限制总统解除俄制裁的权力，进一步限制其对俄缓和的空间与能力。同时，美国并未停止挤压

---

① 白宫网站：“Remarks by President Trump on His Trip to Asia”，http：//www. whitehouse/gov/the – press – office/2017/11/15/remarks – president – trump.（上网时间：2017 年 12 月 6 日）；白宫网站：“Remarks by President Trump at U. S. -ASEAN Summit”，http：//www. whitehouse. gov/the – press – office/2017/11/13/remarks – president – trump – 5th – us – asean – summit.（上网时间：2017 年 12 月 6 日）；美国国务院网站：“Remarks on Defining Our Relationship with India for the Next Century”，http：//www. state. gov/secretary/remarks/2017/10/274913. htm.（上网时间：2017 年 12 月 6 日）

俄战略空间，两国在反恐、乌克兰及地区安全秩序方面的矛盾难以消弭。特朗普在波兰演讲中罕见抨击俄，敦促其停止在乌克兰和其他地区破坏稳定的行为，停止支持叙利亚、伊朗等敌对政权，在“对付共同敌人和维护文明的斗争中”俄必须“加入负责任国家一边”。[①] 但总体而言，美俄仍维持了“斗而不破”的关系，如特朗普在接受采访时称，美俄终将建立融洽的友好关系，这将有利于世界和平。[②] 特朗普本人也两次与普京会晤，双方外交更是保持常态化接触。

对欧结构性分歧增大，但努力弥合。特朗普奉行的“美国优先”与欧洲一体化进程背道而驰，强调北约盟友分担责任削弱了盟友关系，双方在全球化、气候变化、难民等诸多问题上分歧重重。为应对欧对美信心下降，特朗普三度访欧、多次接访欧洲国家领导人，力图传递团结西方信号。但与奥巴马相比，其对欧政策呈现新特点。一是对欧洲一体化采取“模糊战术”。英国“脱欧”后，特朗普对英国格外“照顾”，双方就推动签署双边贸易协定达成一致，引发欧盟强烈不满。二是采取“稳英”“重法”“压德”思路。继续强调美英“特殊关系”，通过加强美法安全合作提升两国关系。由于与默克尔在全球治理、自由贸易上分歧较大，美不把德当做“首要盟友”，并重点在经贸领域“敲

---

① 白宫网站：“Remarks by President Trump to the People of Poland”, July 6, 2017, https://www.whitehouse.gov/the-press-office/2017/07/06/remarks-president-trump-people-poland-july-6-2017.（上网时间：2017年12月6日）

② “US & Russia will ‘work out fine’: Trump promises ‘lasting peace’”, http://www.rt.com/usa/384633-trump-russia-lasting-peace.（上网时间：2017年12月5日）

打”德。三是施压北约平衡安全责任。尽管特朗普及美内阁高官多次承诺重视北约，亦支持北约在东部防线部署军事力量，但仍多次强调盟友应多承担防务费用换取美安全承诺，并强调北约重点为反恐，增大双方裂痕。

其三，统筹中东、亚太两大地缘区域。中东作为世界能源重心、亚太作为“未来世界经济与政治中心”，一向为美所重视。奥巴马曾试图从中东脱身而增大对亚太投入，特朗普则中东、亚太并重，并试图以更大范围的地缘概念“印太”将二者统筹起来。一是夯实盟友伙伴体系。特朗普首访定在中东的沙特、以色列，以修补关系、安抚盟友，并积极改善与土耳其、埃及关系，以反恐为抓手凝聚盟友。在亚太则高度重视日、韩、澳等盟友关系，互动频仍，特朗普2017年11月出访日、韩，再次夯实盟友关系。此外，提升与越南、印度战略伙伴关系。二是抓主要问题牵动地区格局。在中东搞反恐、遏伊朗，在亚太压朝核、重南海，以问题为导向实现地区目标。三是以双边贸易谈判为工具，利用美国优势实现“公平、互惠”目标。与日本建立高水平经济对话机制、与韩国重谈自贸协定，促使亚太国家对美开放市场，更多赴美投资，并打造非歧视性、高标准贸易规则。与沙特签署价值1100亿美元军售协议，与中东国家谋签自贸协定，鼓励其购买美军火。

其四，强化军事实力与战略威慑，为“以实力求和平”外交提供支撑。特朗普竞选期间将“重建美军”作为重要施政纲领，就职后将“让美军再次强大”作为重要施政议题。一是推动大幅增加军费。在国会通过的《2018财年国防授权法案》中，国防支出总额达7000亿美元（其中基础预算6400亿，海外行动预算600亿），增幅超13%。重点领域包括增加各军种兵力、扩充海空军舰机数量、提升官兵薪酬待遇、全力扭转美军日趋恶化的“战备”态势等。[①] 二是调整核态势，强化战略威慑。特朗普不认同奥巴马“无核世界”理念，不放弃运用核威慑实现军事、外交目标。目前美国正在展开对核武库升级方案，[②] 寻求在2018年新版《核态势评估》中加入促进小型战术核武器开发与部署方案。三是适度放权，提升军方在海外军事行动上的自主性。例如，解除对在阿富汗美军作战人员的限制，扩大其权限，灵活修订对敌交战规则；在南海，改变白宫对“航行自由行动”的审批程序，仅要求军方提供此类行动“整体方案”，不再要求“一事一批”。四是加速网军建设。特朗普继承奥巴马网络安全整体思路，提出将网络司令部升级为联合作战司令部，扩大该机构职权，简化行动指挥流程，确保网络行动获得足够资金支持。截至2017年11月，美国陆军负责建设的41支网络任务部队、海军负责建设的40支网络任务部队提前一年具备“完全作战能力”，占美军计划建立的133支网络任务部队的一半以上。

其五，对全球治理的立场全面倒退。为兑现竞选诺言、回馈基础选民，特朗普在全球治理领域收缩明显。一是在气候变化问题上“开倒车”。宣布退出《巴黎协定》，废除美“清洁电力计

① H. R. 2810：National Defense Authorization Act for Fiscal Year 2018，https：//www. govtrack. us/congress/bills/115/hr2810/text.（上网时间：2017年12月1日）

② 该方案包括列装“哥伦比亚”级核潜艇、B－21战略轰炸机和下一代新型洲际弹道导弹，更新“三位一体”核打击能力，计划将在未来10年耗资4000亿美元。

划”。二是唱衰全球化与多边自由贸易体系，除退出 TPP、重订北美自贸协定外，还抨击世贸组织（WTO）造成贸易不平衡并伤及美利益。未来美国将不再签订多边协定并被约束手脚，而将“促伙伴忠实履行规则，平等开放市场，并确保由私人而非政府主导投资”。三是以“存在针对以色列的偏见”为由退出联合国教科文组织，以“自主安排难民配额”退出联合国《全球移民协议》。未来，美国是否能坚持伊核协议仍是变数。

（三）影响与评价

特朗普以“美国优先”为主线的战略与政策调整对美国外交与国际社会形成全方位冲击。一是削弱美国的软实力与国际威望。特朗普的反建制主义很大程度上否定了美外交既定格局，动辄置国际多边协议于不顾而恣意退出，主张以双边协议替代多边协议，将美国利益作为第一优先考虑，对欧盟、北美自贸区及 TPP 等持批判态度，引发国际社会对全球滑向贸易保护主义的担忧，使美国形象严重受损，也激发了全球民粹主义与本土主义的膨胀。二是冲击美国一贯主导的“自由民主世界秩序”。二战后特别是冷战结束以来，美国始终以“自由世界领袖”自居，积极推动以全球化与自由贸易、国际机制、民主与自由为支柱的世界秩序。但特朗普“美国优先”否认全球化与多边机制，轻视民主化与人权，强调“主权优先”，使如上秩序遭遇挫折。欧盟对美国外交走向尤为担心，日、澳等亚太盟友在呼吁美国发挥世界领导作用的同时，积极续推“TPP11 国”进程，高调维护“航行自由”等国际“规范”，俨然成为西方秩序的守护者。同时，埃及、土耳其、沙特、菲律宾等“威权”领导人则备受特朗普本人青睐，双方关系改善明显，也使美外交中的人权“正义性”受到挑战。三是全球治理合作受损。全球治理曾是奥巴马政府对外战略的重要目标之一，但特朗普忽视气候变化、跨国疾病等全球性问题，以美国经济与安全利益驱动全球政治，降低美国全球治理“领导权”，也放缓全球治理进展。尽管特朗普在很大程度上旨在兑现竞选诺言，但从实际效果看，其对美国家利益的狭隘诠释反而伤及其执政地位，并遭到美国内外精英的一致反对。

尽管特朗普在大国关系、盟友体系、区域重点上维持了一定继承性，但“美国优先”理念深入美国外交各个方面，重军事、轻外交，重实利、轻发展，重分担、轻责任的思想路径，虽然在短期内产生一定效果，如在强化盟友体系的同时增大盟友责任分担，各国也主动迎合美发展“公平互惠”贸易，但美国因过于聚焦自身利益而忽视别国利益，降低对外援助与发展责任，对“后伊斯兰国”时代的中东、南亚缺乏治理路线图，使其长期战略利益受损。尽管其提出五大“战略”，但缺乏实质性的系统设计，也缺乏长远的综合治理方案，使这些战略除取得短期效果外难以持久。其过于炫耀武力但又无心恋战的攻心战术也会被对手识破，从而使效果打折。未来，如特朗普难以在“美国优先”与美“世界领导地位”之间找到有效平衡，其结果便是，美国可能“再次强大”，却难以“再次伟大”。

四、中美关系：元首外交引领平稳过渡

特朗普当选前后针对中国的一系列强硬言论，一度让外界担

忧中美关系的走向。然而，特朗普履职后，中美开始积极互动，充分发挥元首外交对双边关系的引领作用，尤其通过2017年4月的海湖庄园会晤和11月特朗普首次对华国事访问，确立了新的双边对话机制，同时重点围绕朝核、贸易等共同关心的问题深入交流并开展合作，积极管控分歧，实现了双边关系的平稳过渡和良好开局。同时，两国深层次矛盾和围绕一些热点问题的分歧并未根本缓解，未来的双边关系仍面临一些不确定性。

（一）“反建制”总统加大中美关系“不确定性”

特朗普在竞选、候任及执政初期的一系列涉华言行和美国新政府的做法，一度引发中美“冲突”难以避免的印象，中美关系“不确定”成为国际战略界评价中美关系走向的关键词。

在台湾问题上，2016年12月2日，在美国亲台势力推动下，胜选的特朗普贸然与台湾地区领导人通话，成为自中美建交以来首位与台湾地区领导人通话的美国在任或候任总统。此举公然挑战作为中美关系政治基础的“一个中国”政策，中国政府进行了严正交涉，引发中美战略界的普遍担忧。一旦特朗普继续在台湾问题上挑战中国，双边关系无疑将受到巨大冲击。① 在经贸问题上，特朗普在竞选和上台之初表现出的反全球化、反自由贸易的民粹主义风格，让中美这两个世界最大经济体围绕世界贸易秩序的未来产生分歧，经贸关系这一双边关系的“压舱石”

① Orville Schell and Susan L. Shirk, “US Policy Toward China: Recommendations For a New Administration”, http://asiasociety.org/center-us-china-relations/us-policy-toward-china-recommendations-new-administration, February 2017.（上网时间：2017年12月1日）

也面临被动摇的风险。特朗普多次无端指称中国加入世贸组织后导致“美国6万多家工厂倒闭”，威胁要对中国商品征收惩罚性关税，其言论使外界担忧中美之间的“贸易战”难以避免。在就职演说中，特朗普把美国面临的内外问题归咎于全球化和自由贸易，明确提出“美国优先”的执政理念，并在执政后签署一系列具有浓厚贸易保护色彩的总统行政令。[①] 由于中国是美国对外贸易逆差最主要的来源国，外界普遍认为特朗普相关政策的目标主要针对中国。此外，特朗普还任命和提名了一批主张就贸易议题对华强硬的官员，如白宫贸易委员会主任纳瓦罗、商务部长罗斯和贸易代表莱特希泽等。

可以说，特朗普上任前后的一系列涉华言行，使中美关系的政治基础和经济基础同时面临较大不确定性，这对维护和发展双边关系构成新挑战。

（二）元首外交稳定双边关系

面对特朗普政府的极端言论和挑衅动作，中国两手应对：一方面在台湾问题上不拿原则做交易，另一方面和特朗普团队积极接触，努力塑造其对华政策。2017年2月9日，在特朗普承诺遵守“一个中国”政策后，两国元首实现了首次通话。此后，习近平主席和特朗普总统以几乎每月通一次电话的频率保持高效频繁的沟通，及时就双方重点关切的问题交流看法，积极管控分歧，实现了双边关系的总体稳定。纵观全年，两国互动与合作表

① 白宫网站：“Remarks of President Donald J. Trump, Inaugural Address”, https://www.whitehouse.gov/inaugural-address, January 20, 2017.（上网时间：2017年12月1日）

现在几个方面：

一是元首会晤发挥引领作用。经过精心准备，习近平主席 4 月 6—7 日访美，与特朗普在佛罗里达州海湖庄园首次会晤。习主席表示，中美有一千条理由把双边关系搞好，没有一条理由把中美关系搞坏。特朗普则表示，双方应就重要问题保持沟通和协调，可以共同办成一些大事。双方同意扩大互利合作，管控分歧，并就建立新的对话机制达成共识。特朗普还接受了年内对中国国事访问的邀请。两国元首通过此次会晤建立了良好的个人及工作关系，为未来中美关系发展奠定了建设性的基调，指明了双方共同努力的方向。[①]

利用二十国集团汉堡峰会的机会，两国元首再度会晤，重点就双方经济合作的“百日计划”和朝核问题交换意见。11 月 8—10 日，特朗普首次对中国进行国事访问，成为中国在十九大闭幕后接待的首位外国元首，对于运筹新时代中国外交和中美关系意义重大。两国元首认为，中美在维护世界和平、稳定、繁荣方面拥有广泛的共同利益和重要责任，同意进一步发挥元首外交对中美关系的战略引领，加强高层及各级别交往，拓展合作并管控分歧，加强两国人民间的相互了解和友谊，合作应对重大国际、地区问题和全球性挑战。特朗普也重申美方将继续奉行“一个中国”政策。[②]

---

① 中国外交部网站：“王毅介绍中美元首海湖庄园会晤情况”，http：//www.fmprc.gov.cn/web/wjbzhd/t1452260.shtml。（上网时间：2017 年 11 月 9 日）

② “中美元首会晤达成多方面重要共识 同意共同努力推动两国关系取得更大发展”，http：//news.xinhuanet.com/world/2017－11/09/c_1121931994.htm。（上网时间：2017 年 12 月 9 日）

二是建立和启动了新的高级别对话机制。两国吸取以往成功做法和有益经验，在小布什和奥巴马政府任内确立的成熟的双边对话机制基础上，新建立了外交安全对话、全面经济对话、执法与网络安全对话、社会和人文对话四大交流机制，同时决定进一步加强两军交流和对话。这些机制不仅有利于双方各个工作层面合作关系的平稳过渡，而且有利于积极有效地落实两国元首共识，管控分歧并培植互信。截至特朗普访华前，这些对话机制都已在两国成功举行，对稳定双边关系发挥了积极作用。

三是在经贸和朝核问题上“老树发新绿”。经过双方努力，中美达成历史性合作成果。经贸方面，两国 5 月达成“百日计划”：中国恢复进口美国牛肉，加快审批美国生物科技产品入华申请，允许外资公司在中国提供信用评级和电子支付服务；美国恢复进口中国熟制禽肉、对华出口液化天然气，并派代表出席在北京召开的“一带一路”国际合作高峰论坛等。特朗普访华期间，两国企业共签署合作项目 34 个，金额达到创纪录的 2535 亿美元，涉及“一带一路”建设、高科技产品、农业、能源、化工、基础设施等领域。相关成果既有利于美方扩大对华出口，也有助于中国产业迈向全球价值链中高端，并推动建立开放型经济新体制。①

在朝核问题上，为应对朝鲜在 7 月进行的两次洲际弹道导弹试验，中美 8 月推动联合国安理会通过第 2371 号决议，禁止从

① “美国总统特朗普访华期间双方达成丰硕经贸合作成果”，http：//www. mofcom. gov. cn/article/ae/ai/201711/20171102668079. shtml。（上网时间：2017 年 11 月 9 日）

朝鲜进口煤、铁和铅等矿石产品、海产品等。9 月 3 日朝鲜第六次核试验后，两国推动安理会通过第 2375 号决议，自 2018 年起每年对朝鲜出口精炼石油产品不超过 200 万桶，并禁止其出口纺织品等。双方坚持维护国际核不扩散体系，重申致力于实现全面、可核查、不可逆的半岛无核化目标，不承认朝鲜拥核国地位，并同意继续通过全面、严格执行联合国安理会各项涉朝决议及通过对话谈判解决各方合理关切。①

另外，双方还就加强两军关系、网络安全合作、联合追逃、遣返非法移民、禁毒等领域达成共识。

（三）双边关系仍存在较大不确定性

展望未来，由于美国国内政局变化、美国战略界对华看法总体趋于负面、中美针对一些热点问题立场差距仍旧较大等因素的影响，中美关系仍存在较大不确定性。

一是中美经贸关系“压舱石”作用不稳。尽管双方签署了历史性的经贸协议，但特朗普本人及其团队对中美经贸关系抱有根深蒂固的零和思维，很难放弃从根本上扭转中美经贸关系现状的想法。特朗普访华后不足一个月，美国商务部就对中国输美铝板主动发起反倾销调查，这是美国自 1985 年以来首次在未接到相关行业正式请求的情况下发起相关调查。② 美国还违反世贸组

---

① “中美元首会晤达成多方面重要共识 同意共同努力推动两国关系取得更大发展”，http：//news. xinhuanet. com/world/2017 – 11/09/c_ 1121931994. htm。（上网时间 2017 年 12 月 1 日）

② Shawn Donnan，“Trump team opens new front in trade battle with China”，Nov. 29，2017，https：//www. ft. com/content/fdcec674 – d476 – 11e7 – 8c9a – d9c0a5c8d5c9.（上网时间：2017 年 12 月 1 日）

织规则，正式拒绝承认中国的市场经济地位，并联合欧盟、日本等继续对中国施压。另外，美国依照其国内法对中国启动的301调查、对涉及中国的232调查仍在继续，相关报告的出台必将引发中国强烈不满和反制。

二是中国仍是美国国内政治斗争的“替罪羊”。特朗普在国内面临的困境，使其对华政策成为政治斗争的牺牲品。特朗普访华后，部分民主党议员、自由派媒体和智库学者批评其在贸易和人权问题上不够强硬。[①] 2018年美国将进行中期选举，部分议员和政客在涉华问题上的鼓噪，很可能进一步恶化美国对华政策氛围。

三是朝核问题继续影响双边关系。朝鲜核导能力逼近美国的“红线”，在对朝施压过程中，中美在使用经济制裁的立场渐趋一致，但在军事和外交手段上分歧依旧。如果美国加大军演力度、扩大在韩国部署战略武器，甚至采取更具冒险性的举动等，都可能暴露中美之间的深层矛盾。

四是其他因素的走向不确定。在台湾、南海及对华战略等问题上，美国动作频频。除特朗普政府宣布首轮对台军售外，国会亲台议员利用推动《台湾旅行法》、允许美台军舰互访等议案持续对中国进行挑衅。美军继续开展“航行自由行动”，屡屡侵犯中国主权和海洋权益。特朗普访问亚洲期间提出的“印太”概

---

① David Nakamura and Ashley Parker, “In Beijing, Trump declines to hit President Xi Jinping on trade: ‘I don’t blame China’”, Nov. 9, 2017, https://www.washingtonpost.com/news/post-politics/wp/2017/11/08/in-beijing-trump-lavishes-praise-on-chinese-leader-touts-great-chemistry-between-them/? utm_term=.806689bcc194.（上网时间：2017年12月4日）

念，也有针对中国，取代奥巴马政府“亚太再平衡”战略的考虑。

在中美元首努力驾驭双边关系的同时，美国国内对中国实力和政策走向的看法，仍是双边关系的潜在挑战。美国部分战略界人士和舆论将中共十九大确立的国家发展战略解读为中国“超美称霸”的大战略，并呼吁美国政府强硬应对。[①] 这类疑虑、误判甚至敌对的思维，在美国国内政治斗争激化的背景下一旦持续发酵，将毒化中美关系的氛围，严重影响双边关系。

（审订：袁鹏）

① John Hayward, " Bannon: China Key to Understanding Working-Class Despair, Brexit, Trump, 'Party of Davos'", Nov. 16, 2017, http://www.breitbart.com/big-government/2017/11/16/bannon-china-key-to-understanding-working-class-despair-brexit-trump-and-the-party-of-davos/.（上网时间：2017 年 12 月 4 日）

第二十章 俄罗斯：直面挑战 稳中有为*

2017年，俄罗斯逐步走出内外困境，迎来乌克兰危机后形势最好的一年：经济摆脱衰退，踏上恢复性增长轨道；内政虽有新挑战，但普京总统地位稳固，连任总统几无悬念；军事建设克难前行，不乏亮点；外交主动作为，俄虽与西方关系重启失败，但在中东、亚太方向成绩突出；中俄全面战略协作伙伴关系高水平运行，各领域合作持续稳步发展。

一、经济摆脱衰退，结构调整缓慢推进

2017年，俄各项经济指标向好，年内实现低速增长。年内，俄政府反危机经济政策逐渐淡出，通过定向优惠贷款发展生产、降低利率刺激投资等常规拉动经济措施渐成主流，总统普京亲自倡导的以数字经济促进经济结构调整的新发展模式逐步清晰。

（一）出口、投资、消费共同拉动经济，增速高于预期

经济学中对宏观经济摆脱衰退没有明确定义，一般来讲，经

* 本章撰稿人：李东、王遒、苗嵩、段君泽、陈宇、韩奕琛。

济陷入衰退后，如果能够连续两个季度出现正增长，通常可以判定为摆脱衰退。2016 年俄罗斯 GDP 负增长 0.2%，已经好于政府预期的负增长 0.6%。[1] 2016 年第四季度开始首次出现增长，2017 年第一季度又增长了 0.5%。这是自 2015 年第一季度经济出现负增长以来，首次连续两个季度实现正增长。由此可以判定，俄罗斯经济已摆脱衰退。2017 年第二季度经济加速增长至 2.5%，第三季度增长 1.8%。[2] 俄政府预计，全年经济增长将超过 2%，这将是 2014 年以来的最高年增速。

2017 年，拉动俄罗斯经济增长的“三套车”——出口、投资和消费共同发力。能源出口仍是拉动经济增长的主要动力，2017 年俄罗斯外贸额大幅回升，前三季度进出口总额 4156.5 亿美元，同比增长 25.7%。其中，出口 2534.5 亿美元，同比增长 24.8%；进口 1622 亿美元，同比增长 25%；对外贸易顺差 912.5 亿美元，同比增长 27%。出口商品中，能源燃料类商品出口额达到 1545 亿美元，占出口总额的 61%，这一比重近十多年未变，俄罗斯仍属于能源依赖型经济结构。[3]

投资对经济增长的拉动作用开始显现。年初，固定资产投

---

① Специальный расширенный выпуск доклада “Социально-экономическое положение России” 2016 год, http://www.gks.ru/wps/wcm/connect/rosstat_main/rosstat/ru/statistics/publications/catalog/doc_1140086922125.（上网时间 2017 年 11 月 20 日）

② http://www.gks.ru/wps/wcm/connect/rosstat_main/rosstat/ru/statistics/accounts/#.（上网时间：2017 年 11 月 21 日）

③ ВСЕГО за январь - сентябрь 2017 г. http://www.customs.ru/index2.php?option=com_content&view=article&id=24926&Itemid=1977.（上网时间：2017 年 11 月 30 日）

资仍在下降，1—2 月下降了 0.9%。受其影响，工业生产略有下降，降幅为 0.3%。从 3 月开始，在油价回升和促进投资政策拉动下，固定资产投资结束了近 3 年来的下行走势，开始恢复增长，1—10 月增长了 4.2%。受投资拉动，工业生产结束年初以来的下行走势，1—10 月份增长了 1.6%。在经济恢复期，投资对工业生产的拉动作用较为明显，但由于俄罗斯金融市场利率过高，企业融资不足，投资的拉动作用有待进一步释放。10 月份，俄罗斯居民平均工资 38275 卢布（按月均汇率约合 663 美元），1—10 月居民实际收入增长 3%，没有明显提高，加之居民消费贷款能力接近饱和，实际可支配收入略有下降，消费仅增长 0.8%，消费对经济增长的拉动作用仍相对较弱。[①]

值得一提的是，自 2015 年实施农业进口替代政策以来，政府加大农业领域投入，2017 年农业生产增长 1.5%。农产品基本可满足国内市场需求，食品价格日趋稳定。2016—2017 农业年度，俄罗斯粮食产量 1.27 亿吨，创近 40 年新高。2016 年粮食出口额 170 亿美元，超过军工出口，创历史新高。俄罗斯农业部预计，2017 年粮食出口额同比将增长 4%。[②] 目前，俄罗斯农业生产企业利润达到 20%，接近石油行业，已经成为促进经济复苏的新动力。

---

① Социально-экономическоеположение России январь-октябрь 2017года, http://www.gks.ru/free_doc/doc_2017/social/osn-10-2017.pdf.（上网时间：2017 年 11 月 20 日）

② РФ увеличила экспорт сельхозпродукции в 2016 г на 4%, http://www.vestifinance.ru/articles/80912.（上网时间：2017 年 12 月 4 日）

（二）金融市场持续稳定，财政赤字明显减少，但政府财力仍显不足

俄罗斯央行继续推行通货膨胀目标制的货币政策，2017 年通胀目标设定为 4% 以下。从实际情况看，由于央行坚持紧缩货币政策，加之农业丰收、农产品价格稳定，截至 11 月 20 日，年化通胀率仅为 2.4%，这是俄自 1992 年经济转型以来的最低年通胀率。低通胀率为央行持续降低基准利率提供条件。从 3 月开始，俄罗斯央行 4 次下调基准利率，从 10% 降至 8.5%，利率下行趋势明显。长期以来，由于金融市场贷款利率高于企业利润率，中小企业无力从银行获得货款，银行为企业造血功能缺失。如果基准利率持续下调，俄罗斯经济中长期存在的高利率制约企业扩大生产问题有望出现转机。

俄罗斯一半预算收入来自油气出口，由于油价回升，俄罗斯财政赤字得以缓解。2017 年 1—8 月，俄罗斯产"乌拉尔"牌出口原油均价为 51.2 美元/桶，同比增长 25.6%。[①] 预算赤字约合 50.5 亿美元，占 GDP 的 0.4%，而 2016 年同期预算赤字占 GDP 的 2.3%。但是，油价尚处于中低位运行，全年联邦财政收入仅 2000 多亿美元，而且 80% 以上的联邦财政收入用于社会领域和国防支出，只有 12% 联邦财政收入用于国民经济投资。[②] 由于资

---

① Цена Urals в январе -октябре 2017 г. выросла на 25, 6% – до $51, 15 за баррель-Минфин http: //www. ngv. ru/news/tsena_ urals_ v_ yanvare_ oktyabre_ 2017_ g_ vyrosla_ na_ 25_ 6_ do_ 51_ 15_ za_ barrel_ minfin_ /. （上网时间：2017 年 11 月 30 日）

② 根据《2017 年数字俄罗斯》第 369 页资料计算，http: //www. gks. ru/free_ doc/doc_ 2017/rusfig/rus17. pdf。（上网时间：2017 年 11 月 22 日）

金不足，政府对西伯利亚铁路改造、莫斯科至喀山高铁等大型基础设施项目投资计划迟迟未能启动。

2014 年底实行卢布自由兑换后，油价与汇率之间保持稳定关系，油价仍是决定卢布汇率走势的主要因素，但宏观经济向好等有利因素对卢布汇率的稳定作用逐渐显现，汇率对油价变动敏感度明显下降，卢布汇率的市场决定机制逐步形成。2017 年 1—11 月，卢布对美元月均汇率从 1 美元兑 59.96 卢布小幅升值至 58.66 卢布，升值了 2.1%。[①] 为保持银行体系稳定，2017 年前三季度俄罗斯央行继续清理银行业，撤销存在风险的 44 家商业银行营业资质，银行体系风险始终处于可控范围内。[②] 2017 年"俄罗斯交易系统指数"稳定在 1100 点以上，股市未出现明显波动。

（三）政府积极扩大生产领域投资，促进经济结构调整

在经济政策方面，自 2017 年初开始，以进口替代、对西方农产品禁运为主的全面反危机措施逐步向恢复生产过渡。俄政府利用优惠贷款和财政投资定向支持工、农业企业，出台了 2017 年稳定社会经济发展 16 项措施清单，财政投入约合 18 亿美元，重点支持机械制造和交通运输领域，包括为轮式交通工具生产、租赁，汽车生产，居民购车，以及企业购买轮式交通工具提供补贴等。农业部出台 2017 年农业优惠贷款方案，贷款总额约合 28

---

① Основные производные показатели динамики обменного курса рубля 2017г. , http：//cbr. ru/statistics/？ PrtId = svs. （上网时间：2017 年 11 月 22 日）

② Список банков, лишённых лицензии в 2017 году （Россия）, https：//ru. wikipedia. org/wiki. （上网时间：2017 年 12 月 4 日）

亿美元，利率低于5%。农业部还与俄罗斯出口中心签署促进食品和粮食出口协议，保障粮食出口稳定增长。此外，政府还积极推进“利率为6.5%的信贷支持计划”，向中小企业提供低息贷款。[①]

继实施上述优惠政策后，以发展数字经济推动经济结构调整、摆脱能源经济的新设想浮出水面。2016年底，总统普京在国情咨文中曾提出向数字经济转变的未来经济发展理念，[②] 2017年6月又在圣彼得堡国际经济论坛上指出，“数字经济正在创造国家发展新模式，我们将依据这种逻辑建设工业和基础设施”。[③] 7月，政府制定并批准《俄罗斯联邦数字经济纲要》，包括信息基础设施、研发、人才培养、信息安全、智慧城市和数字医疗等发展方向。以数字经济为核心的新经济发展战略初见端倪。

此外，远东开发仍是俄罗斯打造经济新增长极、加快“经济东转”的重要抓手。2017年，联邦政府批准在远东联邦区新设立以石油化工产业为主的“石化”“斯沃博德内”，以水产品加工为主的“阿穆尔河畔尼古拉耶夫斯克”“库页岛”，以矿产品加工为主的“阿穆尔—兴安”5个跨越式社会经济发展区

---

① Об утверждении перечня мероприятий, направленных на обеспечение стабильного социально-экономического развития Российской Федерации в 2017 году, http：//government. ru/news/26151/.（上网时间：2017年12月1日）

② Послание Президента Федеральному Собранию, http：//www. kremlin. ru/events/president/news/53379.（上网时间：2017年12月1日）

③ Владимир Путин：Внедрить цифровые технологии во все сферы жизни, https：//rg. ru/2017/06/04/reg－szfo/vladimir－putin－vnedrit－cifrovye－tehnologii－vo－vse－sfery－zhizni. html.（上网时间：2017年12月1日）

(以下简称“发展区”)。目前，远东18个发展区已经落实了184个投资方案，创造3780个工作岗位。8月1日，符拉迪沃斯托克自由港简化签证制度开始实施。自由港区内共签署投资协议361项，吸引投资约合59亿美元，创造就业岗位3300个。俄罗斯远东发展部称，自由港和发展区已经收到800个投资申请，吸引投资总额约合300亿美元。2月1日，“远东一公顷”土地分配法案第三阶段启动，即全俄居民开始提交免费获得远东1公顷土地的申请。仅两周，就提交了2万余份申请，截至目前已提交了10.5万份申请，4万居民免费获得了远东联邦区境内的1公顷土地。上述措施对发展远东地区经济起到积极推动作用，2017年远东联邦区投资增长接近20%，成为俄投资增长最快的联邦区。[①]

(四) 2017年俄罗斯经济评价与未来展望

2017年，俄罗斯经济结束了2015年以来的负增长，摆脱了衰退，实现触底回升。与2009年经济危机不同，俄罗斯经济并不是完全依靠油价回升重新走上经济增长道路，而是转向依靠发展工、农业领域进口替代、扩大生产投资、推进远东开发等政策积极拉动经济增长。同时，金融领域反危机能力明显提升，汇率自由浮动、通胀目标制等货币政策改革以可控的代价维持了金融市场稳定。普京总统倡导的发展数字经济促进结构调整的经济发展新主张，顺应了俄国内对未来经济发展道路的期盼。

---

① На Дальнем Востоке уже создано 18 ТОР, https://sakhalin.info/news/140607, Выступление Александра Галушки в Совете Федерации, https://minvr.ru/press-center/news/10528/?sphrase_id=207849.（上网时间：2017年12月4日）

2018年，油价平稳仍是俄保持经济基本面稳定的首要条件，随着利率下调，投资对经济增长的拉动作用将进一步提升，预计经济仍可保持低速增长。受财力所限，仅依靠国家投资促进经济加速增长难度较大，预计俄政府将继续扶持中小企业发展，吸引私人投资以缓解国家投资不足。实现经济中速增长的前提是油价较大幅度回升，但这又会使俄罗斯失去经济结构调整的动力，油价悖论仍是制约经济良性发展的首要问题。在西方制裁难以松动的条件下，发展数字经济面临技术和资金匮乏等问题。在中短期内，以数字经济促进结构调整的设想变成现实难度很大。继续推进“经济东转”，加大与亚太国家的经济技术、贸易投资合作，助推国内经济发展将是俄罗斯的现实政策选项。

二、强化国家治理能力，迎接2018年总统大选

当前，俄内政局势总体稳定，这为2018年3月总统大选的顺利举行奠定了良好基础。民众对普京的支持十分稳固，乌克兰危机点燃了俄罗斯人的爱国热情，西方的多重打压使俄民族主义情绪高涨，普京成了超然于其他政治人物和国家机构的领导者。据列瓦达中心民调显示，从2014年3月克里米亚“入俄”开始，俄罗斯人对普京的认可度就从60%多跃升至80%以上，并一直维持至今。根据最新民调，67%的俄罗斯人称将在总统大选

中为普京投票。[1] 2016年9月国家杜马选举中，执政的统一俄罗斯党大胜，创纪录地斩获超3/4的议席，进一步夯实了普京的权力。相比之下，体制外反对派力量分散、孱弱，领军人物西方色彩浓重，在当前俄民族主义情绪高涨的大背景下缺乏生存空间。俄共、自由民主党等体制内反对派则严重依赖体制，更不会对普京构成威胁。但也要看到，俄国内仍有一些不稳定因素。

一是俄民众政治倦怠。各级选举是民主国家政治生活的重要内容，投票率在一定程度上反映了民众参政意愿的强弱。2017年9月10日，在俄多地举行的地方行政长官和议会选举中，投票率总体较低。大部分联邦主体行政长官选举的投票率未达到40%。卡累利阿共和国以及诺夫哥罗德、加里宁格勒、基洛夫等州的地方议会选举投票率低于30%，莫斯科市的投票率只有12%。俄政治学家维诺格拉多夫表示，从此次地方选举中可以看到消极倦怠的社会情绪。[2] 同时，虽然2017年俄多个城市数次发生集会、游行，但大部分抗议由腐败、拆迁、税费等社会经济问题引发，参加人数有限，未转化为政治抗议。俄报纸网发文指出，正在发生的是一种难以解释的现象，即在危机条件下，大部

① Возможные Результаты Президентских Выборов, https://www.levada.ru/2017/12/04/vozmozhnye-rezultaty-prezidentskih-vyborov-4/.（上网时间：2017年12月4日）

② Выборы в России прошли при рекордно низкой явке, https://www.vedomosti.ru/politics/articles/2017/09/10/733150-vibori-v-rossii-rekordno-nizkoi-yavke.（上网时间：2017年11月1日）

分民众将稳定视为唯一重要的事。[①] 近两年来，俄民众生活水平明显下降，但求稳怕变心理仍占主导地位。与低投票率一样，这也是民众政治倦怠的一种表现。2018 年俄总统选举在即，为实现较高投票率，政府亟需提升整个社会的政治热情。

二是经济危机长期持续，民众失望情绪上升。普京在其前两个总统任期，打击寡头，稳步改善民生，俄由乱而治。2012 年重返克里姆林宫后，普京颁布 5 月总统令，提出一系列新的民生目标，让俄民众对未来生活普遍抱有乐观预期。然而，在周期性、结构性、外源性等多重危机冲击下，2014 年俄经济增长仅为 0.6%，2015 年、2016 年连续两年衰退，2017 年虽止跌回升，但俄经济发展部长奥列什金明确指出，居民实际收入恢复至 2014 年危机前水平还需数年。[②] 在此背景下，俄借助收回克里米亚提振的社会情绪有所回落，民众对政府的失望和不满逐渐积聚。2016 年底，俄社会舆论基金会进行的民调表明，45% 的受访者对国内总体状况感到不满，8% 难以作答。[③] 2017 年 8 月，俄独立民调机构列瓦达中心民调显示，分别有 61%、45% 和 33% 的受访者认为物价上涨、贫困加剧和失业增加是俄面临的最

① Есть ли шанс у российского протеста, http://www.cogita.ru/a.n.-alekseev/kontekst/protestnye-nastroeniya-i-protestnaya-aktivnost-2013-rossiya-pervaya-polovina-2017.（上网时间：2017 年 11 月 3 日）

② Орешкина обвинили в "бумажном прогнозе", http://www.ng.ru/economics/2017-09-28/1_7083_oreshkin.html.（上网时间：2017 年 10 月 25 日）

③ Социологи зафиксировали недовольство положением в стране у 45% россиян, http://www.rbc.ru/politics/19/01/2017/587fd10e9a7947dc6b2b913b.

主要问题。[1] 目前看，俄民众失望尚未构成重大政治风险，但长期持续的经济困境有激化社会矛盾的可能。因此，发展经济、改善民生是现阶段俄政府面临的最迫切任务。

三是“新生代”选民冲击俄政治生态。2017 年 3 月下旬，俄多地爆发由反对派领袖纳瓦利内领导的反腐游行。与以往抗议活动不同，此轮游行的参加者中有大量青年学生。这从一个侧面反映出，一些十几岁的俄“新生代”开始参与社会政治生活。随着互联网的普及，虚拟生活对于俄罗斯青年来说已不仅仅是现实生活的补充，而是逐渐成为独立、自足的生存方式。互联网信息跨越国界，深刻地影响着俄青年一代的世界观、价值观和人生观。[2] 出生于2000 年前后的俄青年学生与老一辈相比，对苏联解体之初俄经历的转型阵痛了解不多，而对近两年生活水平下降的感受则很强烈。在网络信息冲击下，俄青年一代普遍不信任传统媒体。正因如此，3 月，作为网络大 V 的俄反对派领袖纳瓦利内在互联网上发布关于总理梅德韦杰夫的贪腐消息，成功地动员了大量青年人参加反政府游行。考虑到不断成长起来的俄青年一代将在政治生活中发挥越来越大的作用，俄政府迫切需要制定有针对性的措施，强化自身在广大青年中的影响力，积极迎接信息革命的挑战，维护社会稳定。

四是“新媒体”成反对派斗争新平台。近年来，越来越多

---

① Россияне назвали бедность, цены и безработицу главными проблемами, https：//www. levada. ru/2017/08/31/rossiyane – nazvali – bednost – tseny – i – bezrabotitsu – glavnymi – problemami/.（上网时间：2017 年 9 月 12 日）

② Молодежь без стремлений：в России выросло поколение “сатори”, https：//ria. ru/society/20171015/1506764905. html/.（上网时间：2017 年 10 月 19 日）

的俄民众开始登录社交网络、视频网站等“新媒体”。相关统计显示，2017年5月一个月内，在俄本土社交网站“联系”上发言的俄公民为2572.2万，共发布信息约3.1亿条；使用“Instagram”的为714.3万人；在“推特”上共有117.1万人发布7837.2万条推文；在脸书上共有195.3万人发文5341.3万篇。[①] 以上数据表明，在今天的俄罗斯，“新媒体”用户甚众，具有影响、塑造社会舆论的强大实力。一方面，“新媒体”逐渐成为表达民意的重要渠道；另一方面，它也使反对派获得了散布负面言论、煽动社会不满、组织和鼓动民众参加反政府活动的便利平台。毋庸置疑，“新媒体”给俄社会稳定带来了新挑战。

五是新恐怖活动恶化俄安全环境。俄2015年出兵叙利亚后，防范“伊斯兰国”圣战分子“回流”和渗透成为俄反恐工作的重要任务。据俄联邦安全局消息称，目前叙利亚境内来自俄的武装分子达4000人，来自独联体各国的还有5000人。俄国家反恐委员会副主席库利亚金表示：“近期，国际恐怖组织改变以往派遣有经验团队赴俄的做法，而更倾向于在俄临时招募、培训人员来完成单次恐怖袭击。”专家认为，当前俄境内恐怖分子活动频繁，与境外恐怖分子遥相呼应，恐袭不但次数增多且有向莫斯科等大城市蔓延之势。2017年4月3日，圣彼得堡市地铁遭炸弹袭击，有证据显示，作案者与“伊斯兰国”有染。自2017年9月起，全俄各地不断接到有关公共场所被安置炸弹的匿名恐吓电

① Социальные сети в России，лето 2017：цифры и тренды，http：//blog. br – analytics. ru/sotsialnye – seti – v – rossii – leto – 2017 – tsifry – i – trendy/.（上网时间：2017年8月19日）

话。10 月上旬，这一波恐怖浪潮已席卷全俄 85 个联邦主体中的 50 个。[①] 10 月底，接到恐吓电话的 170 个城市共疏散近 140 万人，相当于俄人口总量的 1%。截至 2017 年底，没有任何一个炸弹威胁得到证实。恐吓电话这种新型恐怖活动涉及范围广、波及人员多，行动更为隐蔽、破案难度大，虽未造成人员伤亡，但严重破坏了生产生活秩序。

为应对挑战，俄政府多管齐下，维护社会政治稳定，确保 2018 年总统大选顺利举行，并为普京新任期打下基础。

一是统俄党地方选举获胜为总统选举奠定基础。2017 年 9 月 10 日，全俄 85 个联邦主体中的 82 个举行地方行政长官和议会选举。其中，在 16 个举行行政长官直选的联邦主体，“统俄党”候选人均在首轮获胜、优势明显。体制内各反对派也对选举结果基本认可。此选使“统俄党”在俄政治生活中的主导地位进一步巩固，俄主要政治力量也较为团结，俄选举体系经受住了抗压测试，此前通过的选举法修正案和选举相关技术更新正常运转，这些都为 2018 年总统选举打下了良好基础。

二是继续推进地方人事调整。2017 年 2 月，普京一次性撤换 5 名年龄较大的联邦主体行政长官。9 月底至 10 月，普京又用一批 40 岁左右的技术官员撤换了 11 个联邦主体的老一辈地方行政长官。通过此轮调整，普京将一大批年轻官员充实到了地方行政长官的队伍中来，为即将开启的总统选举做好准备。新提拔的年轻官员干劲更足，落实联邦决策的效率更高。他们既有行政

① 《Звонившие использовали IP-телефонию》, https://www.gazeta.ru/social/2017/10/05/10919414.shtml.（上网时间：2017 年 8 月 15 日）

管理经验又有经济领域的专业知识，能更好地促进地方发展、改善当地民生。在总统选举前夕，人事调整可较快提高民众满意度，助力普京连选连任。

三是妥善应对反对派抗议活动。2017 年 3 月下旬，俄爆发自 2011 年以来最大规模“反腐”游行。在反对派领袖纳瓦利内号召下，包括莫斯科、圣彼得堡等在内的数十个城市居民走上街头，抗议总理梅德韦杰夫“贪腐”。6 月 12 日，纳瓦利内再次组织反腐游行。面对反对派攻势，俄政府采取多重措施，妥善进行应对。首先，依法惩处抗议活动组织者及积极分子。在 3 月游行中，当纳瓦利内出现在未得到官方批准的游行现场时，警方立即将其逮捕，随后又逮捕了 1000 余名抗拒执法的抗议积极分子，迅速控制住了事态发展。6 月抗议活动前夕，警方又及时依法在纳瓦利内住宅门口将其逮捕，有效打压了反对派气焰。[①] 其次，揭露反对派破坏社会秩序的真实意图。3 月底，俄总统普京在谈及此次游行时指出，该抗议活动与“阿拉伯之春”和基辅广场示威性质类似。俄个别政治力量不是为了改善国家境况，而是为了一已私利借反腐蛊惑民众。[②] 第三，针对抗议活动组织者利用社交网站、视频网站等新媒体发布反政府“黑材料”，煽动、组

① Навального выпустили после 15 суток ареста за организацию митингов против коррупции, https：//rustelegraph. ru/news/2017 – 04 – 10/Navalnogo – vypustili – posle – 15 – sutok – aresta – za – organizatciyu – mitingov – protiv – korruptcii – 73220/.（上网时间：2017 年 11 月 10 日）

② Путин в разговоре об акциях протеста вспомнил “арабскую весну” и Украину, https：//ria. ru/politics/20170330/1491131438. html.（上网时间：2017 年 11 月 12 日）

织民众参与的新情况，先后出台多项相关法律，加强互联网信息管控。[①]

三、军事建设克难前行

在军费削减的背景下攻坚克难，继续推进军队建设发展，是2017年俄军事形势最为突出的特征。2017年俄国防开支仅为2.84万亿卢布，同比大幅削减约27%，占GDP比重降为3.3%。[②] 据俄2018—2020年预算草案，2018年国防预算将进一步降至2.77万亿卢布，占GDP比重降为2.8%，2019年、2020年将分别为2.80万亿卢布、2.81万亿卢布。[③] 虽然财政投入缩减，但俄在军事建设方面仍成效显著，其军力整体上仍有所提升，展现出俄军事建设突出实效性和战略性、兼顾短期利益和长期利益等特点。

（一）军力发展与军事战略调整同步推进

虽然军费减少导致"囊中羞涩"，但俄军事建设方面仍取得了不少成就。一是扩充军队。普京3月底签署了扩军命令，批准

---

① Федеральный закон от 1 июля 2017 года № 156 – ФЗ "О внесении изменений в Федеральный закон" Об информации, информационных технологиях и о защите информации", https：//rg. ru/2017/07/01/fz156 – site – dok. html；Госдума запретила анонимность в интернете, https：//www. kommersant. ru/doc/3364243.（上网时间：2017年11月12日）

② Расходы на национальную оборону в 2017 г. могут снизиться на 1 трлн руб. http：//tass. ru/armiya – i – opk/3744056.（上网时间：2017年11月7日）

③ Россия сокращает расходы на оборону. https：//regnum. ru/news/2328541. html.（上网时间：2017年11月7日）

2017 年全年增加 1.9 万名军人，7 月 1 日俄军队人数已超过 190 万。年初，俄军成立了由总参谋部领导的信息作战部队，编制约为 1000 人，每年经费预算约为 3 亿美元。二是继续推动武器装备升级改造。出台新的《2018—2025 年国家武器装备计划》；对维修现有航母“库兹涅佐夫海军上将”号和制造新航母进行规划论证；加速 S－500 系统战略中段反导武器试验，俄空天部队已接收最新的 S－500“地对空”防空导弹系统。三是高度重视海军建设。7 月 20 日，普京签发《2030 年前海军活动领域的国家政策基础》，明确提出了要确保俄海军“居世界第二位”的建设目标，彰显了俄发展海上力量的决心。四是北极军事建设亮点突出。4 月，俄首次公开介绍其历时 9 年建造完成的“北极三叶草”新军事基地，该基地位于法兰士约瑟夫地群岛上的亚历山德拉岛，目前是全世界位置最北的军事基地。近年来，俄不断加大对北极的开发力度，建造了新一代核动力破冰船，组建了一支强大的破冰船舰队，还在北极地区部署了导弹。

（二）俄西对峙下持续与北约“秀肌肉”

2017 年，以美国为首的北约仍延续对俄军事高压态势，不断强化对俄军事威慑。目前，北约已把在东欧地区的军事存在提高到冷战结束以来前所未有的程度。北约在波兰继续推进第二套陆基“宙斯盾”系统建设，并计划年内向波兰和波罗的海三国增加 4 个加强型多国营的驻兵（约 4000 人）。5 月，美军在波兰设立新的美军总部，以“应对俄威胁”。另外，针对俄的联合军演也不断向俄边境地区逼近，先后举行了北约七国黑海军演、“春季风暴—2017”“夏季盾牌”“波塞冬—2017”等大型联演。

在此情况下，俄亦不甘示弱，利用军演、阅兵等对西方予以回应。一是频繁开展各类军事演习。据俄国防部计划，2017 年俄军共举行 2800 多次军演，尤其突出核军演。2 月，战略火箭部队在西部边界举行演练“白杨”洲际弹道导弹的军演。3 月该军又投入 20 多支部队、6000 多名官兵以及包括核导弹在内的 700 多套武器装备，举行了年度最大规模的核军演。同时，俄与别国联合军演力度不减。俄白“西方—2017”大规模军演参演人数多达 12700 人，俄印“因陀罗 2017”联合军演、集安组织联合军演也于 10 月按例举行。二是借阅兵扬军威。5 月 9 日俄隆重举行胜利日大阅兵，首次高调展示了俄军北极作战部队以及北极武器装备。7 月 30 日海军节当天，普京举办了历史上最大规模的海军阅兵，也是苏联解体以来俄总统首次参加海军节阅兵，俄四大舰队和里海舰队共 5000 多名军人参加。三是与北约战机展开“近距离较量”。2017 年，北约和俄战机屡屡“亲密靠近”，频繁上演抵近与驱逐的“危险游戏”，双方还相互指责对方的挑衅性动作，这种“近距离较量”呈现出频度高、动静大、风险大等特点。

（三）在叙反恐战争展示实战能力

2017 年，俄军在陆、海、空三个维度上继续打击“伊斯兰国”。1 月，俄军开始对拉塔基亚空军基地和塔尔图斯海军基地进行扩建，以便于巡洋舰等大型舰艇停靠和部署防空导弹系统等。5 月 31 日，俄海军“埃森海军上将”号护卫舰和“克拉斯诺达尔”潜艇一昼夜内向巴尔米拉地区“伊斯兰国”设施发射 4 枚“口径”巡航导弹。6 月 23 日，俄海军再次向叙境内“伊斯兰国”发射6枚“口径”巡航导弹。7月5日，俄军图-95M战略轰炸机使用新型X-101巡航导弹对位于叙利亚哈马和霍姆斯省交界处的“伊斯兰国”目标实施打击，摧毁了3座武器弹药库以及叙利亚阿克巴特市地区的一处指挥所，驻扎在叙赫梅米姆空军基地的苏-30SM和苏-35S战机为战略轰炸机提供空中掩护。同月，俄杜马、联邦委员会先后批准俄叙就在叙部署俄空天军航空队一事签订议定书，该议定书有效期49年，可以延期。10月31日至11月3日，俄方4次出动包括“大诺夫哥罗德”号潜艇和图-22M3远程轰炸机在内的海空力量打击“伊斯兰国”。11月3日，俄空天部队出动6架图-22远程轰炸机以及数架苏-24、苏-34战斗轰炸机对“伊斯兰国”实施空袭，与此同时，部署在地中海的俄海军机动编队也向目标发射6枚“口径”巡航导弹。另外，俄军无人侦察机每月要执行千余次飞行任务，自俄军在叙开展行动以来，俄无人机已飞行1.6万架次。俄在叙军事行动成效显著，对“伊斯兰国”造成了致命打击。

（四）对外军技合作在常态中求新谋变

俄已多年保持全球第二大武器出口国地位，对俄而言，武器出口不仅能够带来经济价值，还极具政治和军事意义。近几年来，俄对外军售已由本世纪初期的快速增长转为相对稳定阶段。2017年，俄与印度签署供应29架米格-29K/Kub舰载战斗机的合同，与巴基斯坦签署供应直升机合同，与菲律宾签署《国防合作协议》。俄不仅与中国、印度达成供应S-400反导系统的协议，还与土耳其达成了出售协议，计划向土耳其出售4套S-400反导系统，交易额为25亿美元，其中两套2018年前交付，剩下2套将于2019年在土耳其国内制造。[①] 此外，俄还积极拓展全球武器市场，开拓拉美地区等新市场，致力于促进武器出口多样化，开发出口电子战系统、军用机器人等新产品。

四、外交寻求新突破

2017年特朗普上台后，大国互动出现新情况，美欧关系出现裂痕，乌克兰危机有所降温，普京借机调整对外政策，主动出击，俄外交形势有所好转，中东、亚太成俄外交主要亮点，但与西方矛盾难解，俄西关系难彻底重启。总体而言，2017年俄外交既有遗憾，也不乏重要成果。

（一）俄美关系转圜不易

2016年11月特朗普当选美国总统后，向俄释放改善关系信号。俄从外交全局出发，给予积极回应，不仅高层主动示好，还提出可将反恐作为双方合作的首要领域。2017年7月G20汉堡峰会期间，普京和特朗普实现首次会晤，双方在双边关系、叙利亚问题、网络安全等问题上达成一些共识。但此会后，俄美关系急转直下。一是“制裁战”。7月底，美国会正式通过对俄新制裁法案。相比之前，新制裁法案扩大了能源制裁，加强了金融制裁，同时要求对违反美制裁的第三方进行处罚。最关键的是，法案限制总统取消对俄制裁的权力，规定总统修改或结束制裁必须

① Turkey ready to splash out ＄2. 5bn for Russia's S – 400 air defense system. https：//www. rt. com/news/396292 – turkey – russia – air – defense – deal/. （上网时间：2017年7月16日）

向国会提交报告，国会有权召开听证会审议是否调整制裁，有权否决行政机构取消制裁的决定。8 月初，特朗普在国内压力下最终签署法案。二是“外交战”。为报复美新制裁法案，同时对美2016 年底关闭俄外交设施、驱逐 35 名俄外交官做迟到的回应，俄宣布暂停美在俄两处外交设施的使用权，并要求美将驻俄使馆工作人员削减 755 人，至 455 人，使其与俄驻美外交官和技术人员的人数完全一致。美国国务院 8 月 31 日也宣布“对等”行动，要求俄关闭其驻旧金山总领馆，并裁撤俄驻美大使馆和纽约领事馆的人员。三是“媒体战”。11 月初，美司法部以俄“今日俄罗斯”电视台在 2016 年底美大选中散布“假新闻”影响选情为由，要求该媒体在美注册为“外国代理人”，否则将冻结其账户，逮捕其主管，最终逼迫其就范。俄马上采取反制，议会在半个月的时间内迅速完成了对《非商业组织法》的修订，将“外国代理人”的范围从非政府组织扩大到媒体，并要求一些美媒按此注册。可见，在“普特会”后，俄美关系“进一步，退两步”，再陷新低谷。

未来，俄美关系难有实质性好转。一方面，涉俄议题已成美国内政争重点议题。美民主党和部分共和党势力不满特朗普的亲俄姿态，抓住此议题对特“穷追猛打”。总统国安助理弗林因“通俄”嫌疑被迫辞职，特朗普女婿库什纳也面临调查。美国内甚至有调查特本人、要求对其弹劾的声音。在这种情况下，特无法在改善对俄关系上迈出实质步伐。“干选门”也极大加深美社会对俄仇视。2016 年美大选期间，民主党服务器遭黑客攻击，大量敏感邮件泄露，直接影响选情。美认为俄是幕后黑手，列出种种“证据”指责其“干涉”。美习惯了干涉别国内政，此番遭受前所未有的“奇耻大辱”，其仇俄情绪自然高涨。另一方面，俄美结构性矛盾难解，将制约两国关系的“修复”和“回摆”。欧洲安全问题上，美自恃为冷战胜利者，无需顾及“战败者”利益。而俄要求与北约平等相处，共建欧洲安全新架构。特朗普虽弱化对盟友义务，但不可能放弃北约在欧洲安全中的核心地位，俄美分歧难以弥合。战略稳定问题上，美空天武器、高超音速武器、网络战能力、反导系统发展迅速。而俄在新军事革命中举步维艰，唯一拿得出手的核力量在国际政治中的威慑力又不断下降。俄保持与美战略平衡日益艰难，矛盾仍将凸显。地缘政治层面，俄不断强化整合独联体的力度，巩固势力范围，美不会对俄在独联体的活动“听之任之”。战略互信方面，冷战长期对峙、苏联解体后的龃龉不断、涉乌危机激烈冲突等使俄美精英间互信尽失，美战略界敌俄难改。最后，经贸联系薄弱使俄美关系“地基不牢”。普京希望经贸往来成为俄美关系的“安全网”，但俄美经济互补性极低，2016 年贸易额仅 202.8 亿美元，[①] 难成两国关系基石。而且特朗普推动油气、军工产品出口，恰与俄出口创汇的两大支柱构成强烈竞争。

（二）俄欧关系有所缓和

特朗普上台后，由于美欧关系出现一些矛盾，欧洲对俄态度发生微妙变化，主要体现为欧洲大国与俄互动逐步恢复。俄德关

① 数据来源：俄罗斯海关署，Внешняя торговля Российской Федерации по основным странам за январь-декабрь 2016 г.，http：//www.customs.ru/attachments/article/24785/WEB_ UTSA_ 09.xls。（上网时间：2017 年 11 月 15 日）

系上，5 月，德总理默克尔访俄，与普京举行 3 小时闭门会谈，随后双方共进晚餐，在 G20、反恐、乌克兰等问题上达成一些共识。此访是默在乌危机后第二次访俄，而前一次是 2015 年纪念反法西斯战争胜利 70 周年时的礼节性访问。此访可看做是两国领导人恢复正常接触的开始。俄法关系上，5 月普京访法并会见新当选的法总统马克龙。此访正值彼得一世访法 300 周年纪念，意义特殊。马克龙称，此时邀普访法象征着两国 300 年的外交关系；不与俄对话，很多重要的国际问题就无法解决。[①] 在乌克兰问题和叙利亚问题上，双方达成一些原则性共识。双方还将建俄法公民社会论坛，促进两国人文交流。俄欧关系尚难全面转圜。乌克兰问题上，俄欧虽认可执行《明斯克协议》的必要性，但在执行方式上有分歧：俄认为乌政府应与东部民间武装直接对话，从而推动政治解决；欧则认为应首先实现停火，并由乌方进入目前由俄控制的俄乌边境，然后再启动政治进程。这一差异显示了俄欧立场的根本分歧，其背后是双方地缘之争，难以彻底解决。欧洲安全上，欧多国部队已开始在东欧轮驻，这被俄认为是安全威胁。乌危机后，欧洲安全的鸿沟进一步固化，成为俄欧关系难以解开的“死结”。

（三）中东“攻势”成效显著

“阿拉伯之春”和“伊斯兰国”崛起后，俄意识到中东地缘政治格局或将重写，因此借叙利亚危机强势介入，两年来取得不

① ‘Many intl problems can’t be resolved without Russia’ -French President Macron, https：//www. rt. com/news/389970 – macron – russia – dialogue – problems/. （上网时间：2017 年 11 月 20 日）

少进展。2017年，俄在中东长袖善舞，又有新突破。一是谋求掌控叙局势主导权。2017年以来，在俄空军配合下，叙政府军不仅把“伊斯兰国”恐怖分子打得抱头鼠窜，还收复大量曾经被反对派控制的失地，控制了主要大城市，得以巩固在战场和谈判中的地位。此外，俄与土耳其、伊朗等共同推动叙政府军与反对派在阿斯塔纳举行和谈，并设置“冲突降级区”，把武装反对派“禁锢”在少数几个区域。在战场优势下，俄希望将胜势固化为政治安排。11月，俄、土、伊三国元首在俄会晤，商定召开“叙利亚全国对话大会”，商议叙未来国家体制、制定新宪法、举行新选举等核心问题，并筹谋叙战后重建。俄在叙问题上已拥有举足轻重的影响力，也带动其对整个中东影响力的上升。二是巩固俄伊（朗）同盟。俄伊两国除继续在叙战场密切配合外，双边关系也有新发展。3月，伊朗总统鲁哈尼访俄，与俄总统普京会晤。双方在能源、经贸、交通、基础设施、体育、旅游及反恐等领域签署16份合作协议。11月，普京访伊，参加第三次俄、伊、阿（塞拜疆）三边峰会。三是强化与土耳其的关系。俄抓住西方“不待见”土耳其之际，积极拉拢土。2017年3月、11月，埃尔多安两度访俄。9月，普京到访土耳其。俄已与土签署出售S－400防空系统的协议，“土耳其流”天然气管道也在5月正式开建。四是与沙特走近。2016年底以来，俄沙联手促成减产协议，协作维护油价稳定回升。2017年10月，沙特国王史上首次访俄，两国签署油气、核能、交通、通信、农业等14项合作协议，达成约30亿美元的投资协议。俄还与沙签署出售S－400防空系统、反坦克导弹系统和多管火箭发射装置的协议，总额30亿美元。总体看，俄在中东已形成以叙利亚为支点，以伊朗为盟友，与其他主要大国关系稳定的有利局面，足以确保俄在中东地缘格局重构进程中的有利地位。

（四）“转向东方”稳步推进

2017年以来，俄继续加速“转向东方”，提升亚太在整体对外战略布局中的地位。一是俄日关系持续升温。3月，俄日恢复防长、外长“2+2”会谈机制。4月和9月，日首相安倍晋三两度访俄，双方签署数十份经贸合作文件，确定2018年互办国家年。日已放弃“政经挂钩”既往政策，接受俄“先经后政”方针，通过务实合作逐渐建立伙伴关系，然后再讨论领土问题。双方在油气开发、基础设施建设、远东耕地开发、卫生和科技等方面合作逐步展开。二是强化与东南亚国家关系。军技与能源合作是俄发展与东南亚国家关系的主要抓手。2017年，俄为越南建造的6艘基洛级潜艇已全部服役，俄还售越护卫舰、导弹快艇，与越合作开发南海大陆架油气也持续展开。俄与印尼签署出售11架苏-35战斗机的协议。5月菲律宾总统杜特尔特访俄，双方签署国防、核能合作协议。11月，普京访问越南并出席亚太经合组织峰会，同月总理梅德韦杰夫访问菲律宾，并连续第二年出席东亚峰会。此前，俄多派外长出席东亚峰会，规格的提升显示俄对东南亚重视程度的上升。三是继续深化俄印关系。俄印能源合作、相互投资近年呈井喷态势，继2016年俄向印出售最大新兴油田万科尔油田49.9%股份后，2017年6月俄石油公司又以130亿美元购买印第二大私营炼油企业艾萨石油公司。继为印建造库丹库拉姆核电站一期、二期工程后，俄2017年又与印签署三期工程的框架协议。俄还助印加入上合组织，6 月莫迪访俄时就此面谢普京。总体看，在乌克兰危机后，由于俄与西方关系恶化，俄对亚太地区的重视不断上升，并由主要集中中国一点向日、印、东南亚等多面铺展。这有助于俄提升全球影响力，并契合其乘亚太发展的东风促进自身发展，推动远东开发。

（五）着力巩固欧亚空间

在俄西交恶的背景下，围拢“小兄弟”，继续推动独联体一体化对俄保障国家安全、重塑大国地位意义重大。2017 年以来，普京开启密集独联体外交。2 月，普京访问哈萨克斯坦、塔吉克斯坦、吉尔吉斯斯坦三国，巩固传统盟友关系，推动独联体一体化进程，维护中亚局势稳定。俄哈强调借助阿斯塔纳叙利亚问题会谈平台，推动叙和平进程；俄塔将加强两国安全与经贸合作，利用俄驻塔军事基地维护塔阿（富汗）边界安全，协调行动应对来自阿的安全威胁，强化合作确保阿局势稳定。俄吉就加强两国国防和军技合作达成协议，俄将助吉进一步适应欧亚经济联盟，并逐渐减免吉债务。3 月，亚美尼亚总统萨尔基相访俄，普京称俄亚两国为真正的朋友和盟友。亚“中小企业投资”信贷组织与俄直接投资基金签署成立联合投资基金的协议。该基金为俄直接投资基金在独联体境内首个合作项目。10 月，普京连访哈萨克斯坦、土库曼斯坦，夯实外交关系，并推动能源合作。近年来俄白（俄罗斯）因油气价格、白天然气欠款、俄加强边境管控等问题有所龃龉，但 2017 年普京与白总统卢卡申科多次互动，防止矛盾影响俄白关系大局。

五、中俄战略协作伙伴关系全面深化

2017 年，中俄全面战略协作伙伴关系持续稳步发展，不断攀上新台阶，政治、经济、人文等领域合作不断深化，并取得新突破。

（一）政治和战略互信持续深化

中俄在维护国家主权、领土完整及安全等涉及两国核心利益的问题上互相坚定支持，在国际和地区热点问题上密切协调，政治和战略互信不断深化。双方高层交往频繁，为中俄关系进一步发展提供了重要政治保障与强劲动力。5 年来，习近平主席 6 次访俄，并利用上合峰会、金砖峰会、G20 峰会、APEC 会议等重要多边场合与普京总统举行了 20 多次会晤，引领和见证了中俄关系的持续深入发展。2017 年 5 月，普京总统来华参加“一带一路”国际合作高峰论坛，明确表示俄罗斯愿积极参与“一带一路”建设。7 月，习主席访俄，两国元首就双边关系与朝核、叙利亚等全球重大问题深入交换意见，并达成重要共识。双方签署《中俄关于进一步深化全面战略协作伙伴关系的联合声明》《中俄关于当前世界形势和重大国际问题的联合声明》，将中俄关系提升到新的高度，并呼吁国际社会加强协作，凝聚共识，以人类团结和共同利益为基础构建国际关系，合力应对当前国际和地区形势中的威胁和挑战。此外，两国元首还批准了《〈中俄睦邻友好合作条约〉2017—2020 年实施纲要》，为未来几年双边关系的发展定调。普京表示，习主席的访问对中俄全面战略协作伙伴关系的发展“注入了新的动力”。[①]

（二）发展战略“对接”推动务实合作蓬勃发展

2015 年 5 月，两国元首共同签署《丝绸之路经济带建设和欧亚经济联盟建设对接联合声明》，对接两国发展战略，为中俄关系注入新动力。2017 年 10 月，中国与欧亚经济联盟经贸合作协议谈判实质性完成，谈判涉及海关程序、贸易便利化、知识产权等多方面，标志双方就经贸合作方面的重要制度性安排达成共识。经贸领域，随着俄罗斯经济摆脱衰退而趋向稳定，中俄贸易水平在期待中恢复增长。俄罗斯海关总署的数据显示，2017 年 1—8 月，中俄双边贸易额达到 543.87 亿美元，较 2016 年同期增长 35.3%。[②] 中俄贸易涵盖各个领域，从食品、日用品、原材料到机械装备、高端技术设备，高附加值产品份额不断提升。中俄积极拓展电商领域合作，电商成为中俄贸易新方式。2017 年 3 月，俄罗斯邮政专门开通中国飞往新西伯利亚的定期邮政航班。该公司上半年处理的国际包裹数量同比增长 50%，其中 90% 来自中国。[③] 农业领域，中国已成为俄罗斯食品的重要销售市场。2016 年，中国为俄罗斯食品的最大进口国。两国正讨论扩大俄

---

① Итоги визита Си Цзиньпина: импульс для развития сотрудничества России и КНР, https://ria.ru/politics/20170704/1497836603.html.（上网时间：2017 年 10 月 24 日）

② О состоянии внешней торговли в январе-августе 2017 года, http://www.gks.ru/bgd/free/b04_03/IssWWW.exe/Stg/d03/214.htm.（上网时间：2017 年 10 月 24 日）

③ Китай загрузил《Почту России》, https://www.kommersant.ru/doc/3360743.（上网时间：2017 年 10 月 24 日）

对华农产品供应地问题，陆续增加阿穆尔州、车里雅宾斯克州产地。两国农业部签署《关于进一步加强农业合作的谅解备忘录》，将深化在农业科技、农业投资贸易、动物卫生和植物疫病防控等领域的全方位务实合作。能源领域，根据俄罗斯政府分析中心的数据，2017 年 1—7 月中国从俄进口石油总量增长 38.5%。[①] 中俄东线天然气管道“西伯利亚力量”工程进展顺利。2017 年 10 月，俄方已完成首期管线建设工作的 50.7%，[②] 预计将从 2019 年 12 月 20 日起通过“西伯利亚力量”管道对中国供气。11 月，中俄原油管道二线工程全线贯通，将于 2018 年 1 月 1 日起投入运营，届时管道输油总量增加到 3000 万吨。9 月，俄罗斯参建的中国田湾核电站 3 号机组反应堆成功启动，顺利并网发电，4 号机组反应堆于 2018 年启动。基础设施领域，2017 年 7 月，俄远东发展部与中国发改委签署《关于共同开发“滨海 1 号”和“滨海 2 号”国际交通走廊的谅解备忘录》。同江铁路大桥中方工程已基本完工，预计 2018 年 6 月投入使用。布拉戈维申斯克—黑河大桥俄方部分已于 2016 年年底动工，预计在 2019 年 12 月投入使用。金融领域，2017 年 3 月，俄央行在中国开设代表处，为俄央行首家海外代表处；俄人民币清算中心在莫斯科启动；7 月，中国国家开发银行、进出口银行与俄直接投资基金等多家金融机构确定了一批重大投资合作项目；10 月，中国人民银行宣

① Китай ставит на российскую нефть, https://iz.ru/656899/arsenii-pogosian/kitai-stavit-na-rossiiskuiu-neft.（上网时间：2017 年 10 月 19 日）

② “俄气公司已完成 50.7% 的‘西伯利亚力量’首期管线建设工作”，http://sputniknews.cn/russia_china_relations/201710181023839013/。（上网时间：2017 年 10 月 19 日）

布为俄卢布和中国人民币金融业务建立 PVP（支付对支付）支付系统，降低贸易中的汇率风险。航空航天领域，中俄远程宽体客机合资公司——中俄商用飞机国际有限公司在上海注册成立，将负责远程宽体客机项目的具体实施。地方合作领域，中国长江中上游地区与俄伏尔加河沿岸联邦区地方合作理事会、中国东北地区和俄远东及贝加尔地区政府间合作委员会等地方合作机制效用显现，中俄合作地域从毗邻地区延伸至内陆及沿海地区。

（三）人文合作如火如荼

2017 年，中俄人文合作委员会第十八次会议在广州顺利召开。会议回顾了中俄人文合作机制建立 18 年来的工作成果，并签署了 8 项合作协议，决定继续增进合作热度和力度，为两国关系发展奠定坚实的社会和民意基础。2017 年为中俄媒体交流年的收官之年。两国媒体参与热情高涨，积极拓展交流合作渠道，深化合作内涵。两年以来，中俄媒体论坛实现机制化、常态化；中俄合拍的纪录片《这里是中国》《你好中国》等相继播出；中国国际广播电台联合俄卫星通讯社推出“丝路中俄”全媒体采访活动；推出“中俄头条”客户端并正式上线，为中俄首个双语信息客户端，直接向两国民众传播信息。两国民间交往也不断拓展，中国访俄游客数量持续上涨，稳居俄最大客源国。根据俄联邦旅游署的数据，2016 年中国赴俄游客数量超过 129 万人次，同比增长 15%。中俄团队旅游互免签证框架内的游客量达到 76 万人次，增幅高达 41%。[①] 2017 年上半年，赴俄中国游客同比增

① “俄罗斯旅游署：2016 年中国赴俄游客量增长 15%”，http://sputniknews.cn/economics/201704131022344587/。（上网时间：2017 年 10 月 17 日）

长 20%，达 55.2 万人次。[①] 与此同时，近两年，俄访华游客数量稳步增长，中国跻身最受俄罗斯游客欢迎国家之列，2016 年赴华游客数量为 167.6 万人次，中国名列俄游客旅游目的国第五位。2017 年上半年，俄赴华游客已达 94.7 万人次。[②] 教育科研领域，中俄战略协作高端合作智库 2017 年 2 月在北京成立，并召开第一届理事会会议。此后每年将举办中俄高级别智库论坛，讨论国内和国际热点问题，为中俄战略协作提供及时的决策参考。中俄深圳北理莫斯科大学已于 9 月顺利开学，2018 年将启动博士生招生工作。

（四）国际战略协作持续深化

近年来，两国在全球和地区事务中不断加强战略协作，在应对国际危机和地区热点问题上保持密切沟通，不仅有效维护了两国利益，也为促进世界和平、稳定与繁荣发挥了重要作用。中俄在 2016 年签署的《关于加强全球战略稳定的联合声明》中提出从更宽、更广的视角看待战略稳定。2017 年签署的“中俄联合声明”中，重申双方有责任、有义务、有必要在国际和地区事务中开展更加密切有效的协作，共同促进地区及世界的和平稳定与繁荣发展。2017 年，两国元首在 G20 峰会、上合峰会、金砖峰会等国际多边场合密切协调配合。朝鲜半岛问题上，中俄两国立场接近，坚持朝鲜半岛无核化立场，支持联合国安理会对朝鲜

---

① “俄罗斯旅游署：上半年中国赴俄游客同比增加 20%”，http：//sputniknews.cn/economics/201710051023737970/。（上网时间：2017 年 10 月 17 日）

② Число выездных туристских поездок，http：//www.gks.ru/free_doc/new_site/business/torg/tur/tab－tur1－2.htm.（上网时间：2017 年 10 月 25 日）

的制裁决议，主张恢复朝核问题六方会谈。中俄反对美国在韩国部署萨德反导系统，认为此举将使半岛问题复杂化，并威胁中俄两国和东北亚地区和平与安全。两国多次就朝鲜半岛局势发声，呼吁各方保持冷静克制，主张逐步缓解朝鲜半岛紧张态势。2017年7月，习主席访俄期间，两国外交部签署《中俄关于朝鲜半岛问题的联合声明》，指出在东北亚地区部署萨德反导系统严重损害包括中俄在内的域内国家战略安全利益，无助于实现朝鲜半岛无核化目标和地区和平稳定。双方以中方提出的并行推进半岛无核化和建立半岛和平机制“双轨并行”思路，朝鲜暂停核导活动、美韩暂停大规模军演的“双暂停”倡议和俄方提出的分步走设想为基础，制定了解决半岛问题的“路线图”。叙利亚问题上，中俄一直保持沟通与协作。近年来，两国积极倡导推动叙利亚政治解决进程，6次联手否决有关叙利亚的安理会决议草案，坚决主张维护《联合国宪章》的宗旨和原则，承担起联合国常任理事国和负责任大国的责任。

（审订：冯仲平）

第二十一章　欧盟：信心上升　前行不易*

2017 年，欧盟试图走出英国“脱欧”、民粹主义上升后的阴霾，积极规划未来发展大计，且在防务等领域取得一定合作进展，但困难重重，一体化重启不易。

一、主导英国“脱欧”谈判

2017 年是英国“脱欧”谈判启动元年，欧盟开始面对现实，主导谈判，尽力化解“脱欧”风险。

（一）出台强硬谈判立场

2017 年 3 月 29 日，英国首相特雷莎·梅致函欧盟，正式开

---

* 本章撰稿人：张健、杨芳、曲兵、陈旸。

启英国“脱欧”程序。[①] 4 月 29 日，欧盟峰会通过“脱欧”谈判指导方针，展示强硬立场，让英国“付出代价”[②] 的意图明显。

欧盟强调三点原则：一是公平性。权利与责任对等，非成员国不承担同样的义务，也不能享受同样的权益。二是完整性。单一市场的“四大自由”不可分割，英国不能“摘樱桃式”“脱欧”。三是透明性。欧盟首席谈判代表巴尼耶称，谈判不会秘密进行，将公开、透明，强调要对所有人解释清楚“离开欧盟”对于退出国和其他成员国而言究竟意味着什么。[③] 在具体谈判方式上，欧盟主张分阶段谈判。第一阶段的目标是“给公民、企业和有关各方法律上的确定性，明确英国退出所须切割的成员国权利与义务”。欧洲理事会将负责监督谈判的进展，评估第一阶段谈判成果和启动下阶段谈判。而只有在英国成为“第三国”

① 《里斯本条约》第 50 条明确了欧盟法律上唯一承认成员国退出的途径。规定英国首相须致信欧洲理事会主席，启动第 50 条条款。此后，英欧开始为期两年的谈判，若英欧在两年之内达成协议，英国就将真正退出欧盟，并依据协议条款，确立英欧关系。若两年之内不能达成协议，则有两种可能：一是欧盟 27 国一致同意谈判延期；二是欧盟无法就延期达成一致，英国将在不享有直接的欧盟法律保护与约束条件下直接“脱欧”。“The process for withdrawing from the European Union”，https：//www. gov. uk/government/publications/the – process – for – withdrawing – from – the – european – union。（上网时间：2017 年 10 月 16 日）

② “欧盟 27 国用 15 分钟通过英国‘脱欧’谈判指导方针草案”，《人民日报》2017 年 5 月 1 日，第 5 版。

③ Speech by Michel Barnier，Chief Negotiator for the Preparation and Conduct of the Negotiations with the United Kingdom，at the plenary session of the European Committee of the Regions，22 March 2017，http：//europa. eu/rapid/press – release_ SPEECH – 17 – 723_ en. htm.（上网时间：2017 年 11 月 1 日）

后，双方才可能达成未来关系协定。可设立符合欧盟规定的、有限定时间的过渡期。[①]

对于第一阶段谈判而言，保障公民权益、明确“分手费”以及南北爱尔兰的边境安排是欧盟提出的三大核心议题。其中，公民权益被视为首要重点。目前欧盟在英居民大约 320 万人，英国在欧居民大约 120 万人。[②] 欧盟主张英欧现居侨民在对方境内享受自由流动、养老金、合法居住 5 年后拥有永久居留权等权益。在财政安排上，强调英国应担负起作为欧盟成员国期间的财政义务，涉及欧盟预算、机构运营费以及欧洲基金等项目。有关英国退出欧洲央行、欧洲投资银行、欧洲发展基金及信用基金的安排，须涵盖应担负的已有及可能产生的债务。英国对欧盟继续履行财政责任被视为“确立未来双边关系的基础”。[③] 南北爱尔兰边境的安排是第一阶段谈判中最为复杂的问题，由于特殊的历史原因，北爱尔兰和爱尔兰共和国之间没有物理边界设施，也就是所谓的“硬边界”。这是“北爱和平协定”的一部分，一旦变动，不但将冲击当地的经济稳定，更可能引发复杂的政治、社会乃至安全等连锁影响。欧盟认为需要对北爱尔兰做出灵活的安

---

① European Council（Art. 50）guidelines following the United Kingdom's notification under Article 50 TEU，http：//europa. eu/rapid/press - release_ IP - 17 - 1170_ en. htm.（上网时间：2017 年 11 月 1 日）

② European Commission's draft negotiating directives for Article 50 negotiations with the United Kingdom-Q&A，Brussels，3 May 2017，http：//europa. eu/rapid/press - release_ MEMO - 17 - 1183_ en. htm.（上网时间：2017 年 11 月 1 日）

③ European Council（Art. 50）guidelines following the United Kingdom's notification under Article 50 TEU.

排，欧洲议会还建议北爱留在欧盟单一市场。[①]

有关未来关系方面，欧盟的基本态度：一是同意与英国发展密切关系，但不可能给予其与成员国同等的权益；二是未来可签署贸易协议，但须尊重欧盟的监管体系与标准；三是希望与英国在反恐、打击跨国犯罪、防务和外交领域建立伙伴关系。[②]

（二）保持对英国的压力

在2017年的谈判中，欧盟基本掌握了主动权。什么时候开始谈、怎么谈、谈什么基本是欧盟说了算，欧盟欲以27：1阵势上取胜、时间上倒逼、议题上主导等多方并举，对英国施压。

一是高调展示欧盟的团结一致。在谈判中，欧盟既要规避被英国各个击破的风险，又要弱化外界对一体化离心倾向加剧的印象。欧盟首席谈判代表巴尼耶在2017年首次公开演讲中就提出，欧盟要想达成协议，第一个条件就是27国要团结。为了协调内部立场，一致对英国，巴尼耶在2016年10月1日履新后，遍访欧盟27国政府，并在谈判前开始第二次环欧之旅。他承诺将与欧洲理事会、欧委会以及欧洲议会紧密合作。[③]欧盟还有意用实际行动展示自己的团结、高效。例如，在4月29日的特别峰会

---

① "Brexit：European Parliament to propose Northern Ireland stays in single market"，http：//www.independent.co.uk/news/uk/politics/brexit－northern－ireland－border－guy－verhofstadt－single－market－customs－union－european－parliament－a7972596.html.（上网时间：2017年9月29日）

② European Council（Art. 50）guidelines following the United Kingdom's notification under Article 50 TEU.

③ Speech by Michel Barnier，Chief Negotiator for the Preparation and Conduct of the Negotiations with the United Kingdom，at the plenary session of the European Committee of the Regions，22 March 2017.

上，与会领导人花了不到 15 分钟就通过了欧洲理事会主席图斯克提交的谈判方案草案，而且一字未改。针对成员国的特殊诉求，欧盟也坚决维护。例如，爱尔兰要求英国在谈判的第一阶段就拿出避免“硬边界”的解决方案，图斯克表示支持并承诺，“若爱尔兰不接受英国的建议，欧盟将拒绝进入下一阶段谈判”。[①]

二是牢牢掌控谈判节奏。2017 年，“脱欧”对英国政治、经济与社会稳定的影响逐步显现。6 月 8 日，英国提前大选，梅首相本打算扩大执政优势，在未来的谈判中争取主动，却适得其反，痛失议会下院多数议席。梅虽然最终组建少数派政府连任，但深陷执政困境，在“脱欧”问题上亦由强势转为弱势。6 月 19 日，英国大选后不到两周，梅首相新内阁还未组建完毕，英欧就开启了第一轮谈判。相比英国政府的仓促上阵，欧盟则从一开始就占据了主动。2017 年，以巴尼耶和英国退欧事务大臣戴维斯为首的欧、英谈判团队共进行了六轮谈判，分别于 6 月 19—21 日、7 月 17—20 日、8 月 29—31 日、9 月 25—28 日、10 月 10—12 日和 11 月 9—10 日举行。除第一轮在谈判形式上达成“技术性”共识外（分阶段进行、每月一次），其他并无关键性进展。而且基本是按照欧盟的设想进行，即先谈退欧，再谈未来关系，而非英国所主张的同时进行。议题上也是以欧盟的三大诉求为主，不但不触及英国更为需要的贸易关系谈判，而且在

① “Donald Tusk: EU will back Ireland’s Brexit progress decision”, https://www.politico.eu/article/brexit-ireland-border-negotiation-donald-tusk-eu-will-back-progress-decision/.（上网时间：2017 年 12 月 2 日）

“分手费”、欧洲法院管辖权等问题上欧盟也坚持让英国做出更明确的承诺。

三是善用有限时间倒逼英国。欧盟一再强调谈判时间只有两年，且正在快速流逝，敦促英国尽早“拿出诚意”。前六轮谈判无果后，欧盟给英国下了明确时间表，图斯克称，若想进入下一阶段谈判，英国必须12月初在“分手费”问题上有明确表态。巴尼耶甚至警告称，人们应当有谈判崩溃的准备，此非欧盟所愿，但也是一种可能。欧盟正在技术上为英国无协议“脱欧”做相应准备。[①]

重重压力之下，英国首相梅亲自出马，与欧委会主席容克、欧洲理事会主席图斯克以及德国总理默克尔、法国总统马克龙等欧洲政要多方斡旋。在英国政府同意保障欧盟在英公民权益、提高“分手费”和承诺南北爱尔兰之间不设置“硬边界”的情况下，为避免英国“脱欧”不确定性风险外溢，欧盟同意推进谈判。12月8日，英欧达成“联合报告”，在欧委会认定英欧第一阶段谈判取得“足够进展”的情况下，12月13日，欧洲议会投票通过英欧开展下一阶段谈判的议案。12月15日，欧盟公布第二阶段谈判“指导方针”，强调英国必须落实第一阶段谈判承诺，在此前提下，欧盟将分别于2018年1月和3月与英国开始“过渡期”和贸易关系谈判。图斯克已表示，“我们在较容易的部分花费了太长时间，最艰难的挑战还在后面”。而英欧也均强

① “EU preparing for Brexit failure, Barnier says”, https://euobserver.com/uk-referendum/139842.（上网时间：2017年11月20日）

调“达成全面一致前，任何已议定方案都不能算数”。[①]

（三）淡化“脱欧”影响

英国“脱欧”是欧洲一体化发展进程中史无前例的危机，欧盟力求弱化危机负面影响，甚至有意以此为契机，重启欧盟发展。其谈判“指导原则”明确指出，所有的欧盟事务必须如常进行。9 月 13 日，欧委会主席容克在斯特拉斯堡欧洲议会全会上发表“盟情咨文”，在 6000 余字的演讲中，只提及英国一次，称英国将在 2019 年 3 月离开欧盟，“这是个悲伤而悲惨的时刻，也令人感到遗憾”。他随即呼吁 27 国在英国“脱欧”后开展新的融合，在欧元区银行业联盟、边境控制以及市场准入等领域增进合作。[②]

欧盟还已经着手落实英国“脱欧”的结果，引导成员国把握“后英国”时代发展新机遇。例如，欧盟将位于英国的欧盟机构搬迁事务从谈判中剥离出来，先行落实，以尽快培养和发展欧陆国家对英国的替代功能，保持一体化建设的延续性和确定性。欧委会发言人希纳斯明确指出，欧洲银行业管理局和欧洲药品管理局总部“搬家”不是英欧谈判的一部分，而是英国“脱

① “Joint Report From the Negotiators of the European Union and the United Kingdom Government on Progress During Phase 1 of Negotiations Under Article 50 Teu on the United Kingdom's Orderly Withdrawal From the European Union”, https://ec.europa.eu/commission/sites/beta - political/files/joint_ report.pdf.（上网时间：2017 年 12 月 23 日）

② President Jean-Claude Juncker's State of the Union Address 2017, http://europa.eu/rapid/press - release_ SPEECH - 17 - 3165_ en.htm.（上网时间：2017 年 11 月 20 日）

欧”的结果。11 月 20 日，欧盟 27 国投票决定，欧洲银行业管理局总部将从伦敦迁往巴黎，欧洲药品管理局总部从伦敦迁往阿姆斯特丹。

二、规划“后英国”时代发展方向

在推进对英谈判的同时，欧盟机构及一些成员国就欧盟未来发展道路展开大讨论，力图以此凝聚人心，重树信心。欧委会主席容克“盟情咨文”乐观、高调，称随着欧洲经济持续复苏，欧盟“风起扬帆正当时”，必须抓住时机“再度起航”。[①]

（一）“多速欧洲”渐成现实选择

英国“脱欧”表明，原有的一体化模式出现较大问题，欧盟内部对未来一体化发展的方向、路径、步骤和领域产生了较大分歧。为引导各界对一体化前景的讨论，2017 年 3 月 1 日，欧委会发布了《欧洲的未来白皮书》，并提出 2025 年前欧盟的五种可能发展路径：一是维系现状，欧盟将聚焦于落实和提升自身改革进程，其立法和议题设置将服务于应对现实问题；二是退守单一市场，欧盟将集中精力深化单一市场建设，但成员国之间仍可在双边层面加强其他政策领域的合作；三是实行“多速欧洲”，遵循“愿者多做”原则，允许有意愿的成员结成“志愿者共同体”，在防务、安全和社会事务等领域深化一体化；四是专

---

① President Jean-Claude Juncker's State of the Union Address 2017, http://europa.eu/rapid/press－release_ SPEECH－17－3165_ en. htm.（上网时间：2017 年 11 月 20 日）

注特定领域，遵循“少而高效”原则，将精力与资源集中于贸易、安全、边境管理和防务等特定领域的一体化；五是迈向“欧洲联邦”，成员国向欧盟让渡更多权力，在所有领域进一步推进一体化。[①]

白皮书激发了欧盟各界热议，其中“多速欧洲”被广泛视为最现实可行的优先选项。3 月 6 日，法国、德国、意大利和西班牙四国领导人在法国举行非正式会谈，表态支持“多速欧洲”。3 月 25 日，欧盟 27 国（不含英国）在罗马举行纪念《罗马条约》签署 60 周年特别峰会并签署《罗马宣言》，强调 27 国的一体性和团结性，但也明确提出，“根据需要，各成员国可以采取不同的速度，朝同一方向迈进”。[②]法国新当选总统马克龙呼吁接受欧盟已“多速”前进的事实，主张由“先锋国”组成核心，在国防、税收等特定领域深化一体化。

（二）欧元区改革走入深水区

欧元是一体化的最重要成果之一，也是“多速欧洲”率先实践并可能进一步突破的领域。2017 年 5 月，欧委会发表了《深化经济与货币联盟反馈报告》（简称“反馈报告”），[③] 描绘

---

① European Commission, “White Paper on the Future of Europe”, March 1, 2017, https://ec.europa.eu/commission/sites/beta - political/files/white_ paper_ on_ the_ future_ of_ europe_ en.pdf.（上网时间：2017 年 11 月 10 日）

② Council of the EU, “The Rome Declaration”, http://www.consilium.europa.eu/en/press/press - releases/2017/03/25/rome - declaration/#.（上网时间：2017 年 11 月 20 日）

③ European Commission, “Reflection Paper on the Deepening of the Economic and Monetary Union”, https://ec.europa.eu/commission/sites/beta - political/files/reflection - paper - emu_ en.pdf.（上网时间：2017 年 11 月 20 日）

了欧元区未来发展蓝图，容克9月13日的“盟情咨文”中也用不少篇幅探讨欧元区改革。

一是欧元区“扩员”。容克提出，除了丹麦和英国外，目前的非欧元区国家未来都将加入欧元区，“欧元应是整个欧盟的单一货币”。欧盟将为有意加入的成员国提供技术和财政支持，帮助其满足入“区”条件。

二是完善金融风险防控机制。金融风险防控机制是欧元区深入发展的基础。欧委会“反馈报告”提出，欧盟最迟应在2019年就设立“单一清算基金”和“欧洲存款保险机制”达成一致，并于2025年启动运营，以欧元区层面金融风险防控机制代替成员国应对银行破产问题。[①]

三是调整欧元区治理结构与权限。欧委会“反馈报告”提出成立欧元区财政部，其职能包括欧元区经济与财政监管、制定欧元区预算以及管理由“欧洲稳定机制”（ESM）升级的“欧洲货币基金组织”（EMF）等；设立专职的欧元集团主席，兼任欧元区财政部长（正式名称为“欧洲经济与财政部长”）、欧委会负责经济与财政事务的副主席。[②]

（三）再启共同防务建设

欧盟成员国2007年签署的《里斯本条约》第42条第6款提出了创建“永久结构性合作”（PESCO）的共同防务机制，但一

① European Commission, “Reflection Paper on the Deepening of the Economic and Monetary Union”, p. 19.

② European Commission, “Reflection Paper on the Deepening of the Economic and Monetary Union”, p. 28.

直未落实。在英国“脱欧”、美国大西洋政策生变等因素刺激下，“永久结构性合作”机制于2017年落地，“睡美人醒来”（容克语）。“永久结构性合作”是2016—2017年度欧洲一体化的亮点之一，是迈向2025年建成“欧洲防务联盟”目标的重要一步。

11月13日，23个欧盟成员国（爱尔兰、葡萄牙和马耳他、丹麦和英国除外）的外长和防长在欧盟外长理事会期间签署一项协议，启动防务领域的“永久结构性合作”。23国签署的联合通告指出，该合作是强化共同防务政策的关键一步，兼具包容性和约束性。“包容性”是指它迎合“多速欧洲”潮流，允许部分国家在防务领域先行先试，决策实行“有效多数表决”；“约束性”是指参与国有提升军费的法律义务，若不按规定增加国防开支将被“剥夺资格”。12月11日，欧盟理事会发表声明宣布，爱尔兰和葡萄牙也做出了加入“永久结构性合作”的决定。12月14日，欧盟峰会期间，该合作机制的25个成员国签署了防务合作协议。

（四）勾画欧盟未来发展蓝图

欧洲政要对欧盟的未来发展提出了不同的改革方案，其中引发广泛关注的是法国总统马克龙9月26日在索邦大学提出的“重建欧盟”计划。其演讲涉及安全、国防、环保、农业、移民、经济发展、教育和欧盟机构改革等方面，主要内容包括：设立欧元区财政部长，制定单独的欧元区预算，该预算由数字、环境等领域的税收支持；2020年之前建立拥有共同防务预算和行动准则的欧盟“联合干预力量”；创立“欧洲情报学院”及“欧洲检察院”；成立欧盟共同边境警察部队与安置难民组织，以有效管理欧盟边境及对难民进行安置；为增加欧盟机构的民主性，2019 年的欧洲议会选举将引入“跨国候选人名单”；2024 年之前，每名欧盟学生都能说至少两种欧洲语言，有半年到其他成员国交流学习的经历；建议将欧委会成员从近 30 名削减到 15 名，欧盟创始国应首先放弃提名本国的委员；重启欧洲“金融交易税”，为发展援助尤其是面向非洲的援助提供资金支持；法德签署新的《爱丽舍条约》，从而强化两国合作，为一体化发展注入新动力。[①] 法国记者、政治评论员皮埃尔·布里昂贡（Pierre Briancon）认为，人们原本等待的是一个欧元区改革方案，但得到的却远比他们预期的多得多———一份规划欧洲未来数十年发展方向的蓝图。[②]

三、制约因素仍然突出

欧盟决心改革，重启一体化，但说易行难，前景并不乐观。

（一）民粹主义掣肘

2017 年，欧盟民粹浪潮汹涌，虽未飞出“黑天鹅”，但极大冲击欧洲政治格局，实现了“合法化”“泛欧化”和“实权化”，成长为一支难以遏制的政治力量。虽然民粹政党政见各

① “Sorbonne speech of Emmanuel Macron-Full text/English version”, http://international. blogs. ouest - france. fr/archive/2017/09/29/macron - sorbonne - verbatim - europe - 18583. html.（上网时间：2017 年 11 月 20 日）

② “马克龙索邦大学演讲：‘密特朗以来对欧盟未来的最好规划’”, www. thepaper. cn/newsDetail_ forward_ 1809323。（上网时间：2017 年 11 月 20 日）

异，但反欧洲一体化是其共同标签。

一是削弱了民众对欧盟的认同感，动摇了一体化的民意基础。民粹势力宣称，欧盟既无力维护安全，又无法保障繁荣，反而盲目拓展引发边界冲突，超前消费统一货币的红利，束缚成员国自我保护能力，加速了社会分化。《欧洲的未来白皮书》注意到，“许多欧洲人认为欧盟或太遥远，或靠得太近，附加值存疑”。[①]

二是加速了各国政治碎片化，加剧政治不稳定性。丹麦少数政府需仰仗民粹政党人民党的议会支持，荷兰 3 月大选后直至 10 月底才组阁成功，德国联邦议会首次涌入 6 个政党，联盟党、自民党和绿党组成黑黄绿的“牙买加”政府谈判破裂，组阁举步维艰。

三是挤压理性辩论谈判空间。民粹政党主张直接民主，且开始渐得人心，公投在欧洲蔚为风潮。2017 年 6 月，美国民调机构皮尤中心调查显示，德、法、意、西等 9 个重要欧盟成员国中 53% 的公民支持举行关于是否保留欧盟地位的全民公投。[②] 2017 年 10 月，西班牙加泰罗尼亚自治区举行公投，宣布“独立”，中央政府接管该地区，自治区主席普伊格蒙特逃至欧盟总部所在地布鲁塞尔，将欧盟推进分离主义闹剧的旋涡中心。

---

① European Commission, “White Paper on the Future of Europe”, March 1, 2017 https://ec.europa.eu/commission/sites/beta-political/files/white_paper_on_the_future_of_europe_en.pdf.（上网时间：2017 年 11 月 10 日）

② “Post-Brexit, Europeans More Favorable Toward EU”, http://www.pewglobal.org/2017/06/15/post-brexit-europeans-more-favorable-toward-eu.（上网时间：2017 年 11 月 10 日）

四是权力让渡更为敏感、困难。民粹主义看重国家主权，反对向欧盟让渡权力，甚至主张从欧盟收回权力。11 月，欧盟举行 20 年来首次公平就业与增长峰会，拟将工人福利、公平教育、性别平等等社会议题纳入欧盟一体化框架，但匈牙利总理欧尔班随即表示，匈牙利自身模式已证明了其克服危机的能力，不必听从布鲁塞尔指挥。[①]

（二）内部利益分歧难弥合

从欧元区来看，南北分化及矛盾不减反增。自欧债危机以来，欧盟各国趋同性显著下降。尽管欧元区经济日渐复苏，但重债国已悄然“掉队”，过去 10 年德国人均 GDP 增幅为意大利的 20 倍，希腊则尚未恢复至 2007 年的水平，失业率依然居高不下。[②] 2017 年初，希腊面临债务违约风险，纾困问题再度激化，希腊总理齐普拉斯再次强烈呼吁减记债务，但德国明确反对，时任财长朔伊布勒称，“（希）欲减债须退欧”。[③] 德国民调显示，超半数德国民众愿希腊退出欧元区。[④] 虽然后来希腊与欧元集团达成了纾困协议，但并未获得减债。希腊经济部长帕帕季米特里

---

① “Orbán at EU social summit：‘Hungarian model working’”，https：//timbro. se/app/uploads/2017/07/briefing - timbro - authoritarian - populism - index - 2017. pdf.（上网时间：2017 年 11 月 10 日）

② “复苏中的欧元区迎来改革契机”，http：//www. ftchinese. com/story/001074533？full = y。（上网时间：2017 年 11 月 10 日）

③ “Germany now urges Greece to leave EU over mounting debts”，https：//www. express. co. uk/news/world/765612/Grexit - Greece - EU - exit - germany - economic - crisis.（上网时间：2017 年 11 月 10 日）

④ “超半数德国人希望希腊退出欧元区”，http：//news. xinhuanet. com/world/2017 - 02/26/c_ 1120531359. htm。（上网时间：2017 年 11 月 10 日）

乌直言，“8 年来希腊一直在执行债权人要求，但新要求却不断涌现”。9 月德国大选后，自民党重返联邦议会，其关于希腊“脱欧”的主张恐进一步激化希、德矛盾。

从东西欧分歧和矛盾看，中东欧国家在英国“脱欧”公投通过后走上前台，成为德、法眼中新的“麻烦制造者”，东西欧利益冲撞更趋激烈频繁。在难民问题上，法、德以欧盟名义强推难民分配方案，中东欧国家坚决予以抵制。欧尔班声称，“中欧将是最后的无移民区”。[①] 截至 11 月，斯洛伐克收容难民 16 人，捷克接收 12 人，波兰和匈牙利未接纳一人，欧盟为期两年的临时难民分摊计划基本破产，16 万人的转移安置目标仅完成不足 1/5。[②] 在派遣劳工（又称“邮寄劳工”）问题上，根据欧盟原法令，此类工人向母国纳税，执行母国的福利标准，导致法国、比利时等劳工接收大国对来自中东欧的派遣劳工极为不满，认为其抢占了本国的工作岗位，拉低了工资福利水平。法国总统马克龙联合德国等国，推动欧盟强行通过法案，限制中东欧国家向西欧国家派出劳工，招致波、匈等国强烈反弹。[③] 在“多速欧洲”问题上，中东欧国家心存疑惧，唯恐被边缘化，沦为“二等公

---

① “Orban declares migrant-free zone in Eastern Europe”, https://euobserver.com/tickers/139601.（上网时间：2017 年 11 月 20 日）

② “Relocation: EU Solidarity between Member States”, https://ec.europa.eu/home-affairs/sites/homeaffairs/files/what-we-do/policies/european-agenda-migration/20171114_relocation_eu_solidarity_between_member_states_en.pdf.（上网时间：2017 年 11 月 20 日）

③ “Posted workers-for some it matters”, http://www.ceps.eu/publications/posted-workers-for-some-it-matters.（上网时间：2017 年 11 月 20 日）

民”。波兰一度拒绝签署《罗马宣言》，宣称不会向任何形式的“多速欧洲”低头。[①] 波兰总统杜达警告称，“‘多速欧洲’”将导致更多英国脱欧现象的出现，终致欧盟瓦解”。[②]

（三）缺乏领导力

欧盟机构权能有限，无力担当欧盟“家长”职责。欧盟指责波兰改革干预司法独立，威胁将暂停其在理事会的投票权，但启用该手段需欧洲理事会全体一致通过，匈牙利总理欧尔班誓言捍卫波兰权利。[③]欧盟认为匈牙利《外国非政府组织法》有违欧盟有关公民自由权利的规定，对其启动“违权程序”，欲将其告上法庭，但欧尔班不为所动。欧委会主席容克在“盟情咨文”中要求非欧元国家在2019年加入欧元区，波兰、匈牙利认为此举意在施压，荷兰、丹麦领导人立即表示无此必要，德国、奥地利亦泼冷水，指出需以满足欧元区条件为前提。[④]

德、法作为欧盟“发动机”亟待重启。英国“脱欧”启动以来，德、法深感重任在肩，尤其是马克龙当选总统后动作频

---

① “Poland warns it may not adopt EU's Rome declaration”, http://www.euronews.com/2017/03/23/poland-warns-it-may-not-adopt-eus-rome-declaration.（上网时间：2017年11月20日）

② “Poland warns multi-speed Europe could spawn ‘more Brexits’”, https://www.euractiv.com/section/future-eu/news/poland-warns-multi-speed-europe-could-spawn-more-brexits/.（上网时间：2017年11月20日）

③ “Poland hits back at EU ‘blackmail’ over judicial reforms”, https://www.theguardian.com/world/2017/jul/26/poland-hits-back-eu-blackmail-judicial-reforms.（上网时间：2017年11月20日）

④ “EU countries cool on Juncker's ideas”, https://euobserver.com/political/139014.（上网时间：2017年11月20日）

频，但国内多有羁绊。法国“国民阵线”坐拥20%铁杆选民，虎视眈眈，前进党内凝聚力尚弱，11月爆发“退党潮”，百名党员公开指责党内缺乏民主，集体退出，如马克龙不能善用5年的改革“窗口期”，法国不仅将无力引导欧盟改革，自身恐陷更大困境。德国大选状况频出，默克尔对德国掌控力大不如前。且法、德两国合力不易。马克龙高调支持一体化，实为寻求抓手，迅速提升威望，展现大国雄心，巩固执政地位，其无力独自支撑欧盟改革方案，需德国施以援手。但目前德国组阁悬而不决，无暇顾及一体化进程，改革方案被迫搁浅。从欧洲一体化发展来看，2018年法德能否紧密合作值得关注。

（审订：冯仲平）

第二十二章 日本：车辙不改 颠簸前行*

2017年，面对日本内、外环境出现的新变化，安倍政府着力稳固政局，借助全球经济向好局面维持低速经济增长，并布局“积极防守”外交，调整对华政策。

一、波折中推进争议议题

2017年，安倍在延长自民党总裁任期的基础上，提出修宪“日程表”，计划2020年施行新宪，意图在任内实现日本“普通国家化”的历史性突破。但受“森友”① “加计

* 本章撰稿人：樊小菊、霍建岗、刘军红、王珊、徐学群、刘云、徐永智、汤祺、王宇翔、赖婧颖、颜泽洋。

① 2017年初，日本媒体曝出位于大阪府的“森友学园”曾在2016年6月购买用做小学校址的国有土地，购买价格仅为评估价格的14%，而“森友学园”计划将小学命名为“安倍晋三纪念小学”以筹集办学资金。该学园运营的幼儿园曾被曝出对幼儿进行“战前教育”。学园经营者笼池泰典称首相安倍的夫人曾以其名义向学校捐款，并称有政治家在低价购买土地中做了斡旋。这成为影响安倍执政的一大丑闻。

学园”[①] 丑闻等的影响，内阁支持率一度跌破30%大关，面临执政危机。支持率回稳后，安倍于9月底解散众议院提前大选并获胜，得以摆脱困境，推进争议议题的国内环境进一步改善。

（一）制定修宪“日程表”，加速推进“普通国家化”

作为自民党内“反主流”保守派的代表，安倍一直致力于推动在其任内实现以“普通国家化”为目标的体制性变革。2014年解禁集体自卫权、修改武器出口三原则，2015年制定安保法案，屡屡打破战后的体制禁区。2017年，安倍继续强力推动“普通国家化”相关修法与立法工作，不顾在野党与民意的反对，以加强反恐能力等为幌子，执意修改《有组织犯罪处罚法》，将“共谋罪”罪名入法，并依靠执政党在众参两院的多数席位优势强行通过了法案。该法案规定，如果恐怖主义组织、黑社会等有组织犯罪集团策划重大犯罪活动，且其中的成员开始为之准备，那么参与策划的所有人员都将成为处罚对象。安倍政府热衷于推动“共谋罪”入法，是因为这将大大扩张执法部门的权力，有利于政府威慑并压制媒体、社会运动等监督政府的力量。此举将对未来日本政府与社会之间的互动模式产生深远影响。

在攻克了一个个“外围堡垒”之后，2017年安倍开始染指

① 加计学园，是日本时隔52年后第一次新设的大学，预计于2018年4月开学。2017年5月，媒体曝出，在文部科学省内关于该学园计划设立过程中的文书上，有“总理的意向”相关内容，此后丑闻进一步发酵。

"战后体制"最重要的标志——宪法第九条，[①] 以图在其任内实现"普通国家化"的最重要突破。5月3日，安倍在视频讲话中表示，要在2020年东京奥运召开之时施行新宪法，并提出在保留和平宪法的第九条的基础上，让自卫队"明文入宪"，改变目前自卫队地位不明确的现状。

安倍之所以此时提出修宪，主要有以下几方面原因：

其一，安倍修改自民党党纲延长总裁任期，已为其执政至2021年在法理上铺平道路。此前自民党党纲规定总裁最多任职两届共6年，据此安倍须在2018年9月卸任并辞去首相职位。为延长首相任期，在安倍授意下，2017年3月自民党大会决定将总裁任期延至3届共9年。自民党在众议院选举中获胜的前提下，若安倍能够在2018年的总裁选举中获胜，则可担任首相至2021年9月，从而为修宪留足时间。

其二，国会修宪势力壮大，已能跨越动议门槛。日本现行宪法规定，修宪动议须众、参两院分别超2/3多数通过方能提出。此时众议院自民、公明两党执政联盟议席数已超2/3，2016年参院选后，自民党、公明党、日本维新会等修宪势力的议席数也在冷战后首次超过2/3多数。这是实现修宪目标的历史性"窗口期"。

其三，安倍地位稳固。自民党支持率一骑绝尘，在野党对政

① 日本宪法第二章第九条规定："日本国民衷心谋求基于正义与秩序的国际和平，永远放弃以国权发起之战争、武力威胁或使用武力作为解决国家争端的手段。为达到前款之目的，不保持陆海空军及其他战斗力，不承认国家之交战权"，限制了日本拥有及使用武力，因此日本现行宪法被称为"和平宪法"。正因为如此，修改第九条也就成为主张日本在军事上应成为"普通国家"的保守右翼的夙愿。

府的制约能力较弱。安倍在党内也较有威信，能压制对其修宪主张不满的声音。正是在安倍授意下，自民党提出了修宪的“日程表”，就自卫队明文入宪、创设紧急事态条款、教育无偿化等问题进行研讨，并拟在2017年底前提出修宪方案，2018年例行国会众参两院分别通过修宪动议，交付国民投票。

外界普遍认为，在上述修宪议题中，安倍最希望实现的是“自卫队明文入宪”。若能如其所愿，尽管按照安倍所言将保留宪法第九条的第一款和第二款，但修改第九条本身大大损害了和平宪法的权威性，对日本的国家走向将产生较大影响，日本民众对一些既有敏感议题，如是否拥有进攻性武器等的抵触感也将随之降低，有助于加速日本的军事“普通国家化”。即便修宪势力内部纷争导致修改宪法第九条落空，在安倍所列的数项修宪目标中，若能将“紧急状态条款”入宪，将大大增强政府的权力，也是“普通国家化”战略的重要组成部分。

（二）安倍遭遇执政危机，靠“奇招”摆脱困境

据统计，自2012年底安倍上台至2017年5月，显示其支持率上下震荡幅度的“标准偏差值”仅为5.9，[①] 较为稳定，在“动荡不安”的冷战后日本政局中显得颇为异类。然而，进入6月后风云突变，各大媒体的民调均显示，安倍内阁的支持率突然大幅度下跌，在7月3日的东京都议会选举前后，支持率再度剧烈下挫。时事通信社、《每日新闻》等的民调甚至显示安倍内阁支持率跌破30%，进入日本政治中俗称的“危险水域”。

---

① “逢坂厳：「支持率が如実に示す1強の姿」，http：//webronza.asahi.com/journalism/articles/2017061000004.html。（上网时间：2017年11月6日）

表面上看，6—7月安倍支持率大幅下降是“森友”“加计学园”丑闻所致，实际上则反映了民众对安倍傲慢、专权且任人唯亲的不满。一是安倍的骄横让民众对其信任感大幅下降。针对丑闻，安倍坚决否认涉案，否认行政体系存在瑕疵让其朋友不当得利。这种明显背离常识的傲慢态度，让民众对其的信任感大幅下降。2017年6月18日共同社民调显示，“认为（安倍政府）有问题”的比率为57.1%，大幅高于“认为没问题”的33.2%，同时84%的人认为政府的调查未弄清“加计学园”问题真相。[①]二是内阁丑闻集中爆发，增加了民众对安倍的反感。法务相金田胜年在国会答辩中的言行让外界普遍质疑其作为内阁大臣的资质；6月27日时任防卫相稻田朋美在东京都议会选举自民党的集会上称，“作为防卫省自卫队、防卫相、自民党也拜托大家（投票给自民党候选人）”，[②] 亦被指缺乏常识并违宪。防卫省在南苏丹维和日志问题上瞒报的事实也于此时大白于天下，让安倍政权雪上加霜。其三是强行通过“共谋罪”相关法案加剧民意对安倍“傲慢”“独裁”的担忧。“共谋罪”相关法案扩大政府权力，存在以国权压制民权的嫌疑，尽管安倍内阁以反恐为借口强行通过该法案，但却受到民众的普遍质疑。《朝日新闻》民调显示，高达58%的民众对这种强横的做法不满，同意该做法的仅占23%。[③]

为摆脱困境，安倍祭出“奇招”。首先是改组内阁。8月3

① “日本内阁支持率大跌至44.9%”，共同社，2017年6月18日。

② “聚焦：防卫相失言令安倍政府受到沉重打击”，共同社，2017年6月29日。

③ 「『共謀罪』法案、世論調査の質問と回答」，朝日新闻，2017年5月26日。

日安倍改组内阁时，精心挑选人选，排除明显不适任的法务相金田胜年等问题阁僚，更换“安倍朋友”色彩强烈的总务相高市早苗、厚生劳动相盐崎恭久等，引进小野寺五典、河野太郎等受民众认可的新阁僚。安倍也宣称这是“做事能手内阁”“要倾听民众的声音，与民众一同推动政治向前发展”，[①] 在修宪问题上也称要倾听民意，表现出谦虚谨慎的姿态。6 月底国会闭会之后，在野党对安倍丑闻的揭批失去舞台，媒体对此的报道也大幅减少，不少民众对此逐渐淡忘，加之朝鲜半岛危机成为外界关注的焦点，丑闻对安倍内阁的影响降到最低点。8 月初，各家媒体民调的内阁支持率均出现不同程度的恢复，9 月初的民调显示支持率继续小幅缓慢上升。

其次，在支持率回升后，安倍旋即解散众议院提前大选。内阁改组后，尽管内阁不支持率仍然超过支持率，[②] 但相较之前的低迷，安倍政权已经出现回稳的势头，因此 9 月 28 日安倍宣布解散众议院提前举行大选。尽管此次解散缺乏有说服力的“大义名分”，民众也清楚此乃安倍“保位”之举，但安倍率领的自民党仍然获得大胜，众议院 465 席中自民党议席数与解散前持平，仍然是 284 席，与执政盟友公明党的 29 席相加共 313 席，超过总议席数的 2/3 多数。新成立的立宪民主党获 55 席，成为众议院在野第一大党，希望党 50 席，日共获 11 席，日本维新会

① 「首相会見要旨第 3 次改造内閣」，朝日新闻，2017 年 8 月 4 日。

② 「内閣不支持率 48% 支持の37% 上回る」，日本经济新闻，2007 年 10 月 12 日。

11 席。[1]

安倍之所以能在支持率不算太高的情况下取得大选胜利。有以下几方面原因：

其一，自民党支持率一直较为坚挺。与其他政党相比，民众更信任执政经验丰富的自民党，此前民众也未因对安倍的傲慢不满而迁怒自民党。根据 NHK 的民调，安倍丑闻被披露之后的 2 月、3 月和 4 月，自民党的支持率分别为 36.9%、38.1%、37.5%，相当稳定，7 月内阁支持率大幅下降，自民党支持率只是从 6 月的 36.4% 降至 30.7%，降幅远远小于内阁支持率。8 月安倍内阁改组后，自民党支持率迅速回升，9 月已经基本恢复到丑闻发生前的水平，为 37.7%。[2] 同期，尽管民进党针对安倍的丑闻大力抨击，但该党支持率始终无起色，一直未能突破 8% 的水平。

其二，在野党的孱弱与内乱，让自民党渔翁得利。民进党（前民主党）在 2012 年下台之后仍以再次执政为目标，但党势始终不振。大选前，党首前原诚司决定放弃推举候选人，所有候选人作为东京都知事小池百合子成立的新党“希望党”代表参选，但小池百合子声称要以是否同意修宪及是否同意安保法案为标准甄别候选人，导致反对修宪与安保法案的民进党中左翼愤而成立新党“立宪民主党”。两党不仅未能形成合力对抗强势的自

① 「衆院選 自公 313 議席、3 分の2 超す 全議席確定」，每日新闻，2017 年 10 月 24 日。

② 「政治意識月例調査 2017 年」，https：//www.nhk.or.jp/bunken/research/yoron/political/2017.html。（上网时间：2017 年 11 月 14 日）

民党，反而在不少选区同室操戈，让自民党渔翁得利。据 NHK 的测算，在 289 个小选举区议席中，若立民党、希望党、日共能共同推举候选人，至少能在 60 个选区逆转战胜自民党候选人。[①] 因此，自民党的大胜在野党有部分“功劳”。

其三，经济形势比较稳定。安倍经济学实施几年来，尽管一直未能实现最初定下的指标，工薪阶层的实际工资也一直到 2017 年 5 月才实现时隔 6 年的正增长，[②] 但从宏观统计数据看，日本经济已经实现了连续 58 个月的经济景气，超过 20 世纪 60 年代的“伊奘诺景气”，实现了战后持续时间第二长的连续经济增长。相较于之前的经济停滞乃至小幅倒退，民众希望在自民党治下维持目前的趋势，并没有出现对安倍经济学的强烈不满。

10 月大选后，日本政治总体稳定，2012 年底起步的安倍政权进入执政后期，对日本政治、经济体制的改造，将进入“收官”阶段。大选后，主张修宪的政党势力进一步扩大，在众议院 465 席中超过 370 席，超过总议席数的 80%，[③] 修宪的现实性进一步增强。

二、平庸的“低温景气”

日本经济 2017 年实现“低温景气”，增长率较上年度有所

---

① 「野党共闘なら60余りの選挙区で逆転 NHK 試算」，NHK，2017 年 10 月 28 日。

② 「実質賃金 6 年ぶりプラス　16 年度、名目も増加」，日本经济新闻，2017 年 5 月 23 日。

③ 「修宪势力维持众院三分之二议席」，共同社，2017 年 10 月 23 日。

提升，但增长动力仍显不足，依赖宽松货币政策严重，结构性矛盾依然存在，新问题也开始暴露，未来风险不容忽视。

（一）宏观经济低速回暖

2017年，日本经济保持低速增长态势，实现了低水平下的“持续景气”。据国际货币基金组织（IMF）预测，日本2017年实际国内生产总值（GDP）增长率预期增幅为1.5%。[①]

总体来说，2017年日本宏观经济数据表现良好。实际GDP方面，一季度日本实际GDP环比增长0.3%（年化增1.0%），二季度实际GDP环比增长0.6%（年化2.5%），三季度实际GDP环比增长0.5%（年化增2.2%）。[②] 根据日本内阁府数据，日本景气扩张时间从2012年12月起到2017年9月达到58个月，超过1965年11月起持续57个月的“伊奘诺景气”[③]，成为战后第二长，具体表现为出口企业业绩改善、就业增加、股价上涨。根据日财务省数据，2017上半年度（4月至9月）出口总额达38.3万亿日元（约合3390亿美元），同比增长12.8%，为2010上半年度以来的最高水平，[④] 东证主板市场上市企业2017财年一季度净利润总计比上年同期大增32.6%。有效求人倍率8月升至1.52倍，大学生春季就业率达97.6%。[⑤] 2017年11月9

---

① IMF，World Economic Outlook，2017年10月。

② 日本内阁府：「四半期別GDP速報」，2017年11月15日。

③ 伊弉诺景气，指的是日本经济史上自1965年11月起连续57个月的经济景气扩张。

④ 日本财务省：「平成29年上半期分貿易統計」，2017年7月20日。

⑤ 日本厚生劳动省：「平成28年度（2016年度）大学等卒業者の就職状況調査」，2017年5月19日。

日，日经股指25年来首次突破23000点。

日本经济增长得益于国内宽松的货币环境和全球经济向好。“安倍经济学”实施5年多以来，持续的大规模货币刺激和财政刺激政策导致日元贬值、利率下降，一定程度为经济发展营造了良好条件。日元汇率从1美元兑换约85日元一度变为125日元，近期基本维持在110日元左右，长期利率则在0%左右。弱日元和低利率刺激访日外国游客消费增加及外国投资收益增长。海外游客方面，根据日本观光厅数据，2017年1—9月访日外国游客的购物等消费额累计达3.27万亿日元（约合290亿美元），7—9月的消费额同比增长26.7%，达1.23万亿日元（约合109亿美元），[①] 创季度最高纪录。外国投资方面，2017年上半年，海外对日直接投资增长9902亿日元（约合87.6亿美元），股权投资增长5678亿日元（约合50.2亿美元），中长期债券投资增长4.14万亿日元（约合336亿美元）。全球经济稳健增长进一步拉动经济增长，2017年上半年，日本经常项目顺差（货物、服务贸易及投资）同比增长0.3%，达10.51万亿日元（约合930亿美元），[②] 创2008年次贷危机以来新高。

（二）结构性矛盾难以消除

此次景气周期有动力不足、表现平庸的一面。一是经济增速较低。此次景气周期平均经济增长率为1.1%，相对“伊奘诺景

① 日本国土交通省观光厅：「訪日外国人消費動向調査（平成29年7—9月期の調査結果）」，2017年10月18日。

② 日本财务省：「平成29年上半期中国際収支状況の概要」，8月8日。

气”的10%和“泡沫景气”[①]的5%属于低水平增长。二是通胀目标难以达成。通货膨胀率虽然摆脱了负增长，但9月消费者物价指数（生鲜食品除外）仅同比上升0.7%，[②]未达到央行2%的通胀目标。央行起初计划用两年左右时间实现通胀目标，但至今已6次推迟达成时间，政府信用遭受质疑。三是潜在增长率持续低迷。根据日本日生研究所测算，2017—2027年日本的潜在增长率不到1%，[③]实际增长率围绕潜在增长率波动，这意味着今后日本经济增长动力不足、压力增大。

平庸增长还有日本劳动市场、企业制度和发展信心等深层次结构原因。一是劳动市场存在结构性问题。一方面，日本少子老龄化不断加剧，导致社会保障费用膨胀和有效劳动力供给不足，1.52倍有效求人倍率意味着3个岗位只有2人应聘；另一方面，日本劳动市场越来越二元化，全职和兼职工作对应不同的工作条件和报酬，“同工同酬”原则因税收制度和企业意愿等原因还未得到全面贯彻，这也是日本贫富差距扩大和企业员工平均收入难以增加的原因之一。二是企业制度缺乏创新。终身雇佣和年功序列薪酬体系虽然保障员工的工作稳定性，但由于不能轻易解聘老员工，企业难以减少冗员，因此日本人才的流动性极低，知识密集型企业生产力低下。另外由于面临市场激烈竞争和新技术冲击，日本的生产组织方式也出现变化，企业纷纷转向重视股东利

① 泡沫景气，指日本经济史上从1986年12月开始以资产价格上涨为主要特征的连续51个月的经济景气扩张。

② 日本总务省统计局：「2015年基準消費者物価指数（平成29年9月分）」，2017年10月27日。

③ 日生研究所：「中期経済見通し（2017～2027年度）」，2017年11月08日。

益，经营层逐渐将长期经营的理念转向唯利益论，更加关注短期财务报表，质量管理意识趋于淡薄，近期日本“神户制钢”“斯巴鲁汽车”等丑闻事件即是明证。三是日本企业和民众对未来信心不足。2017年日本企业效益良好，留存收益增加，但对未来的担忧导致企业增加员工薪酬和扩大投资意愿不高，而居民则不愿增加消费，导致日本内需难以扩大。

（三）面临较高系统性风险

首先，金融风险较高。一方面，日本央行导入量宽5年，负债不断加剧，金融系统性风险极高。截至2017年5月底，日本央行资产负债规模首超500万亿日元，占2016年日本名义GDP（536万亿日元）的93%，远超美联储23%占比和欧洲央行28%占比的水平。[①] 出于政策救济，日央行以超低利率买入国债，承担了金融机构负利率损失，账面浮亏高达11万亿日元。另一方面，政府主权信用评级被下调，债务风险积累。2016年度，日税收为55万亿日元，同比减少1.5%，[②] 时隔7年下降；而2017年度预算支出增至97.5万亿日元，[③] 连续5年创历史新高。

其次，财政负担重，实现财政盈余遥遥无期。日本政府计划2019年10月将消费税税率上调至10%，预计会带来5万亿日元左右的税收增额。此项财源原本计划用于减少国家债务，

---

① 日本经济新闻，https：//www.nikkei.com/article/DGXLASDF01H0D_R00C17A6EE8000/？n_cid=SPTMG002.（上网时间：2017年11月14日）

② 日本财务省：「平成28年度租税及び印紙収入決算額調」。

③ 日本财务省：「平成29年度予算のポイント」。

但安倍政府决定拿出其中2万亿来实现“教育无偿化”的竞选承诺，此举被批为讨好选民造成财政整顿滞后。根据日本财务省数据，截至2016年末，日本国家债务总计1066万亿日元，约占GDP的240%。[①] 2020年度实现财政盈余是日本政府向海外表态积极整顿财政的国际承诺，但日本内阁府估算预测，即使实现经济高速增长，到2020年度仍将剩余8.2万亿日元的赤字。[②] 如果日本政府无法兑现承诺，日本国债将失信于国际金融市场。

第三，外部风险加大。目前日本经济对外部市场依赖严重，制造业海外生产比率超24%，企业海外销售占比近60%。近期日本资本市场受朝鲜半岛局势影响波动频繁，紧张局势易引发市场恐慌。美国总统特朗普11月访日期间，在要求日本首相安倍晋三纠正两国贸易不平衡时，曾称“希望尽快得出可见的结果”。美日经济对话或将围绕汽车与农产品等，要求日本进一步开放市场。美国是日本最大对外投资国和第二大贸易伙伴国，若出现摩擦将显著影响日本外部经济环境。

目前，美国已经进入加息通道，欧洲也正逐步退出量宽政策，安倍政府虽借“量宽”等政策取得一定经济成果，但经济结构改革见效慢，未来如何摆脱“刺激”依赖实现稳定健康增长仍是重要课题。

---

① 日本经济新闻，https://www.nikkei.com/article/DGXLASFS10H55_Q7A210C1EE8000/.（上网时间：2017年11月14日）

② 日本内阁府:「中長期の経済財政に関する試算」，2017年7月18日。

三、积极防守的务实外交

安倍第二次执政以来，日本外交在美国实施“亚太再平衡”战略前提下，进行了多方布局和重点突破，提出了“俯瞰地球仪外交”“积极和平主义”等构想。2017 年，日本预感到特朗普的“美国第一”和贸易保护主义倾向可能给地区和世界格局造成变化，从而给其外交带来挑战，展开了“积极防守”外交。日本主要从加强安全合作、主推“印太战略”、续扛自贸大旗方面入手，努力维护既有外交局面，降低环境变化负面影响。

（一）深化日美安全合作，稳固日美关系基础

2017 年，特朗普上台后，日本将确认美对日安全承诺等作为外交重中之重。两国不仅很快确认了旧有军事同盟关系，还以实际行动深化了两国军事合作。2 月，美防长马蒂斯首访日本时，不仅未要求日承担更多驻日美军军费，还重申了“钓鱼岛适用于《美日安保条约》第 5 条”，赞扬日本是“盟国分担驻军费用的典范”。[①] 安倍访美期间，双方发表共同声明重申了《日美防卫合作指针》仍是双方军事合作的重要纲领。[②] 5 月，自卫队军舰首次为美舰护航，这是《日美防卫合作指针》从纸面至实践的关键一步。8 月，日美召开了特朗普时代的首次“2 +2”

---

① 「防衛分担『日本お手本』米、駐留経費増額には触れず　防衛相会談」，《朝日新闻》，2017 年 2 月 5 日。

② 外務省：「共同声明」，http：//www. mofa. go. jp/mofaj/files/000227766. pdf。（上网时间：2017 年 12 月 5 日）

会议，出台共同声明，明确双方将制订强化同盟的具体办法与行动方案。日本外务省官员表示“终于站在了（强化同盟）起跑线上，今后将开始实质性的联合协商”。[①] 当前，日本出动舰、机为美军护航已常态化，日美围绕如何部署宙斯盾舰等问题也进行了密切协调。[②] 2017 年，强化日美安全合作是日本稳固对美关系的重要手段，也是日美关系的“压舱石”。

此外，日本还继续强化了对东盟安全援助。不仅继续推进援助越南等国巡逻船事宜，还修改了法律，允许将自卫队旧装备无偿转让给发展中国家。预计菲律宾、马来西亚将成为首批受益者。[③]

（二）主推“印太”战略，试图打造地区秩序

“自由与开放的印太战略”（以下简称“印太战略”）是 2017 年日本着重强调与推广的外交理念，并用该战略替代“俯瞰地球仪外交”与“积极和平主义”。[④]

一方面日本主推印太战略的首要原因是应对美国对外政策变化。日本担心美国不再重视亚太，因此希望强化与其他大国，如印度的合作。早在 2016 年，日本政府内就存在着“如果表示

---

① 「『2プラス2』安保協力拡大へ日本の役割具体化　北の脅威増大、米依存脱却へ」，「产经新闻」网站，http：//www. sankei. com/politics/news/170818/plt1708180007 – n1. html。（上网时间：2017 年 12 月 5 日）

② 「日米　対北連携を緊密化　防衛相会談　イージス艦運用など」，「读卖新闻」，2017 年 10 月 24 日。

③ 「海自練習機、フィリピンに無償で譲渡」，「日本经济新闻」，2017 年 10 月 26 日；「防衛省、マレーシア向け哨戒機無償譲渡、推進チーム発足」，「日本经济新闻」，2017 年 11 月 6 日。

④ 外務省：「平成 30 年度外務省所管予算概算要求の概要」，http：//www. mofa. go. jp/mofaj/files/000285157. pdf。（上网时间：2017 年 12 月 5 日）

‘美国不是世界警察’的特朗普执政，那么与印度合作的重要性将增加”的看法。[①] 另一方面，日本也试图集各国之力“留住美国”。日本领导人向美方多次说明“印太战略”[②]，日、美、印、澳四方会晤的想法也出自日方提议。[③] 其次，日本希望抵消中国建设“海上丝绸之路”对其安全所谓的“不利影响”，并促进基础设施出口。近期，日本高官多次提及“海上丝绸之路”可能的“不利影响”。外相河野太郎与国际协力机构理事长北冈伸一先后表示对中方获取港口运营权后对日本等国采取排他性措施的“担忧”[④]。这种“担忧”背后有“海上丝绸之路”与日本能源进口航线重合的背景，也有希望借抹黑中国促进本国基建出口的打算。在外交预算文件[⑤]、日美会谈[⑥]以及记者会[⑦]上，日本强调

---

① 「日印協定、核の矛盾残す　NPT 非加盟国に原発輸出可能　中国意識、協力強化を優先」，「朝日新闻」，2016 年 11 月 12 日。

② 「［スキャナー］日米首脳　対北『完全に一致』　防衛力強化アピール」，「读卖新闻」，2017 年 11 月 7 日。

③ 「日米、豪印と連携強化、『インド太平洋戦略』推進、トランプ氏きょう来日」，「日本经济新闻」，2017 年 11 月 5 日。

④ 「河野外相『いきなり説教された』　中国の批判振り返る」，「朝日新闻」，2017 年 11 月 18 日；「ASEAN50 年と一帯一路——北岡伸一・国際協力機構理事長、日本、自主・自立・統一支援を（経済教室）」，「日本经济新闻」，2017 年 11 月 14 日。

⑤ 外務省：「平成 30 年度外務省所管予算概算要求の概要」，http：//www.mofa. go. jp/mofaj/files/000285157. pdf。（上网时间：2017 年 12 月 5 日）

⑥ 外務省：「日米首脳ワーキングランチ及び日米首脳会談」，http：//www.mofa. go. jp/mofaj/na/na1/us/page4_ 003422. html。（上网时间：2017 年 12 月 5 日）

⑦ 外務省：「河野外務大臣臨時会見記録（平成 29 年 11 月 8 日（水曜日）18 時 20 分　於：ベトナム・ダナン）」，http：//www.mofa. go. jp/mofaj/press/kaiken/kaiken4_ 000593. html。（上网时间：2017 年 12 月 5 日）

强化互联互通、整备基础设施可促进地区繁荣稳定，是印太战略的重要部分。

三是保持海洋问题热度。南海问题热度下降后，再借此强调“航行自由”难获共鸣。日本转而强调“航行自由”对印太的重要性，安倍表示印度洋与太平洋是“国际公共财产”，维持海洋秩序极端重要。[①] 外相河野太郎则直接将“航行自由”视为印太国家发展经济的“国际公共产品”。[②]

由此，日本在政治、安全、经济方面推广并试图细化“印太战略”。首先，日本成功促使美国认可“印太战略”。日美首脑在11月6日举行的会谈中达成以下共识：双方确认基于国际法自由且开放的海洋秩序是国际社会稳定与繁荣的基础，要求所有国家尊重航行、飞越自由及按照国际法合法利用海洋，强调印太地区作为世界活力核心的重要性。日美将联合推进“自由与开放的印太战略”，主要政策有：普及与确立国际法治、航行自由等基本价值观；强化互联互通以促进经济繁荣；采取帮助构建海上执法能力等举措以促进和平与稳定。

其次，促成建立美、日、印、澳四国对话机制并扩大“印太朋友圈”。在日本提议下，美、日、印、澳四国于11月举行

---

① 「日仏、海洋安保で協力確認、首脳会談、米英含め共同訓練」，「日本经济新闻」，2017年3月21日；「日米、豪印とインド太平洋戦略で連携へ、対中国、けん制・協力使い分け」，「日本经济新闻」，2017年11月7日。

② 外務省：「河野外務大臣臨時会見記録（平成29年11月8日（水曜日）18時20分　於：ベトナム・ダナン）」，http：//www.mofa.go.jp/mofaj/press/kaiken/kaiken4_000593.html。（上网时间：2017年12月5日）

了局长级对话，讨论了朝核、反恐、海洋秩序等议题。[①] 除此之外，日本领导人在与印太各国首脑会晤时，也频频从维护海洋秩序与安全合作的角度提及该战略。

第三，宣称从“印太战略”视角开展援助。日本领导人宣布今后3年将为印太地区国家强化海洋安全能力提供共约5亿美元的援助，[②] 但实际部分援助内容早已确定。外务省在制订ODA方针时也宣称将细化“印太战略”，为强化国际法治与互联互通开展援助。[③]

第四，与相关国家联合推进基础设施出口。9月，安倍在访问印度与莫迪进行首脑会谈时表示，“日印合作强化地区互联互通，具有重要战略性意义，希望从东南亚到非洲能出现具体案例”。[④] 日本政府打算支持日印企业联合参加斯里兰卡科伦坡港扩建与运营权招标。[⑤]

目前来看，“印太战略”将成为日本在今后一段时间内的首要外交政策，但具体内容尚待充实。尤其是美、日、澳、印四国合作将深化至何种程度，如能否联合推进基建出口，能否共同为其他国家提供海警或海军援助，仍有待观察。

---

① 外務省：「日米豪印のインド太平洋に関する協議」，http：//www. mofa. go. jp/mofaj/press/release/press4_ 005249. html。（上网时间：2017年12月5日）

② 「日米外務・防衛相協議、記者会見の要旨」，「日本经济新闻」，2017年8月18日。

③ 外務省：「平成30年度外務省所管予算概算要求の概要」，http：//www. mofa. go. jp/mofaj/files/000285157. pdf。（上网时间：2017年12月5日）

④ 「日印首脑会談の要旨」，「日本经济新闻」，2017年9月15日。

⑤ 「アジア港湾権益、日中競い合い、JICA、要衝地で出資、中国、一帯一路を推進」，「日本经济新闻」，2017年6月8日。

（三）重整美、日、欧合作，续推“经贸大三角”

特朗普上台后，美国参加的多边自贸谈判相继搁浅，日本企图拉欧美共建“经贸大三角”的构想受挫。但日本对自由开放的海外市场依赖度不减，对 AI、IoT 等新领域的定标定规权更加渴望。因此，日本在特朗普时代对美规避摩擦，对其他国家则仍高举自贸大旗，试图建立高标准自贸区范式。

一是努力规避美日贸易摩擦。特朗普将美对日贸易赤字视为“损失”，质疑日本借量宽压低汇率。2 月，安倍访美时，同意开展由麻生太郎和彭斯领衔的双边经济对话，展示出愿共同解决贸易不平衡问题的积极姿态。最终特朗普未就贸易问题批评安倍，同意将汇率问题交由双方财长另行讨论，日本“以合作掩分歧”策略初见成效。4 月和 10 月，美日举行两轮高层经济对话，将共同制定贸易与投资规则、协调宏观经济与结构性改革政策、改善特定领域的商业关系以创造就业定为三大合作框架。[①] 日本主动对美“适度让利”，如放宽对美汽车的进口检查手续、承诺产地标志保护制度的“透明和公正性”。由此，日本暂时得以避免与美启动双边 FTA 谈判，但贸易失衡并未得到解决，2017 上半年度（4—9 月）日本对美贸易顺差同比增长 8.7%。[②] 11 月特朗普会见安倍时，再次批评日本市场封闭，甚至明确要求日本从美增购军备。可见美日经济关系仍不稳定。

---

① 「『貿易』『経済協力』『雇用』の3 本柱で協議　通商政策の思惑に違いも年内に2 回目開催へ」，「产经新闻」，2017 年 4 月 18 日。

② 「日本上半年度对华出口创新高 对美顺差或引发不满」，共同社中文网，2017 年 10 月 19 日。

二是以日欧EPA框架协议间接促美政策转向。日欧2013年启动EPA谈判，迟迟未能按计划谈妥。美国退出TPP加深了日欧对贸易保护主义恐惧，也加速了谈判进展。日本为促美修正政策，急于展示谈判成果，做出部分关键性妥协。如降低铁道领域准入标准，向欧企开放“地方核心城市”公共项目的政府采购等。2017年7月，日欧EPA谈判达成框架协议。日欧间超95%的贸易品类将最终撤销关税，力度可与TPP媲美。日欧EPA最快将于2019年生效，产生占全球人口8.6%、GDP 30%的大型自贸圈。[①] 在达成“框架协议”后，日方又为实现年内谈妥目标，再就投资纷争解决机制等让步。[②]

三是挽救TPP协定，达成CPTPP框架协议。2017年1月，特朗普决定退出TPP，使TPP名存实亡。美国正式宣布退出后，日本便力促在尽可能少修改原协定文本的前提下，推动TPP在剩余11国率先生效。5月以来，日本积极穿梭游说，主持召开三次高级别磋商，将各国提出的50余项冻结要求缩至20项，最终勉强保住TPP框架。11月，11个原TPP成员国在美国退出后重新达成框架协议，并计划2018年正式签署，力争2019年生效。新协定改名为“全面且先进的跨太平洋伙伴关系协定”（CPTPP），冻结旧协定中知识产权保护等20项内容，并允许新协定生效后在“明确美国即将加入或不可能加入”的情况下修改部分贸易规则。各国GDP、人口、贸易额全球占比，较原协

① “日欧自贸协定能带来哪些影响”，日经中文网，2017年7月7日。

② “详讯：日欧部长电话会谈确认争取年内谈妥EPA”，共同社中文网，2017年11月15日。

定分别由 37.5%、11.3% 和 25.7% 降至 12.9%、6.9% 和 14.9%。[①] CPTPP 影响力远不及 TPP，但仍将成为日本在应对美日 FTA 谈判、“区域全面经济伙伴关系协定（RCEP）”、中日韩 FTA 等亚太地区的自贸谈判时的有力杠杆。

四、中日关系企稳向好

2017 年是中日邦交正常化 45 周年，2018 年是中日和平友好条约缔结 40 周年。2017 年以来，中日通过多层次、宽领域的交往积累互信，增进了友好氛围，双边关系总体保持稳定。但由于日本对华仍存两面心态，两国关系发展尚面临不少干扰和挑战。

（一）在多层次对话基础上积累互信

中日关系稳定、健康发展的前提是维护好政治基础。2012 年两国关系陷入低谷后，重新积累政治互信的意义更加凸显。2017 年，日方改善关系的意愿较为强烈，中日高层会晤也围绕稳定大局、推进关系发展展开。7 月以来，两国领导人举行了三次会晤，在二十国集团领导人汉堡峰会及亚太经合组织第二十五次领导人非正式会议上，习主席与安倍首相会谈。其后，李克强总理在东盟与中日韩领导人会议（10+3）期间，也与安倍举行了会谈。此前，5 月的“一带一路”峰会上，安倍派自民党高层参会，并向习主席递交亲笔信，表达日方增强经贸投资合作，探讨在第三方市场、互联互通以及“一带一路”框架内合作意愿。

① “TPP11 达成框架协议”，日经中文网，2017 年 11 月 10 日。

9月底，安倍出席中国驻日大使馆主办的庆祝中日邦交正常化45周年及国庆招待会，表达2018年访华意愿。[1] 两国执政党、议会及各部门、各领域的交流也取得积极进展，就面向未来，巩固中日关系的社会和民意基础，增进政治互信和开展务实合作，深化政策沟通和治国理政交流经验。

事务级磋商则在政策沟通、防控风险层面发挥作用。5月底，中日第四次高级别政治对话如期举行，就两国关系中的一些重大原则问题达成共识，并就地区热点问题交换意见。2016年11月和2017年10月，中日举行了第十四轮和第十五轮安全对话会议，说明、介绍各自外交与安全防务政策，并就国际和地区安全形势交换意见。12月初，中日就海洋政策展开高级别事务磋商，围绕海洋政策及海洋法、海上防卫、执法与海上安全、海洋经济等领域展开磋商，沟通政策，管控风险，化解分歧，寻找合作。

（二）经贸活跃度增加，探索合作增长点

2017年中日贸易额扭转了近几年下跌趋势，上半年，中日贸易总额较上年同期增长9.1%，为1552.6亿美元，时隔两年转为增加。其中，日本对华出口增长15.8%，为768.7亿美元，是2011年以来首次实现两位数增长。从具体行业看，机械出口金额同期增长23.4%，半导体、集成电路等制造业机器增长35.7%。日本自中国进口也微增3.3%，为783.9亿美元。[2] 对华投资方面，2016年日本对大陆直接投资执行额为31.1亿美

---

① 共同社，2017年9月28日。

② 「2017年上半期の日中貿易」，日本贸易振兴机构，2017年8月。

元，有所增长，但相较2012年仍减少了57%，较明显地反映了近几年两国关系状态。受经济活力增加影响，两国经济界往来也趋于活跃，6月中国贸促会及环保产业协会与日本经团联、贸易振兴机构（JETRO）等时隔6年再次共同举办“绿色博览会”，并召开350人规模的大型研讨会推动相关领域合作。[①] 11月中旬，中日举行了第十二次经济伙伴关系副部级磋商会议。随后，日中经济协会、经团联及日本商工会议所等日本经济团体联组“史上最大规模”代表团访华，商讨新形势下发挥彼此优越性、推动两国经济合作之策，并获李克强总理接见。随着中国消费者购买力增强及跨境电子商务等迅猛发展，更多日企对与中国合作期待增加。2016年9月JETRO举行“2016年度亚洲、大洋洲海外日企情况调查”，今后1—2年间有意“扩大在华业务”的企业占受访企业四成，时隔3年呈上升趋势。日方看好中国的电动汽车、人工智能技术创新等领域市场，对中日在节能、医疗、教育等领域合作意愿增强。

（三）民间交往有回暖迹象

民间交往是中日关系的社会基础和重要风向标。尽管近年舆论调查显示中日国民彼此好感度有所降低，但总体上，双方国民仍有增进相互了解的意愿。2017年既是中日邦交正常化45周年，又逢“7·7事变”、南京大屠杀80周年纪念，为共同牢记历史、展望未来提供契机。7月，日本“不战士兵市民之会”、日中友好8·15之会、关东日中和平友好会、继承抚

① “环境领域推进中日间合作”，《经团联》月刊，2017年8月。

顺奇迹之会等日本民间友好团体与中国驻日使馆联合举办“7·7事变”纪念大会。8月底，中日大学生千人交流大会在北京举行。9月初，日本前政要及对华友好团体人访华，参加中日友好团体及两国各界人士300余人在人民大会堂举行的纪念中日邦交正常化45周年招待会。10月，中日合作举办的“熊猫杯”全日本青年征文大赛获奖者访华团，先后访问了北京、上海、南京等地，参观了侵华日军南京大屠杀遇难同胞纪念馆，与中国青少年进行交流互动，增进了日本青少年对中日关系的全面认识。两国地方交流也成为推进关系的重要渠道，增进了地方间的务实合作。如为推动“新一轮东北振兴”，促进日本与中国东北地区经济交流，8月地方政府与日本经济界举行了高层广泛交流。人员往来方面，日本访华人数高峰期已过，但2016年仍维持在250余万人，而中国访日人数不断更新纪录，2016年达637万人。

（四）负面因素仍干扰中日关系稳定改善

2017年中日关系在总体企稳的同时，也受到不同程度干扰，杂音持续不断。1月初，日本驻台湾办事窗口“交流协会”改名为“日本台湾交流协会”，在台湾问题上打“擦边球”。3月，日本总务副大臣赤间二郎访问台北，出席“日本台湾交流协会”主办的相关活动。他是自1972年以来日本访台的最高级别官员，此举严重背离中日四个政治文件精神和日本在台湾问题上的承诺。6月，日本政府发布《小学学习指导纲要解说》，要求在中小学社会课程中讲授“尖阁诸岛（我钓鱼岛）是日本固有领土”“不存在领土争议”等内容，公开否定历史和现实，以错误的历史观教育年轻一代。此外，2017 年日本新版《外交蓝皮书》《防卫白皮书》均罔顾事实，无端指责中国维护海洋权益的正当行动。安倍虽多次表示要改善中日关系，但日方在落实中日互为合作伙伴、互不构成威胁的战略共识上仍缺乏实际行动和具体政策。

（审订：胡继平）

第二十三章 莫迪倾力打造“新印度”*

2017年，任期过半的印度总理莫迪提出建设“安全、繁荣和强大”的“新印度”，① 并以此为核心推进各项工作。政治上全面备战2019年全国大选，对连选连任志在必得；经济上落实税改，制定15年发展规划，应对增速放缓风险；外交上主动出击，塑造印度“领导国”而非“平衡者”的大国地位和影响；安全上内外示强，“绝对安全”难言安全。

一、政治上强化印人党“一超独大”

莫迪领导的印度人民党（简称“印人党”）在2017年取得重大突破，以绝对优势赢得关键的北方邦选举，稳坐“一超独

---

* 本章撰稿人：李莉、张书剑、王瑟。

① “PM's address to the Nation from the ramparts of the Red Fort on the 71th Independence Day”, Prime Minister's Office, Government of India, 15 August 2017, http://www.pmindia.gov.in/en/news_updates/pms-address-to-the-nation-from-the-ramparts-of-the-red-fort-on-the-71th-independence-day/?comment=disable.（上网时间：2017年11月28日）

大”的优势地位，为2019年莫迪连任赢得先机。与此同时，印人党施政纲领中的印度教民族主义色彩日益浓厚，蚕食世俗主义传统，不断引发社会争议。印人党能否在藏红花色[①]的道路上完成历史性连任值得关注。

（一）地方影响高歌猛进

莫迪领导的印人党延续自2014年执政以来的上升势头，在2017年高歌猛进，创造印人党史上的最快扩张速度。2017年3月印人党在拥有“大选风向标”之称的北方邦选举中取得历史性胜利，取得该邦议会403个议席中的312席，创造了自1980年以来单个政党在该邦议会中获得的最大席位数。北方邦人口约2亿，在印度上下两院中拥有最多议席。印人党夺得北方邦不仅有利于逐步增加自己在联邦院（议会上院）的席位数，为续推改革减小阻力，更为莫迪备战2019年全国大选奠定坚实基础。[②] 2017年7月，比哈尔邦首席部长尼蒂什·库马尔（Nitish Kumar）宣布脱离反对派阵营，率人民党（联合派）加入印人党领导的“全国民主联盟”（NDA）。库马尔曾在2015年比哈尔邦议会选举中领导反对派联盟击败由莫迪亲自挂帅的印人党，一度被在野党视做下届总理之位的有力竞争者。此次“易帜”不仅使反对派遭遇重挫，更使印人党阵营将人口过亿的比哈尔邦收入囊中，政治版图再创历史新高。印人党及其盟友执政邦的总人口

---

① 印度教标志性颜色。

② 《印度人民党在人口最多的北方邦赢得地方选战》，新华网，2017年3月12日，http：//news.xinhuanet.com/world/2017－03/12/c_1120613068.htm。（上网时间：2017年11月12日）

已占印度全国人口七成，3 个人口过亿的“超级大邦”（北方邦、马哈拉施特拉邦、比哈尔邦）均在其阵营之中。[①]

（二）提前布局 2019 年大选

在地方政治版图迅猛扩张的背景下，印人党着力为 2019 年大选连任布局谋划。2017 年 8 月，印人党主席阿米特·沙阿在党内高层会议上提出“使命 350”计划，要求印人党在 2019 年人民院（议会下院）选举中确保 350 个议席。在完成印人党占优地区候选人席位分配的同时，沙阿希望在未来三年内确保印人党候选人“开拓”113 个此前从未赢取的选区。印人党要求候选人每隔 3—4 个月走访所在选区，拜访当地知识分子、社区领袖与工农群体代表，同时注意自身形象，避免使用公车、入住高级酒店。[②] 此外，印人党继续拉拢地方政党，借联盟政治阻止以国大党为首的反对派形成“反印人党大联盟”。在力量相对薄弱的东部与南部地区，印人党依靠国民志愿服务团（RSS）等外围力量，借宣传印度教民族主义（Hindutva）意识形态培养各地后备人才，实现印人党在全国范围内的扩张。

与此同时，印人党在中央的权力地位不断巩固，为胜选创造有利条件。2017 年 7 月，全国民主联盟提名候选人拉姆·纳特·考文德（Ram Nath Kovind）在总统选举中击败竞争对手，出任印度第 14 任总统。8 月，全国民主联盟提名候选人文卡

---

① “As saffronspreads across India, 2019 poll prospects look rosy for BJP,” *The Times of India*, 27 July 2017.

② “‘Mission 350’: BJP casts its net wide for 2019 polls,” *The Hindu*, 23 August 2017.

亚·奈杜（Venkaiah Naidu）又在副总统选举中获胜。同月，印人党首次取代国大党成为联邦院第一大党（58 席），全国民主联盟所拥有议席（121 席）也接近半数。[①] 印人党已在地方与中央两级政治格局中树立牢固主导地位，2019 年大选连任前景看好。

（三）在印度教民族主义和世俗主义间走钢丝

在政治版图扩张、社会根基日益牢固的同时，印人党遵从的印度教民族主义势头高涨，逐渐侵蚀印度长期奉行的世俗主义原则。政治上，印人党任命印度教神庙住持、瑜伽士阿迪提亚纳特（Yogi Adityanath）出任北方邦首席部长，引起社会担忧。阿迪提亚纳特是印度教民族主义的坚定拥护者与激进组织“印度教青年旅”（Hindu Yuva Vahini）的创始人，自 1998 年起担任人民院议员，曾多次发表攻击穆斯林、煽动宗教对立的言论。[②] 经济上，印人党在其治下的各邦陆续出台“禁牛”“禁酒”等宗教色彩浓厚的经济政策，对牛肉加工屠宰、酿酒以及酒店服务等相关行业形成冲击。北方邦大量以牛肉屠宰业为生的穆斯林群体遭受重大打击，部分地区甚至出现以“护牛”为名义的针对穆斯林和达利特（“不可接触者”）群体的暴力行为，造成人员伤亡，引发大规模抗议活动。[③] 社会文化上，阿迪提亚纳特治下的北方

---

① “BJP becomes largest party in Rajya Sabha, surpasses Congress,” *The Times of India*, 5 August 2017.

② “What is Yogi Adityanath’s Hindu YuvaVahini?” *The Indian Express*, 17 May 2017.

③ “India tightens meat industry laws amid fierce protests”, *The Guardian*, 30 May2017, https://www.theguardian.com/world/2017/may/30/india - rocked - by - protests - meat - industry - tighter - laws.（上网时间：2017 年 11 月 12 日）

邦警察成立“反罗密欧小分队”（Anti-Romeo Squad），在公共场所对男女情侣进行盘问与“风纪审查”，引发社会质疑。此外，印人党治下各邦对违背印度教民族主义意识形态的电影予以坚决抵制。根据印度中世纪史诗《莲花公主传奇》（Padmavati）改编的印地语电影，因表现印度教徒与穆斯林间的爱情而被指“亵渎宗教与族群感情”，遭到部分印人党地方领导人的强烈抨击，印人党治下的拉贾斯坦邦、北方邦与哈里亚纳邦等地甚至出现抗议活动，电影主创人员受到人身威胁。①

二、经济上促改革谋发展

现代化和经济强盛是“新印度”的核心支撑。为此，莫迪政府继续在“全民参与、全民发展”的口号下深化改革，正式以“15 年规划”取代“5 年规划”，全面落实税改，营商便利指数全球排名大幅跃升。然而，2017 年印度经济表现却不如预期，增速意外萎缩，或表明其改革效果的不确定性和发展前景的曲折性。

（一）发展蓝图雄心勃勃

2017 年 4 月下旬，莫迪亲自主持印度国家转型委员会（前身为“计划委员会”）理事会会议，讨论由国家转型委员会负责起草的 15 年规划，包括 15 年愿景、7 年中期战略和 3 年行动计

① “Padmavati Why a Bollywood epic is facing fierce protests”, *BBC*, 21 November 2017, http://www.bbc.com/news/world-asia-india-42048512.（上网时间：2017 年 11 月 21 日）

划共3个文件，标志过去的5年规划制度被废除。会后，《印度3年行动计划（2017—2018至2019—2020）》正式公布。根据相关报道，莫迪“新印度”的发展愿景大体分为以下几个阶段：（1）3年行动计划意在实现一些短期目标，为“新印度”奠定基础，力争2022年印度独立75周年时基本实现脱贫，农民收入翻番，制造业和服务业双轮驱动，创造更多高产出、高收入的就业。[①]（2）未来15年，印度经济争取保持年均8%的增长速度，到2031—2032年，印度GDP增长3倍，由2015年的2.1万亿美元增至7.25万亿美元，城镇居民也将由目前的2.2亿增长到6亿人。届时，老百姓将住有所居（住上有电、有数字网络和有卫生间的房子）、病有所医、行而有路（建成现代化公路、铁路、水运、空运网络）、乐有所享（买得起汽车或摩托车以及空调等白色家电，并拥有山青水秀、村丽城美的清洁印度）。[②]（3）2047年印度独立100年时建成“伟大印度”，印度经济位居世界前三甲。[③]

为实现上述目标，莫迪表示将采取如下步骤：一是继续各项改革，推进“印度制造”“数字印度”“技能印度”“初创印度”

① *Three Year Action Agenda, 2017 - 18 to 2019 - 20*, NITI Aayog (National Institution for Transforming India), Government of India, pp. 2 - 3, http://niti.gov.in/writereaddata/files/coop/India_ ActionAgenda.pdf.（上网时间：2017年11月8日）

② "300 'mantras' for 'New India': Here's how NitiAayog plans to realise PM Modi's vision by 2032", *Financial Express*, 24 April 2017.

③ "Vice Chairman's Presentation on New India @ 2022", NITI Aayog (National Institution for Transforming India), Government of India, 22 October 2017, http://niti.gov.in/writereaddata/files/new_ initiatives/NITI%20VC%20Presentation%20Governors%20Conference_ Oct12_ En.pdf.（上网时间：2017年11月8日）

“智慧城市”等建设，加强基础设施建设，实现区域间平衡发展。[①] 二是发展“竞合式联邦主义”，改革过去自上而下、一刀切式的发展模式，鼓励地方政府走到改革的前台。一方面加强中央与地方的合作，合力推进改革；另一方面，推动地方间在发展上的竞争，以竞争促进发展。[②] 三是坚持“小政府、大治理”现代化管理理念。[③]

（二）统一税制意义非凡

2017 年 7 月 1 日，印度启动独立以来最大规模税改，建立全国统一的商品及服务税（GST）税收体系，被认为是莫迪上台以来经济新政所取得的首次重大突破。[④] 新税有 5%、12%、18% 和 28% 四种税率和多种免税例外，长期看有助于统一印度市场、扩大政府收入、降低企业运营成本，印度 GDP 有望因此增长 1—2 个百分点。首先，GST 将实现“一个国家、一个市场、

---

① “PM's address to the Nation from the ramparts of the Red Fort on the 71th Independence Day”, Prime Minister's Office, Government of India, 15 August 2017, http://www.pmindia.gov.in/en/news_updates/pms-address-to-the-nation-from-the-ramparts-of-the-red-fort-on-the-71th-independence-day/?comment=disable.（上网时间：2017 年 11 月 8 日）

② *Three Year Action Agenda, 2017-18 to 2019-20*, NITI Aayog (National Institution for Transforming India), Government of India, p. 117, http://niti.gov.in/writereaddata/files/coop/India_ActionAgenda.pdf.（上网时间：2017 年 11 月 8 日）

③ “PM's address at the Ease of Doing Business event,” Prime Minister's Office, Government of India, 4 November 2017, http://www.pmindia.gov.in/en/news_updates/pms-address-at-the-ease-of-doing-business-event/?comment=disable.（上网时间：2017 年 11 月 8 日）

④ *Country Report: India*, Economist Intelligence Unit, 21 August 2017, p. 44.

一种税率"[①] 的目标。长期以来，印度实行中央、邦和地方三级征税制度，共有 17 项，税制复杂，市场呈碎片化。此次税改后，印度将真正实现单一大市场，不仅便利企业跨邦交易，也将提升印度市场对国际资本的吸引力。其次，降低物流成本，提升效率。统一税制后，邦与邦交界处的货运检查站随之取消，运输效率可提升近 30%，估计可为企业节约成本 140 亿美元。[②] 同时，商品供应格局也将改观，形成辐射状仓储和物流网络，改变过去基于少纳税考虑的零散布局。[③] 再次，有助非正规经济正规化。GST 的退税制度有望促使非正规经济部门注册为正规经济部门，否则将失去企业竞争力。目前，印度的非正规经济部门贡献了 GDP 的 50%，并吸收了 80% 的就业。[④] 这些部门一旦正规化将扩大纳税基础，从而增加政府税收。2017 年 10 月，印度营商便利指数排名比上年跃升 30 名，进入全球"百强"，莫迪政府认为这是世界银行对其改善电力供应、保护中小投资者等改革举措的肯定。由于该排名尚未考虑 GST 因素，预计 2018 年印度营商

---

① "GST rollout: New India will create one tax, one market and for one nation, says Arun Jaitley," *The Indian Express*, 1 July 2017.

② "India launches new economic era with sales tax reform," *Reuters*, 1 July 2017, https://www.reuters.com/article/us-india-tax/india-launches-new-economic-era-with-sales-tax-reform-idUSKBN19L2UM.（上网时间：2017 年 11 月 8 日）

③ *Country Report: India*, Economist Intelligence Unit, 21 August 2017, p. 43.

④ "The flip side of GST: its impact on the informal economy," *Livemint*, 22 June 2017, http://www.livemint.com/Money/Hr30Wh3Bg3MAyelpa7bOXM/The-flip-side-of-GST-its-impact-on-the-informal-economy.html.（上网时间：2017 年 11 月 8 日）

便利指数排名会有进一步提升。[①]

(三) 发展阻力不容小觑

尽管莫迪对发展愿景信心满满，改革举措也有重大突破，但2017年的经济数据却不给力，凸显印度发展在理想与现实间还有较大差距。2015财年[②]和2016财年印度经济增长曾表现亮眼，GDP增速分别为7.9%和7.1%，超过中国同期的6.9%和6.7%，成为全球增长最快的主要经济体。然而，2017财年首季(4—6月)印度GDP增速降到5.7%，是近三年来最低;[③] 第二季度(7—9月)虽回升到6.3%，但仍低于上年同期水平(7.3%)。[④] 国际货币基金组织已将其对印度2017年经济增长预测调降至6.7%，低于中国的6.8%。[⑤] 前财政部长、印人党元老亚斯万特·辛哈(Yashwant Sinha)甚至警告称，"印度经济硬着陆不可避免"。[⑥]

印度经济增长降速主要有三大原因：一是政策不当，核心是

---

① "PM Modi says India may announce tax relief for traders next week," *Reuters*, 4 November 2017, https://in.reuters.com/article/us - india - tax - modi/pm - modi - says - india - may - announce - tax - relief - for - traders - next - week - idINKBN1D40D6.(上网时间：2017年11月8日)

② 印度财政年度始于每年的4月1日、止于次年的3月31日。

③ "India's Q1 GDP growth falls to 5.7%, hits 3 - year low," *The Times of India*, 31 August 2017.

④ "India Q2 2017 - 18 GDP growth rate rebounds to 6.3% as GST jitters recede, but China still leads," *Financial Express*, 30 November 2017.

⑤ "IMF lowers India's growth forecast to 6.7% in 2017," *The Hindu*, 10 October 2017.

⑥ YashwantSinha, "I need to speak up now," *The Indian Express*, 27 September 2017.

"废钞令"给经济带来的负面冲击。2016 年 11 月 8 日，莫迪政府突然宣布废除占流通现金比例高达 86% 的旧版 500 和 1000 卢比纸币。因印度经济活动严重依赖现金支付，此举给生产生活造成严重混乱，特别是对农业和非正规经济部门冲击巨大，私人投资意愿明显减退，2017 年上半年印度就业岗位减少 150 万个。[①] 前总理曼莫汉·辛格从一开始就预言印度经济增速会减少 2 个百分点。[②] 二是改革阵痛，主要是 GST 实施后所带来的短期影响。尽管从长期看 GST 有利印度经济，但初期却暴露一些问题，如简化程度不如预期、报税程序需要熟悉适应、个别行业利益受损等。同时，GST 的推出还与"废钞令"的余威产生叠加效应。2017 年 7 月，印度制造业采购经理人指数 PMI 由上月的 50.9 下降到 47.9，跌破 50 荣枯线，是 2009 年 2 月以来的最低水平。[③] 三是政治干扰，也就是莫迪的经济改革始终受制于政治考量。许多分析家认为，"废钞令"对反腐、打击地下经济、推动数字支付等都影响有限，核心还是通过制约反对党"钱袋子"为印人党赢得北方邦大选助力。[④] 同样，为确保 2019 年全国大选，莫迪

---

① "India's economy in 'downward spiral.' What did Modi get wrong?" *CNN*, 4 October 2017, http://money.cnn.com/2017/10/04/news/economy/india-economy-modi-slowdown/index.html（上网时间：2017 年 11 月 8 日）

② "Manmohan Singh speaks: It's a mess, loot, will cut GDP by 2 per cent points," *The Indian Express*, 26 November 2016.

③ *Country Report: India*, Economist Intelligence Unit, 11 October 2017, p. 34.

④ "GDP heads south: The puzzle is clear; demonetisation was Narendra Modi's success till Uttar Pradesh elections," *IBT*, 31 May 2017, http://www.ibtimes.co.in/gdp-drops-demonetisation-was-narendra-modi-success-till-uttar-pradesh-elections-2017-728913.（上网时间：2017 年 11 月 8 日）

政府在土地征用和劳工法两项重大改革方面也将难有作为，因此难以真正释放增长潜力。

三、外交上力推印度“大国梦”

2017 年印度继续大力推进全面务实的“莫迪外交”，大国与区域外交并举，双边与多边外交协调，强化印度在对外交往中的主导性，彰显大国雄心。

（一）大国外交不遗余力

对美加强关系塑造。美印关系在奥巴马时期发展迅速，双方高层互动频繁，莫迪 8 次会见奥巴马，两国战略共识与合作日趋密切。特朗普上任后，印度继续维持对美外交积极主动态势，实现美印关系顺利过渡。6 月下旬莫迪访美，实现与特朗普首次会面。双方在联合声明中强调紧密的美印关系是维护“印太”（Indo-Pacific）地区和平与稳定的“核心”。[①] 安全合作上，美国将继续按照盟友标准与印度加强先进装备和技术合作，重申对印度加入核供应国集团、“瓦森纳安排”以及“澳大利亚集团”等多边军控组织的支持，印度支持美国以观察员身份加入“印度洋海军论坛”。地区事务上，美欢迎印为促进阿富汗和平做出更大贡献，强化双方在中东事务上的合作，共同谴责朝鲜挑衅行

---

① “Joint Statement-United States and India：Prosperity Through Partnership，” 27 June 2017，http：//www. mea. gov. in/bilateral – documents. htm? dtl/28560/Joint_ Statement_ _ United_ States_ and_ India_ Prosperity_ Through_ Partnership.（上网时间：2017 年 11 月 28 日）

为；双方重申尊重海上自由航行的重要性，呼吁按照国际法和平解决领土和海洋争端，支持通过透明且尊重主权、领土完整、法制和环保的基础设施建设和“负责任的债务融资”来促进地区经济发展。反恐合作上，双方认为恐怖主义是全球威胁，呼吁巴基斯坦防止其领土变成发动恐袭的土壤，承诺继续加强反恐情报共享与行动合作。经贸合作方面，两国承诺继续扩大和平衡两国贸易关系，加强能源合作，增强美国对印度能源和技术出口。2017 年 11 月 13 日，莫迪与特朗普在东盟峰会期间再次会晤，称印美关系正在不断深化、发展非常全面。①

对日深化全面合作。2017 年印度与日本互动频繁，以高铁基建为代表的合作亮点颇多。9 月中旬日本首相安倍晋三访问印度，与莫迪共同出席采用日本新干线技术的孟买—艾哈迈达巴德（孟艾）高铁开工仪式，为日本产业园奠基，并达成多项合作共识。战略上，两国在印太区域协同配合，强化日本“印太战略”与印度“东向行动”对接。基建上，日本承诺为孟艾高铁提供 1000 亿日元的 50 年期政府开发援助贷款，年利率仅为 0.1%，并为支持印度基建等发展项目另外提供 900 亿日元贷款。安全上，双方同意继续推进美、日、印“马拉巴尔”海上联合军演，启动以联合海上警戒为目的的全方位安全合作，加强两国军工产业界交流，重申以国际法和平解决海洋争端。人文交流上，日本

① “Remarks by President Trump and Prime Minister Modi of India before Bilateral Meeting Manila, Philippines,” The White House, 13 November 2017, https://www.whitehouse.gov/the-press-office/2017/11/13/remarks-president-trump-and-prime-minister-modi-india-bilateral-meeting.（上网时间：2017 年 11 月 15 日）

承诺未来5年在印度100个高等教育机构开设日语证书课程，为印度培养1000名日语教师，加强在人力资源培训上的合作。[①]

对俄巩固传统友谊。印度在加强与美、日战略互动的同时继续平行发展对俄关系，巩固两国在能源、经贸、安全与国际事务上的传统合作。2017年6月初，莫迪赴俄与普京举行第18届俄印首脑峰会，达成多项合作协议。能源上，两国签署印度库丹库拉姆核电站三期建设和贷款协议，扩大双方在民用核能与可再生能源领域的合作，在北极和深海合作开发油气资源。经贸上，两国同意推动“欧亚经济联盟”与印度的自贸区谈判，重申推动“北南国际运输走廊”建设。军事上，双方商定共同研发潜艇厌氧动力装置，俄有望对印出口S－400防空导弹系统。国际事务上，俄罗斯重申支持印度成为联合国安理会常任理事国，并表示印度加入上海合作组织有利于维护欧亚大陆和亚太地区的和平稳定。[②] 10月两国在俄远东地区举行首次三军联合军演，印度国防部称此次军演“是印俄防务合作的一次里程碑事件”，将进一步

---

① “India-Japan Joint Statement during visit of Prime Minister of Japan to India,” Ministry of External Affairs, India, 14 September 2017, http://www.mea.gov.in/bilateral-documents.htm?dtl/28946/IndiaJapan+Joint+Statement+during+visit+of+Prime+Minister+of+Japan+to+India+September+14+2017.（上网时间：2017年11月15日）

② “Saint Petersburg Declaration by the Russian Federation and the Republic of India: A vision for the 21st century”, Ministry of External Affairs, India, 1 June 2017, http://mea.gov.in/bilateral-documents.htm?dtl/28507/Saint_Petersburg_Declaration_by_the_Russian_Federation_and_the_Republic_of_India_A_vision_for_the_21st_century.（上网时间：2017年11月15日）

增强两军之间的互信和互通。[①]

对华外交守住底线。2016 年以来，中印关系波动性增大，印度对华竞争性增强，2017 年更因印度边防部队非法越界而导致“洞朗对峙事件”，两国关系陷入低谷。尽管如此，莫迪政府认可中印两国不为敌、中印关系不脱轨的底线，两国对话从未中断，双方经贸和多边合作一如继往。2 月中印举行新一轮战略对话，双方强调拥有广泛共同利益，合作潜力巨大，中印关系健康稳定发展符合两国和两国人民的根本利益。[②] 6 月莫迪在上合峰会期间与习近平主席会晤时表示，中印要深挖合作潜力，加强在国际事务中沟通协调，尊重彼此核心关切并妥善处理分歧。[③] 9 月莫迪来华出席金砖国家领导人厦门峰会，在回应习主席“中印互为发展机遇、互不构成威胁”的论断时称，中印不应视对方为对手，而应使合作成为两国关系主流。[④] 8 月 28 日“洞朗对峙事件”和平解决后，中印边境事务磋商和协调工作机制第十次会议于 11 月中旬举行，双方就边境地区管控问题深入磋商。

① “印度俄罗斯开始首次三军联合军演为期 10 天”，新华网，2017 年 10 月 21 日，http：//news. xinhuanet. com/world/2017 – 10/21/c_ 129723946. htm。（上网时间：2017 年 11 月 15 日）

② “中印战略对话在北京举行”，中华人民共和国外交部，2017 年 2 月 23 日，http：//www. fmprc. gov. cn/web/wjbxw_ 673019/t1440946. shtml。（上网时间：2017 年 11 月 15 日）

③ “习近平会见印度总理莫迪”，人民网，2017 年 6 月 9 日，http：//politics. people. com. cn/n1/2017/0609/c1001 – 29329789. html。（上网时间：2017 年 11 月 15 日）

④ “习近平会见印度总理莫迪”，人民网，2017 年 9 月 5 日，http：//cpc. people. com. cn/n1/2017/0905/c64094 – 29517010. html。（上网时间：2017 年 11 月 15 日）

与此同时，两国经贸联系日益密切，在科技、互联网等新兴领域表现抢眼。以小米为代表的中国科技企业在印相继投资设厂，参与“印度制造”，在提供优质产品的同时也为当地创造就业。[①] 2017 年中国品牌在印度智能手机市场已占据半壁江山，在出货量前五名中占 4 家。[②] 阿里巴巴、腾讯等中国科技巨头也纷纷抢滩印度市场，为“初创印度”助力。[③]

（二）区域外交坚持主导

区域外交上，莫迪政府继续加强对东南亚、非洲、中东等重点区域的经营，突出印度利益主导的务实外交。

东南亚方面，莫迪加快“东向行动”步伐，2017 年 9 月实现对缅甸的首次国事访问，突出缅甸在印度“东向行动”战略中的支点作用，拟将缅甸打造为印度与东南亚之间的重要桥梁。双方发表联合声明并签署 11 项谅解备忘录，涉及安全、能源、人文交流、信息技术、医药卫生、警务培训等多个领域。莫迪还就罗兴亚人问题与缅方表达“共同关切”，并宣布免除缅甸公民赴印签证费。莫迪还亲赴仰光拜会印度裔群体，在古城蒲甘参观两国联合修复的佛教遗迹，突出印缅两国佛教文化纽带与历史情

---

① “Xiaomi to commit to ‘Make in India’, will set up more Indian manufacturing units in 2018,” *The Indian Express*, 21 November 2017.

② “中国手机赢得印度市场青睐出货量五强中占四席”，《人民日报》，2017 年 11 月 23 日。

③ “India next big thing for Chinese companies, says e-commerce firm Alibaba”, *India Today*, 11 November 2017, http://indiatoday.intoday.in/story/india – china – start – up – tech – alliance – beijing – startup – india – association – alibaba/1/1087215.html.（上网时间：2017 年 11 月 23 日）

怀。此外，印度在7月与东盟国家召开主题为“东盟—印度关系：为未来25年指明路线”的“德里对话”。印度外长斯瓦拉杰表示，印度和东盟期待双方的关系“达到新高度”，建设“决定性伙伴关系”。[①] 11月，莫迪又赴马尼拉出席东盟—印度峰会和东亚峰会，其间称印度希望东盟在地区安全架构中发挥核心作用。[②] 印度还将邀请东盟10国领导人出席2018年1月的印度共和日庆典活动。

非洲方面，印度继2015年印非峰会后再次出台重大举措，与日本联手打造“亚非增长走廊”。2017年5月非洲开发银行第52次年会在印度古吉拉特邦举行，印度与日本共同发布“亚非增长走廊”愿景文件，联手打造工业走廊、电力网络和泛非电子网络等联通设施，构建“自由、开放的印太经济区”，推动亚非经济一体化。两国将联合加大对东非地区基建投资，推进非洲与印度之间的多个港口项目联通，服务印度主导的环印度洋区域互联互通。此外，印非还在此次年会上达成多项重大融资协议，如印进出口银行将向卢旺达提供8100万美元贷款，为加纳修建铁路提供4亿美元贷款。[③] 莫迪称非洲已成为印度政府外交和经

① “印度推进‘大国梦’急不可耐”，《人民日报》（海外版），2017年7月29日。

② “Opening Statement by Prime Minister at 15th ASEAN-India Summit, Manila,” 14 November 2017, http://www.mea.gov.in/Speeches - Statements.htm? dtl/29113/Opening_ Statement_ by_ Prime_ Minister_ at_ 15th_ ASEANIndia_ Summit_ Manila_ November_ 14_ 2017.（上网时间：2017年11月22日）

③ “India-Japan joint vision document: ‘A free Indo-Pacific region for Asia, Africa’”, *The Indian Express*, 25 May 2017.

济政策的“最优先方向”。[①]

中东方面，莫迪实现印度总理对以色列的历史性首访，凸显“莫迪外交”在中东政策上的务实原则。2017 年 7 月初，莫迪出访以色列，但未前往巴勒斯坦，打破外国领导人访以必访巴的“惯例”，引发舆论对印度中东外交转向的猜想。印以签署《水资源保护和饮用水协议》《航空合作条约》等 7 项合作协定。以宣布建立 4000 万美元创新基金用于巩固两国科技合作，双方商定在水资源利用、提高农业产能等方面深化合作，帮助印度解决粮食安全问题。[②] 近年来，两国在防务与农业上的合作日益密切。防务上，印度在继续加大对以军购力度的同时希望以军工企业在印合资设厂，助力“印度制造”；农业上，印度希望借以色列先进的农业技术与管理经验，弥补自身短板。当前，印度与沙特、伊朗均保持友好关系，随着印以关系加强，印度中东外交或经历新一轮重塑，莫迪的西进战略（Think West）轮廓渐显。

（三）多边外交风生水起

2017 年莫迪继续在多边舞台展现印度大国身影，在积极参与地区和全球事务的同时，宣讲印度发展理念与成就。

6 月，阿斯塔纳上合组织第 17 次元首峰会正式接纳印度和巴基斯坦成为成员国。就地区影响而言，印度的政治影响正式进

---

① “Africa a top priority for India’s foreign and economic policy: PM”, *The Times of India*, 23 May 2017.

② “India-Israel Joint Statement during the visit of Prime Minister to Israel”, Ministry of External Affairs, India, 5 July 2017, http: //mea. gov. in/bilateral – documents. htm? dtl/28593/IndiaIsrael_ Joint_ Statement_ during_ the_ visit_ of_ Prime_ Minister_ to_ Israel_ July_ 5_ 2017.（上网时间：2017 年 11 月 22 日）

入中亚，其“泛亚洲性”进一步得到巩固，利于印度在亚洲事务中扩大存在感并发挥更大作用。

9 月，莫迪出席厦门金砖国家领导人第九次会晤，在推动合作共识、探讨全球治理的同时，宣传印度经济建设成就，鼓励国际资本投资印度。莫迪称印度正在迅速转变为世界上最开放的经济体之一，“数字印度”“初创印度”和“印度制造”等发展计划将给印度经济格局带来深远影响。①

11 月，印度与美国、日本、澳大利亚在马尼拉东亚峰会前举行了司局级对话，这是 2007 年以来四国官方的首次再度对话，表明四国在“印太”地区的战略和安全互动必将加强，一个新的美、日、印、澳四国机制或将成型。

年内，印度还与日本、德国、巴西继续推动联合国改革，强调安理会改革是关键，要同时增加常任理事国和非常任理事国数量，但提议新增常任理事国可暂时不享有否决权。②

四、安全上追求绝对安全

莫迪就任以来一直极为重视国家安全，其在 2017 年独立日演讲中称印“将安全放在优先地位”，并表示“印有能力维护自

① “India at BRICS：Top 10 developments”，*Times of India*，4September 2017，https：//timesofindia. indiatimes. com/india/india – at – brics – top – 10 – developments/articleshow/60365734. cms.（上网时间：2017 年 11 月 15 日）

② “Will temporarily forgo veto power if granted permanent UNSC seat：India，” *Deccan Chronicle*，8 March 2017.

身安全并足以在任何层面上对抗外敌”。[①] 为兑现这一承诺，印度年内继续致力于军队建设和内部维稳，并在涉及自身领土主权的问题上采取进攻性策略，以追求“绝对安全”。

（一）军队建设稳步推进

莫迪政府高度重视军队建设，意图打造一支能抵御任何威胁的现代化军队。印防长西塔拉曼曾公开表示“军队现代化是政府的首要目标”。[②] 为实现这一目标，印政府年内采取多项措施推进军队建设。首先，继续加大军费投入。根据印政府2月颁布的财政预算，2017财年印国防预算高达2.74万亿卢比（约423亿美元），比上年增长6.2%，占2017财年总开支的12.78%。[③] 这是莫迪政府上台以来军费预算连续第四年保持增长。其次，大力推动对外军备采购和军技合作。莫迪政府年内与以色列、韩国等国签署多项军购大单。[④] 除已签订的订单外，印国防部还制订多项对外采购计划，涵盖潜艇、飞机等多个领域。在对外军技合作方面，印美军技合作取得重大进展。10月美国务卿蒂勒森访

---

① “Read the Full Transcript of Indian Prime Minister NarendraModi's Independence Day Speech”, *Time*, 15 August 2017, http://time.com/4901564/narendra-modi-india-70-independence-day-speech/.（上网时间：2017年11月7日）

② “Indian Army finalises mega procurement plan to replace ageing weapons”, *The Indian Express*, 29 October 2017.

③ “Union Budget 2017: Defence allocation gets 6.2 percent hike”, *The Times of India*, https://timesofindia.indiatimes.com/business/india-business/union-budget-2017-defence-allocation-gets-10-percent-hike/articleshow/56912761.cms.（上网时间：2017年11月7日）

④ 其中包括从以色列购入价值20亿美元的防空导弹系统，从韩国购入价值6.46亿美元的100门K9自行榴弹炮。

印时称，美将向印提供包括无人机、航母电磁弹射技术在内的最先进技术以支持其军事现代化。[①] 再次，继续推动军备本土化。为提升本土军工水平，国防部于 5 月提出“战略伙伴模式”，鼓励私营企业与国外军火商合作竞标潜艇、战斗机等重大军工项目，以获得先进技术和成熟生产线。6 月和 9 月，印塔塔集团和阿达尼集团分别利用该计划与国外军工企业签署意向书，竞标空军单发战斗机订单。[②] 最后，启动陆军军事改革。8 月底，印国防部宣布启动“独立后首次”大规模陆军重组计划，其核心在于精简后勤和非作战机构以提高陆军一线战斗人员数量。主要内容包括将 5.7 万名军官和文职官员重新部署到一线战斗岗位，关闭全部 39 家军营农场，关闭非作战区域的军属邮政设施，对陆军补给和运输部门进行机构改革等。[③] 所有改革措施计划于 2019 年年底前完成，预计完成后将有效提高陆军战斗能力及军费使用效率。

（二）内部维稳保持高压

2017 年，莫迪政府内部维稳继续保持高压态势，对恐怖主义、分离主义和内部叛乱实行零容忍政策，并采取一系列措施加

---

① “US ready to provide best tech for India's military modernisation: Tillerson”, *The Times of India*, 25 October 2017.

② 其中塔塔集团与美国洛克希德—马丁公司签署意向书，在印度合作生产“F-16 Block 70”型战斗机，阿达尼集团与瑞典萨博公司签署意向书，在印度合作生产“鹰狮 E”型战斗机。两个竞标团队将共同竞争印空军价值约 100 亿美元的单发战斗机订单。

③ “Indian Army to undergo major reforms, government says”, *The Times of India*, 30 August 2017.

强内部维稳。首先，进一步提升维稳力度。2017 年，莫迪政府对各类维稳及安全挑战均采取强硬立场，特别是在印控克什米尔地区推行高压反恐措施。截至 11 月 5 日，印年内在印控克什米尔共击毙恐怖分子 182 人，这一数字已超过 2016 年全年的 165 人。[①] 陆军参谋长拉瓦特（Bipin Rawat）称一年来政府的反恐行动“显著改善了印控克什米尔的治安状况”。[②] 其次，推动警察部队现代化。9 月，莫迪领导的内阁安全委员会同意拨款 2500 亿卢比（约 38.4 亿美元）用于警察部队现代化，这是印度独立以来用于内部维稳的最大一笔拨款。[③] 该笔款项将用于购买武器和无线电设备等，以提高警察部队的作战能力和效率。最后，建立专门机构防范恐怖主义通过网络扩散。11 月，印内政部宣布成立“反激进化”机构，其主要任务是鉴别和追踪包括“伊斯兰国”在内的恐怖组织的宣传信息和传播渠道，采取措施防范“圣战”思想通过网络和社交媒体传播。

在高压维稳的背景下，2017 年印国内安全形势总体平稳。尽管如此，印仍面临严峻维稳挑战。一是印控克什米尔地区动荡未解、根源难除。该地小规模冲突和骚乱持续发生，7 月发生针

---

① “India Fatalities: 1994 – 2017”, *South Asia Terrorism Portal*, http://www.satp.org/satporgtp/countries/india/database/indiafatalities.htm.（上网时间：11 月 8 日）

② “Appointment of interlocutor will not affect Army ops against terrorists in J-K: Army Chief Gen. BipinRawat”, *The Economic Times*, 26 October 2017.

③ “Centre Approves Rs. 25, 000 Crore Scheme For Police Modernisation”, *NDTV*, 27 September 2017, https://www.ndtv.com/india–news/centre–approves–rs–25–000–crore–scheme–to–boost–internal–security–1756074.（上网时间：11 月 8 日）

对朝圣香客的恐怖袭击事件，造成 7 死 19 伤。[①] 二是“传统威胁”难以根除。左翼激进势力威胁仍在，并于年内制造多起袭击事件。4 月，左翼激进武装在切蒂斯格尔邦袭击一警察部队，造成 24 死 12 伤的重大伤亡。[②] 地方骚乱时有发生，自 6 月开始在大吉岭地区聚居的廓尔喀人因不满当地政府强行在学校推广孟加拉语而持续骚乱，谋求独立建邦。骚乱导致 13 人死亡，大量公共财产被焚毁。[③] 三是“伊斯兰国”构成新威胁。3 月，印中央邦一列火车遭遇炸弹袭击，造成 10 名乘客受伤。警察在调查袭击者时发现其与“伊斯兰国”联系密切，并在其住所发现“伊斯兰国”旗帜，此系印度本土第一次发生明确由“伊斯兰国”组织的恐袭。[④]

（三）领土主权上采取强硬政策

莫迪虽多次表示希望以和平方式解决与邻国的领土争端，但在实际操作层面却奉行“进攻性防御”政策，在涉及“领土主权”的问题上绝不手软，这集中体现为其对中印和印巴领土争端态度日趋强硬。

在中印领土争端方面：一是宣示对我藏南地区主权。为加强

---

① “Amarnath terror strike: ‘Kashmiris condemned attack, this will restore India’s faith in J&K,’ says Union minister Jitendra Singh”, *The Times of India*, 12 July 2017.

② “Over 24 CRPF jawans killed in worst Maoist attack in years”, *The Economic Times*, 24 April 2017.

③ “100 days of discord in Darjeeling as state govt tries to impose new order”, *Hindustan Times*, 22 September 2017.

④ “ISIS launches first strike on India with train attack”, *The Times*, 9 March 2017, https://www.thetimes.co.uk/article/isis-launches-first-strike-on-india-with-train-attack-8kch9l06r.（上网时间：11 月 8 日）

对藏南地区（印称“阿鲁纳恰尔邦”）主权宣示和控制，印于2017年4月不顾中方强烈反对邀请达赖窜访藏南，并表示中方反对是“对印内政进行干涉”。[①] 11月，印度总统考文德也赴藏南活动。此外，印还于年内在藏南修建多条跑道和道路以加强对该地控制。二是借“侵犯领土主权”之由抵制“一带一路”倡议。印度认为该倡议的旗舰项目“中巴经济走廊”横穿巴控克什米尔地区，“无视和破坏”印对该地区的主权声索，因此对该倡议持否定态度并拒绝派官方代表团参加5月于北京举行的“一带一路”国际合作高峰论坛。三是挑起“洞朗对峙事件”。6月18日，印边防部队270余人非法侵入中国领土阻碍中方正常修路活动，引发长达72天的“洞朗对峙事件”，直到8月28日印方将越界人员和设备全部撤回边界印方一侧，对峙才最终结束。中印边界锡金段原本已定界，并不存在争议。此次印度挑事的两点主要理由，其一是对其“西里古里走廊”畅通性的战略忧虑，其二是为不丹出面主张洞朗，核心还为追求其自身的“绝对安全”以及对其周边小国的掌控，不惜铤而走险。

在印巴领土争端方面：一是强硬回击巴边界“挑衅”。2017年印巴边界依然冲突不断，双方均指责对方破坏停火。巴外交部发言人称截至7月13日，印共违反停火协议542次，并造成巴方18人死亡。[②] 印内政部长辛格则表示印边防部队只是对巴方

---

① “Rijiju rejects China objection on Dalai Lama’s Arunachal visit”, *The Hindu*, 1 April 2017.

② “Pakistan accuses India of committing 542 ceasefire violations”, *The Indian Express*, 13 July 2017.

“挑衅”行为进行“适当还击”，以迫使其停止违反停火协议的攻击。[①] 二是坚决反对克什米尔问题国际化。4 月，美常驻联合国代表黑利表示美可在缓和印巴克什米尔冲突中发挥积极作用。印对这一倡议表示反对。9 月联大会议上，印外长斯瓦拉杰驳斥巴总理阿巴西重提克什米尔公投，称《西姆拉协定》和《拉合尔宣言》已规定克什米尔问题应通过双边途径解决，并指巴应为双边谈判陷入停滞负责。[②]

（审订：胡继平）

① “Pakistan Not Showing Signs Of Improving Relations, Says Union Home Minister Rajnath Singh”, 12 September 2017, https://www.ndtv.com/india-news/rajnath-singh-pakistan-not-showing-signs-of-improving-relations-1749363.（上网时间：11 月 8 日）

② “India's foreign minister SushmaSwaraj at UN: “We're fighting poverty, Pakistan is fighting us”, *Quartz*, 23 September 2017, https://qz.com/1085695/unga-2017-indias-foreign-minister-sushma-swaraj-at-un-were-fighting-poverty-pakistan-is-fighting-us/.（上网时间：11 月 8 日）

第二十四章　中国特色大国外交砥砺前行*

十八大以来，中国不断完善全方位外交布局，在外交思想理念、战略布局和实践创新上取得一系列重大成就。2017 年，面对国际风云变幻，中国特色大国外交全面发力，在构建总体稳定、均衡发展的大国关系，稳妥应对周边变局，推进全球治理等方面积极作为，展现出大国担当，党的十九大顺利召开更开启了中国外交的新征程。

一、全方位外交布局深入展开

十八大以来，中国外交更加开拓奋进，在思想理念、战略运筹和实践创新上取得一系列重大成就。

（一）习近平外交思想全面确立

十八大以来，以习近平同志为核心的党中央高瞻远瞩，纵览全局，深刻思考人类前途命运、中国和世界发展大势，紧紧围绕

---

* 本章撰稿人：姚琨、付宇、陈向阳、韩立群、任卫东、宿景祥、韩一元、王磊、王鸿刚。

实现“两个一百年”奋斗目标，在保持对外大政方针稳定性和连续性的基础上，积极推进外交理论和实践创新，提出了一系列新理念新主张：[①] 提出“中国梦”并赋予其深刻的世界意义；丰富和发展了和平发展战略思想，推动建设相互尊重、公平正义、合作共赢的新型国际关系；倡导构建“人类命运共同体”，建设持久和平、普遍安全、共同繁荣、开放包容、清洁美丽的世界；提出正确义利观，合作共赢的国际秩序观，公平、开放、全面、创新的发展观，共同、综合、合作、可持续的安全观，共商、共建、共享的全球治理观等。

（二）对外战略布局进一步优化

一是推进对外工作体制机制改革。党的十八大以来，以习近平同志为核心的党中央总揽对外工作全局，进一步强化了中央外事工作领导小组职能，召开周边外交工作座谈会和中央外事工作会议，加强对外工作顶层设计、战略谋划和统筹协调，制定完善重大外事管理规定，统领各方协同发力，为对外工作不断攻坚克难、胜利前行提供了强大政治保障。[②]

二是全球伙伴关系更加牢固。五年来，中国不断深化与周边国家睦邻友好合作，坚持“亲诚惠容”理念，努力化解分歧、扩大利益，夯实周边战略依托，同时有效应对陆海安全挑战、同步协调推进维权与维稳，打造周边安全与发展关系网；构筑总体

① 杨洁篪：“深入学习贯彻习近平外交思想 谱写外交新篇章”，凤凰网，2017年7月17日，http：//news. ifeng. com/a/20170717/51447363_ 0. shtml。（上网时间：2017年12月1日）

② 同上。

稳定的大国关系框架，加强大国协调与合作，不断扩大利益汇合点，同美、俄、欧、新兴大国及国际组织的伙伴关系持续深入发展；[①] 加强同发展中国家团结合作，提出“真实亲诚”对非工作方针和中非“十大合作计划”，确立中非全面战略合作伙伴关系新定位；同阿拉伯国家构建“1+2+3”合作新格局，全面合作、共同发展的中阿战略合作关系取得长足发展；同拉美和加勒比国家共同体创立中拉论坛，共同打造中拉关系“五位一体”新格局；同太平洋建交岛国建立相互尊重、共同发展的战略伙伴关系。

三是大力推进“一带一路”建设。2013 年 9 月和 10 月，习近平主席先后提出共建“丝绸之路经济带”和“21 世纪海上丝绸之路”重大倡议，筹建亚洲基础设施投资银行，设立丝路基金，一大批有影响力的项目落地，中国与越来越多的国家实现发展战略对接。4 年来，“一带一路”逐渐从倡议变为行动，从理念转化为实践，成为中国迄今向世界提供的最重要、最成功的公共产品。

四是倡导构建“人类命运共同体”。2012 年十八大报告正式提出“倡导人类命运共同体意识”，此后习近平主席通过联合国、达沃斯世界经济论坛等重要多边舞台多次阐释“人类命运共同体”理论。中国在对外交往中践行互利共赢理念，以实际行动不断推进构建人类命运共同体目标，赢得国际社会普遍赞誉。

① “积极发展全球伙伴关系——党的十九大的世界意义系列述评之二”，《经济日报》，2017 年 10 月 25 日，第 8 版。

五是积极推动全球治理体系变革。主持召开亚信峰会、亚太经合组织峰会、纪念反法西斯战争胜利70周年庆典、二十国集团峰会、金砖峰会，习近平主席在全球核安全峰会、万隆会议、巴黎气候大会、达沃斯世界经济论坛、联合国日内瓦总部等国际多边场合发表重要演讲，中国方案与中国智慧备受全球瞩目。针对全球或区域性热点问题，制定亚太自贸区路线图、组建金砖银行、启动澜湄合作机制、提出国际能源互联网、国际产能合作和全球基础设施互联互通倡议，设立气候变化南南合作基金、海上丝绸之路基金等一系列倡议，参与制定海洋、极地、外空、网络、核安全、反腐败等新兴领域治理规则。

（三）有力维护国家主权、安全与发展利益

一是坚定维护领土主权。十八大以来，在南海、钓鱼岛等一系列涉及中国重大核心利益的问题上亮明立场，敢于斗争。通过升格行政区划，实施民事陆域吹填，针对“南海仲裁案”展开国际法理和外交斗争，坚决维护南海领土主权。通过加强钓鱼岛领海巡逻巡航，公布领海基线，设立东海防空识别区，宣誓维护领土主权和地区安全坚定立场。针对洞朗对峙，保持军事和政治高压，维护领土主权，防止冲突扩大升级。

二是坚定维护国家安全。实现两岸领导人历史性会晤，针对蔡英文当局分裂行径展开各层面斗争，遏制“台独”分裂势力，打压“台独”国际空间，维护台海和平稳定。通过中阿巴塔军队反恐合作机制等举措，加大对境内外暴恐势力打击力度，遏制极端思想对内传播渗透。召开第六次西藏工作会议，提出“治边稳藏”战略思想，强力挤压达赖集团国际生存空间。先后通过《反间谍法》《国家安全法》《反恐怖主义法》《国家情报法》等法律，通过《国家安全战略纲要》，设立国家安全教育日，召开国家安全工作座谈会，维护国家安全、推进对外工作更加有章可循。

三是推动全面对外开放新格局建设。相继同冰岛等国签署自贸协定或自贸协定升级版，启动同新加坡等国协定升级谈判，积极推进“区域全面经济伙伴关系协定”（RCEP）谈判。截至2017年底，已签订14个自贸协定和1个优惠贸易安排，展开11个谈判。[①] 连续保持第一大货物贸易国地位，成为世界第二大服务贸易国和第二大对外投资国。以“一带一路”为重点，初步形成陆海内外联动、东西双向互济的开放格局。

二、中国特色大国外交全面发力

2017年，中国构建总体稳定、均衡发展的大国关系卓有成效，同时积极管控周边热点，有效化解局部紧张，彰显负责任大国形象。

（一）构建更加稳定均衡的大国关系

一是主动塑造中美关系走向。特朗普竞选期间多次在台湾地区、南海以及中美经贸等问题上发表负面言论，当选后与蔡英文通话，引发各界对中美关系担忧。面对中美关系变局，中国既在事关国家核心利益的问题上坚持原则，强调“一个中国”是发

① 参见中国自由贸易区服务网，http：//fta. mofcom. gov. cn/.（上网时间：2017年11月14日）

展中美关系的政治基础；又稳住阵脚，妥善周旋，积极塑造、引导特朗普政府对华政策走向。美国国务卿蒂勒森在首次访华过程中，认可推动构建“新型大国关系”，对中方主张做出积极回应。同时，两国元首互动对中美关系发展发挥重要引领作用。2017年两国领导人成功实现互访；习近平与特朗普举行海湖庄园会晤后，中美启动外交安全对话、全面经济对话、执法及网络安全对话、社会和人文对话4个高级别对话合作机制，中美建立起更加全面、深入的对话合作渠道；2017年底中国以“国事访问+”高规格接待特朗普，中美达成超过2500亿美元的合作计划。此外，双方领导人还于7月德国汉堡峰会、11月越南APEC峰会上实现多次友好会晤。在经贸领域，特朗普政府虽启动对华301调查，但双方经贸合作仍不断加深，截至2017年10月底，中美贸易额达3.21万亿元，同比增长17.2%。在安全领域，双方在美举行人道主义救援的实兵演练，美军并邀请中国参加2018年“环太平洋军事演习”。

二是深化中俄全面战略协作伙伴关系。双方战略互信根基更加稳固，利益融合更加紧密。5月普京来华出席“一带一路”峰会，明确表示支持并愿积极参与“一带一路”建设。7月习近平主席访俄，中俄签署关于进一步深化全面战略协作伙伴关系、关于当前世界形势和重大国际问题、关于朝鲜半岛问题的三份联合声明，强调两国将携手维护全球战略稳定。双方还批准《〈中俄睦邻友好合作条约〉实施纲要（2017年至2020年）》，全面规划中俄关系未来发展。中俄两国总理举行第22次定期会晤，决定全面加快两国能源管道建设，推进金融领域深度合作。在高层密切交往带动下，2017 年两国在经济、投资、“一带一路”倡议同欧亚经济联盟对接等领域的合作不断推进，前三季度中俄贸易额达 614 亿美元，同比增长 22.4%；[①] 中俄两军互信合作不断加深，“海上联合—2017”军演在波罗的海和鄂霍次克海举行，增强了两国海军共同应对海上安全威胁的能力。此外，双方在亚太经合组织、二十国集团、金砖国家和上海合作组织等多边机制中加强协作，共同倡导推进全球治理体系变革，成为维护世界和平稳定发展的“压舱石”。

三是深化中欧高水平合作。2017 年习近平、李克强等中国领导人数度到访欧洲，中欧关系的发展动力不断增强。1 月习主席赴瑞士出席达沃斯论坛，并赴联合国日内瓦总部发表演讲，7 月习主席访问德国并出席 G20 汉堡峰会。6 月李克强总理访问德国、比利时，并举行中德总理年度会晤、出席第 19 次中国—欧盟领导人会晤，向世界传达中国对坚持经济全球化和促进投资贸易的双重信号。面对英国脱欧、特朗普退出《巴黎协定》等重大事件，中欧在应对气候变化、反对保护主义、伊朗核问题等全球治理和重大国际问题上的“稳定阀”作用凸显。第 19 次中国—欧盟领导人会晤成果清单明确提出，坚定维护既有多边贸易体制、推进全球气候治理等主张。[②]

---

① “2017 年前三季度中俄贸易额达 614 亿美元”，俄罗斯卫星通讯社，2017 年 10 月 13 日，http://sputniknews.cn/economics/201710131023800852/。（上网时间：2017 年 12 月 1 日）

② “第十九次中国—欧盟领导人会晤成果清单”，中国政府网，2017 年 6 月 4 日，http://www.gov.cn/xinwen/2017-06/04/content_5199627.htm。（上网时间：2017 年 12 月 1 日）

四是中国与新兴大国加强协调。金砖国家领导人在德国汉堡G20峰会前夕举行非正式会晤，强调“金砖国家要发扬开放包容、合作共赢的伙伴精神，加强团结合作，维护共同利益，谋求联动发展”。[①] 强调要不断提升新兴国家凝聚力和影响力，推动国际秩序朝着更加公正合理方向发展。9月中国主办金砖国家厦门峰会，指出新兴和发展中国家应共同构建开放型世界经济、落实全球可持续发展议程，推动世界经济结构调整；峰会还专门邀请埃及、墨西哥、泰国等国领导人参加，并召开新兴市场国家与发展中国家对话会，共商发展大计。

（二）积极管控周边热点问题

2017年，面对周边变局，中国既坚决维护领土主权和安全利益，又积极应对、防范事态恶化。

一是多管齐下，严防朝鲜半岛局势失控。首先，提出“双暂停”“双轨并行”的中国方案。2017年3月，针对朝鲜半岛紧张局势，外交部长王毅首次提出朝鲜暂停核导活动和美韩暂停大规模联合军演“双暂停”倡议、阐述实现半岛无核化和建立半岛和平机制“双轨并行”思路；坚决执行安理会决议，与国际社会合作管控紧张局势。支持安理会通过2371、2375号涉朝决议；中俄发表联合声明，批评朝鲜强行发射弹道导弹，不承认朝鲜“拥核国”地位；坚持从事情本身的是非曲直出发，维护地区稳定。既坚定反对朝鲜核试、射导，也反对美国借机在本地区加强军事部署和存在，反对韩国部署“萨德”，敦促各方通过对

---

① “习近平主持金砖国家领导人非正式会晤”，新华网，http：//news.xinhuanet.com/politics/2017－07/07/c_ 1121283460.htm。

话解决分歧。

二是有效管控中印边境对峙。印度边防部队非法越境进入中国洞朗地区后，中方通过外交渠道多次向印方提出交涉，要求印军无条件撤离中国领土，向国际社会说明事实真相，并发布有关立场文件。同时，中国军队采取有力应对措施，在西藏地区举行实弹演习，国防部发言人、《解放军报》等连续发声表达军方维护领土主权完整的决心，最终推动洞朗对峙和平解决。

三是主动引导南海问题解决。2017 年以来，南海局势出现重大变化，呈现菲律宾、越南与中国就和平解决海上争端相向而行的新局面，中国关于对话解决分歧、反对域外大国干涉的主张赢得更多东盟国家理解支持。中菲关系发生重大转圜，合作与协商成为主流，双方签署总额高达 70 多亿美元的贷款与援助协议，中越也加强管控海上纠纷。8 月中国与东盟达成《南海行为准则》框架协议，这是继 2002 年中国与东盟签署《南海行为宣言》后，双方在促进南海地区危机管控上迈出的重大步骤。尽管美日等域外势力仍伺机在南海挑事，强化所谓南海“自由巡航”，并试图在东亚峰会、APEC 峰会上炒作南海争端，但受到多数东盟国家冷落，南海问题进一步降温。

三、中国方案引领国际秩序变革

2017 年，在多国参与全球事务意愿降低、多边机制遭遇严重困难之际，中国以多边峰会、主场外交为平台，积极应对日益严峻的全球性挑战，凝聚起维护世界和平、谋求共同发展的国际共识。

（一）利用多边舞台阐述中国方案

中国高举“经济全球化”旗帜，倡导构建人类命运共同体，为世界指明方向、注入信心。一是利用达沃斯论坛发声。2017年1月17日，习近平主席出席瑞士达沃斯世界经济论坛年会，并发表题为《共担时代责任，共促全球发展》的演讲，指出当前全球经济三大突出矛盾是增长动能不足、经济治理滞后、发展失衡，并对症下药提出打造四个模式，即富有活力的增长模式、开放共赢的合作模式、公正合理的治理模式和平衡普惠的发展模式，[①]“搞保护主义如同把自己关进黑屋子，看似躲过了风吹雨打，但也隔绝了阳光和空气。打贸易战的结果只能是两败俱伤”。二是在日内瓦演讲。1月18日，习近平主席在日内瓦万国宫发表题为《共同构建人类命运共同体》的演讲，旗帜鲜明地提出中国“坚定维护以联合国为核心的国际体系”，[②]提出“五个坚持”即坚持对话协商、共建共享、合作共赢、交流互鉴、绿色低碳，为构建“人类命运共同体”提供行动指南。2月，“构建人类命运共同体”理念写入联合国决议。三是出席G20汉堡峰会。习主席发表题为《坚持开放包容，推动联动增长》的重要讲话，强调各方携手合作推动联动增长，促进共同繁荣，发

---

① “习近平出席世界经济论坛2017年年会开幕式并发表主旨演讲”，新华网，2017年1月17日，http://news.xinhuanet.com/world/2017-01/17/c_1120331492.htm。（上网时间：2017年11月15日）

② “习近平主席在联合国日内瓦总部的演讲”，新华网，2017年1月19日，http://news.xinhuanet.com/world/2017-01/19/c_1120340081.htm。（上网时间：2017年11月15日）

掘世界经济增长新动力，为加强国际经济合作、促进全球经济治理发出积极信号。从达沃斯到日内瓦再到德国汉堡，中国积极参与和引领全球治理，为构建开放型世界经济、推动建立更加公正合理的国际秩序贡献中国智慧，提供中国方案。

（二）主场外交接连发力

全力推进“一带一路”建设。2017 年 5 月，中国成功举办“一带一路”国际合作高峰论坛，140 多个国家和 80 多个国际组织代表出席，取得丰硕成果。一是论坛机制化建设不断推进。此次论坛规划了合作路线图，确定了重点合作领域和行动路径，并成立论坛咨询委员会、联络办公室等，同时明确第二届高峰论坛将于 2019 年举行。二是朋友圈不断扩大。中国与新西兰签署了两国政府关于加强“一带一路”倡议合作的安排备忘录，论坛还邀请了拉丁美洲的智利、阿根廷两国总统以及近 20 位加勒比国家的部长级官员与会。三是中国积极提供“国际公共产品”，体现大国担当。中国宣布将加大对沿线发展中国家的援助力度，未来 3 年总体援助规模不少于 600 亿元人民币；向沿线发展中国家提供紧急粮食援助，向南南合作援助基金继续增资，共同推动落实一批惠及沿线国家的国际合作与难民救助项目，为实现全球的互联互通注入强劲动力。

金砖合作再上新台阶。金砖国家领导人第九次会晤在中国厦门召开，峰会以“深化金砖伙伴关系、开辟更加光明未来”为主题，取得多项成果。一是推动金砖务实合作。峰会在经济合作方面达成 30 多项具体成果，并朝着贸易投资大市场、货币金融大流通、基础设施大联通的目标迈出坚实步伐。二是对“金砖+”模式进行有效探索。峰会期间，金砖国家与埃及、墨西哥、塔吉克斯坦、几内亚、泰国等发展中国家召开对话会，围绕构建发展伙伴关系、深化互利合作、促进共同发展等议题展开讨论，进一步夯实了金砖峰会作为南南合作最重要平台的基础。“金砖”概念首创者、英国前财政部商务大臣吉姆·奥尼尔说，金砖国家GDP占全球比重不断上升，依然“代表着新兴市场和全球未来增长的机遇”，有力地回应了“金砖褪色”的消极声音。

（三）全球治理迎难而上

一是实现气候行动与经济社会发展双赢。中国积极履行应对气候变化承诺，把推进绿色低碳发展作为加快转变经济发展方式、调整经济结构的重大机遇，取得显著成效。2016年我国碳排放强度下降6.6%，2017年前三季度又进一步下降约4%；能源结构调整也实现新进展，前三季度全国煤炭消费约28.4亿吨，同比下降了2.4%，水电、核电、风电三类电源发电量同比增长21.1%；碳排放权交易试点有力推进，截至2017年9月累计配额成交量达到1.97亿吨二氧化碳当量，试点范围内碳排放总量和强度呈现双降趋势。[①] 同时，美国宣布退出《巴黎协定》后，中国坚定表达了履行承诺的立场，积极参加2017年波恩气候大会，为小岛屿国家、最不发达国家、非洲国家等提供实物及设备援助，并启动在发展中国家开展10个低碳示范区、100个减缓

---

① “新闻办发布会介绍《中国应对气候变化的政策与行动2017年度报告》”，中国气候变化信息网，2017年10月31日，http://www.ccchina.gov.cn/Detail.aspx?newsId=69590&TId=93。（上网时间：2017年11月14日）

和适应气候变化项目及1000个应对气候变化培训名额的合作项目。

二是成为2030可持续发展目标的支持者和推进者。中国不仅在国内推动全面发展，承诺到2020年全面建成小康社会，实现农村贫困人口全部脱贫，还从多方面推进南南合作，包括基金和财政支持、知识分享、人才培养、合作研究等。2017年5月，习近平主席在“一带一路”国际合作高峰论坛上宣布，将向“一带一路”沿线发展中国家提供20亿元人民币紧急粮食援助，向南南合作援助基金增资10亿美元。[①] 金砖厦门峰会上，金砖银行宣布2017年贷款总额将达25亿美元，为发展中国家提供金融支持。[②]

三是在维和、反恐等国际议题上发挥重要作用。中国目前是联合国维和行动的重要出兵国和第二大出资国，2016年至2018年中国承担的联合国维和摊款占比超过10%。2017年9月，中国国防部宣布8000人的维和待命部队在联合国注册完毕，有能力在短时间内奔赴任务区，联合国官员赞扬中国维和人员表现出色、纪律严明、行动高效。[③] 在G20峰会、金砖峰会等多边场

① “商务部援外司负责人回应中国未来3年提供600亿元人民币援助等——确保合作成果早日惠及有关国家民众”，《人民日报》，2017年5月16日，第7版。

② “金砖银行2017年贷款总额将达25亿美元”，新华网，2017年8月31日，http://news.xinhuanet.com/fortune/2017-08/31/c_1121579362.htm。（上网时间：2017年11月14日）

③ “联合国助理秘书长赞扬中国维和人员‘表现出色、纪律严明、行动高效’”，人民网，2017年8月1日，http://world.people.com.cn/n1/2017/0801/c1002-29441849.html。（上网时间：2017年11月14日）

合，中国强调与国际社会继续扩大在反恐情报、执法、能力建设、海外利益保护等领域的务实合作。

四、十九大开启中国外交新征程

未来5年，统筹国内国际两个大局，统筹发展安全两件大事，维护和延长中国发展的重要战略机遇期，有助于为实现两个百年奋斗目标和中华民族伟大复兴的中国梦提供有力保障，中国外交将开启新征程。

（一）新时代中国外交承上启下

十九大报告指出，推进现代化建设、完成祖国统一、维护世界和平与促进共同发展是中国共产党三大历史任务。新时代中国对外战略将同时肩负民族复兴与全球发展重任，中国的大国地位与担当也将呈现出崭新面貌。未来5年，中国外交将紧密对接全面开放新格局要求，继续坚定维护自身主权、安全与发展利益，为决胜第一个百年目标和布局第二个百年目标创造良好国际环境；通过与各国努力扩大利益交汇点，在和平共处五项原则基础上，践行国与国交往新路，推动国际关系形态实现突破与创新；通过促进全球性经济、政治、安全对话与合作，进一步推动全球治理体系改革建设，推进国际关系民主化，建设开放型世界经济；继续加大对国际发展合作投入力度，打造国际合作新平台，增添共同发展新动力，更好发挥大国作用。

（二）携手各国共同应对挑战

当前，国际秩序新旧交织，世界不稳定性不确定性突出。中国将以更加积极的姿态协调各方，联手应对挑战。一是共同促进国际秩序平稳演进。过去十年，国际力量对比更趋平衡，发展中国家话语权和影响力持续提升，推动国际秩序加速变革。但当前逆全球化愈演愈烈，部分国家民粹主义盛行；社会信息化双刃剑效应突出，网络安全脆弱性充分暴露；文化多样化更加凸显，国家发展模式竞争更趋激烈；国际关系行为体更加多元，非国家行为体行动更难把控。对此，中国将继续高举全球化大旗，同世界各国共同应对这些深层问题，确保国际秩序演变进程稳定有序。二是共同遏制国际危机常态化趋势。近年来，金融危机延宕影响持续发酵，国际社会“黑天鹅”与“灰犀牛”式的安全风险显著增多；中东北非危机未能根除，各方地缘争夺加剧；西方政治与社会危机升温，种族矛盾滋长；国际经济、政治、社会、环境危机多发，外溢效应更加突出。对此，中国将加大与世界各国沟通协调力度，在多边协作基础上更好管控危机。三是共同推进中国与世界良性互动。十九大获得前所未有的国际关注，中国特色社会主义呈现崭新面貌，对全球政治经济进程影响重大。展望未来，中国将以崭新姿态参与世界，世界也将以全新目光审视中国，新时代中国外交将努力扩大共识、实现共赢，推动互动与磨合更加顺畅。

（三）继续优化中国的对外战略

过去 5 年，中国的对外战略经历复杂国际形势的充分考验，取得重大历史成就。未来中国的对外战略还需要在习近平总书记新时代中国特色社会主义思想指引下，在实践中实现更大跃升。一是占据国际道义制高点。继续高举和平、发展、合作、共赢旗帜，主动引领国际秩序重塑，引领国际关系向更加合理方向发展。坚持维护并完善经济全球化，积极参与全球治理体系变革，不断彰显中国正能量。二是兼顾行稳致远与攻坚克难。各项对外战略宜稳打稳扎，针对新老问题加强谋划，善于谋事造势、破解难题。三是推进更加平衡的战略布局。适度加大周边投入，全面提升周边外交在中国对外战略全局中的特殊重要地位；稳妥运筹大国关系，持续推进新型大国关系；循序渐进参与全球治理，兼顾承担大国责任与大国权益；以我为主推进“一带一路”建设，将之打造成开放包容国际合作平台和各方普遍欢迎的全球公共产品，为我全面布局国际发展合作做好铺垫。

（审订：傅梦孜）

图书在版编目（CIP）数据

国际战略与安全形势评估．2017—2018/中国现代国际关系研究院编．—北京：时事出版社，2018.2
ISBN 978-7-5195-0171-6

Ⅰ．①国…　Ⅱ．①中…　Ⅲ．①国际形势—研究报告—2017－2018②国家安全—研究报告—世界—2017－2018　Ⅳ．①D5②D815.5

中国版本图书馆 CIP 数据核字（2018）第 018500 号

出版发行：时事出版社
地　　址：北京市海淀区万寿寺甲 2 号
邮　　编：100081
发行热线：（010）88547590　88547591
读者服务部：（010）88547595
传　　真：（010）88547592
电子邮箱：shishichubanshe@ sina. com
网　　址：www. shishishe. com
印　　刷：北京朝阳印刷厂有限责任公司

开本：787×1092　1/16　印张：36.25　字数：403 千字
2018 年 2 月第 1 版　2018 年 2 月第 1 次印刷
定价：118.00 元